DÜRRSCHMIDT · MAJER · PAUTSCH · ZIMMERMANN-KREHER (HRSG.)

Jahrbuch des Instituts für Angewandte Forschung 2025

Ludwigsburger Schriften Öffentliche Verwaltung und Finanzen

Institut für Angewandte Forschung (IAF) an der Hochschule für öffentliche Verwaltung und Finanzen Ludwigsburg (HVF)

Herausgeber:
Prof. Dr. Gerald G. Sander, Prof. Dr. Jörg Dürrschmidt und
Prof. Dr. Christian F. Majer

Band 8
Herausgegeben von Prof. Dr. Jörg Dürrschmidt,
Prof. Dr. Christian F. Majer, Prof. Dr. Arne Pautsch und
Prof. Dr. Annette Zimmermann-Kreher

Jahrbuch des Instituts für Angewandte Forschung 2025

Bürokratieabbau

Herausgegeben von

Jörg Dürrschmidt

Christian F. Majer

Arne Pautsch

Annette Zimmermann-Kreher

BOORBERG

Bibliografische Information der Deutschen Nationalbibliothek |
Die Deutsche Nationalbibliothek verzeichnet diese Publikation in der Deutschen Nationalbibliografie; detaillierte bibliografische Daten sind im Internet über www.dnb.de abrufbar.

ISBN 978-3-415-07852-9

Anfragen gemäß EU-Verordnung über die allgemeine Produktsicherheit (EU) 2023/988 (General Product Safety Regulation – GPSR) richten Sie bitte an: Richard Boorberg Verlag GmbH & Co KG, Produktsicherheit, Scharrstraße 2, 70563 Stuttgart; E-Mail: produktsicherheit@boorberg.de

Redaktion: Geschäftsstelle des Instituts für Angewandte Forschung an der Hochschule für öffentliche Verwaltung und Finanzen Ludwigsburg unter Mitarbeit von Mona Bätge, Nielke Schwind-Hellwig, Elisa Wolter, Lisa Domat und Tobias Huber

Satz: abavo GmbH, Nebelhornstraße 8, 86807 Buchloe |
Druck und Bindung: e. kurz + co druck und medientechnik gmbh, Kernerstraße 5, 70182 Stuttgart

Richard Boorberg Verlag GmbH & Co KG | Scharrstraße 2 | 70563 Stuttgart
Stuttgart | München | Hannover | Berlin | Weimar | Dresden
www.boorberg.de

Vorwort der Herausgeber

Auch die sechste Ausgabe des Jahrbuchs des Instituts für Angewandte Forschung (IAF) an der Hochschule für Öffentliche Verwaltung und Finanzen (HVF) erhebt den Anspruch, einen Querschnitt durch das interdisziplinär ausgerichtete und dementsprechend vielfältige Spektrum unserer Forschungsaktivitäten zu zeichnen.

Es ist zugleich das dritte Jahrbuch mit einem Schwerpunkt und widmet sich in großen Teilen dem Thema Bürokratieabbau. Explizit Bezug genommen wird auf Vorträge im Rahmen der Fachtagung „Red Tape durch Recht – Herausforderungen an den Bürokratieabbau im Rechtsstaat", welche am 7. Mai 2025 an der HVF stattfand.

Wir hoffen, dass unsere Leser in Wissenschaft und kommunaler Praxis auch in dieser Ausgabe des Jahrbuchs wieder relevante Informationen und Denkanstöße finden können.

Jörg Dürrschmidt, Christian F. Majer, Arne Pautsch und Annette Zimmermann-Kreher

Inhaltsverzeichnis

Red Tape durch Recht? Überlegungen zum Zusammenhang von Recht und Bürokratie

Arne Pautsch und Annette Zimmermann-Kreher[1]

I. Einleitung

Als „Red Tape" – nämlich überbordende und unsinnige Bürokratie – wird im englischsprachigen Raum ein Phänomen beschrieben, das als staatlich verantwortetes Hemmnis für wirtschaftliche und gesellschaftliche Entwicklungen angesehen wird.[2] Auch in Deutschland ist „Red Tape" ein immer wieder und auch aktuell diskutiertes Thema.[3] Es wird aus gutem Grund auch in den Zusammenhang mit dem Verlust an Vertrauen in staatliche Institutionen – ja gar die Demokratie insgesamt – gestellt.[4] Häufig wird die Ursache nicht nur in einer überkommenen Verwaltungskultur oder einer nicht zukunftstauglichen Verwaltungsorganisation gesehen, sondern es wird insbesondere dem (Verwaltungs-)Recht zugeschrieben, Bürokratietreiber zu sein.[5] Die Forderungen nach Entbürokratisierung sind daher vor allem im Hinblick auf das Recht lauter geworden: Reduzierung von Normen, Abbau von Verfahrensanforderungen wie Antragserfordernissen, Dokumentations- und Berichtspflichten stehen im Raum.[6] Doch wie kann Bürokratieabbau gelingen, wenn gleichzeitig die Grundsätze einer rechtsstaatlichen Verwaltung gewährleistet bleiben müssen?

---

1 Prof. Dr. *Arne Pautsch* ist Inhaber einer Professur für Öffentliches Recht und Kommunalwissenschaften an der Hochschule für öffentliche Verwaltung und Finanzen Ludwigsburg und Co-Direktor des Ludwigsburger Demokratie Instituts (LDI).
Prof. Dr. *Annette Zimmermann-Kreher* ist Inhaberin einer Professur für Staats- und Verwaltungsrecht an der Hochschule für öffentliche Verwaltung und Finanzen Ludwigsburg. Beide hatten gemeinsam die wissenschaftliche Leitung der Fachtagung „Red Tape durch Recht? Herausforderungen für den Bürokratieabbau im Rechtsstaat" am 7. Mai 2025 in Ludwigsburg inne.

2 Zu den Auswirkungen etwa *Hattke/Hensel/Kalucza*, Emotional Responses to Bureaucratic Red Tape, in: Public Administration Review (PAR) Vol. 80 (2020), S. 53 ff.

3 Exemplarisch: *Drathschmidt*, Umgang von Verwaltungsmitarbeitenden mit Red Tape, 2022.

4 *Lepsius*, Vertrauensverlust in die Demokratie – Gesetzgebungsstil als Ursache?, in: Zeitschrift für Rechtspolitik (ZRP) 2024, S. 162 ff.

5 Vgl. *Dose*, Weshalb Bürokratieabbau auf Dauer erfolglos ist, und was man trotzdem tun kann, in: der moderne staat 2008, S. 99 ff.; *Lepsius* (a. a. O.), S. 162 ff.

6 Dazu *Lepsius* (a. a. O.), S. 162 ff.

Mit der Fachtagung „Red Tape durch Recht? Herausforderungen für den Bürokratieabbau im Rechtsstaat", die am 7. Mai 2025 an der Hochschule für öffentliche Verwaltung und Finanzen Ludwigsburg stattgefunden hat, sollte ein erster Beitrag dazu geleistet werden, gemeinsam mit der Verwaltungspraxis das Verhältnis von Recht und Bürokratie aus unterschiedlichen Blickwinkeln zu hinterfragen. Anstatt einen (zu) weiten Bogen zu schlagen, stand und steht zunächst die Spurensuche im Vordergrund: Ist das Recht Treiber der Bürokratie – und, wenn ja, inwiefern? Welche Lösungswege bieten sich an?

Die Beiträge der an der Tagung beteiligten Wissenschaftlerinnen und Wissenschaftler sowie Expertinnen und Experten aus der Praxis setzen sich mit ausgewählten Teilaspekten von Verwaltung, Recht und Bürokratie auseinander. Sie sind weitgehend in diesem Jahrbuch, das dem Thema im Schwerpunkt gewidmet ist, versammelt.

Dieser Beitrag versteht sich vor diesem Hintergrund als erweitertes Editorial, indem – ausgehend vom Ansatz der Fachtagung – noch einmal einige grundsätzliche Überlegungen zum Zusammenhang von Recht bzw. rechtlicher Regulierung und dem Entstehen von Bürokratie (vor allem im Sinne von „Red Tape") angestellt und punktuell einige aktuell diskutierte Lösungsansätze aufgegriffen werden.

II. Überlegungen zum Zusammenhang von Recht und Bürokratie

Die juristische Befassung mit dem Thema „Red Tape" muss naturgemäß bei der Frage ansetzen, warum in welchem Umfang welche rechtlichen Regelungen überhaupt notwendig sind. Üblicherweise wird dann zumeist aus gutem Grund das Rechtsstaatsprinzip aus Art. 20 Abs. 3 GG angeführt, um damit zu belegen, dass es einer hinreichenden normativen Fundierung des Verwaltungshandelns bedürfe, um in einem demokratischen Verfassungsstaat der Exekutive – und hier vor allem der Verwaltung als „Administrative" neben der Regierung als „Gubernative" – den schon von Verfassungs wegen gebotenen rechtlichen Rahmen für ihr Handeln zur Seite zu stellen. Daran kann im Grundsatz auch kein Zweifel bestehen. Allerdings folgt aus dem Rechtsstaatsprinzip und dem daraus abgeleiteten Grundsatz der Gesetzmäßigkeit der Verwaltung noch lange kein allgemeines Muster, um überbordende Bürokratie zu rechtfertigen. Vorrang und Vorbehalt des Gesetzes markieren vielmehr nur den verfassungsrechtlich notwendigen normativen Rahmen als Grundbedingung rechtsstaatlichen Verwaltungshandelns. Aus diesen Grundsätzen folgt aber keine Anleitung zu überkomplexen und vollzugsuntauglichen Normen. Dazu und zu den Interdependenzen von Recht und Bürokratie(-entstehung) im Folgenden einige Überlegungen. Dabei möge eine wichtige Erkenntnis wegweisend sein, die *Winfried Kluth*[7] jüngst im Hinblick auf das Verhältnis von Bürokratie und Gesetzgebung in Erinnerung gerufen hat:

> „Vor dem Hintergrund des durch Max Weber geprägten Bürokratieverständnisses hängt die Reichweite der staatlichen Steuerung von Wirtschaft und Gesellschaft maßgeblich vom Inhalt der gesetzlichen Regelungen ab, die die Verwaltung zu Maßnahmen ermächtigen. Die Macht der Bürokratie und die durch sie auferlegten Lasten sind damit direkt proportional zum materiellen Steuerungsanspruch der allgemeinen Gesetze."[8]

1. Komplexitätsadäquanz: Notwendige Differenzierung nach Verwaltungstypen und -funktionen

In der Diskussion um Bürokratie, ihre Entstehung, ihren Ab- oder Rückbau (d.h. Entbürokratisierung) sowie die Rolle des Rechts dabei, insbesondere des Verwaltungsrechts in seiner Gesamtheit[9], fällt vielfach auf, dass Bürokratiekritik nicht nach Verwaltungstypen differenziert, sondern vielfach pauschal erfolgt. Es ist häufig „das Recht" im Allgemeinen, das dem Bürger oder dem Unternehmen das Leben schwer zu machen scheint, wenn sie sich an die Verwaltung wenden. Diese Sichtweise greift auf der Suche nach möglichen Lösungen allerdings zu kurz, weil sie Verwaltung nicht in ihren Ausprägungen – d.h. nicht nach Verwaltungstypen – betrachtet. Der erste Schritt in der Diskussion um eine *wirksame* Entbürokratisierung muss daher stets sein, die Unterschiedlichkeit der Verwaltungstypen zentral im Blick zu haben. Verwaltung lässt sich ge-

7 *Stiftung Familienunternehmen* (Hrsg.): Bürokratiefilter für den Gesetzgeber – Unnötigen Belastungen präventiv begegnen, erstellt von Prof. Dr. Winfried Kluth, Martin-Luther-Universität Halle-Wittenberg, München 2025, S. 1f. (abrufbar unter https://www.familienunternehmen.de, letzter Zugriff: 15.09.2025).

8 *Stiftung Familienunternehmen* (a.a.O.), S. 1f. (abrufbar unter https://www.familienunternehmen.de, letzter Zugriff: 15.09.2025).

9 Angesprochen sind das Allgemeine Verwaltungsrecht (v.a. Verwaltungsorganisations- und Verwaltungsverfahrensrecht) ebenso wie das weite Feld derjenigen Vorschriften, die dem Besonderen Verwaltungsrecht zuzuordnen sind und die ihrerseits zusätzliche Anforderungen für den Gesetzesvollzug enthalten.

meinhin anhand ihrer unterschiedlichen Funktionen typisieren.[10] Es macht also einen maßgeblichen Unterschied, auf welchen sozialen Handlungsfeldern die Verwaltung durch die handelnden Behörden tätig wird. Nach *Bull/Mehde*[11] gilt danach in einer Grobtypisierung der Funktionen öffentlicher Verwaltung das Folgende:

> „Die Verwaltung *plant* sowohl staatliches und gesellschaftliches Handeln als auch das Handeln von Individuen und Gruppen, *überwacht* und *ordnet*, *reguliert* oder *lenkt*. Daneben *gewährt* die Verwaltung in erheblichem Umfang *Leistungen* an Bedürftige und *verteilt Mittel um*. Schließlich *fördert* sie gesellschaftliche Vorhaben."[12]

Damit sind die Grundtypen der Planungs-, Ordnungs-, Leistungs- und Förderungsverwaltung beschrieben.[13] Wenngleich die Funktionen öffentlicher Verwaltung noch darüber hinausgehen dürften, genügt diese Grundkategorisierung nach Funktionen bereits, um aufzuzeigen, dass die „Bürokratiefrage" nicht ohne Betrachtung des jeweiligen Verwaltungstyps gelöst werden kann. Planungsrecht ist in seinem Normvollzug wegen der erforderlichen Berücksichtigung einer Vielzahl von (zum Teil widerstreitenden) Interessen auf dem Weg zur abschließenden behördlichen Entscheidung deutlich komplexer als etwa Verfügungen auf dem Gebiet des Ordnungsrechts, bei denen der Normtext Tatbestand und Rechtsfolge zumeist recht klar vorgibt und damit bereits selbst eine „Rechtsanwendungsanleitung" vorgibt. Das kann im Rahmen der Leistungsverwaltung – gerade im Sozialrecht – schon wieder anders aussehen, weil es differenzierter Antragsvoraussetzungen bedarf, um z. B. eine sozial gerechte Leistungsvergabe nach Bedürftigkeit – nicht zuletzt im Sinne des Sozialstaatsprinzips – sicherzustellen. Dies soll keine Rechtfertigung dafür sein, dass es hierfür stets überbordender Bürokratie bedürfte, um die jeweilige Aufgabe wirksam zu erledigen. Es sollte aber aufgezeigt sein, dass es je nach Verwaltungstyp möglicherweise unterschiedlich hohe Anforderungen an die Komplexität und Regelungs- bzw. Detaildichte einer Norm gibt und auch geben muss.

In der Diskussion um die Frage, wie dann unter diesen Voraussetzungen bürokratische Hemmnisse abgebaut werden können, müssen also auch stets die Spezifika der jeweiligen materiell-rechtlichen Regelung mitbe-

10 *Bull/Mehde*, Allgemeines Verwaltungsrecht mit Verwaltungslehre, 10. Aufl. 2022, Rn. 25 ff.
11 *Bull/Mehde* (a. a. O.), Rn. 25.
12 Zitat nach *Bull/Mehde* (a. a. O.), Rn. 25.
13 *Bull/Mehde* (a. a. O.), Rn. 26.

rücksichtigt werden, zu deren Vollzug die Verwaltung tätig wird. Allerdings gilt auch innerhalb des besonderen Verwaltungsrechts, dass es ungeachtet der Zuordnung zu einem bestimmten Verwaltungstyp im hier beschriebenen Sinne auf die jeweilige Sachmaterie ankommt. Das lässt sich bereits am Ordnungsrecht verdeutlichen: Gefahrenabwehr im Umweltrecht ist anders als im Gewerberecht, Bauordnungsrecht oder im Ausländerrecht – und umgekehrt. Die Reihe ließe sich verlängern. Entscheidend ist, dass der – gewiss zentrale – Beitrag des Rechts zur Entbürokratisierung nur einschlagen wird, wenn die Steuerungsfunktion des Rechts stets auch nach Verwaltungstypen und Funktionen differenziert betrachtet wird.

Zu dieser Erkenntnis gehört auch, dass materiell komplexere Normen im Grundsatz auch einen komplexeren Normvollzug nach sich ziehen. Wenn sich dieses Bewusstsein durchsetzt, lassen sich dann aber mitunter auch leichter normative Rückbaumöglichkeiten mit Blick auf bürokratieüberladene Regelungen finden.

Man könnte es mit dem folgenden Zitat von *Stefan Breidenbach*[14] auch folgendermaßen illustrieren:

> „Der magische Moment der Gesetzgebung kommt, wenn die Materie komplexitätsadäquat erfasst und durchdacht ist. Jetzt gilt es, die Erkenntnisse in möglichst einfachen Regeln zu formulieren. Sie regeln nicht zu viel Detail. Zugleich sind sie detailliert genug, um faire, sozialverträgliche und gerechte Praxis zu ermöglichen. Das ist Handwerk und Kunstwerk."

Gerade die im Zitat angesprochene Komplexitätsadäquanz und die Umsetzung komplexer Regelungsmaterien in „einfache" Regeln erscheint aber als neuralgischer Punkt des Verhältnisses von Recht und Bürokratie. Denn es ist neben den Normadressaten vor allem die Vollzugsebene – und das sind in der bundesstaatlichen Kompetenzverteilung insbesondere die Länder (und dort vornehmlich die kommunale Ebene) –, die in die Lage versetzt sein müssen, eine wirksame und bürokratiearme Umsetzung gesetzlicher Vorgaben sicherzustellen.

2. Mangelnde Vollzugsorientierung von Recht

Eng verbunden mit der Frage der Komplexitätsadäquanz ist die Adressatenorientierung rechtlicher Regulierung. Sie stellt sich grundsätzlich in zweier-

14 *Breidenbach*, Mit Methode zum guten Gesetz, Editorial, in: Zeitschrift für Rechtspolitik (ZRP) 2025, S. 33.

lei Hinsicht. Zum einen sind Normadressaten im rechtlichen Sinne zuvörderst diejenigen, die das Recht zu befolgen haben. Dies sind Bürgerinnen und Bürger als natürliche Personen, daneben aber auch juristische Personen und andere Personenvereinigungen. Ihnen gegenüber treten die (rechtlichen wie tatsächlichen) Wirkungen einer Verwaltungsentscheidung ein. Zum anderen aber – nämlich aus einer stärker verwaltungswissenschaftlichen Perspektive heraus betrachtet – sind Normadressaten auch und gerade die Stellen, die das Recht ausführen, d.h. die Vollzugsebene. An dieser Stelle tut sich das nächste Problem auf: Die Rechtsetzung ist in vielen Fällen nicht hinreichend vollzugsorientiert. Eine solche mangelnde Vollzugsorientierung beim Normerlass führt zu mangelnder Vollzugstauglichkeit des umzusetzenden Rechts. *Gisela Färber*[15] hat dies anschaulich für das Bund-Länder-Verhältnis beim Vollzug von Bundesgesetzen durch die Länder an sieben Punkten verdeutlicht:

1. Mangelnde Vollzugsorientierung der Sprache von Bundesrecht
2. Zielkonflikte zwischen Konkretheit der Regelungen und Ermessenspielräumen beim Vollzug
3. Übermäßig komplizierte bürokratische Vorschriften bei bundeseigenem Vollzug, insb. bei Förderverfahren
4. Fehlerhafte Schätzung des Erfüllungs-, insb. des Vollzugsaufwands
5. Mangelhafte horizontale Koordination
6. Fehlende Kenntnisse der Vollzugswege
7. Unzureichende Berücksichtigung der dezentralen Vollzugskapazitäten

In diesen Punkten äußern sich die Defizite einer Rechtsetzung, bei der die Vollzugsorientierung nicht im Mittelpunkt steht. Mangelnde Vollzugsorientierung zieht aber zwangsläufig Dysfunktionalitäten beim Normvollzug nach sich, die wiederum Nährboden für die Entstehung vermeidbarer Bürokratie sind. Nicht selten betrifft dies die Entstehung von „Red Tape“ innerhalb der Verwaltung, weshalb man hier auch von „Binnenbürokratisierung“ sprechen kann. Denn beispielsweise Unsicherheiten der Normanwender beim Vollzug evozieren mitunter eine Aufblähung des behördlichen Verwaltungsverfahrens mit zusätzlichen Anforderungen, die gesetzlich gar nicht vorgegeben sind. Für die Normanwendung erlassene Verwaltungsvorschriften haben ggf. auch nur eine bedingte Steuerungsfunktion, wenn sie ihrerseits nicht geeignet sind, zur Vereinfachung der Rechtsanwendung beizutragen – etwa, weil sie selbst überkomplex ausgestaltet sind.[16]

---

15 *Färber*, Probleme der Vollzugstauglichkeit von Bundesrecht – Eine vertikale Betrachtung, in: Beck/Färber/Pautsch/Stelkens (Hrsg.), Vollzugstaugliche Rechtsetzung – Herausforderungen und Perspektiven für Wissenschaft und Praxis, 2023, S. 29ff. (34).

16 *Pautsch/Haug*, Vollzugssteuerung durch Verwaltungsvorschriften – Eine Bund-Länder-Betrachtung, in: Beck/Färber/Pautsch/Stelkens (Hrsg.), Vollzugstaugliche Rechtsetzung – Herausforderungen und Perspektiven für Wissenschaft und Praxis, 2023, S. 15ff.

Auch die „Initiative für einen handlungsfähigen Staat“[17] hat diese Defizite erkannt und zu einem Bestandteil ihres ersten von 30 Vorschlägen erhoben, der die Gesetzgebung in den Fokus nimmt. Unter anderem sollen als Teil der Empfehlung die Befugnisse des Nationalen Normenkontrollrats erweitert werden, indem ihm durch ein Vetorecht die Möglichkeit gegeben wird, das (interne) Gesetzgebungsverfahren vor der Beschlussfassung im Kabinett zu stoppen, wenn er zu der Auffassung gelangt, dass vollzugsrelevante Vorgaben im Gesetzgebungsverfahren nicht hinreichend berücksichtigt wurden.[18]

Kommentierend ist dem Vorschlag angefügt: „Insgesamt führt ein sorgfältiges Gesetzgebungsverfahren zu einem schnelleren und reibungslosen Verwaltungshandeln. Oder anders gesagt: Wer früh gut arbeitet, hat hinterher weniger Probleme.“[19] Dem dürfte auch im Kontext dieses Beitrags nichts hinzuzufügen sein.

3. Experimentelles Recht als Abhilfe?

Mögliche Lösungswege können hier nur skizziert werden. Auf die „Initiative für einen handlungsfähigen Staat“ ist bereits oben hingewiesen worden, ebenso auf die Studie zum „Bürokratiefilter für den Gesetzgeber“ im Auftrag der Stiftung Familienunternehmen. Viele dieser Ansätze zielen auf eine Vermeidung unnötiger Bürokratie durch eine Verbesserung des Gesetzgebungsverfahrens oder (allgemeiner) aller Normgebungsprozesse. Was allerdings nicht aus dem Blick geraten darf, ist der Umstand, dass sich im gesetzten Recht bereits heute eine hohe Bürokratielast findet bzw. dort ihren Ursprung hat. Die eingangs angesprochenen Verfahrensanforderungen wie Antragserfordernisse, Dokumentations- und Berichtspflichten sind nur einige Beispiele dafür, dass Bürokratietreiber in geltenden Normen zu finden sind. Sie zu identifizieren, fällt dem Gesetz- bzw. Normgeber in der Rückschau schwer. Selbst Evaluationen nach dem Normerlass („retrospektive Gesetzesfolgenabschätzung“) geben zumeist nicht den notwendigen Aufschluss darüber, ob eine Norm in der Rechtsanwendungspraxis zu mehr bürokratischem Aufwand geführt hat.

Vor diesem Hintergrund erscheint es in der Diskussion um mögliche Lösungsansätze mit Blick auf das bereits existente Recht naheliegend, es den Normanwendern – also der Vollzugsebene – zu einem gewissen Grad

---

17 *Jäkel/de Maizière/Steinbrück/Voßkuhle*, Initiative für einen handlungsfähigen Staat, Abschlussbericht, 2025, S. 30 ff.

18 *Jäkel/de Maizière/Steinbrück/Voßkuhle* (a. a. O.), S. 31.

19 *Jäkel/de Maizière/Steinbrück/Voßkuhle* (a. a. O.), S. 31.

selbst in die Hand zu geben, bürokratiekritische Regelungen im geltenden Recht aus ihrer eigenen Vollzugspraxis heraus zu identifizieren. Dies ist sodann mit der Möglichkeit zu verknüpfen, im Rahmen von Experimentier- oder Abweichungsklauseln einen bürokratieärmeren Vollzug zu erproben oder sich für einen gewissen Zeitraum von gesetzlichen Erfordernissen freistellen zu lassen. Angesprochen sind damit vor allem die kommunale Ebene und die unteren Verwaltungsbehörden, denen durch die Schaffung „experimentellen Rechts" ein Praxistest des Bürokratieabbaus ermöglicht wird.

Auch die „Initiative für einen handlungsfähigen Staat" plädiert daher für eine innovationsoffene und ausnahmefreundliche Gestaltung von Gesetzen und schlägt hierfür die folgenden drei Elemente vor[20]:

- Einführung einer **Experimentierklausel** bei neuen Gesetzen sowie bei bestehenden Gesetzen durch nachträgliche Einfügung
- Ermöglichung von sog. **Reallaboren** („regulatory sandboxes") zur Erprobung von Innovationen unter Realbedingungen
- Schaffung von **Abweichungskompetenzen für Verwaltungsbehörden**

Dieser Ansatz ist nicht völlig neu. Experimentierklauseln sind vor allem aus dem Bereich des kommunalen Haushaltsrechts geläufig, wenngleich sie später zum Teil wieder aufgehoben wurden und insgesamt keinem systematischen Ansatz wie vorliegend folgten. Ein gewisses Vorbild besteht aber mit den sog. „Kommunalen Standarderprobungsgesetzen" in Brandenburg (2006) und Mecklenburg-Vorpommern (2000).[21] Es handelt sich um Erprobungsregelungen, die es den Kommunen als zentraler Vollzugsebene in den Ländern ermöglichen, durch ein gesetzlich vorgesehenes Abweichungsrecht auf Vorgaben betreffend die kommunale Aufgabenerfüllung zu verzichten und dabei im Befreiungszeitraum zugleich personelle, sachliche und verfahrensmäßige Standards zu erproben, die dem Gesetzgeber Anhaltspunkte für eine (bürokratieärmere) Ausgestaltung des Rechts geben sollen. Insoweit hat sich der Begriff der „Standarderprobung" eingebürgert.[22] Diese Standarderprobungsgesetze reichen daher über den punktuellen Ansatz bisheriger Experimentierklauseln hinaus. Auch wenn entsprechende Vorhaben in anderen Bundesländern nicht realisiert oder das Erprobungsgesetz – so im Saarland – nicht verlängert wurde, gibt es sowohl im Bund als auch aktuell in Baden-Württemberg

20 *Jäkel/de Maizière/Steinbrück/Voßkuhle* (a. a. O.), S. 32 f.

21 Dazu eingehend *Krönke*, Die Idee eines „Bundeserprobungsgesetzes" – Hintergründe und Inhalte, verfassungsrechtliche Vorgaben und Gestaltungsoptionen, Neue Zeitschrift für Verwaltungsrecht (NVwZ) 2025, S. 961 (962 f.)

22 *Krönke* (a. a. O.), S. 961 (962).

neue Vorstöße, die in die Richtung der Vorbilder in Brandenburg und Mecklenburg-Vorpommern weisen und sogar noch darüber hinausgehen.

Im Bund ist in Anknüpfung an die Ziele des Koalitionsvertrages vorgesehen, zur „Förderung der Innovationskraft Deutschlands und einer Verbesserung der Gesetzgebung“ die Einführung von Öffnungs- und Experimentierklauseln in neuen und bestehenden Gesetzen sowie durch Reallabore und Abweichungsrechte geplant.[23] Zwischenzeitlich hat die Bundesregierung hierzu den Entwurf eines „Gesetzes zur Verbesserung der Rahmenbedingungen für die Erprobung von Innovationen in Reallaboren und zur Förderung des regulatorischen Lernens („Reallabore-Gesetz – ReallaboreG“)“ in den Bundestag eingebracht.[24]

Den jüngsten Anlauf zur Schaffung experimentellen Rechts hat Baden-Württemberg mit dem am 8. Juli 2025 in den Landtag eingebrachten Entwurf eines „Kommunalen Regelbefreiungsgesetzes (KommRegBefrG-E)“ unternommen.[25] Es handelt sich um einen zentralen Vorschlag aus der sog. „Entlastungsallianz“ des Landes. Das KommRegBefrG wurde zwischenzeitlich durch Beschluss des Landtages vom 8. Oktober 2025 verabschiedet.[26] Es ist am 9. Oktober 2025 in Kraft getreten. Die zentrale Zielsetzung des Gesetzes und dessen Charakter als Reforminstrument kommt vor allem im temporären Abweichungsrecht der Gemeinden und Landkreise von landesrechtlichen Regelungen zum Ausdruck. Insoweit sei auf den Wortlaut von § 2 Abs. 1 KommRegBefrG verwiesen:

> „Zur Erprobung neuer Formen der Aufgabenerledigung können Gemeinden und Landkreise auf Antrag im Einzelfall von landesrechtlichen Regelungen für eine bestimmte Zeit befreit werden, wenn die ausreichende Erfüllung der Aufgabe auch auf andere Weise als durch die Erfüllung dieser Regelungen sichergestellt ist. Bundesrecht, Recht der Europäischen Gemeinschaften oder Rechte Dritter dürfen nicht entgegenstehen.“

Die Gesamtschau der Reformansätze zeigt, dass durchaus Potenzial besteht, durch Einbeziehung der Vollzugsebene zu Verbesserungen in der Rechtsetzung beizutragen und damit der Entstehung von überbordender, unnötiger Bürokratie durch bessere Rechtsetzung – und somit mit den Mitteln des Rechts – entgegenzuwirken.

---

23 Koalitionsvereinbarung 2025, Z. 1879 1881.

24 BT-Drs. 21/218.

25 LT-Drs. 17/9087.

26 LT-Drs. 17/9572.

III. Fazit

„Red Tape“ als Ausdruck überbordender, überflüssiger Bürokratie hat seine Ursachen auch im geltenden Recht. Gleichwohl ist die Befassung mit den allfälligen Zusammenhängen von Recht und Bürokratie vielschichtig und bedarf einer gründlichen und vor allem differenzierten Auseinandersetzung mit den rechtsstaatlichen Erfordernissen an das Recht einerseits und den verzichtbaren Regelungsinhalten andererseits. Konkret sind in diesem Beitrag mit der Komplexitätsadäquanz und der Vollzugsorientierung zwei maßgebliche Parameter guter Rechtsetzung herausgestellt worden, die im Rahmen von Strategien der Bürokratievermeidung und des Bürokratieabbaus von entscheidender Bedeutung sein können. Den Weg der Umsetzung könnte eine experimentelle Öffnung des Rechts durch den Gesetzgeber weisen. Sei es durch Experimentierklauseln, Reallabore oder Abweichungskompetenzen – für neues wie bestehendes Recht. Vor diesem Hintergrund wollte auch die Fachtagung „Red Tape durch Recht? Herausforderungen für den Bürokratieabbau im Rechtsstaat“ einen Beitrag zur Diskussion leisten, die fortzusetzen ist.

Qualität der Gesetzgebung am Beispiel der Bürokratievermeidung

Gisela Meister-Scheufelen[1]

Umfragen bei Familienunternehmen zeigen, dass die Überbürokratisierung in Deutschland inzwischen als der größte Wettbewerbsnachteil angesehen wird, noch vor den Standortkosten und dem Fachkräftemangel.[2] Sie verhindert Investitionen hierzulande und lenkt solche in andere Länder um. Bürgerinnen und Bürgern zweifeln an der Funktionsfähigkeit des Staates, rechtspopulistische Parteien erhalten Zulauf. Wie kann dieser gordische Knoten durchschlagen werden, und wie kann es gelingen, dass die Politik unnötige Regelungen nachhaltig und wirksam vermeidet, bestehende verzichtbare Vorschriften endlich beseitigt und die Gesetzgebung wieder mehr an Qualität gewinnt? Im Folgenden wird auf systemische Lösungsansätze wie den Bürokratiefilter, entsprechende Entlastungsinstrumente und die Qualifizierung von Legisten eingegangen.

I. Ausgangslage

Die Zahl der Einzelnormen in 4646 Gesetzen und Verordnungen des Bundes ist auf 97959 angewachsen,[3] die Zahl der Dokumentationspflichten dürfte bei ca. 12000 liegen. Nachdem es in der Zeit von 2006 bis 2011 der Bundesregierung gelungen war, die Bürokratiekosten um zwölf Milliarden Euro auf knapp 40 Milliarden Euro zu senken, sind sie vor allem in den letzten Jahren wieder stark angestiegen. Inzwischen betragen die Bürokratiekosten der Wirtschaft durch Bundesgesetze über 64 Milliarden Euro.[4] Hier besteht ein immenser Handlungsbedarf für die Politik. Die Vorschriften sind für diejenigen, die sie befolgen sollen, häufig unverständlich oder

---

1 Dr. jur. *Gisela Meister-Scheufelen* ist Dozentin an der Universität Potsdam, Senior Advisor der Stiftung Familienunternehmen in München sowie ehemalige Vorsitzende des Normenkontrollrats Baden-Württemberg.

2 Der Investitionsstandort Deutschland aus Sicht der Familienunternehmen, Jahresmonitor der Stiftung Familienunternehmen, ifo Institut – Leibniz-Institut für Wirtschaftsforschung an der Universität München e. V., 2023, S. V, 16.

3 Stand: 24.05.2024, BT-Drs. 20/11746, S. 2.

4 Jahresbericht 2025 des Nationalen Normenkontrollrats, Einfach, schnell, wirksam, S. 5.

erweisen sich als nicht praktikabel und müssen anschließend mit erheblichem politischem Schaden geändert werden. Die rechtlich relevanten Aspekte, die bei Genehmigungsverfahren berücksichtigt werden müssen, können von Beschäftigten der Genehmigungsbehörden kaum noch überblickt werden. Dies erhöht die Unsicherheit der behördlichen Entscheider, führt zu einer Gutachtenflut, verteuert die Verfahren und verzögert sie wettbewerbsgefährdend. Die Qualitätsmängel in der Rechtsetzung werden vor allem in Form einer Überbürokratisierung wahrgenommen.

Die Bürokratiekosten eines Gastronomiebetriebs belaufen sich inzwischen auf bis zu 2,5 Prozent des Bruttoumsatzes und übersteigen damit den Gewinn der meisten Betriebe.[5] Das Bäckerhandwerk muss wöchentlich ca. 12,5 Stunden Zeit für Bürokratie aufwenden.[6] Vereine müssen ehrenamtlich tätigen Mitgliedern im Schnitt einen wöchentlichen Zeitaufwand für Bürokratie von 6,5 Stunden zumuten.[7]

II. Bürokratiebegriff nach Max Weber

Mit dem organisationstheoretischen Begriff von „Bürokratie" wollte der Soziologe Max Weber[8] in den 1920er-Jahren ein Gegenmodell zur Willkürherrschaft des Kaiserreichs entwickeln. Er versteht darunter vor allem die Regelbasierung, die Trennung von Amt und Person, also die „Unpersönlichkeit" beziehungsweise Neutralität des Verwaltungshandelns, das Hierarchieprinzip, die Arbeitsteilung und die Verschriftlichung. Die Regelbasierung staatlichen Handelns gilt als zentrales Merkmal des Rechtsstaates. Nach Art. 20 Abs. 3 Grundgesetz (GG) ist die „vollziehende Gewalt", also die Verwaltung, an Gesetz und Recht gebunden. Diese Errungenschaft, die Deutschland vor allem auch vor Korruption schützt, ist aufgrund von Fehlentwicklungen in den Hintergrund getreten. Inzwischen hat „Bürokratie" im allgemeinen Sprachgebrauch eine sehr negative Bedeutung erlangt. Gemeint sind heute eher eine zu hohe Regelungsdichte und -tiefe, unverständliche Vorgaben, fehlende Praktikabilität, umständliche und zu lange Genehmigungsverfahren, formalistische Anforderungen und Kleinlichkeit.

---

5 Bürokratiebelastung für Unternehmen bremsen. Eine Studie am Beispiel Gastgewerbe, DIHK, SIRA Consulting, 2020, S. 44.

6 Entlastungen für das Bäckerhandwerk, Empfehlungsbericht des Normenkontrollrats Baden-Württemberg, 2021, S, 8, 15.

7 Entbürokratisierung bei Vereinen und Ehrenamt, Empfehlungsbericht des Normenkontrollrats Baden-Württemberg, 2019, S. 8.

8 *Weber*, 1922.

III. Erscheinungsformen der Bürokratie

Bürokratie im eigentlichen Sinn meint administrative Tätigkeiten, also Anträge zu stellen oder Dokumentations-, Melde- und Nachweispflichten zu erfüllen. Das Normenkontrollratsgesetz (NKRG), wonach Bürokratiekosten zu berechnen sind, bezeichnet dies als „Informationspflichten", das heißt auf Grund von Gesetz, Rechtsverordnung, Satzung oder Verwaltungsvorschrift bestehende Verpflichtungen, Daten und sonstige Informationen für Behörden oder Dritte zu beschaffen, verfügbar zu halten oder zu übermitteln (§ 2 Abs. 2 S. 2 NKRG). Seit 2006 berechnet der Bund die Bürokratiekosten, seit 2011 weist er darüber hinaus den sogenannten Erfüllungsaufwand aus. Dieser umfasst neben den Informationspflichten weitere Kosten, zum Beispiel für Rauchmelder, Filteranlagen, Photovoltaikanlagen oder betriebliche Beauftragte.

Neben den berechenbaren bürokratischen Aufwänden gibt es eine von Bürgerinnen und Bürgern „gefühlte" Bürokratie. Wenn sie zu lange auf eine Genehmigung warten müssen, zu viel Beteiligte angehört werden müssen, Vorgänge nicht entscheidungsrelevant und formalistisch anmuten, den zuständigen Sachbearbeiter nicht erreichen können, Öffnungszeiten von Behörden nicht kundengerecht sind oder Verfahren noch analog statt digital betrieben werden und umständlich sind.[9] Der Normenkontrollrat Baden-Württemberg bezeichnet die Kosten, die durch diese Erscheinungsform von Bürokratie ausgelöst werden, als „Irritationskosten".[10]

Bürokratie hat unterschiedliche Bezüge: die Regelungsebene und den Verwaltungsvollzug. Sie tritt im Rahmen der Interaktion zwischen Behörde und Bürger auf und beruht auf unterschiedlichen Grundlagen: der EU, des Bundes, der Länder und Kommunen, nicht zuletzt aufgrund von technischen Normen, zum Beispiel der DIN-Normen.

IV. Ursachen der Überbürokratisierung

Die Überbürokratisierung beruht vor allem auf

- dem Misstrauen des Staates gegenüber seinen Bürgern. Dies führt zu einer übertriebenen Detaillierung von Vorschriften und zu Dokumentationspflichten, die im Wesentlichen Kontrollzwecken dienen (sog. Erfüllungsnachweise),

---

9 Soweit es Unternehmen betrifft, dazu eingehend: *Holz/Schlepphorst/Brink/Icks/Welter*, Bürokratiewahrnehmung von Unternehmen, ifm-Materialien Nr. 274, Juni 2019.

10 Entlastung von Bürokratie und Baukosten durch Optimierung des Brandschutzes, Empfehlungsbericht des Normenkontrollrats Baden-Württemberg, 2021, S. 16.

- einer übertriebenen Einzelfallgerechtigkeit, die dazu führt, dass möglichst viele Ausnahmen und Sonderkonstellationen in Gesetzen geregelt werden, die jeden Detailsachverhalt erfassen soll und das Regelwerk unübersichtlich machen,
- der Angst vor Fehlern. Die institutionelle und individuelle Absicherungsmentalität der Verwaltung ist Folge der Überbürokratisierung und Ursache zugleich,
- der fehlenden Praxisnähe von Politik und Verwaltung, die durch die Mehrebenenproblematik verstärkt wird. Der Bund macht die Gesetze, die Länder- und Kommunalverwaltungen setzen sie um, in der Regel ohne vorbereitende Abstimmungen,
- dem ausgeprägten Silodenken einzelner Politik- und Ressortbereiche sowie
- der unzureichenden Digitalisierung der Verwaltung.

Die Belastungen für die Wirtschaft haben in den letzten Jahren auch deshalb deutlich zugenommen, weil der Gesetzgeber dazu übergegangen ist, mithilfe staatlicher Regelungen auf unternehmerische Entscheidungen Einfluss zu nehmen. Sowohl die EU als auch der Bund bedient sich *dirigistischer Vorgaben*, um klima-, menschenrechts- und sozialpolitische Ziele durchzusetzen, zum Beispiel Lieferkettengesetz, EU-Richtlinie zur Nachhaltigkeitsberichterstattung (Corporate Sustainability Reporting Directive, CSRD). Marktwirtschaftliche Instrumente (zum Beispiel CO_2-Emissionshandel) werden als unzureichend empfunden, stattdessen werden gesetzliche Steuerungsinstrumente eingesetzt (zum Beispiel politisch festgelegte Mindestlöhne, Festlegung auf bestimmte Technologien).

V. Paradigmenwechsel beim Bürokratieabbau

1. Kulturwandel in der Gesetzgebung

Der lange Weg zu den beschriebenen und auf ein Bündel von Ursachen zurückzuführenden Fehlentwicklungen in der Gesetzgebung und dem Verwaltungshandeln hat eine kulturelle Prägung. Sie kommt in den Verhaltensmustern einer Verwaltung sowie den Einstellungen und Werten der an der Gesetzgebung sowie dem Verwaltungsvollzug Beteiligten zum Ausdruck.[11] Um eine wirksame und nachhaltige Kehrtwende zu erreichen, ist

11 *Behnke/Jonas*, Kulturelle Ursachen der Überbürokratisierung, Stiftung Familienunternehmen (Hrsg.), 2025, S. 9ff.

es deshalb notwendig, dass Politiker in Regierungs- und Mandatsverantwortung sowie Verwaltungsbeschäftigte ihre Denkweise grundlegend neu ausrichten. Sie sollte sich neben der Regelorientierung vor allem auch an *„Zeit für Qualität“* und einer *„unternehmensbezogenen Ermöglichungskultur“* orientieren.[12] Vorschriften sollten Unternehmen eher zur Innovation und Transformation befähigen als diese zu verhindern. Dazu müssten auf allen Ebenen organisatorische und verfahrensrechtliche Grundlagen geschaffen werden, um das erforderliche Wissen in den Ministerien und den nachgeordneten Verwaltungen zu vermitteln. Dazu gehört, dass Bürokratieabbau Chefsache ist, also beim Bundeskanzleramt und bei den Staatskanzleien angesiedelt wird oder zumindest Kabinettsrang hat[13] und sich die Regierungen ausdrücklich zu der neuen Governance bekennen.

2. Rechtsqualität als politischer Auftrag

Das Grundgesetz verpflichtet den Gesetzgeber nicht zu einem qualitativ guten Gesetz. Es verpflichtet ihn zu einem verfassungsgemäßen Gesetz, das heißt, „der Gesetzgeber schuldet nichts als das Gesetz“, so *Schlaich*.[14] Er ergänzt: „Die Normenkontrolle darf den Gesetzgeber nicht in ein von Literatur und Rechtsprechung ersonnenes Gesetzgebungsverwaltungsverfahrensgesetz einspannen“. Es handelt sich vielmehr um eine gesetzgeberische Obliegenheit.[15]

Die Qualität staatlicher Regelungen, also unter anderem verständliches, praktikables und aufwandsschonendes Recht, ist zwar keine verfassungsrechtliche Verpflichtung des Gesetzgebers, aber Voraussetzung für die Akzeptanz des Staates, seiner demokratisch legitimierten Gremien und seiner Vollzugseinrichtungen und damit Voraussetzung für einen funktionierenden Rechtsstaat. Die Qualität von Recht hat damit eine wichtige demokratiepolitische Bedeutung.

---

12 Dazu eingehend: *Kluth*, Bürokratiefilter für den Gesetzgeber: Unnötigen Belastungen präventiv begegnen, Stiftung Familienunternehmen (Hrsg.), 2025, S. 39ff.

13 Dies ist 2025 im Bund erstmals mit der Schaffung des neuen Ministeriums für Digitales und Staatsmodernisierung erreicht worden.

14 *Schlaich*, VVDStRL, 1981, S. 99 (109); in abgeschwächter Form *Karpen*, in: Kluth/Krings, Gesetzgebung, § 7 Rn. 23.

15 *Schuppert*, ZG Sonderheft 2003, S. 13; Merten, DÖV 2015, S. 349 (360); *Meßerschmidt*, ZJS 2008, S. 111 (121); *Haug*, in: Haug/Meister-Scheufelen (Hrsg.), Praxishandbuch Gute Rechtsetzung, Rn. 126–129; BVerfGE 125, 175 (226).

3. Strategie einer systemischen Vorgehensweise

Ein Kernproblem der bisherigen Qualitätsmängel von Recht mit der Folge der Überbürokratisierung sind der Zeitmangel und das Mindset. Ein Kernproblem des unzureichenden und von der Wirtschaft kaum spürbaren Bürokratieabbaus ist die *fragmentarische Herangehensweise*. Eigentlich sollte 2006 die Einführung der Folgekostenberechnung mithilfe des Standard-Kostenmodells und die Einrichtung eines unabhängigen Nationalen Normenkontrollrats den Startschuss für die systematische und damit erfolgreiche Problemlösung darstellen. Nach erfolgreichem Rückbau von 25 Prozent der Folgekosten (zwölf Milliarden Euro) von 2006 bis Ende 2011 sollte die Belastungshöhe mithilfe der One-in-one-out-Regel eingefroren werden. Tatsächlich hat sich diese Strategie bislang nicht als erfolgreich erwiesen. Zum einen war die One-in-one-out-Regel aufgrund ihres unzureichenden Erfassungsumfangs wenig geeignet, zum anderen wurde die Regelungsintensität der Europäischen Union vor allem im Kontext des Green Deal unterschätzt. Der weitere wesentliche Grund dafür, dass die Politik beim Bürokratieabbau trotz vier Bürokratieentlastungsgesetzen keine sichtbaren Fortschritte erzielt hat, ist, dass sie den Bürokratieabbau gegenüber anderen Schutzzielen entgegen öffentlicher Bekenntnisse nicht priorisiert. Die Regierung hat es bisher den jeweiligen Ressorts überlassen, selbst Entlastungsvorschläge zu machen oder diejenigen der Wirtschaft zu bewerten und eigenständig abzulehnen. Das Ressortprinzip stand einem wirksamen Bürokratieabbau entgegen. Es fand *keine Gesamtabwägung* statt, bei der das teilweise ausgeprägte Silodenken einzelner Ressortbereiche hätte überwunden werden können. Hinzu kam, dass der Bürokratieabbau bis 2025 keinen „Ministerrang" hatte und kein Bundestagsausschuss sich schwerpunktmäßig um Bürokratievermeidung und -abbau gekümmert hat. Dies hat sich 2025 mit der Schaffung des Bundesministeriums für Digitales und Staatsmodernisierung und dem entsprechenden Bundestags- sowie Bundesratsausschuss geändert.

4. Faktenorientierung beim Bürokratieabbau

Bürokratieabbau kann nur dann wirksam gelingen, wenn dies faktenbasiert erfolgt und mit einem *konkreten quantitativen Maßstab* politikfähig gemacht wird, an dem sowohl die Belastungen durch Bürokratie als auch deren Veränderungen empirisch nachgewiesen werden. Ebenso wie volkswirtschaftliche Kenngrößen, zum Beispiel die Steuerquote und Exportquote, oder umweltpolitische Kenngrößen der Kohlendioxidbelastung und der Stickoxidbelastung in der Luft, sollte eine Kenngröße der Bürokratiebelastung als empirische Größe Grundlage politischen Handelns werden. Der Erfüllungsaufwand sowie die darin enthaltenen Bürokratiekosten sind wichtige und unverzichtbare Kennzahlen für die Gesetzesfolgenabschätzung und für das Monitoring der Bürokratiebelastung, die durch Bundes- oder Landesrecht verursacht werden. Sie bilden aber nicht die tatsächliche Belastung in den Unternehmen ab. Die Bürokratiebelastung[16] eines Unternehmens hat verschiedene staatlich oder kommunal veranlasste Quellen: EU-Recht, Bundesrecht, Landesrecht, kommunales Recht, Diensterlasse und den Verwaltungsvollzug.

5. Grenzwert der Bürokratiekosten

Eine evidenzbasierte Politik des Bürokratieabbaus in der Wirtschaft sollte deshalb beim Normadressaten, also insbesondere bei den Unternehmen, ansetzen und mit einem konkreten quantitativen Maßstab politikfähig gemacht werden, an dem sowohl die Belastungen durch Bürokratie als auch deren Veränderungen als empirisch nachgewiesener Bestandteil des unternehmerischen Handelns parametrisiert wird. Als Bewertungsmaßstab kommt ein Indikator infrage, der den Zeitaufwand bzw. die Kosten am Umsatz misst.

Die Bürokratiekostenquote sollte vom Statistischen Bundesamt als neutrale und objektive Stelle erhoben und veröffentlicht werden. Um die dadurch entstehende Belastung für die Unternehmen möglichst gering zu halten, kann die Bürokratiekostenquote im Rahmen bereits etablierter freiwilliger Umfragen des Statistischen Bundesamtes bei Unternehmen ermittelt werden.

6. Bürokratiefilter für den Gesetzgeber

Eine systemische Vorgehensweise, unnötige Bürokratie zu vermeiden, kann darin bestehen, in einem ressortübergreifenden Leitfaden Prüfkriterien für eine innovationsfreundliche und wettbewerbssichernde Gesetzgebung mit konkreten Beispielen und einer Begründungspflicht festzulegen.[17] Um Prüferfordernisse für Legisten im Rechtsetzungsverfahren noch handhabbar zu machen, sollten in diesen Leitfaden die wichtigsten

16 Mit „Bürokratiebelastung" ist die Belastung durch den „Erfüllungsaufwand" gemeint, i. S. d. Leitfadens zur Ermittlung und Darstellung des Erfüllungsaufwands in Regelungsvorhaben der Bundesregierung, *Statistisches Bundesamt*, April 2025.

17 Siehe Fn. 12.

Checklisten wie Praxis- und Digitalchecks integriert werden. Der Leitfaden konkretisiert den Prozess der Alternativen- und Angemessenheitsprüfung und dient zur Strukturierung der Begründung von als angemessen erachteten Bürokratie- und Erfüllungslasten.

Dabei ist zwischen primären, sekundären und tertiären Bürokratielasten zu unterscheiden. Primär sind Berichtspflichten, die Mitwirkungspflichten im Rahmen von Anzeige- und Genehmigungsverfahren betreffen, sekundär und schwer begründbar sind solche, die aufgrund von langen und komplizierten Verwaltungsverfahren oder Mehrfachzuständigkeiten Zusatzinvestitionen auslösen. Tertiär und politisch grundsätzlich zu hinterfragen sind Berichtspflichten, die Mitwirkungspflichten im Rahmen von Überwachungsmaßnahmen darstellen, indem sie über unternehmerisches Handeln informieren und als „Instrument der indirekten Verhaltenssteuerung“[18] dienen sollen.

7. Begründungspflicht bei Bürokratielasten

Bei den Prüffragen geht es darum, dass ausdrücklich und konkret begründet werden muss, warum die Bürokratie- oder Erfüllungslasten notwendig sein sollen und ob die Regelungen praxistauglich, verständlich und evaluierbar sind. Es sollte begründet werden müssen, warum zum Beispiel nicht auf das Anzeige- oder Antragserfordernis verzichtet werden kann. Sind Pauschalierungen, Bagatellgrenzen, Befristungen, hohe Schwellenwerte, Erprobungsklauseln oder ein späterer Zeitpunkt des Inkrafttretens möglich? Ist das Kosten-Nutzen-Verhältnis gewahrt, um unnötige Bürokratie zu vermeiden oder so gering wie möglich zu halten? In der Begründung von Bürokratielasten, die auf EU-Recht basieren, ist notwendig zu beschreiben, dass die Mindestanforderungen des EU-Rechts nicht überschritten werden. Andernfalls läge ein sogenanntes „Gold Plating“ vor. Die Begründung einzelner Bürokratielasten sollte in den Begründungsteil des Gesetzesentwurfs aufgenommen werden, um dem zuständigen Bundestagsausschuss und der Öffentlichkeit die Nachprüfung zu ermöglichen.

Es sollten ressortinterne Kompetenzstellen, die speziell für die Aufgabe des Bürokratieabbaus und der Qualitätssicherung von Regelungsentwürfen qualifiziert werden, eingerichtet werden. Bislang hat es ein solches Fachreferat nur im Bundesministerium für Wirtschaft und Klimaschutz gegeben.

---

18 *Kleindiek*, in: BeckGOK HGB, Stand: 01.11.2023, § 289b HGB, Rn. 2; *Spießhofer*, Corporate Social Responsibility, in: Burgi/Habersack (Hrsg.), Handbuch Öffentliches Recht des Unternehmens, 2023, § 5, Rn. 16: Paradigmenwechsel von Information zu Transformation.

8. Kontrollinstanzen bei neuen Bürokratielasten

Damit der Bürokratiefilter zum gewünschten Erfolg führt, bedarf es Kontrollinstanzen und Öffentlichkeit. Der Referentenentwurf mit der detaillierten Begründung sollte deshalb in frühem Stadium des Rechtsetzungsverfahrens der für Bürokratieabbau zuständigen Stelle der Bundesregierung (aktuell dem Bundesministerium für Digitales und Staatsmodernisierung) und dem Nationalen Normenkontrollrat vorgelegt werden müssen. Sie prüfen, ob die Begründung geplanter Bürokratielasten stichhaltig und mit der Gesetzgebungsgovernance, die Wettbewerbsfähigkeit der Wirtschaft eher zu fördern als einzuschränken, kompatibel ist.

Erfolgversprechend kann sein, dass der Regelungsentwurf dem neu eingerichteten Bundestagsausschuss für Digitales und Staatsmodernisierung samt der Stellungnahme des Bundesministeriums für Digitales und Staatsmodernisierung und des Nationalen Normenkontrollrats zugeleitet werden muss und dieser die Funktion einer Bürokratiebremse auch mithilfe der Öffentlichkeit übernehmen kann.

9. Ex-ante-Praxischeck

Ein zentrales Verfahrenselement für eine systematische Bürokratievermeidung und Qualitätssicherung entstehenden Rechts ist der Ex-ante-Praxischeck. Er soll als Grundregel Teil der Gesetzesfolgenabschätzung sein. Nur wenn Normadressaten, also Unternehmen und vollziehende Verwaltung, mit der antizipierten Umsetzung von Vorschriften befasst werden, können Lösungsalternativen erarbeitet und unnötige Bürokratie vermieden werden. Bei einem Wirtschaftsverband könnte dafür ein Unternehmenspool gebildet werden, dessen Mitglieder für Praxischecks kurzfristig zur Verfügung stehen.

10. Beschleunigung von Genehmigungsverfahren

Die Qualitätsmängel Guter Rechtsetzung machen sich insbesondere in zu langen Genehmigungsverfahren bemerkbar. Sie können durch vielfältige Maßnahmen beschleunigt werden, insbesondere auch mithilfe eines professionellen Projektmanagements in der Verwaltungspraxis und plattformbasierter end-to-end digitalisierter Verfahren. Instrumente zur Beschleunigung von Genehmigungsverfahren beim Bau von Gebäuden sowie Infrastrukturprojekten sind die Beschränkung des Verbändeklagerechts auf das erforderliche Mindestmaß, der Verzicht auf Zustimmungsvorbehalte sowie Stichtagsregelungen für die Geltung der Rechtslage bei Verfahrensverzögerungen. Im Rahmen der Rechtsetzung kann dies befördert werden, indem Fristen vorgegeben werden und eine Genehmigungsfiktion eintritt, wenn die Frist von der Genehmigungsbehörde nicht eingehalten wird. Ein weiteres Instrument der Beschleunigung sind Präklusionen, also der Ausschluss von Einwendungen nach Ablauf einer bestimmten Frist. Dies kann sich vor allem beschleunigend auf die Anhörung von zu beteiligenden Behörden auswirken. Eine Beschleunigung würde erreicht, wenn für bestimmte Genehmigungsverfahren auf das Widerspruchsverfahren verzichtet würde. Dies böte sich vor allem in den Bereichen an, in denen, wie beim Baugenehmigungsverfahren, üblicherweise der Prozessweg beschritten wird.

11. Gute Rechtsetzung als Qualifizierungs- und Forschungsauftrag

Die Rechtsetzung nimmt in der juristischen Forschung und Lehre eine Außenseiterrolle ein.[19] Bis heute sind Anforderungen an Better Regulation kein Teil der Juristenausbildung. Wenn Absolventen in den Ministerien eingestellt werden und Gesetzestexte entwerfen sollen, machen sie dies ohne Vorbildung. Rechtsetzungslehre sollte deshalb fester Bestandteil eines juristischen Studiums werden. Bei der Weiterqualifizierung von Legistinnen und Legisten sollte Gute Rechtsetzung ein besonderer Schwerpunkt sein. Die inhaltliche und organisatorische Entwicklung eines Aus- und Weiterbildungsangebots sowie die Forschung zur bürokratiearmen Gesetzgebung könnte vom Zentrum für Legistik[20] koordiniert werden. Korrespondierend sind die entsprechenden Aus- und Weiterbildungspflichten in den Ressorts so umzusetzen, dass eine ausreichende Zahl von Mitarbeitern über das erforderliche Wissen verfügt. Die Deutsche Universität für Verwaltungswissenschaften Speyer könnte dabei neben anderen Hochschulen eine wichtige Rolle einnehmen, um Legisten von Bund und Ländern aus- und weiterzubilden.

Literaturverzeichnis

Behnke/Bernhard (2025), Kulturelle Ursachen der Überbürokratisierung, in: Stiftung Familienunternehmen (Hrsg.), München.

Hamann, Hanjo, ZG 2020, S. 65.

Haug, Volker M. (2022), in: Haug/Meister-Scheufelen (Hrsg.), Praxishandbuch Gute Rechtsetzung.

19 *Hamann*, ZG 2020, 65.

20 Das Zentrum für Legistik (ZfL) wurde 2024 beim Bundesministerium der Justiz eingerichtet. Seine Zuständigkeit ist 2025 auf das Bundesministerium für Digitales und Staatsmodernisierung übergegangen.

Holz, Michael/Schlepphorst, Susanne/Brink, Siegrun/Icks, Annette/Welter, Friederike (2019), Bürokratiewahrnehmung von Unternehmen, ifm-Materialien Nr. 274.

ifo Institut – Leibniz-Institut für Wirtschaftsforschung an der Universität München e. V. (2023), Der Investitionsstandort Deutschland aus Sicht der Familienunternehmen, Jahresmonitor der Stiftung Familienunternehmen, München.

Karpen, Ulrich (2014), in: Kluth/Krings (Hrsg.), Gesetzgebung, Rechtsetzung durch Parlamente und Verwaltungen sowie ihre gerichtliche Kontrolle.

Kleindiek, Detlef, in: Beck'scher Online-Kommentar HGB, Stand: 01.11.2023.

Kluth, Winfried (2025), Bürokratiefilter für den Gesetzgeber: Unnötigen Belastungen präventiv begegnen, in: Stiftung Familienunternehmen (Hrsg.).

Merten, Detlef, „Gute" Gesetzgebung als Verfassungspflicht oder Verfahrenslast?, DÖV 2015, S. 349 ff.

Meßerschmidt, Klaus, Gesetzgebungslehre zwischen Wissenschaft und Politik, Entwicklungstendenzen der Legisprudenz – Teil 1, ZJS 2008, S. 111 ff.

Nationaler Normenkontrollrat (2025), Einfach, schnell, wirksam. Jahresbericht 2025.

Normenkontrollrat Baden-Württemberg (2021), Empfehlungsbericht, Entlastung von Bürokratie und Baukosten durch Optimierung des Brandschutzes, Stuttgart.

Normenkontrollrat Baden-Württemberg, Empfehlungsbericht (2021), Entlastungen für das Bäckerhandwerk, Empfehlungsbericht des Normenkontrollrats Baden-Württemberg, Stuttgart.

Normenkontrollrat Baden-Württemberg (2019), Entbürokratisierung bei Vereinen und Ehrenamt, Stuttgart.

Schlaich, Klaus, VVDStRL 1981, S. 99 ff.

Schuppert, Gunnar Folke, Gute Gesetzgebung. Bausteine einer kritischen Gesetzgebungslehre, Zeitschrift für Gesetzgebung (ZG) Sonderheft 2003, S. 13 ff.

SIRA Consulting (2020), Bürokratiebelastung für Unternehmen bremsen. Eine Studie am Beispiel Gastgewerbe, DIHK.

Spießhofer, Birgit (2023), Corporate Social Responsibility, in: Burgi/Habersack (Hrsg.), Handbuch Öffentliches Recht des Unternehmens.

Weber, Max (1922), Wirtschaft und Gesellschaft, Grundriß der Sozialökonomie, Tübingen, Mohr.

Welche Bürokratie erfordert der Rechtsstaat?

Wolfgang Peschorn[1]

Dieser Beitrag stellt eine kompilierte Fassung des im Rahmen der Fachtagung „Herausforderungen an den Bürokratieabbau“ der Hochschule für öffentliche Verwaltung und Finanzen Ludwigsburg gehaltenen Vortrags dar.

I. Vorbemerkung

Man sagt, dass der Standort den Blickwinkel bestimmt. Wenn ich über Bürokratie spreche, dann tue ich dies mit dem Wissen und der Erfahrung als Leiter eines Organs der Republik Österreich, das an die Gesetze gebunden und dem gesetzmäßigen Handeln verpflichtet ist.

Die in Österreich etablierte Finanzprokuratur ist ein dem bundesdeutschen Rechtsbereich nicht bekanntes staatliches Organ. Diese aus den Fiskalämtern und dem Reichsfiskal hervorgegangene Einrichtung hat im 13. Jahrhundert über Kaiser Friedrich II. den Weg aus Süditalien ins Reich und nach dem Interregium zu den Habsburgern als Landesherren gefunden. Nach den großen Umbrüchen im Gefolge der bürgerlichen Revolution von 1848 und des Zusammenbruchs der Habsburger-Monarchie kommt der Finanzprokuratur nun die Aufgabe zu, den Staat als Rechtssubjekt und dessen Organe rechtlich zu beraten und vor Gerichten und Behörden zu vertreten.

Als so ausgestalteter „Anwalt der Republik“ ist die Finanzprokuratur im besonderen Maße dem Rechtsstaat sowie den Bürgerinnen und Bürgern, die diesen Staat ausmachen, verpflichtet. Diese Verpflichtung drückt auch § 5 ProkG[2] aus, nach dem die Finanzprokuratur in Erfüllung ihrer gesetzlichen Aufgaben zur Wahrung der Interessen des Staates in rechtlichen Belangen berufen ist. Sie ist dabei zur umfassenden Interessenwahrung verpflichtet und hat mit der erforderlichen Sorgfalt und Umsicht vorzugehen.

Die Finanzprokuratur ist der Staatsgewalt „Verwaltung“ zuzuordnen. In den Gesetzesmaterialien wird sie zutreffend als „Hilfsorgan der Exeku-

1 Dr. *Wolfgang Peschorn* ist Präsident der Finanzprokuratur.

2 Bundesgesetz über die Finanzprokuratur (Finanzprokuraturgesetz – ProkG), BGBl. I Nr. 110/2008.

tive" qualifiziert[3] und damit dem Rechnungshof, der als Hilfsorgan der Legislative zur Seite steht, gegenübergestellt.

Das ProkG bildet gleichsam die Satzung der Finanzprokuratur. Diese ist unverkennbar vom Gedanken der Gesetzmäßigkeit des Art. 18 B-VG[4] geprägt. Das damit im Verfassungsrang stehende Legalitätsprinzip ist ein wichtiger Baustein des österreichischen Rechtsstaates und bestimmt, dass die gesamte staatliche Verwaltung nur auf Grund der Gesetze ausgeübt werden darf.

Nichts anderes sollte für jedes andere Organ des Staates gelten. Zutreffend judiziert daher der Oberste Gerichtshof für den Bereich der Amtshaftung, dass jedes staatliche Organ ausnahmslos verpflichtet ist, sich rechtmäßig zu verhalten.[5] Denn was rechtmäßig ist, bestimmen die Gesetze.

II. Der Rechtsstaat

Der Staat ist die Organisation der Gesellschaft; nicht mehr und nicht weniger. Damit sind alle Bürgerinnen und Bürger als Akteure unserer Gesellschaft für diese Organisation und den Staat verantwortlich. Deswegen ist es auch konsequent, wenn die Staatsrechtslehre für einen Staat nicht nur ein Staatsgebiet und eine Staatsgewalt, sondern auch ein Staatsvolk, das sich zu diesem Staat bekennt, als kennzeichnend ansieht.

Die liberale und auf Grundrechte aufbauende Organisation der Gesellschaft hat den Rechtsstaat hervorgebracht. Der Begriff des Rechtsstaates wird in der letzten Zeit gerne in die politische Diskussion eingebracht. Oft erscheint es unklar, ob die Personen, die diesen Begriff verwenden, auch ein klares und eigenes Bild von dem Inhalt dieses Begriffes haben.

Ich persönlich habe mit dem Begriff des Rechtsstaats als junger Mensch in den 1970er-Jahren im Zusammenhang mit dem Kampf der bundesdeutschen Behörden gegen den Terror der so genannten Roten Armee Fraktion – „RAF" – meine erste Berührung gehabt. Schon damals war die Rede davon, dass der Rechtsstaat wehrhaft sein muss.

Eingenommen hat mich der Grundsatz, dass sich die staatlichen Behörden in einem Rechtsstaat an die vom Staat aufgestellten Regeln bedingungslos halten müssen, und zwar selbst dann, wenn durch einen Regelbruch vielleicht ein Verbrechen verhindert werden könnte.

3 NR: GP XXIII RV 609 S 12.

4 Bundes-Verfassungsgesetz (B-VG), BGBl. Nr. 1/1930 (WV) i. d. F. BGBl. I Nr. 194/1999 (DFB). Art. 18 Abs. 1 B-VG entspricht i.W. Art. 20 Abs. 3 GG.

5 Vgl. etwa OGH 30.09.2008, 1 Ob 225/07 f m. w. N.

Ein Rechtsstaat ist eine Organisation der Gesellschaft, die Bestand hat und die allseits verbindliches Recht schafft und auch insbesondere seine eigenen Organe an dieses Recht bindet. Ein Rechtsstaat ist ein Staat, der durch seine Organe auf Grundlage von Regeln handelt und dessen Handeln daher vorhersehbar und nicht willkürlich ist.

Mit dieser unerschütterlichen Verpflichtung zur Regeltreue ist der Rechtsstaat weder erpressbar noch korrumpierbar.

Der Rechtsstaat ist sowohl ein rechtliches als auch ein politisches Konzept, das eng mit einem demokratischen Staatsaufbau verbunden ist. Ein Rechtsstaat wird durch die (materiellen) Gesetze und seinen Staatsaufbau bestimmt, der einen besonderen rechtlichen, nämlich verfassungsrechtlichen Bestandschutz hat. Es ist daher für diesen nicht nur von Bedeutung, was angeordnet und was verboten ist, sondern auch, wie dieser strukturiert – Stichwort Staatsgewalten – und organisatorisch ausgestaltet ist.

III. Aufgaben und Befugnisse

Nach diesem Konzept wird ein Rechtsstaat durch seine Gesetze ausgeformt. Das Schicksal des Rechtsstaates liegt damit in der Hand des Gesetzgebers, der in einer repräsentativen Demokratie das Volk ist.[6]

Wenn man sich der Frage des „Bürokratieabbaus" in einem Rechtsstaat nähert, dann ist dafür zunächst zu klären, welche Anordnungen erforderlich sind, damit die freiheits- und grundrechtlichen Garantien des Rechtsstaates effektiv gewährleistet sind, und durch welche Struktur(en) beziehungsweise organisatorischen Maßnahmen ein rechtmäßiges Vorgehen sichergestellt ist.

IV. Bürokratie

„Bürokratie" ist ein in der Mitte des 18. Jahrhunderts in Frankreich kreiertes Kunstwort, das seit damals überbordende staatliche Regelungen und Eingriffe zu beschreiben versucht. Übersetzt bedeutet es „Herrschaft der Verwaltung". Der deutsche Sozialwissenschaftler Max Weber hat Bürokratie als „rationale Form der legalen Herrschaft" umschrieben. Letztlich wird mit Bürokratie eine staatliche oder nichtstaatliche Verwaltung

---

6 Vgl. Art. 1 Abs. 1 B-VG: „Österreich ist eine demokratische Republik. Ihr Recht geht vom Volk aus."

bezeichnet, die durch ihre Struktur und die von dieser zu befolgenden Regelungen gekennzeichnet ist. So verstanden ist diese als eine legal-rationale Organisationsform kennzeichnend für jede moderne Verwaltung im öffentlich-staatlichen Bereich sowie in Unternehmen, Betrieben, Verbänden, Parteien, Kirchen, Militärorganisationen et cetera.[7]

Mit „Bürokratie“ kann daher auch der Staat und damit der gewaltenteilende Rechtsstaat in seiner Gesamtheit aus Gesetzgebung, Gerichtsbarkeit und Verwaltung verstanden werden.[8] Dagegen kann Bürokratie als Herrschaft der Verwaltung mit einem funktionierenden Rechtsstaat nicht in Einklang gebracht werden. Denn in einem Rechtsstaat hat die Verwaltung dem Gesetzgeber zu folgen.

Bürokratie wird in einem Rechtsstaat nicht nur durch den Gesetzgeber, sondern gerade auch durch ausgegliederte (Organisations-)Einheiten bestimmt, die materiell staatliche Aufgaben erfüllen.

Es ist einer der großen Irrtümer der heutigen Zeit, dass man überbordender Bürokratie mit der Ausgliederung von Aufgaben und/oder der privatwirtschaftlichen Erfüllung ehemals hoheitlich vollzogener Aufgaben begegnen will. Statt folgerichtig zunächst kritisch zu hinterfragen, inwieweit eine Aufgabe für die Organisation unserer Gesellschaft – den Staat – noch erforderlich ist, konserviert man diese dadurch und schafft teure zusätzliche Einheiten, die sich durch ihren vermeintlichen Gegensatz zur unmittelbaren staatlichen Verwaltung jeglicher, auch sachlicher, Kritik zu entziehen vermögen.

Damit tritt das Gegenteil des Beabsichtigten ein: Bürokratie in neuem Gewand immunisiert sich.

Im Wettkampf um Unternehmensansiedlungen hat die Frage, welche Umstände für die Wahl eines Standortes entscheidend sind, maßgebliche Bedeutung. Dafür werden harte von weichen Standortfaktoren unterschieden. Zu den harten Standortfaktoren zählen die Steuern; zu den weichen Standortfaktoren beispielsweise die Bürokratie.

Ein mit dem Gesetz des Stärkeren in einer durch Gewalt bestimmten Gesellschaft sozialisierter Mensch wird einen Staat bevorzugen, der ihm keine Zügeln anlegt. Aus dem Blickwinkel eines Menschen, der einem liberalen bzw. sozial-marktwirtschaftlichen Staatsmodell zuneigt, ist es dagegen von Bedeutung, dass mit klaren Regeln und staatlichen Konsequenzen im Falle ihrer Missachtung ein fairer Wettkampf unter den Menschen und Akteuren gewährleistet wird. Die Sehnsucht nach einem „gerechten Staat“ wird wohl am besten dadurch befriedigt, dass sichergestellt ist, dass alle vom Staat gleich behandelt werden.

---

7 *Schöbel*, in: Bürokratie – Definition. Gabler Wirtschaftslexikon [abgefragt: 25.08.2025].

8 Vgl. Art. 18 Abs. 1 B-VG (Legalitätsprinzip).

V. Ausgestaltung staatlicher Aufgaben durch den Gesetzgeber

Dazu ist zu evaluieren, was für unser Zusammenleben in einem liberalen gewaltenteilenden Staat erforderlich ist. Für dessen Ausgestaltung sind insbesondere folgende Überlegungen von Bedeutung.

Der Staat sollte Regeln vorsehen, die jedermann kennen und verstehen kann. Nach dem aus dem Gleichheitssatz gemäß Art. 2 StGG[9] und Art. 7 B-VG vom österreichischen Verfassungsgerichtshof abgeleiteten allgemeinen Sachlichkeitsgebot[10] darf der Gesetzgeber Differenzierungen nur vornehmen, wenn diese sachlich „begründbar" bzw. „gerechtfertigt" sind. Das allgemeine Sachlichkeitsgebot wird nicht nur auf Gleich- und Ungleichbehandlungen angewendet, sondern dient auch zur Beurteilung, ob eine (gesetzliche) Regelung für sich genommen als unsachlich zu qualifizieren ist, ohne dass ein Vergleich mit anderen Regelungen gezogen wird.

Die Regelungen haben dafür so ausgestaltet zu sein, dass ihr Inhalt einsichtig und die damit verbundenen Rechtsfolgen vorhersehbar sind. Nur so erhalten diese Regelungen auch die erforderliche Akzeptanz und können durch diese ihre Wirksamkeit entfalten.

Regelungen sollte es nur dort geben, wo für diese eine Notwendigkeit erkannt wird. Dieser Regelungsbedarf ist eine gesellschaftspolitische Frage.

Die bestehenden Regelungen sind auch anzuwenden und zu vollziehen. Aus den Regelungen ergeben sich für die staatlichen Organe Aufgaben. Zum Vollzug dieser Aufgaben sind Befugnisse erforderlich.

Ohne Aufgabe keine Befugnisse und ohne Befugnisse keine Aufgabenerfüllung. Die Befugnisse bilden gleichsam das Werkzeug des Organs zur Bewältigung der diesem obliegenden Aufgaben. Diese sind den Organen vom Gesetzgeber in der für den Vollzug erforderlichen Qualität und Umfang einzuräumen.

Der Vollzug der Regeln hat dem allgemeinen verfassungsrechtlichen Effizienzgebot des Art. 126b Abs. 5 B-VG[11] zu entsprechen. Dafür sind die Aufgaben und Befugnisse dem verfassungsrechtlichen Effizienzgebot entsprechend festzulegen und auszulegen. Die Gestaltung dieser Prozessbeschreibungen obliegt dem Gesetzgeber und dem Vollzugsorgan.

---

9 Staatsgrundgesetz vom 21. December 1867, über die allgemeinen Rechte der Staatsbürger für die im Reichsrathe vertretenen Königreiche und Länder, StF: RGBl. Nr. 142/1867.

10 Jüngst dazu: VfGH 05.10.2023, G 265/2022–45.

11 Der österreichische Verfassungsgerichtshof leitet aus dem in dieser Verfassungsbestimmung, die den Prüfungsmaßstab des Rechnungshofes festlegt, i. V. m. mit dem allgemeinen verfassungsrechtlichen Sachlichkeitsgebot ein allgemeines Effizienzgebot, das nicht nur die Vollziehung, sondern auch den Gesetzgeber bindet, ab (*Muzak*, B-VG[6] Art. 126 Rn. 9).

Dafür sind von den Verfassern der Regeln die Prozesse zu überlegen und von den dafür zur Verfügung stehenden alternativen Möglichkeiten jene zu wählen, die mit dem geringsten Ressourceneinsatz den von der Regelung angestrebten Erfolg rechtlich zulässig erzielt.

Mit klar strukturierten und effizienten Prozessen für die Erfüllung staatlicher Aufgaben und einer allumfassenden Aufgabenkritik kann der wichtigste Beitrag zu einem Bürokratieabbau erfolgen. Diese Prozesse müssen dafür möglichst als „self-executing“ ausgestaltet sein.

Die Anforderung der Einsichtigkeit und Vorhersehbarkeit einer Regelung ist dahingehend zu ergänzen, dass damit auch Vorsorge für zukünftige Ereignisse getroffen wird, die zwar ungewiss sind, mit deren Eintritt allerdings weitreichende Folgen verbunden sein können. Es geht also um ein Krisen- und Resilienz-Management, das sich sowohl auf die Gesetzgebung als auch auf die Vollziehung zu erstrecken hat.

VI. Resümee

Ein Staat, der sich als Organisation einer Gesellschaft über klare und für jedermann einsichtige Regelungen definiert und über eine effiziente bzw. effektive Vollziehung verfügt, ist für alle Menschen attraktiv, die vorsehbar und nicht unsachlich oder ungleich behandelt werden wollen.

So verstanden ist der Titel des vorliegenden Vortrags als Frage danach zu verstehen, nicht ob, sondern in welchem Umfang und in welcher Ausformung wir den Rechtsstaat organisieren wollen oder organisiert haben.

Dieses Anforderungsprofil gilt nicht nur für einen liberalen, gewaltenteilenden Rechtsstaat; dieser hebt sich von anderen mit diesen Merkmalen beschriebenen Staaten dadurch ab, dass er in Gesetzgebung, Gerichtsbarkeit und Vollziehung an die Grund- und Freiheitsrechte gebunden ist und jedem einzelnen einen Rechtsschutz gegen (unzulässiges) staatliches Verhalten – mag dieses in der Vollziehung oder der Gesetzgebung erfolgen – einräumt.

Das Recht – also festgelegte Regeln – ist die Grundlage des Rechtsstaates.

Art. 1 B-VG deklariert Österreich zur demokratischen Republik und ordnet mit seinem zweiten Satz an, dass das Recht der Republik vom Volk ausgeht. Damit verlangt die repräsentative Demokratie nach Vermittlern zwischen dem Volk und dem Recht. Diese Personen haben die Verantwortung, das Recht innerhalb der Leitplanken der Grundordnung eines liberalen Rechtsstaates mitzugestalten und einen effektiven Vollzug sicherzustellen.

Diese Vermittler haben darüber hinaus mit dem Gesetz die Aufgaben des Staates auf jene zu begrenzen, die für einen liberalen, gewaltenteilenden Rechtsstaat erforderlich sind, und dafür die Organe mit den notwendigen Befugnissen auszustatten. Für ein solches Vorgehen ist sorgfältig zu evaluieren, welche Aufgaben erforderlich sind und wie diese bestmöglich vollzogen werden können. Aufgaben und Befugnisse, die diesem Anforderungsprofil nicht entsprechen, sind in gleicher Weise aufzugeben wie die Organisationen, die sich mit diesen rechtfertigen wollen.

Europäisches Recht als Bürokratietreiber?

Patrick Wegener[1]

Der Beitrag diskutiert, unter welchen Bedingungen EU-Gesetzgebung in der Praxis zu Bürokratiezuwächsen führt. Auf der Basis von Praxiserfahrungen und aktueller Governance-Ansätze der Kommission zeigt er: Europäische Rechtsakte sind nicht per se Bürokratietreiber, können jedoch bei hoher Regelungsdichte, kompromissbedingter Komplexität und unzureichender Praxisbeteiligung zusätzliche Belastungen erzeugen. Analytisch werden der Wettbewerbskompass (inkl. Omnibus-Vereinfachungspakete) und das Rahmenwerk der Besseren Rechtsetzung (One-in-one-out, REFIT, Regulatory Scrutiny Board) verknüpft. Ein Fallbeispiel zur Verordnung über die Wiederherstellung der Natur (NRL) illustriert die Perspektive kommunaler Akteure. Daraus werden vier Ansatzpunkte abgeleitet: frühere und repräsentative Folgenabschätzungen, konsolidierte Konsultationen mit sichtbarer Rückkopplung, konsequentere Nutzung von REFIT/RSB und gezielte Entlastungen für Kommunen. Ausschlaggebend ist weniger der Rechtsakt als solcher als vielmehr die Art seiner Entstehung, Begleitung und Umsetzung.

I. Fragestellung

Unter welchen Bedingungen führt europäisches Recht in der Praxis zu mehr Bürokratie? Beobachtungen aus der Verwaltungsarbeit und aus Brüssel ergeben ein differenziertes Bild: EU-Recht ist nicht per se Quelle bürokratischer Mehrbelastungen; wohl aber kann es solche Effekte auslösen, wenn Gesetzgebungsprozesse und nationale Umsetzungen nicht hinreichend praxisnah ausgestaltet sind. Der Beitrag bündelt Praxiserfahrungen für Verwaltungspraktiker und Wissenschaft, arbeitet die aktuelle europäische Debatte zur Wettbewerbsfähigkeit auf, skizziert die Governance des Bürokratieabbaus und diskutiert abschließend strukturelle Ursachen und Handlungsempfehlungen. Grundlage für diesen Beitrag ist ein Vortrag auf der Konferenz „RED TAPE DURCH RECHT? Herausforderungen für den Bürokratieabbau" an der Hochschule für öffentliche Verwaltung und Finanzen in Ludwigsburg vom 7. Mai 2025.

---

1 *Patrick Wegener*, M.A., war Leiter des Europabüros der baden-württembergischen Kommunen.

II. Der Europäische Wettbewerbskompass und die Omnibus-Gesetzgebung

Mit der Mitteilung „Ein Kompass für eine wettbewerbsfähige EU" vom 29. Januar 2025 verknüpft die EU-Kommission Wettbewerbsfähigkeit explizit mit Bürokratieabbau, u. a. durch horizontale Omnibus-Vereinfachungspakete.[2] Den Auftakt bildete ein erstes Paket zur Reduktion unbeabsichtigter Belastungen entlang von Lieferketten (u. a. Nachhaltigkeitsberichterstattung, Taxonomie).[3] Präsidentin von der Leyen betonte zum Start am 26. Februar 2025 den Anspruch, „Vereinfachung" sichtbar zu liefern und weitere Vorschläge folgen zu lassen.[4] Der Kompass quantifiziert Entlastungen zunächst beim Berichterstattungsaufwand, adressiert aber perspektivisch den gesamten Verwaltungsaufwand.[5] Zudem wird die Rolle des öffentlichen Sektors betont (Digitalverwaltung, KI-gestützte Genehmigungs- und Verwaltungsverfahren).[6] Offen bleibt gleichwohl die grundlegende Frage der Genese: Wie entstehen komplexitäts- und aufwandsintensive europäische Vorgaben im Prozess selbst?

III. „Bessere Rechtsetzung" als Governance-Antwort

Unter dem Dach der Besseren Rechtsetzung (Better Regulation) verfolgt die Kommission seit Jahren einen systematischen Governance-Ansatz zur Vereinfachung, Effizienzsteigerung und Zukunftstauglichkeit des EU-Rechts.[7] Zentrale Instrumente sind u. a.:

- **„One-in-one-out":** Neue Belastungen werden – politikbereichsbezogen – durch den Abbau bestehender Pflichten ausgeglichen; Anwendung seit dem Arbeitsprogramm 2022, mit methodischer Flexibilität (z. B. Periodenverschiebungen, begründete Ausnahmen).[8]

---

2 Europäische Kommission, Ein Kompass für eine wettbewerbsfähige EU (COM(2025) 30 final).

3 Ebd., S. 22 f.

4 Europäische Kommission, Kommission vereinfacht Vorschriften für Nachhaltigkeitsberichterstattung und EU-Investitionen (Pressemitteilung IP/25/614, 26.02.2025), hier: https://ec.europa.eu/commission/presscorner/detail/de/ip_25_614 (letzter Zugriff: 19.09.2025).

5 Kommission, Kompass, S. 22 f.

6 Ebd.

7 Europäische Kommission, Bessere Rechtsetzung: Mit vereinten Kräften für bessere Rechtsvorschriften (COM(2021) 219 final), S. 2 f.

8 Ebd., S. 11 ff.

- **REFIT-Programm:** Systematische Evaluierungen (inkl. Fitness Checks) zur Kosten-Nutzen-Bilanz und zur Identifikation von Straffungspotenzial; gestartet 2012.[9]
- **Ausschuss für Regulierungskontrolle (RSB):** Qualitätssicherung von Folgenabschätzungen, Evaluierungen und Fitness-Checks; verstärkter Blick auf „One-in-one-out“ und strategische Vorausschau.[10]

Die EU – namentlich die Kommission – hat ein ausgebautes Instrumentarium zur Lastenreduktion etabliert. Diskrepanzwahrnehmungen in Praxis und Öffentlichkeit bleiben jedoch bestehen, insbesondere dort, wo Regelungsdichte und Umsetzungsrealität auseinanderfallen.

Die Zunahme von Herausforderungen im Zusammenhang mit der Gesetzgebung ergeben sich möglicherweise durch das Europäische Mehrebenensystem an sich. Kompromissorientierte Gesetzgebungsprozesse auf EU-Ebene, die Vielfalt der Steuerungsinstrumente sowie detaillierte administrative Vorgaben führen dazu, dass Regelwerke nicht nur umfangreicher, sondern auch schwieriger zu handhaben sind.

Insbesondere die unterschiedlichen Umsetzungslogiken von Verordnungen und Richtlinien, technische Detailanforderungen und nationale Anpassungen („Gold Plating“) tragen dazu bei, dass der administrative Aufwand stetig wächst und die angestrebte Harmonisierung oft unterlaufen wird. Im Folgenden werden drei mögliche Ursachen aufgezeigt:

- **Kompromissorientierte Gesetzgebung.** EU-Rechtsakte entstehen in trilogischen Aushandlungen (27 Mitgliedstaaten; heterogene Verwaltungsstrukturen). Kompromisse erhöhen politische Akzeptanz, erzeugen aber häufig komplexe, detaillierte Regelwerke, die national unterschiedlich zu interpretieren und umzusetzen sind.
- **Steuerungsinstrumente: Verordnungen vs. Richtlinien.** Verordnungen gelten unmittelbar und sichern Einheitlichkeit, tendieren aber zu Detailtiefe. Richtlinien schaffen Flexibilität, eröffnen jedoch Spielräume für zusätzliche nationale Anforderungen („Gold-Plating“). Beide Logiken können – je nach Ausgestaltung – administrativen Mehraufwand erzeugen.
- **Administrative Detailanforderungen.** Technische Vorgaben (insbes. in Verordnungen) führen zu Dokumentations-, IT- und Nachweispflichten, die Verwaltungen überproportional binden.

9 Ebd., S. 9 ff.
10 Ebd., S. 21 f.

- **Umsetzungsaufwand durch nationale Anpassungen.** Bei Richtlinien resultieren Gold-Plating[11] und Divergenzen in zusätzlichen Prozess- und Nachweispflichten, die die beabsichtigte Harmonisierung unterlaufen.

IV. Fallbeispiel: Naturwiederherstellung (NRL)

Im Gesetzgebungsverfahren zur Verordnung über die Wiederherstellung der Natur[12] brachten die kommunalen Landes- und Spitzenverbände aus Baden-Württemberg, Bayern und Sachsen praxisnahe Einwände ein: Gefordert wurden ein partnerschaftlicher Richtlinienansatz statt einer starren Verordnung, Zielkorridore (Anpassungspfade) statt fixer Einheitsziele, die Kohärenz mit kommunalen Bauleit- und regionalen Raumordnungsplänen (Art. 3) sowie verbindliche Kooperation und verlässliche Finanzierung (Art. 6) zur Vermeidung eines Nettoverlusts städtischer Grünflächen.[13] Diese Positionen spiegeln die drei vorab benannten Belastungstypen (Regelungsdichte, Gold-Plating-Risiko, Berichtspflichten) wider.

V. Mögliche Lösungsansätze aus kommunaler Perspektive

- **Frühere und praxisnähere Folgenabschätzungen.** Impact Assessments sollten früher, repräsentativ und mit systematischer kommunaler Beteiligung erfolgen, um Umsetzungsaufwände früh sichtbar zu machen.
- **Konsultationen mit Praxisrückkopplung.** Öffentliche Konsultationen sind zu bündeln und adressatengerecht (insb. für kleine Kommunen) auszugestalten; Rückmeldungen sind sichtbar in die Normtexte einzuarbeiten.
- **REFIT & RSB konsequenter nutzen.** Prüfkriterien stärker auf administrative Belastung und operative Umsetzbarkeit ausrichten; horizontale Fitness-Checks (z. B. zu Berichtspflichten) ausweiten.

---

11 Die Europäische Kommission hat die Herausforderung des Gold-Platings erkannt, hier: https://euractiv.de/news/buerokratieabbau-eu-kommission-schiesst-gegen-gold-plating (letzter Zugriff: 19.09.2025).

12 Europäische Kommission, Vorschlag für eine Verordnung über die Wiederherstellung der Natur (COM(2022) 304 final).

13 Die Bürogemeinschaft: Positionspapier zum Verordnungsvorschlag zur Wiederherstellung der Natur, 27.01.2023, hier: https://www.europabuero-bw.de/wp-content/uploads/2023/01/2023-01-27-Positionspapier-BG-Verordnungsvorschlag-zur-Wiederherstellung-der-Natur-FIN-1.pdf (letzter Zugriff: 19.09.2025).

- **Gezielte Entlastungen für Kommunen.** Nach dem Vorbild der Omnibus-Pakete sollten kommunale Berichtspflichten und Prozessvorgaben systematisch identifiziert und prioritär vereinfacht werden.

VI. Fazit und Ausblick

Das EU-Recht kann zum Bürokratietreiber werden – wenn Regelungsdichte, Kompromissformeln und mangelnde Praxisbeteiligung zusammenfallen. Gleichzeitig bestehen wirksame Strukturmechanismen (Better Regulation, REFIT, RSB), die eine lastenbewusste Regulierung ermöglichen. Entscheidend ist nicht nur der Rechtsakt, sondern wie er entsteht, begleitet und umgesetzt wird. Je früher Praxisexpertise einfließt und je strikter Subsidiarität und Verhältnismäßigkeit angewandt werden, desto geringer könnte das Risiko bürokratischer Mehrbelastung sein. Die Reformpfade der Kommission – Better Regulation, Omnibus-Initiativen, REFIT, RSB – sind richtige Schritte; ihr Erfolg hängt von der konsequenten Umsetzung und der stärkeren Verankerung kommunaler Praxiserfahrungen im Gesetzgebungsprozess ab.

Red Tape durch Recht – Herausforderungen für den Bürokratieabbau im Rechtsstaat

Julius H. Mihm[1]

Wir haben auf kommunaler Ebene im Bereich der Stadtentwicklung die Lösung für komplexe Verwaltungsverfahren gefunden: Bauen ist grundsätzlich verboten – über Ausnahmen entscheidet der Baudezernent, lautet die Devise. Leider eine Illusion. Man vermutet ja nicht, dass im Gegenteil in Deutschland verfassungsgemäß Baufreiheit herrscht, womit die Probleme der Einschränkung und Zulässigkeit im Detail anfangen. Wir wenden uns also dem Stück „Komplexe Verwaltungsverfahren und Bürokratie" zu – einem Dramma giocoso in drei Akten, mit einem Prolog und einem Epilog – aus dem Nähkästchen der Kommunalverwaltung.

Es handelt von *den* Verwaltungsverfahren und entsprechenden rechtlichen Grundlagen, die mich und meinen Stand seit den letzten Jahrzehnten am meisten umtreiben. Zur Frage der **Aufwand-Nutzen-Relation** hören Sie zunächst im *Prolog* eine EU-Schelte über das **Vergabeverfahren für Planungs- und Ingenieurleistungen**, dann steigen wir im *1. Akt* mit allgemeinen Ausführungen zur **Verwaltungskultur** tiefer ein: Diese betreffen eine der *Kardinalfragen*, die der Philosoph Immanuel Kant in seiner Philosophie der Aufklärung dem Menschen nahelegt „Was soll ich tun?", welche auch für dessen Wirken als Bürokrat gilt; diese Frage wollen wir im *2. Akt* am Beispiel der **BauNVO** betrachten. Die BauNVO leitet uns im *3. Akt* zum **Bauleitplanverfahren** hin, als eine von dessen inhaltlichen Grundlagen, wo wir die Chancen für Vereinfachungen und weniger Einzelfallkomplexität im wichtigsten Verwaltungsverfahren der kommunalen Planungshoheit aufzeigen wollen. Dort werden wir ins Detail gehen, um ein konkretes Gespür für die rechtlichen Zusammenhänge zu erhalten. Zum Schluss wollen wir im *Epilog* einen Kronzeugen anrufen und mit ihm ausloten, wie die **legitimatorische Grundlage von Verwaltungshandeln** in Richtung weniger Bürokratie grundsätzlich verbessert werden kann.

---

1 *Julius H. Mihm* ist Dipl.-Ing. Architekt und ehemaliger Baubürgermeister der Stadt Schwäbisch Gmünd.

I. Prolog

Oh heilige Transparenzia, oh heiliger Wettbewerbus – bitte für uns – koste es, was es wolle … Ein besonderes Husarenstück der europäischen Wettbewerbskultur sind die Vorgaben für die Beauftragung von Planungsleistungen für Bauwerke, auch „Vergabeverfahren für Planungs- und Ingenieurleistungen“ genannt. Aus deutscher Sicht kommt erschwerend hinzu, dass für die EU dies Dienstleistungen wie Haareschneiden oder Fußpflege oder die Lieferung von Kopierpapier sind – aus deutscher Sicht aber freiberufliche Leistungen wie die eines Arztes oder eines Anwalts; diese auszuschreiben, würde hier niemand auf den Gedanken kommen, da sie per se keinem Wettbewerb unterliegen können: Stellen Sie sich vor, Sie brauchen eine neue Herzklappe, und müssen dies europaweit ausschreiben …

Zur Entscheidung, ob Planungsleistungen europaweit ausgeschrieben werden müssen, gibt es Schwellenwerte der zusammengefassten abgeschätzten Honorarleistungen aller Planungsbeteiligten, also des Architekten und aller Fachingenieure, hier müssen nach Abschaffung des § 3 Abs. 7 Satz 2 VgV auch sogenannte „nichtgleichartige Leistungen“ zusammengefasst werden. Die aktuelle Regelung führt mit den gegenwärtigen Baupreisen und den daran gekoppelten Honorarhöhen dazu, dass auch eine kleine Landkommune letztlich den **Bau einer Kindergartengruppe** europaweit ausgeschrieben muss, in einem sogenannten **VGV-Verfahren**: Dies kann eine Kommune, selbst mit Fachverwaltung, nicht eigenständig durchführen, da zu komplex, weshalb sie dazu wiederum ein Spezialbüro benötigt. Sie hat dadurch rund 60.000 € höhere Baukosten und verliert ein halbes Jahr Planungszeit. Koste es, was es wolle … Im Ergebnis bewerben sich die *gleichen* regionalen Büros, wie andernfalls auch. Hinzu kommt, dass dieses Verfahren mängelfrei durchgeführt werden muss, um nicht juristisch ausgehebelt zu werden, und noch mehr Zeit und Geld zu verlieren. Die Gefahr droht hier auch nicht von Planungsbüros, die sich übergangen fühlen, sondern von Haifisch-Kanzleien, die ein Geschäft wittern. Ein Wettbewerb, wie intendiert, kann nicht festgestellt werden, da sich der Kreis der Teilnehmer nicht ändert. Im Rahmen einer möglichen Experimentierklausel sollte dies in einer Evaluierung Bedingung sein, ob eine Regelung den Erwartungen entsprechend sich tatsächlich legitimiert. Die gewonnene Transparenz und der Pro-forma-Wettbewerb stehen in keinem Verhältnis zum Aufwand.

Solche Gängelungen haben die Kommunen als treue Europäer bisher klaglos wie ein Dauerunwetter hingenommen. Warum ist der Maßstab nicht *die* regelhafte Vergabepraxis, die sowieso schon in Deutschlands

Kommunen unter der strengen Kuratel der Gemeindeprüfungsanstalt und der Kommunalaufsicht üblich ist – statt eine maximal mögliche, ohne Bezug zur Realität rigide? Alle sind sich inzwischen einig, dass der jetzige Zustand weder effizientes (gemessen an einem vernünftigen Aufwand der Mittel) noch effektives (gemessen am Ergebnis) Verwaltungshandeln unterstützt. Dies ist unmittelbar mit der Frage der Bürokratie verknüpft. Deshalb hat die *AG der BauBM im Städtetag B-W* die bestehende Regelung auf den Prüfstand gestellt und von der EU-Kommission über die EU-Abgeordneten wesentliche Anpassungen gefordert. Wir können uns inzwischen gar nicht mehr vorstellen, wie wir dieses Prokustesbett über Jahre klaglos akzeptieren konnten. Hier fordern wir deutliche Spielräume, die den Wunsch nach Transparenz und prinzipieller Wettbewerbsoffenheit mit effizientem und effektivem Verwaltungshandeln besser ausbalancieren.

Übrigens zeigt das aktuelle Bemühen der EU-Kommission, die Gefährdung im Straßenverkehr zu minimieren, sehr schön, wie **systematisch über das Ziel hinausgeschossen** wird: Da auch Fahrzeugmängel Ursache für Unfälle mit Personenschäden sind, sollen Fahrzeuge älter als zehn Jahre, in Deutschland ca. 50 % aller Kfz, jetzt jährlich zum TÜV; nur: Ursache von Personenschäden im Straßenverkehr in Deutschland sind technische Mängel nur zu 1 % aller Unfallursachen! Hintergrund: Mit ihrer „Vision Zero“ strebt die EU an, bis zum Jahr 2050 die Verkehrstoten auf null (!) zu reduzieren. Mit der vorgeschlagenen Regelung würde die Zahl der jährlichen TÜV-Untersuchungen um ca. 50 % von grob 20 Mio. Untersuchungen auf 30 Mio. Untersuchungen erhöht, um die Zahl der Schäden aufgrund von technischen Mängeln um vielleicht 0,5 % am Gesamtanteil zu senken – koste es, was es wolle. 90 % der Ursachen von Personenschäden sind Fehlverhalten der Fahrer. Vielleicht könnte ein ähnlicher Aufwand hier viel wirksamer sein? Resümee: Die Absicht ist gut, aber der Aufwand steht in keinem Verhältnis. Ende des Prologs.

II. Erster Akt

Die Zeiten sind, gottseidank, vorbei, in denen man von den immer wieder aufgelegten Kommissionen zum Bürokratieabbau aufgefordert wurde: „Sagt uns doch einfach, was ihr an Vorgaben für entbehrlich haltet.“ Tja, **was könnte entbehrlich sein?** Eigentlich fast alles, wenn sich alle an die guten Sitten halten. Zum Beispiel die Baunutzungsverordnung, um gleich ein Beispiel aus dem Bereich des Planens und Bauens zu nennen, auf das ich noch zurückkommen werde.

Inzwischen ist allen klar, dass die vordergründige Frage nach der Entbehrlichkeit die Sache nicht richtig, da nur vordergründig, adressiert, sondern dass es sich um ein tiefer gehendes Problem unserer Gesellschaft handelt. Rechtsstaatliche Grundlagen und die Art und Weise, wie wir miteinander umgehen, **was uns als Gesellschaft wichtig ist**, und wie wir dies manifestieren, bilden die Rahmenbedingungen. Da spielen die spezifischen kulturellen Fähigkeiten und Fertigkeiten, die kulturellen Codes und **kulturellen Ablaufsysteme**, wie der ehemalige Tübinger Historiker August Nitschke sagen würde, die uns als Deutsche von anderen Nationalkulturen unterscheiden, eine entscheidende Rolle. Es handelt sich also um eine Herausforderung unserer Kultur, aus der letztlich das Rechtssystem entspringt, wie wir es heute leben. Das *„bürokratische Brombeer-Gestrüpp"*, wie es unser Ministerpräsident genannt hat, in dem wir uns zunehmend verheddern, ist also ein **Problem des juristischen und kulturellen Geistes – letztlich des Gemeinschaftsgeistes.** Alle Bürokratieabbau-Kommissionen und Normenkontrollräte bleiben in ihrem Kampf an dieser Stelle stecken.

Die vormalige Vorsitzende des Normenkontrollrats Baden-Württemberg, Frau Dr. Meister-Scheufelen, empfiehlt einen **Kulturwandel, der von oben kommen müsse**. Das ist aber nur der halbe Weg, solange die Gerichte immer die sachlich Zuständigen der unteren Ebenen zur Verantwortung ziehen und die Vorgesetzten erst beim Organisationsversagen Schwierigkeiten bekommen. Richtig ist aber, dass es einen intensiven **organisationskulturellen Austausch zwischen den Sach- und den Führungsebenen** geben muss. Wenn man es laufen lässt, besteht die Gefahr, einerseits über das Ziel hinauszuschießen, andererseits Spielräume des Ermessens *nicht* auszunutzen: Die Führungsebenen sollten die Sachebenen ermuntern und absichern, ihre Ermessensspielräume zu nutzen; die Sachebenen sollten die Führungsebenen beraten, ihre Verantwortung in der Grauzone bis zur groben Fahrlässigkeit auszuloten. Dazu muss die Sachebene die **Perspektive wechseln**: Die Frage der Führungsebene an die Sachebene ist: „Was würden Sie mir an MEINER Stelle empfehlen – nicht an IHRER!" Allein dieser Perspektivwechsel gehört schon nicht mehr zum Standardrepertoire beider Ebenen, und muss deshalb gemeinsam eingeübt werden. Ein gutes Lot, eine gute Kontrollfrage in diesem Zusammenhang ist auch: „Was würde passieren, wenn wir es anders machen würden, ggf. bleiben ließen?" Die Führungsebene muss auch Verantwortung wahrnehmen, indem sie heikle oder grenzwertige Vorgänge, die der Sachebene nicht mehr zuzumuten sind, selber autorisiert, also z. B. unterschreibt.

Viele vom Volk gewählte und damit legitimierte Oberbürgermeisterinnen und Oberbürgermeister bemühen sich jeden Tag sehr, die Ketten der

Bürokratie zu sprengen, animieren ihre sachlich zuständigen Mitarbeiter dazu und leben den Kulturwandel vor, aber wenn es hart auf hart kommt, bin ich mir absolut nicht sicher, ob die Zuständigen dann nicht im Regen stehen. Die Gerichte suchen immer den leichtesten Ausweg, um ein plausibles Urteil zu fällen. Wenn es ihnen die rechtliche Situation einfach macht, stoßen sie die am wenigsten verschlossene Tür auf – und das war es dann. Lappalien bringen hyperkomplexe Rechtsgebilde wie Bebauungspläne zu Fall. Leisten sich die Planer und Verfahrensspezialisten der Verwaltung einen kleinen Fehler, der noch nicht einmal mit den Anlässen, Grundzügen, Zielen und Zwecken der Planung etwas zu tun haben muss, schlägt die Jurisdiktion gnadenlos zu, um die Sache erst einmal guten Gewissens vom Tisch zu räumen. Die Hürde, weiter zu prozessieren, ist dann oft so hoch, dass die Sache in der Regel liegen bleibt.

Das Dilemma ist: Einen grundständigen Kulturwandel wird es im Rahmen unserer **„Rechtsschutzversicherungs-Vollkasko-Kultur“** kaum geben. Das habe ich sogar einmal von höchstrichterlicher Stelle bestätigt bekommen: Ein ehemaliger Richter am Bundesgerichtshof hat es resignierend in einem Gespräch über den Bürokratieabbau eingestanden. Wenn sich der Individualismus als höchstes Gut der rechtsstaatlich verfassten liberalen Demokratie unreflektiert auslebt, braucht man sich nicht zu wundern, wenn sich damit als Komplement eine Kultur infantiler Rechthaberei etabliert.

III. Zweiter Akt

Wir können uns *allein* auf die verantwortungsbewusstere Auslegung des bestehenden Systems kaum verlassen, um einen grundlegenden Wandel einzuleiten. Aus Sicht der kommunalen Stadtentwicklung ist eines der Kardinalbeispiele dafür die Anwendung der **Baunutzungsverordnung BauNVO**: Hier steht das Ziel der aktuellen urbanen Transformation mit einem höheren Maß der Nutzung (vulgo „höhere Dichte“) in Verbindung mit einer stärkeren Nutzungsmischung von Wohnen, Arbeiten, Gemeinbedarf und Freizeit (vulgo „gemischt genutzte Stadt“, „Stadt der kurzen Wege“, „15-Minuten-Stadt“) im Widerspruch zum städtebaulichen Paradigma, das diese Verordnung hervorgebracht hat: Das ist die „gegliederte und aufgelockerte Stadt“, die die strikte Trennung der Nutzungskategorien und eine geringere bauliche Dichte verfolgte, als die kompakte Stadt mit ihren Baublöcken, Korridorstraßen und geschlossenen Platzräumen – eine Stadt, in der parkartige Landschaft und Bebauung in einander übergehen sollten.

Dieses Muster steht dem aktuellen Paradigma der Neuen Leipzig Charta entgegen, deren Ziel es ist, die Gegenstände der Stadtentwicklung wieder zu integrieren und kooperativ zusammenzuführen. Beschlossen vom Europäischen Rat unter jeweils deutscher Ratspräsidentschaft 2007, erneuert 2020, als Grundlage der Stadtentwicklung in Europa.

Wenn eine höhere städtebauliche Dichte und eine stärkere Mischung von Nutzungen vom **Geist und Buchstaben des Gesetzes** nicht intendiert sind, kommt es zu keinem „Kulturwandel", auch wenn eine Auslegung des Gesetzes dies unter Umständen und bei entsprechender Anpassung zuließe, es also *legal* wäre. Es muss aber auch aus dem Geist des Gesetzes für alle klar und verständlich **legitim** sein. Man darf nicht primär auf „Superkräfte" Einzelner setzen müssen, die einen „Kulturwandel vorleben", damit sich die Richtung ändert. Der Geist des Gesetzes muss es im Regelfall von vornherein offenbaren. Wer erst Energie aufwenden muss, um Schwellen und Steigungen zu überwinden, macht es viel weniger oft und gerne, als wenn der Weg geebnet wäre. Unter dem Damoklesschwert des Rechtsschutzes sehe ich nur eine „formaljuristische Lockerung" bzw. verbindlich vorgegebene Verfahrensstraffung hinsichtlich der Abwägung der vielen Schutzgüter, von Vorgaben und Kontrollpflichten – im Zweifel mit engeren Grenzen für die Schutzgüter und bis an die Grenze des Vertretbaren. Das wäre die These. Und die Vorgaben müssen verbindlich gestrafft sein, nicht fakultativ in der Anwendung.

IV. Dritter Akt

Und hierzu das dritte Beispiel aus der kommunalen Stadtentwicklungswerkstatt. In der verbindlichen Bauleitplanung ist es z. B. Praxis, dass das **Vereinfachte Verfahren nach § 13 BauGB** oft nicht angewandt wird, um bei der Legitimation des Eingriffs maximale Rechtfertigung zu erlangen, indem trotzdem eine Eingriffs-Ausgleichs-Bilanzierung vorgenommen und zweimal ausgelegt wird, obwohl es nicht notwendig wäre. In einer ***„Position zur schnelleren Anpassung von Bebauungsplänen"*** vom März 2025 des Städtetags Baden-Württemberg und der Architektenkammer Baden-Württemberg werden Erwartungen an eine Baugesetzbuch-Novelle der künftigen Bundesregierung formuliert. Die bisherige hatte versucht, mit einem „Bauturbo" weitgehende Befreiungen von den Grundzügen der Planung in den Kommunen zu ermöglichen, damit aber gleichzeitig die Kettensäge an den Grundsatz der kommunalen Planungshoheit gesetzt, also das Kind mit dem Bade ausgeschüttet.

Städtetag und Kammer stellen dagegen fest:

> „Das eigentliche Problem liegt jedoch in der Regelungsdichte bei der Aufstellung, Änderung und Aufhebung von Bebauungsplänen. Viele dieser Regeln verursachen einen Aufwand, dem kein nennenswerter qualitativer Mehrwert entgegensteht. Je nach Bebauungsplan werden nur rund 17 % der Ressourcen in einem Aufstellungs- oder Änderungsverfahren in den Städtebau investiert. Den größten Aufwand mit etwa 50 % verursacht die Umweltberichterstattung. Auch die Öffentlichkeitsbeteiligung bindet einige Kapazitäten. Oftmals hat diese im Vorfeld des Bebauungsplanverfahrens bereits stattgefunden und muss dann dennoch wiederholt werden. Hier ließen sich bis zu 15 % des Aufwands einsparen."

Damit sind die Ansatzpunkte, das Verfahren zu verschlanken, offensichtlich:

> „**Das beschleunigte Verfahren als Regelverfahren.** Es ist ein **Paradigmenwechsel** angezeigt, eine am vereinfachten Verfahren nach § 13 BauGB orientierte Bebauungsplanung mit reduziertem Prüfkanon sowie begrenzten Berichts- und Auslagepflichten zum Regelverfahren im Innenbereich zu machen. So würden Bebauungsplanverfahren wesentlich beschleunigt und vergünstigt. **Verfahren, in denen stets alle Belange gleichrangig abgewogen werden, müssen zur Ausnahme werden.**"

Ein weiterer Punkt:

> „**Mehr Abwägungskompetenz für Gemeinden.** Der Anspruch, fachspezifische Belange bei der Aufstellung von Bebauungsplänen stets bestmöglich und in jedem Falle rechtssicher zu ermitteln, führt zu einer zeitintensiven und kostspieligen **Übererfüllung der Berichtspflichten.** Aufwand und Erkenntnisgewinn aus den vielen Gutachten stehen, zu oft, keinem qualitativen Mehrwert gegenüber. Sofern eine Gemeinde der Ansicht ist, ihre Mitarbeiter sind ausreichend sachkundig zur Entscheidung ohne Zuzug externer Expertise, soll dieses Vorgehen auch rechtssicher möglich sein."

Daraus folgt:

> „**Projektspezifische und zielgenaue Abwägungen.** Unabhängig davon, welche Besonderheiten eine zu beplanende Fläche aufweist, regelt § 1 Absatz 6 BauGB in Form einer (nicht abschließenden) Auflistung, welche Belange in jedem Bebauungsplanverfahren zwingend zu ermitteln und schließlich auch abzuwägen sind. Eine Auswahl oder Schwerpunktsetzung ist nicht möglich. Es müssen alle

Belange gleichrangig behandelt werden – selbst, wenn einzelne absehbar nicht ins Gewicht fallen. Dies verursacht in der Praxis unnötige Verfahrensschritte, Kosten und Komplexität unter anderem durch viele, teils nicht widerspruchsfreie Gutachten. Eine *wesentliche Beschleunigung* wird erreicht, indem den Kommunen eine **flexiblere Handhabung der abzuwägenden Belange** ermöglicht wird, sodass Verfahren vorhabenspezifisch angepasst werden können."

Noch einmal zusammenfassend die folgende Empfehlung:

„**Beschleunigungsbooster Planerhalt.** Abwägungsprozesse ziehen sich nicht selten deshalb in die Länge, weil die Planaufstellenden Sorge vor rechtlichen Schritten und im Zweifelsfall der Unwirksamkeit des gesamten Plans haben. Um dem entgegenzuwirken, sollen die **Planerhaltungsvorschriften** (§§ 214, 215 BauGB) eine **Ausweitung erfahren, um eine weitergehende Heilung** von sowohl formellen als auch materiellen Fehlern im Rahmen der Planaufstellung zu gewährleisten. Beispielsweise sollen Fehler in der Ermittlung und Bewertung des Abwägungsmaterials nur dann erheblich sein, wenn sie ganz offensichtlich Auswirkungen auf das Abwägungsergebnis gehabt hätten."

Soweit die Position von Städtetag und Kammer zur Beschleunigung von Planungsverfahren in der städtebaulichen Transformation. Die daraus folgenden Anforderungen an die Jurisprudenz und die Gesetzgebung sind hoffentlich selbstredend.

V. Epilog

Wer jetzt einwendet, dass die bisherigen Konstruktionen unabänderlich seien, da sie nur den Grundwerten der Verfassung Rechnung trügen, verkennt, dass der jetzige Zustand nicht gottgegeben ist, sondern mit politischen Zielen über eine längere Zeit entwickelt wurde. Dazu abschließend als Kronzeuge ein Großmeister des Verwaltungshandelns und der Gesetzgebung, der ehemalige Bundesminister **Thomas De Maizière**, in einem Interview der Wochenzeitung DIE ZEIT vom 10. April 2025:

„Diejenigen, die in ihren Mitwirkungsrechten beschnitten werden, werden gegen bestimmte Reformen sein. Aber woher kommt die Kompliziertheit vieler Abläufe? Die Grundidee aus den Siebziger-, Achtzigerjahren war, dass man einen *mächtigen Staat* hat, dem man im Verwaltungsrecht weniger mächtige, vor allem *wenige Vetopositionen* gegenüberstellen muss. Und so wurden für jeden Bereich eigene Verwaltungsstrukturen aufgebaut, für Emissionsschutz, Datenschutz, Gewässerschutz, Denkmalschutz und so weiter. Inzwischen haben wir diese Vetopositionen so stark privilegiert, dass wir in einer Blockade stecken. Veto ist mächtiger als Gestaltung. Die meisten normalen Menschen werden sich freuen, wenn diese Blockaden gelöst werden."

Frage der ZEIT:

„*Vereinfachung* bedeutet auch, auf Rechte oder Instanzen zu verzichten. Müssen wir akzeptieren, dass es ein bisschen ungerechter wird, damit wir wieder handlungsfähiger werden?"

De Maizière:

„Ja, im Sinne von weniger Einzelfallgerechtigkeit. Das schlagen wir als Kommission in unserem Bericht zur Staatsreform vor: **Mehr generelle Lösungen als Einzelfallgerechtigkeit.** Das wird zu Debatten führen."

Frage der ZEIT:

„Wie erklären Sie das einem betroffenen Bürger? Es muss für dich ein bisschen ungerechter werden, damit …"

De Maizière:

„… damit es für alle einfacher und übersichtlicher werden kann. Genau, das wäre die Begründung. Ungleichbehandlung muss man in Maßen in Kauf nehmen. Wenn ich **Ermessensentscheidungen für die Verwaltung** möchte, wird es ungleicher. Wir empfehlen auch sogenannte Experimentierklauseln und Abweichungsrechte. Das bedeutet, ein ganzer Landkreis oder eine Kommune kann vom Standard eines Landes- oder sogar Bundesgesetzes abweichen. … Der Staat muss effektiv sein, er muss schnell sein, präzise, und er muss verlässlich sein. Er muss stark sein."

Als Verwaltungen erleben wir, dass in der politischen Auseinandersetzung über Planungsverfahren einzelne **Schutzgüter**, als wenn sie dazu legitimiert wären, von den jeweiligen Interessengruppen absolut gesetzt werden können. Ihre Rolle als, wie De Maizière es benennt, *„weniger mächtige, vor allem wenige Vetopositionen“*, die gegenübergestellt werden, haben sie längst verloren. Da geht es nicht mehr darum, wie der Hauptgegenstand des Verfahrens mit Rücksicht auf sie klüger eingerichtet werden könnte, sondern sie **werden selbst zum Subjekt**, das die Sache, um die es geht immer *absolut* infrage stellt. Sie konnten sich längst zur Hauptsache mausern und bestimmen das Spiel. Wenn wir vorankommen wollen, müssen wir es ändern. De Maizière spricht die kritischsten Vetopositionen schon gar nicht erst an: den Landschafts- und Naturschutz, hier besonders der Artenschutz. Hinzu kommen umfangreiche sozialstaatliche Schutzgüter der sozialen Sicherungs- und Anspruchssysteme, woraus beispielsweise auch resultiert, dass es wünschenswert wäre, wenn alle neu gebauten Wohnungen barrierefrei wären. Die daraus resultierenden Folgen, z. B. die Kosten und Verzögerungen aus der Umsiedelung von Arten, hier sei paradigmatisch die Eidechse genannt, die festen Sozialausgaben, die die finanziellen Spielräume der Landkreise sehr einengen, die durchschnittlichen Kosten für Neubauwohnungen deutlich über 6.000 €/qm, lassen böse Zungen behaupten, dass das Verzögern und Zufallbringen, die Handlungsunfähigkeit die eigentliche Absicht sei …

Könnte man den Eindruck haben, dass das gesellschaftliche Selbstbild des schützenden, fürsorglichen, behutsamen, inklusiven, aktivierenden und einzelfallgerechten sozialen Rechtsstaats so stark legitimiert ist, dass seine Materialisation „koste es, was es wolle“ betrieben wird? Jedenfalls so lange ausreichend Mittel vorhanden sind. Könnte es sein, dass dabei insofern über das Ziel hinausgeschossen wird, dass 80 % des Wünschenswerten mit 20 % der Mittel erreicht werden können, die letzten 20 % aber 80 % des Mitteleinsatzes bedürfen? Dass das Pareto-Prinzip in einem so weiten Feld nicht gelten sollte, halte ich für unwahrscheinlich.

Um auf meine Eingangsfrage, **was entbehrlich sein könnte**, zurückzukommen: Es ist ein **Dilemma zwischen Technosphäre und Biosphäre**. Alle diese Vetopositionen sind der Technosphäre, deren Paradigma die „Perfektion der Technik“ ist, dem Grunde nach entgegengesetzt. Aber ohne größere Transformationsspielräume in der Technosphäre werden wir auch unsere humanen Positionen, die die Sorge um die Biosphäre miteinschließt, nicht halten können. Der Mensch ist einerseits ein **riskiertes** Wesen (nach A. Gehlen), er bedarf der Technik; andererseits ist er **antiquiert** (nach G. Anders), nicht nur er wird vom selbst gemachten Fortschritt überfordert. Nichts ist entbehrlich, aber der technologische Pfad des Menschen ist unumkehrbar. Wenn wir unsere technischen Lebensgrundlagen nicht mehr lebensfähig erneuern können, wozu auch zählt, dass wir uns angemessen verteidigen können, werden wir auch die Schutzgüter verlieren. Insofern könnte der Punkt erreicht sein, unsere Handlungsfähigkeit neu zu justieren.

Schließen möchte ich als Resümee mit zwei komplementären Gedanken: Die Welt ist an sich gut, aber der Weg zur Hölle ist mit guten Absichten gepflastert – man meint es ja nur gut. Halten wir es besser mit Mephistopheles: *„Ich bin ein Teil von jener Kraft, die stets das Böse will und stets das Gute schafft.“*

Ich danke Ihnen.

Das Recht der Digitalisierung im Kontext des Bürokratieabbaus

Judith Klink-Straub[1]

Datenschutz ist ein wichtiges Grundrecht. Es findet sich auf europäischer Ebene in Art. 8 der EU-Grundrechtecharta und auf nationaler Ebene in dem aus Art. 2 Abs. 1 i.V.m. Art. 1 Abs. 1 GG vom Bundesverfassungsgericht abgeleiteten informationellen Selbstbestimmungsrecht wieder. Doch viele sehen in der DS-GVO ein Hindernis für digitale Innovation. Vor allem kleine Unternehmen und Kommunen berichten von übermäßigem Aufwand, rechtlicher Unsicherheit und Angst vor Sanktionen. Digitale Projekte werden dadurch oft verzögert oder ganz gestoppt. Problematisch ist dabei weniger der Datenschutz selbst, sondern vor allem die strenge, teils uneinheitliche Auslegung unter den Aufsichtsbehörden. Im Folgenden sollen Schwächen der DS-GVO aufgezeigt und aktuelle Vorschläge zur Reform der DS-GVO vorgestellt und diskutiert werden.

I. Stand der Digitalisierung

Bekanntlich hinkt Deutschland in Sachen Verwaltungsdigitalisierung deutlich hinterher. Im eGovernment Benchmark der EU-Kommission 2024 liegt Deutschland mit 66 Punkten lediglich auf Platz 23 der 27 EU-Mitgliedstaaten.[2] Länder wie Dänemark, Estland und Österreich liegen weit vorn – insbesondere Estland gilt international als Vorbild für digitale Verwaltungssysteme.[3]

---

1 Prof. Dr. *Judith Klink-Straub* ist Professorin für Zivilrecht und Zivilprozessrecht an der Hochschule für öffentliche Verwaltung und Finanzen Ludwigsburg und Leiterin des dortigen Instituts für IT- und Datenschutzrecht (init.d). Der Beitrag geht auf einen Vortrag zurück, den die Verfasserin anlässlich der Fachtagung Bürokratieabbau – Red Tape durch Recht? Herausforderungen für den Bürokratieabbau im Rechtsstaat am 07.05.2025 in Ludwigsburg gehalten hat.

2 Europäische Kommission, Generaldirektion Kommunikationsnetze, Inhalte und Technologien/Capgemini/IDC/Politecnico di Milano/Sogeti, eGovernment benchmark 2024: Advancing pillars in digital public service delivery: Insight report, Amt für Veröffentlichungen der Europäischen Union, 2024, S. 6.

3 Hierzu auch näher *Rupp/Spahn*, E-Government Verwaltung Digital, Digitales Europa, Best Practice – ein Blick über die Grenzen, 10.07.2025.

Dies führt zu einem echten Wettbewerbsnachteil für Unternehmen mit Sitz in Deutschland. Gleichzeitig wächst der Verdruss bei Bürgerinnen und Bürgern. Digitale Behördendienste sind oft umständlich und nicht flächendeckend verfügbar. Lange Bearbeitungs- und Genehmigungszeiten – etwa bei Bauanträgen – sorgen für Frustration und Vertrauensverlust in die Leistungsfähigkeit des Staates.

Laut einer Studie von Prognos vom Juni 2024 könnten durch eine konsequente Umsetzung der Verwaltungsdigitalisierung in Deutschland 46 Millionen Arbeitsstunden in der Verwaltung eingespart werden. Jeder Behördengang wäre um durchschnittlich sechs Minuten verkürzt. Die frei werdende Zeit könnten Verwaltungsmitarbeitende für Arbeiten nutzen, die sonst aufgrund des Fachkräftemangels nicht erledigt worden wären.[4]

Es verwundert daher nicht, dass deutsche Unternehmen laut einer Umfrage der Deutschen Industrie- und Handelskammer vom Februar 2025 von der neuen Bundesregierung gefordert haben, vorrangig für weniger Bürokratie, beschleunigte Planungs- und Genehmigungsverfahren und die Digitalisierung von Verwaltungsleistungen zu sorgen.[5]

II. Datenschutz als Innovationsbremse

Als größter Hemmschuh bei der Digitalisierung wird dabei sehr oft der Datenschutz genannt.

Laut einer Bitkom-Umfrage aus dem Jahr 2025 zur DS-GVO, basierend auf einer repräsentativen Befragung von 605 deutschen Unternehmen mit mindestens 20 Beschäftigten, haben 70 Prozent der Unternehmen bereits mindestens einmal Pläne für Innovationen aufgrund von Datenschutz-Vorgaben oder Unsicherheiten bei der Anwendung des geltenden Rechts gestoppt. 17 % gaben an, einmalig ein Projekt eingestellt zu haben, 35 % mehrfach und 18 % sogar häufig.[6] Der Bitkom bezeichnet die DS-GVO als „Digitalisierungs-Bremse Nummer 1“ in Deutschland.

---

4 Hierzu umfassend Prognos, Studie Potenzialindex Deutschland, Potenziale der Digitalisierung für Wirtschaft und Gesellschaft, im Auftrag des Vodafone Institut, Abschlussdatum Juni 2024, S. 21.

5 DIHK, Mehr Freiraum für Unternehmen, IHK-Unternehmensbarometer 2025, S. 7.

6 Bitkom e. V., Presseinformation vom 23.05.2025, Datenschutz wird immer öfter zur Innovations-Bremse.

Auch viele Kommunen tun sich mit der Umsetzung der DS-GVO mit ihren umfangreichen Rechenschafts- und Informationspflichten schwer.[7] Besonders kleine und mittlere Kommunen haben damit zu kämpfen, dass sie nicht genügend Fachpersonal haben, das dazu in der Lage ist, die komplexen datenschutzrechtlichen Anforderungen rechtssicher umzusetzen.[8] Die Bestellung und Schulung von Datenschutzbeauftragten ist für sie eine Belastung. Viele digitale Projekte werden nicht oder nur eingeschränkt umgesetzt, weil Datenschutzfragen ungeklärt sind oder die Umsetzungsrisiken als zu hoch gelten.

III. Reformbedarf der DS-GVO

Die DS-GVO wurde im Jahr 2016 verabschiedet und gilt seit dem 25.05.2018 in allen Mitgliedstaaten der Europäischen Union. Nach sieben Jahren Anwendung zeigen sich sowohl Stärken, aber auch Schwächen der Verordnung. Aktuell wird deshalb diskutiert, diese zu reformieren.

1. Draghi-Report 2024

Ausgelöst wurden die Diskussionen durch den sogenannten „Draghi-Report", den die EU-Kommission in Auftrag gegeben hat und der im September 2024 vorgelegt wurde. Der Bericht mit dem Titel „The Future of European Competitiveness – Eine Wettbewerbsstrategie für Europa", ist ein umfassendes Strategie- und Wirtschaftspapier. Ein wesentlicher Aspekt betrifft die Digitalwirtschaft.

Der Bericht kommt zu dem Ergebnis, dass die DS-GVO ein zweischneidiges Schwert ist. Einerseits hat sie das Vertrauen der Bürgerinnen und Bürger in den Datenschutz gestärkt. Anderseits sind mit der DS-GVO aber auch hohe Kosten wegen der komplexen Anforderungen wie der Informationspflicht oder der Bestellung eines Datenschutzbeauftragten und der unterschiedlichen Rechtsauslegung verbunden. Die Komplexität verhindere, dass Technologieunternehmen in der EU weltweit eine Führungsrolle einnehmen können. Es wird gefordert, die DS-GVO zu entbürokratisieren und regulatorische Überschneidungen mit der KI-Verordnung zu beseitigen.[9]

---

7 Zu den konkreten rechtlichen Anforderungen, vgl. im Einzelnen *Rapp*, KommJuR 2024, S. 401 ff.

8 LfDI Baden-Württemberg, Ergebnisse der Datenschutz-Umfrage bei allen Gemeinden in Baden-Württemberg vom 04.11.2019.

9 *Draghi*, The future of European competitiveness, Part B, S. 319.

2. Schwächen der DS-GVO

Wie die nachfolgenden Ausführungen zeigen, sind die Einwände im Draghi-Report nicht gänzlich von der Hand zu weisen. Dies betrifft insbesondere die unterschiedliche Rechtsauslegung der Aufsichtsbehörden und die regulatorischen Überschneidungen.

a) Unterschiedliche Rechtsauslegung

In Deutschland ist die Datenschutzaufsicht föderal aufgebaut, was Art. 51 Abs. 1 und 3 DS-GVO ausdrücklich zulässt.[10] Auf Bundesebene ist entsprechend §§ 8 ff. BDSG die Bundesbeauftragte für den Datenschutz und die Informationsfreiheit (BfDI) zuständig, insbesondere für Bundesbehörden und Telekommunikationsdienste. Die Landesdatenschutzbehörden überwachen die Einhaltung der Datenschutzvorgaben bei Landes- und Kommunalverwaltungen sowie bei privaten Stellen mit Sitz im jeweiligen Bundesland. Alle Aufsichtsbehörden arbeiten unabhängig entsprechend Art. 52 DS-GVO und stimmen sich in der Datenschutzkonferenz (DSK) ab.[11] D. h., sie unterliegen keinen Weisungen und sind vor jeglichen Einflussnahmen von außen geschützt.

Im Hinblick darauf kam es etwa bei der Frage des datenschutzkonformen Einsatzes von Microsoft Office 365 zu unterschiedlichen Rechtsauffassungen. Im Jahr 2020 kam die Datenschutzkonferenz mit einer Mehrheit von neun zu acht Stimmen zu dem Ergebnis, dass ein datenschutzkonformer Einsatz nach den vorgelegten Unterlagen derzeit nicht möglich sei.[12] Kurze Zeit später gaben fünf der acht unterlegenen Aufsichtsbehörden in einer gesonderten Pressemitteilung bekannt, dass sie das Ergebnis so nicht mittragen.[13] Erst viel später, im November 2022, kam schließlich eine einheitliche Position zustande. Dies führte inmitten der Corona-Krise zu einer erheblichen Verunsicherung sowohl bei vielen Unternehmen mit unterschiedlichen Standorten in Deutschland als auch bei öffentlichen Stellen, insbesondere bei Schulen.[14]

---

10 Hierzu näher *Kugelmann*, in: Schwartmann/Jaspers/Thüsing/Kugelmann, DS-GVO/BDSG, 2. Aufl., Art. 51 Rn. 3.

11 Auf europäischer Ebene koordiniert der Europäische Datenschutzausschuss (EDSA) gemäß Art. 68 ff. DS-GVO die Zusammenarbeit und kann bei Streitfällen verbindliche Entscheidungen treffen entsprechend Art. 65 DS-GVO.

12 Umfassend hierzu auch *Thiel*, ZD 2021, 179 ff. mit weiteren Beispielen.

13 Pressemitteilung der Landesbeauftragten für den Datenschutz Baden-Württemberg, Bayern, Hessen und Saarland sowie des Präsidenten des Bayerischen Landesamts für Datenschutzaufsicht vom 02.10.2020, Microsoft Office 365: Bewertung der Datenschutzkonferenz zu undifferenziert – Nachbesserungen gleichwohl geboten.

14 Siehe hierzu auch *Benedikt/Kranig/Schwartmann*, FAZ vom 13.12.2022, Microsoft 365 – so sollte Datenschutzaufsicht nicht sein.

b) Regulatorische Überschneidungen

Die KI-Verordnung ist am 01.08.2024 in Kraft getreten. Erste Regeln, so die Verbote mit KI-Systemen mit inakzeptablem Risiko, gelten ab Februar 2025. Die meisten Vorschriften, vor allem für Hochrisiko-KI, sind ab August 2026 anzuwenden.[15] Die DS-GVO schützt personenbezogene Daten, die KI-Verordnung regelt den Einsatz von KI-Systemen je nach Risiko. D. h., wenn KI personenbezogene Daten verarbeitet, müssen beide Verordnungen eingehalten werden. Dies führt zu regulatorischen Überschneidungen, wie die nachfolgenden Beispiele zeigen:[16]

aa) IT-Sicherheitsanforderungen

Die DS-GVO verpflichtet in Art. 32 Verantwortliche und Auftragsdatenverarbeiter dazu, geeignete technische und organisatorische Maßnahmen zur Datensicherheit zu treffen. Die KI-Verordnung schreibt Anbietern und Betreibern in Art. 15 Abs. 5 vor, den jeweiligen Umständen und Risiken angemessene Maßnahmen zur Gewährleistung der Cybersicherheit zu ergreifen. Im Hinblick auf die technische Umsetzung kann es daher zu Doppelungen kommen.[17]

bb) Meldepflichten bei Vorfällen

Die DS-GVO sieht in Art. 33 und 34 vor, dass Datenschutzverletzungen innerhalb von 72 Stunden an die zuständige Aufsichtsbehörde gemeldet werden müssen und bei hohem Risiko unverzüglich auch an die betroffenen Personen. Die KI-Verordnung verpflichtet Anbieter von Hochrisiko-Systemen in Art. 73 zur Meldung schwerwiegender Vorfälle. Die Meldung hat spätestens innerhalb einer Frist von 15 Tagen ab Kenntnis zu erfolgen.

Wenn ein KI-System personenbezogene Daten verarbeitet, kann ein Vorfall sowohl eine Datenschutzverletzung als auch ein meldepflichtiger KI-Vorfall sein. Unternehmen oder öffentliche Stellen müssen also mit parallelen Meldepflichten, unterschiedlichen Fristen und verschiedenen Behörden rechnen.

cc) Risikobasierter Ansatz

DS-GVO und KI-Verordnung basieren auf einem risikobasierten Ansatz. Die DS-GVO verlangt bei Verarbeitungen mit hohem Risiko eine Daten-

---

15 Zur KI-Verordnung etwa *Becker/Feuerstack*, KIR 2024, S. 62 ff.

16 Hierzu im Einzelnen auch Bitkom e. V., Digitalgesetzgebung der EU: Konfliktzonen und Wege zur Kohärenz, S. 6 ff.

17 Zum Verhältnis der beiden Vorschriften vgl. *Martini*, in: Martini/Wendehorst, KI-Verordnung, 2024, Art. 15 Rn. 84 f.

schutz-Folgenabschätzung entsprechend Art. 35. Die KI-Verordnung verpflichtet hauptsächlich Einrichtungen des öffentlichen Rechts dazu, vor der Inbetriebnahme eines Hochrisiko-Systems Grundrechte-Folgenabschätzungen entsprechend Art. 27 durchzuführen. Art. 27 Abs. 4 der KI-Verordnung stellt klar, dass eine Grundrechte-Folgenabschätzung eine etwaige Datenschutz-Folgeabschätzung nur ergänzt, sie also nicht obsolet macht.[18] Insofern kann es in der Praxis zu Doppelungen kommen, wenn „die Datenschutz-Folgeabschätzung auch die Abschätzung von Grundrechtsrisiken mitumfasst".[19]

3. Aktuelle Reformvorschläge

Ausgehend vom Draghi-Report und den aufgezeigten Schwächen der DS-GVO, sind nun folgende Reformvorschläge im Raum:

a) Reformvorschlag von Alexander Voss (CDU)

Der Vorschlag des CDU-Europaabgeordneten Axel Voss von 2025 sieht vor, die DS-GVO in ein 3-Schichten-Modell zu gliedern: Eine „DS-GVO Mini" soll für kleinere Unternehmen (ca. 90 % aller Unternehmen) gelten. Sie sollen keinen Datenschutzbeauftragten mehr benennen müssen. Auch sollen für sie nur die wesentlichen Grundsätze aus der DS-GVO gelten, und Sanktionen sollen gedeckelt werden, etwa auf maximal 500.000 Euro – anstelle der bislang möglichen 20 Millionen Euro. Bei der „DS-GVO normal" soll die heutige DS-GVO weitgehend bestehen bleiben. Sie soll weiterhin für mittelgroße Unternehmen und Organisationen gelten, die in größerem Umfang oder mit sensiblen Daten arbeiten. Die „DS-GVO Plus" soll sich an große, datenintensive Unternehmen richten, etwa internationale Plattformen oder Datenbroker. Es sollen strenge Transparenzpflichten, jährliche externe Audits und eine umgekehrte Beweislast eingeführt werden.[20]

Der Vorschlag ist jedoch zu kritisieren. Er ist angelehnt an den Digital Services Act[21], passt aber nicht zur DS-GVO. Denn nicht die Unternehmensgröße ist entscheidend, sondern das Risiko der Datenverarbeitung. Beispielsweise verarbeitet fast jeder Sportverein sensitive Daten. Die DS-GVO kennt überdies aber auch bereits Vorgaben, die KMU entlasten sollen, so zum Beispiel beim Verfahrensverzeichnis in Art. 30 Abs. 5

---

18 *Eisenberger*, in: Martini/Wendehorst, KI-Verordnung, 2024, Art. 27 Rn. 57.

19 *Eisenberger*, in: Martini/Wendehorst, KI-Verordnung, 2024, Art. 27 Rn. 58.

20 Reform der DS-GVO, ZD-Interview mit Axel Voss und Stefan Brink, ZD 2025, 307.

21 Vgl. hierzu umfassend *Klink-Straub/Savanovic*, Jahrbuch des Instituts für Angewandte Forschung 2024, S. 113 ff.

DS-GVO oder bei der Frage der Bestellung eines betrieblichen Datenschutzbeauftragten nach Art. 37 DS-GVO.[22]

Will man gänzlich auf einen betrieblichen Datenschutzbeauftragten verzichten, ist darüber hinaus zu berücksichtigen, dass dieser gerade auch zur Entlastung beitragen und in komplexen datenschutzrechtlichen Fragestellungen unterstützen kann. Auch die Bußgelder abzusenken, bringt bei den Unternehmen keine bürokratische Entlastung.

b) Vorhaben im Koalitionsvertrag

Im Koalitionsvertrag der neuen Bundesregierung[23], der am 9. April 2025 zwischen CDU, CSU und SPD geschlossen wurde, finden sich ebenfalls Vorhaben zur Reform des Datenschutzes:

Diese betreffen zum einen Änderung des BDSG:

Die Aufsicht für den privaten Sektor soll künftig zentral bei der BfDI gebündelt werden. Dies soll zu einer Vereinfachung bürokratischer Abläufe führen und die Auslegung sowie Durchsetzung der DS-GVO vereinheitlichen. Außerdem soll die Datenschutzkonferenz gesetzlich verankert werden, um ihre Rolle zu stärken und die Zusammenarbeit zwischen den Datenschutzbehörden zu verbessern.

Die Bündelung der Aufsicht bei der BfDI könnte zwar in der Tat zu einer einheitlicheren Auslegung und Durchsetzung der DS-GVO führen. Allerdings besteht die Gefahr, dass die Behörde der BfDI zu einer Mammutbehörde ausgebaut wird.[24] Gerade kleinere Unternehmen sind aber auf dezentrale Strukturen und Beratungen vor Ort dringend angewiesen.[25] Weiter ist zu berücksichtigen, dass die institutionelle Unabhängigkeit der Landesdatenschutzbeauftragten gewährleistet werden muss. Daher dürfte die Behörde der BfDI zwar zentrale Koordinierungsaufgaben übernehmen können. Die einzelnen konkreten Einzelfall-Entscheidungen müssten aber bei den Landesdatenschutzbehörden verbleiben.

Zum anderen soll auf europäischer Ebene eine Reform der DS-GVO angestoßen werden:

Es sollen Erleichterungen für kleine und mittlere Unternehmen (KMU), ehrenamtliche Tätigkeiten sowie risikoarme Datenverarbeitungen geschaffen werden, zum Beispiel bei Kundenlisten von Handwerkern. Statt

---

22 Insgesamt zum Bürokratieabbau durch Risikominimierung, vgl. *Geminn*, ZD 2025, 438 ff.

23 Verantwortung für Deutschland, Koalitionsvertrag zwischen CDU, CSU und SPD, 21. Legislaturperiode, S. 65.

24 Hierzu im Einzelnen *Wünschelbaum*, Legal Tribune Online (LTO), Gastbeitrag vom 29.04.2025.

25 Hierzu näher auch *Roßnagel*, ZD 2025, 181.

eines Opt-In-Verfahrens wird ein Opt-Out-Modell angestrebt, bei dem „komfortable Widerspruchslösungen“ die Einwilligung ersetzen sollen, beispielsweise bei der Nutzung staatlicher digitaler Angebote.

c) Reformvorschläge EU-Kommission

Inzwischen gibt es zu Letzterem auch konkrete Reformvorschläge seitens der EU-Kommission. Diese hat sie im Mai 2025 im Rahmen des sogenannten 4. Omnibus-Pakets vorgestellt.[26]

Die EU-Kommission plant Erleichterungen für kleine und mittlere Unternehmen (KMU) bei der Pflicht zur Führung eines Verzeichnisses der Verarbeitungstätigkeiten gemäß Art. 30 DS-GVO. Geplant ist, die Ausnahme von dieser Pflicht auf Unternehmen mit bis zu 750 Beschäftigten auszudehnen, sofern kein hohes Risiko besteht. Zudem sollen in Art. 4 DS-GVO neue Definitionen für kleine und mittlere Unternehmen[27] und kleine Unternehmen mittlerer Größe[28] eingefügt werden. Die Kommission will auch die Vorgaben zu den Verhaltensregeln und Zertifizierungen in Art. 40 und Art. 42 DS-GVO ausweiten, damit den besonderen Bedürfnissen von KMU und SMC Rechnung getragen werden kann.[29]

Die Vorschläge der EU-Kommission sind sehr geringfügig. Sie zeigen, dass eine grundlegende Änderung der DS-GVO derzeit auf europäischer Ebene wohl nicht zu erwarten ist – den großen Wurf wird es also nicht geben. Ob die Entlastung beim Verfahrensverzeichnis tatsächlich zu weniger Bürokratie bei den Unternehmen mit bis zu 750 Beschäftigten führt, wird sich zeigen. Denn schließlich dient das Verfahrensverzeichnis auch zu ihrer eigenen „Sicherheit“. Denn von den Anforderungen der DS-GVO werden sie dadurch nicht freigestellt.

IV. Fazit

Die diskutierten Reformvorschläge der DS-GVO sind ein Schritt in die richtige Richtung. Die Herausforderung wird darin bestehen, die Balance zu halten: Datenschutz darf nicht zu bürokratisch werden, damit Digitalisierung und Innovation nicht behindert werden. Gleichzeitig darf der Schutz der persönlichen Daten nicht aufgeweicht werden, da dieser gera-

26 COM (2025) 501 final 2025/0130 (COD).

27 „Small and medium-sized enterprises“ – SME bzw. KMU.

28 „Small mid-cap enterprises“ – SMC.

29 Siehe zum Ganzen auch *Lachenmann*, ZD 2025, 365.

de in einer zunehmend digitalen Gesellschaft von zentraler Bedeutung ist. Vereinfachungen sind an bestimmten Stellen durchaus denkbar. Die EU-Kommission hat bereits kleinere Reformschritte angestoßen.

Die neuen Digitalrechtsakte der EU wie der Digital Services Act, der Digital Markets Act, der Data Act, der Data Governance Act und die KI-Verordnung bringen zahlreiche neue Pflichten für Unternehmen bzw. teilweise auch für Behörden mit sich. Diese Regelungen verfolgen zwar das anerkennenswerte Ziel, Innovation, Fairness und Datenschutz zu fördern, führen aber gleichzeitig zu einem erheblichen Bürokratieaufwand, etwa durch neue Melde- und Dokumentationspflichten, zusätzliche Transparenzanforderungen und die Einrichtung neuer Behörden und Koordinatoren auf nationaler Ebene. Besonders für kleinere Unternehmen und Kommunalverwaltungen stellt die Vielzahl und Komplexität der Vorschriften eine Herausforderung dar. Umso wichtiger ist es, hier unnötige Doppelregelungen zu vermeiden.

Braucht Baden-Württemberg eine eigene neue KI-Universität? Eine Einordnung

Volkmar Mrass[1]

Baden-Württemberg hat derzeit neun staatliche Universitäten – im Frühsommer 2025 ist in der Landespolitik der Vorschlag aufgekommen, eine zehnte Universität mit dem Schwerpunkt auf Künstlicher Intelligenz (KI) zu gründen. Das ist grundsätzlich eine interessante Idee, verdient eine abgewogene Diskussion darüber und zeigt insbesondere, dass die Bedeutung von Künstlicher Intelligenz der Landespolitik absolut bewusst ist. Dieser Beitrag beschäftigt sich mit möglichen Vor- und Nachteilen der Gründung einer solchen eigenen neuen „KI-Universität“. Gleichwohl es viele Beispiele dafür gibt, wie Universitäten und deren Umfeld den Nährboden für erfolgreiche und innovative neue Technologien und Unternehmen bereitet haben, wäre die Gründung einer solchen neuen Universität mit Risiken und Unwägbarkeiten verbunden. Dieser Beitrag beleuchtet solche Risiken und macht Vorschläge für mögliche alternative Maßnahmen zur mit einer Universitätsgründung intendierten Stärkung des KI-Standortes Baden-Württemberg.

I. Ausgangslage

Im Frühsommer 2025 ist in der baden-württembergischen Landespolitik die Forderung erhoben worden, künftig eine eigene zehnte staatliche Universität in Baden-Württemberg mit Schwerpunkt auf dem Thema der Künstlichen Intelligenz (KI) zu gründen. Diese Idee wurde von verschiedenen Medien umgehend aufgegriffen und erörtert (siehe beispielsweise *Frankfurter Allgemeine Zeitung* 2025). Dabei wurden auch bereits erste Städte, die Sitz einer solchen neuen Universität werden könnten, diskutiert (*Heilbronner Stimme* 2025). Gleichwohl zum Zeitpunkt der Erstellung dieses Beitrages (August 2025) kaum vertiefende Details dieses Vorschlages öffentlich bekannt sind und noch folgen dürften, soll an dieser Stelle eine erste vorläufige Einordnung dieser forschungs- und hochschulpolitischen Idee erfolgen.

1 Prof. Dr. *Volkmar Mrass*, MBA, ist Professor für Digitales Verwaltungsmanagement an der Hochschule für öffentliche Verwaltung und Finanzen Ludwigsburg und Direktor des dortigen Instituts für Digitale Plattformen in Verwaltung und Gesellschaft (DPVG).

Dieser analytisch-konzeptionelle hochschulstrategische Grundsatzbeitrag unternimmt den Versuch einer Einordnung und will Argumente Pro und Contra einer solchen möglichen Universitätsneugründung vor dem Hintergrund der Art und Geschichte von Universitäten, der Geschwindigkeit der Entwicklung neuer Technologien sowie der bestehenden Dominanz US-amerikanischer Player im KI-Bereich abwägen. Er will zugleich mögliche Alternativen zu einer eigenen Universitätsneugründung zur Stärkung des KI-Standortes Baden-Württemberg aufzeigen. Der Beitrag ist wie folgt gegliedert: Als Erstes erfolgen Ausführungen zur grundsätzlichen Einordnung dieses Vorschlages. Dann werden Beispiele dafür aufgezeigt, wie bereits zahlreiche erfolgreiche neue Technologien und Unternehmen aus Universitäten oder deren direktem Umfeld heraus entstanden sind. Im Anschluss an diese auch internationalen Beispiele wird die derzeitige Universitätslandschaft in Baden-Württemberg beleuchtet, bevor als Kontrast dazu auf das Wesen und die Geschwindigkeit von Technologieentwicklungen eingegangen wird. Es folgt eine Darstellung und Diskussion der mit einer Universitätsneugründung verbundenen möglichen Risiken und Unwägbarkeiten. Schließlich werden potenzielle alternative Maßnahmen zu einer Universitätsneugründung für die mit dieser Idee intendierte Stärkung des KI-Standortes Baden-Württemberg aufgezeigt.

II. Grundsätzlich überlegenswerte Idee

Die Idee der Gründung einer neuen staatlichen Universität in Baden-Württemberg mit Schwerpunkt auf Künstlicher Intelligenz beinhaltet als Erstes einen sehr positiven Aspekt: Sie zeigt, dass der Landespolitik in Baden-Württemberg die Bedeutung von Künstlicher Intelligenz absolut bewusst ist. Es gibt kaum ein Feld – von Politik über Verwaltung, Wirtschaft bis hin zu Wissenschaft –, in dem KI nicht bereits eine Rolle spielt und künftig eine noch bedeutendere Rolle spielen wird. Deutschland als größte Volkswirtschaft Europas und derzeit drittgrößte Volkswirtschaft der Welt muss darauf bedacht sein, im Vergleich zu den bei IT-Themen grundsätzlich schon seit Jahrzehnten führenden Volkswirtschaften USA und China nicht (weiter) zurückzufallen. Die Idee der Gründung einer eigenen neuen staatlichen Universität in Baden-Württemberg mit Schwerpunkt auf Künstlicher Intelligenz verdeutlicht insofern, dass hier ein Problembewusstsein vorhanden ist und die hohe Relevanz dieses Themas absolut erkannt wurde. Und die Tatsache, dass Universitäten sehr oft ein Ort von Erfindungsgeist und Innovationen sind, lässt diesen Gedanken umso plausibler erscheinen.

Diese grundsätzlich interessante Idee verdient daher also eine abgewogene Diskussion. Eine reflexhafte Ablehnung „in Bausch und Bogen", wie sie in öffentlichen Debatten bei verschiedensten Themen leider häufig vorkommt, ist daher nicht angebracht. Oder um es mit einem Zitat aus einem alten Beitrag im führenden internationalen Fachjournal im Bereich „Information Systems" (darunter ist auch die deutsche Wirtschaftsinformatik-Community mit zu subsumieren), Management Information Systems Quarterly (MISQ), auszudrücken:

> „Another indicator of amateurism was an overly negative approach … . Criticizing is easy, and of little value" (*Daft* 1986, S. 198). Oder:
>
> „Do not fall into the trap of being overly critical" (*Webster und Watson* 2002, S. xviii).

Auch wenn es bei den beiden obigen Zitaten inhaltlich um die Frage der Kritik an und des Respekts für frühere wissenschaftliche Literatur-Beiträge im Kontext der Durchführung von Literature Reviews geht, lässt sich das auch ein Stück weit auf aktuelle Ideen und Themen übertragen: Gleichwohl man in einer Demokratie naturgemäß nicht der gleichen Auffassung sein muss (unsere Gesellschafts- und Staatsform lebt von unterschiedlichen Meinungen), ist es meist nicht angebracht, Ideen gleich von vornherein rundherum abzulehnen. Vielmehr verdienen viele Ideen, so auch diese, eine Abwägung und Berücksichtigung der damit verbundenen Gedanken und Intentionen. Wie im Wissenschaftsbereich auch, sollte gelten, dass die „kritischsten und lautesten Stimmen" zwar oft mehr Aufmerksamkeit erfahren, aber nicht zwingend die besseren Argumente haben. Im Gegenteilt: Gravitas, Professionalität, Redlichkeit und Tiefgang kommen eher darin zum Ausdruck, auch bei abweichenden Meinungen in der Lage zu sein, die Argumente anderer würdigen zu können. Im Gegensatz zur Informatik („0" und „1") gibt es bei den meisten Themen nicht nur zwei Zustände, nicht nur „Schwarz und Weiß", sondern im übertragenen Sinne auch viele „Graustufen".

III. Universitäten als Ort der Innovation

Es gibt viele internationale und nationale Beispiele dafür, wie Universitäten und deren Umfeld den Nährboden für erfolgreiche und innovative neue Technologien und Unternehmen bereitet haben. In diesem Beitrag (der im

Übrigen nach wie vor recht „altmodisch" ohne Nutzung von KI-basierten Large Language Models wie ChatGPT geschrieben wurde) soll nur kurz auf einige besonders prominente davon eingegangen werden. Das weltbekannte „Silicon Valley" in den USA hat über Jahrzehnte hinweg aufgezeigt, welch erfolgreiche Resultate aus der Kooperation von jungen Menschen (Studierenden), Start-up-Unternehmen und Universitäten möglich sind. Das gilt insbesondere bezogen auf die (erst) 1891 gegründete Stanford Universität in Kalifornien, aus der heraus durch Frederick Terman das Silicon Valley initiiert wurde (*Wirtschaftswoche* 2023) und aus deren direktem oder indirektem Umfeld zahlreiche spätere IT-Weltunternehmen hervorgegangen sind. Einige davon hatten sogar diese Universität im Namen – wie das seinerzeit unter anderem vom Deutschen Andreas von Bechtolsheim gegründete Unternehmen Sun („Stanford University Network") Microsystems. Andere kennt und nutzt inzwischen fast jeder, der sich im Internet bewegt, wie beispielsweise das durch die beiden damaligen Stanford-Doktoranden Sergey Brin und Larry Page gegründete Google (*Gesellschaft für Informatik* 2025) – nicht zuletzt dessen Suchmaschine. Aber auch andere spätere IT-Giganten wie Cisco oder Hewlett-Packard (HP) mit der weltberühmten Garage im angrenzenden Palo Alto entstanden dort; insgesamt sind wohl rund 5.000 Unternehmen von Absolventen der Stanford Universität gegründet worden (*Wirtschaftswoche* 2009). Weitere US-amerikanische Universitäten sind sehr eng mit der Entstehung von später weltweit bedeutenden Technologien oder IT-Unternehmen verbunden: Bill Gates beispielsweise arbeitete am Aufbau von Microsoft während seiner Zeit in Harvard (*CNBC* 2025). Mark Zuckerberg hat Facebook direkt als Idee eines Harvard-Netzwerkes dort gegründet (*Deutsche Welle* 2017). Das World-Wide-Web-(www-)*Consortium* wurde von Tim Berners-Lee am Laboratory for Computer Science des Massachusetts Institute of Technology (MIT) initiiert (*Massachusetts Institute of Technology (MIT)* 2023) (gleichwohl das www von ihm bereits davor in seiner Zeit am CERN bei Genf entwickelt wurde). Beispiele aus Deutschland sind unter anderem die frühere IDS Scheer, die 1984 von August-Wilhelm Scheer als Spin-off des Instituts für Wirtschaftsinformatik der Universität des Saarlandes gegründet wurde und Deutschlands drittgrößtes Softwareunternehmen war; das durch den an der WHU Otto Beisheim School of Management ausgebildeten Oliver Samwer und seine Brüder 2007 gegründete Rocket Internet mit seinen späteren Beteiligungen wie dem Onlinehändler Zalando; oder die erst 2015 gegründete Online-Neobank Trade Republik, die bereits über acht Millionen Kunden hat und deren Gründer an der TU München studiert haben (*Handelsblatt* 2025). Dieses sind lediglich einige wenige, gleichwohl besonders prominente Beispiele. Damit lässt sich als erstes Zwischenfazit festhalten, dass der Gedanke einer Verbindung von Innovationen, KI und Universitäten sehr nachvollziehbar ist und einige Berechtigung hat.

IV. Die Unilandschaft in Baden-Württemberg

Baden-Württemberg hat gegenwärtig neun staatliche Universitäten: Freiburg, Heidelberg, Hohenheim, Karlsruhe, Konstanz, Mannheim, Stuttgart, Tübingen und Ulm (*Ministerium für Wissenschaft, Forschung und Kunst Baden-Württemberg* 2025a) (bei 23 Hochschulen für angewandte Wissenschaften des Landes (*Ministerium für Wissenschaft, Forschung und Kunst Baden-Württemberg* 2025b)). Von diesen Universitäten wurden drei bereits vor einigen Jahrhunderten gegründet und verfügen damit über eine sehr lange Tradition: die Albrecht-Ludwigs-Universität Freiburg (1457), die Ruprecht-Karls-Universität Heidelberg (1386) und die Eberhard-Karls-Universität Tübingen (1477). Mit der Ruprecht-Karls-Universität Heidelberg liegt auch die älteste Universität der Bundesrepublik Deutschland (und drittälteste deutsche Universität nach der Karls-Universität Prag (1348) und der Universität Wien (1365)) „im Ländle". Baden-Württembergs älteste Universität (Heidelberg) ist damit im Übrigen exakt ein Vierteljahrtausend (250 Jahre) älter als die älteste Universität in den USA, die renommierte Harvard Universität (1636). Alle diese drei Universitäten (Freiburg, Heidelberg, Tübingen) gelten im klassischen Sinne als „Volluniversitäten". Aber auch die Universität Hohenheim (1818), das Karlsruher Institut für Technologie (1825), die Universität Mannheim (1907) und die Universität Stuttgart (1829) können bereits auf eine beachtliche Geschichte (je nachdem, welche Institution man als deren Gründungs-Vorgängerinstitution betrachtet) zurückblicken (auch wenn der Universitätsstatus in Teilen erst später erteilt wurde). Die Universität Konstanz (1966) und die Universität Ulm (1967) sind die jüngsten staatlichen Universitäten in Baden-Württemberg und erst nach dem Zweiten Weltkrieg gegründet worden. Mit den Universitäten in Heidelberg, Karlsruhe, Konstanz und Tübingen ist Baden-Württemberg derzeit auch Heimat von vier der zehn Exzellenz-Universitäten in Deutschland (*Ministerium für Wissenschaft, Forschung und Kunst Baden-Württemberg* 2025c). Diese Darstellung der aktuellen staatlichen Universitätslandschaft in Baden-Württemberg soll einerseits Charakter und Struktur der neun staatlichen Universitäten aufzeigen und deutlich machen, dass Baden-Württemberg bereits heute über etablierte und renommierte Universitäten verfügt und mit diesen zu den erfolgreichsten Universitätsstandorten in Deutschland und Europa gehört. Sie soll andererseits aber auch veranschaulichen, dass mit der Gründung einer neuen, zehnten Universität eine Institution geschaffen werden würde, die auf einen sehr langen Zeitraum von einigen Jahrzehnten, besser einigen Jahrhunderten ausgelegt – und damit sehr gut überlegt – sein sollte.

V. Geschwindigkeit & Wesen von Technologie

In starkem Kontrast zu der sehr langfristigen Bestandsperspektive einer Universität vollziehen sich technologische Entwicklungen oft mit sehr hoher Geschwindigkeit. Sie lassen sich zudem nur schwer vorhersehen. Es können beispielsweise im Bereich Informationstechnologie (IT) jederzeit neue Themen aufs Tableau kommen, die so nicht geplant oder vorhersehbar waren. Und die dann plötzlich im Hauptfokus stehen. Augmented und Virtual Reality, Autonomes Fahren, Blockchain, Humanoide Roboter, Internet der Dinge, Krypto-Anwendungen, Quantencomputer – die Beispiele aktueller und für die Zukunft relevanter Technologien, die zu bestimmten Zeitpunkten „ganz oben auf der IT-Agenda" standen und stehen, ließe sich leicht fortführen. Bezogen auf Künstliche Intelligenz glaubt der Autor dieses Beitrages, dass sie – in welcher Form auch immer – „gekommen ist, um (lange) zu bleiben". Und dass deren Entwicklung noch eine Weile stark im Fokus stehen wird, auch wenn beispielsweise Generative KI im bekannten „Gartner Hype Cycle" für aufkommende Technologien bereits in dessen letzter Version von 2024 den „Gipfel der überzogenen Erwartungen" überschritten und in die Phase der „Desillusionierung" eingetreten ist (siehe *Gartner* 2024). Diese Einschätzung erfolgt nicht zuletzt vor dem Hintergrund, dass KI ja auch schon seit langer Zeit „da" ist:

Auch wenn die enormen Potenziale von Künstlicher Intelligenz gefühlt erst mit der Veröffentlichung der Version 3.5 von ChatGPT am 30.11.2022 ins allgemeine öffentliche Bewusstsein gerückt sind, ist KI grundsätzlich bereits im letzten Jahrhundert zu verorten: Der Begriff „Artificial Intelligence" (Künstliche Intelligenz) stammt vom amerikanischen Informatiker John McCarthy (1927–2011), der diesen in der Überschrift eines Projektantrags für eine mehrwöchige Konferenz gebrauchte, die im Jahr 1956 am Dartmouth College (eine der acht US-Ivy-League-Universitäten) in den USA stattfand (*Wichert* 2025). Der Autor dieses Beitrages betrachtet die allgemeine „Veröffentlichung" und Verfügbarkeit von ChatGPT ab 30.11.2022 jedoch als den „Deep Blue"-Moment für KI (siehe *Mrass* 2023): Ähnlich wie seinerzeit 1997 nach dem Sieg dieses IBM-Computers gegen Schachweltmeister Garri Kimowitsch Kasparow in New York allgemein deutlich wurde, welches Potenzial in Computern steckt, ist mit dem KI-basierten Large Language Modell (LLM) ChatGPT das Potenzial von KI erst allgemein auch für die breite Öffentlichkeit veranschaulicht worden.

Es ist aber dennoch schwer absehbar, ob es nicht in naher Zukunft ein „Next big Thing" geben wird, das den Fokus ein wenig verschieben und das Thema KI dann als weiter wichtiges, aber vielleicht nicht mehr so stark im Mittelpunkt stehendes Thema verdrängt. In den folgenden Abschnitten werden nun vor diesem Hintergrund einige mit der Gründung einer eigenen neuen Universität für KI verbundene potenzielle Risiken und Unwägbarkeiten diskutiert.

VI. Risiko 1: Fokussierung auf ein Thema

Die bereits erfolgte Darstellung der Universitäten in Baden-Württemberg und deren in Teilen mehrere Jahrhunderte alte Geschichte zeigt, dass solche Institutionen nachhaltig über einen langen Zeithorizont bestehen können und müssen. Diese bieten – das gilt nicht nur für die klassischen „Volluniversitäten" – eine breite Palette an zu studierenden Fächern und Themen an. Eine zu starke Fokussierung auf nur ein Hauptthema birgt allerdings die Gefahr, dass dieses über die Jahrzehnte und Jahrhunderte hinweg in Zukunft allein nicht genügt, um der jeweiligen Universität das Überleben zu sichern. Eine Fokus-Änderung, Schließung oder zumindest Zusammenlegung mit anderen Universitäten wäre bereits mittelfristig nicht unwahrscheinlich, wenn das Thema KI alleine nicht mehr tragfähig sein sollte. Auch wenn es in den letzten Jahrzehnten auch bei Universitäten Spezialisierungen gab und zahlreiche weitere Hochschulen neben die klassischen „Volluniversitäten" früherer Prägung getreten sind: Eine Fokussierung einer ganzen Universität auf nur ein Hauptschwerpunktthema ist eher ungewöhnlich. Selbst die in der Regel deutlich später als die Universitäten gegründeten Fachhochschulen (FHs) und Hochschulen für Angewandte Wissenschaften (HAWs) haben meist eine größere Zahl an Themen als Schwerpunkt (die HVF Ludwigsburg als interne Hochschule des Landes Baden-Württemberg ist da wie die anderen 29 Verwaltungshochschulen in Deutschland (*DESTATIS/Statistisches Bundesamt* 2025) in Sachen Fokus schon eher eine Ausnahme).

VII. Risiko 2: Hohe Finanzierungskosten

Die derzeit neun baden-württembergischen staatlichen Universitäten haben Jahresetats, die typischerweise im Bereich von mehreren hundert

Millionen Euro liegen (siehe auch *Ministerium für Finanzen Baden-Württemberg* 2025). Das ist zwar im Vergleich zu internationalen privaten Spitzenuniversitäten wie Harvard (6,4 Milliarden US-Dollar „Betriebsausgaben" und 53,2 Milliarden US-Dollar Gesamt-Stiftungsvermögen in 2024 (*Harvard University* 2025)), Stanford (9,7 Milliarden US-Dollar „Betriebsausgaben" im „Geschäftsjahr" 2024/25 und 37,6 Milliarden US-Dollar Gesamt-Stiftungsvermögen in 2024 (*Stanford University* 2025)), MIT (4,8 Milliarden US-Dollar „Betriebsausgaben" und 24,5 Milliarden US-Dollar Gesamt-Stiftungsvermögen in 2024 (*Massachusetts Institute of Technology* 2025)) oder Yale (6,03 Milliarden US-Dollar Jahresetat für 2025 und 41,4 Milliarden US-Dollar Gesamt-Stiftungsvermögen in 2024 (*Yale University* 2025a und 2025b)) moderat und überschaubar. Dennoch ergibt sich insgesamt für das Land Baden-Württemberg als Träger für den Betrieb dieser derzeit neun staatlichen Universitäten bereits eine signifikante Summe. Für den laufenden Betrieb einer zehnten staatlichen Universität wären erhebliche weitere finanzielle Mittel notwendig, die auch unter anderem in Strukturen und Verwaltung fließen und nicht zwingend allein für Forschung im Bereich Künstlicher Intelligenz zur Verfügung stehen würden. Das erscheint insbesondere in Zeiten knapper Kassen als problematisch und würde zudem mit dem ökonomischen Prinzip in der Ausprägung des Maximalprinzips (mit gegebenen Mitteln ein möglichst gutes Ergebnis erzielen) oder Minimalprinzips (ein geplantes Ziel mit minimalem Aufwand erreichen) kollidieren.

VIII. Risiko 3: Bekanntheit und Reputation

Eine neue staatliche Universität in Baden-Württemberg bräuchte ab ihrem Start auch zunächst einige Zeit, um ihre Bekanntheit und idealerweise auch ihre Reputation zu erhöhen. Es wäre mindestens zu deren Beginn fraglich, ob sich nationale und insbesondere internationale KI-Spitzenforscher in den ersten Jahren überhaupt auf ein Engagement bei einer solchen Institution einlassen würden. Die Universität bräuchte beispielsweise einige Jahre, um auch in internationalen Universitäts-Rankings überhaupt zu erscheinen und gut abzuschneiden. Um das Risiko für Spitzenforscher abzumildern, müsste diese neue Universität ihnen finanzielle Ausstattungen und Rahmenbedingungen für ihre Forschung zur Verfügung stellen können, die mit den Grundsätzen einer staatlichen deutschen Universität nur sehr schwer vereinbar sein dürften. Universitäten stehen auch im KI-Bereich im Wettbewerb mit anderen Akteuren wie beispielsweise Unternehmen und können gegenüber diesen lediglich mit ihren Forschungserfahrungen und ihrer Reputation punkten. Gerade diese beiden Aspekte sind aber bei einer neu zu gründenden staatlichen Universität insbesondere in den ersten Jahren fraglich. Finanziell kann eine staatliche Universität – das gilt aber auch selbst für private US-Spitzenuniversitäten – mit Unternehmen in der Regel ohnehin nur sehr selten mithalten.

IX. Risiko 4: Späteinstieg in laufendes Rennen

Deutschland befindet sich – und das gilt auch für den Staat – im Bereich Digitalisierung und IT weltweit aktuell nicht in der Spitzengruppe. So sehen die Bundesbürger beispielsweise im Bereich der Digitalisierung der öffentlichen Verwaltung noch erhebliches Potenzial (vgl. *Mrass* 2024). Auch wenn die Situation bei Weitem nicht so schlecht ist wie zuweilen dargestellt, liegen auch beim Thema KI andere Länder wie China oder die USA insgesamt klar vorn. Das gilt auch sowohl für den Bereich der Wissenschaft, wo sich unter den TOP Ten Institutionen mit den meisten KI-Publikationen weltweit ausschließlich chinesische und amerikanische Universitäten befinden, als auch den Bereich der Wirtschaft, wo gemessen an den privaten Investitionen in KI die USA und China ebenfalls mit großem Abstand führen (siehe *Stanford University* 2023). Die Gefahr bei einer Gründung einer eigenen neuen staatlichen KI-Universität in Baden-Württemberg bestünde darin, mit dieser recht spät in ein Rennen einzusteigen, in welchem andere bereits vor einiger Zeit gestartet sind. Und bereits meilenweit vorne liegen und auch aktuell erhebliche finanzielle und personelle Mittel dafür einsetzen, ihren Vorsprung abzusichern und sich klar an die Spitze der Entwicklung zu setzen.

Beim Thema KI geht es aktuell auch um Geschwindigkeit, also darum, die „PS schnell auf die Straße“ zu bringen. Private Unternehmen, nicht zuletzt die großen US-amerikanischen Konzerne, überbieten sich daher derzeit gerade mit finanziellen Anreizen, um die besten KI-Forscher für sich zu gewinnen und die Konkurrenz möglichst bald schon „abzuhängen“. Angebote wie diejenigen des CEO von „Meta Platforms“ (u.a. Facebook), Mark Zuckerberg, über ein Jahresgehalt von 100 Millionen US-Dollar für einzelne KI-Spezialisten (*Die Zeit* 2025) sind sicherlich eine große Ausnahme. Dennoch ist der „War for Talents“ insbesondere im KI-Bereich im vollen Gange, und einzelne Spezialisten erzielen dort mittlerweile Gehälter, auf die selbst die bekanntesten Spitzensportler der Welt mit Neid blicken dürften und die man früher nur von Investmentbankern kannte –

wenn überhaupt. Es ist fraglich, ob eine neue staatliche „KI-Universität" in Baden-Württemberg, welche zudem auch in Konkurrenz zu anderen Universitäten, die mit bekannten Marken-Unternehmen kooperieren, steht, in der Lage wäre, in dieses Rennen inklusive „War for Talents" noch schnell genug eingreifen zu können.

Erfolgreiche Institutionen wie Universitäten oder Unternehmen sind zudem selten „ad hoc" entstanden, sondern meist organisch gewachsen und haben für ihre Etablierung Jahre und Jahrzehnte gebraucht. International im IT-Bereich führende US-Universitäten wie das MIT an der Ostküste oder die Stanford Universität an der Westküste der USA haben ihre gute Reputation in vielen Jahrzehnten seit ihren (für technisch orientierte Universitäten typischen recht späten) Gründungen in den Jahren 1861 beziehungsweise 1891 aufgebaut. Und selbst die Errichtung von neuen Außenstellen bereits lange etablierter Universitäten wie der 1855 gegründeten ETH Zürich ist auf einen jahrelangen, größeren Zeithorizont ausgelegt (siehe beispielsweise den mit der Dieter Schwarz Stiftung vereinbarten schrittweisen Aufbau unter anderem im Bereich der Digitalen Transformation und KI am Bildungscampus Heilbronn (*ETH Zürich* 2023)). Mit dem Karlsruher Institut für Technologie (KIT) verfügt Baden-Württemberg zudem bereits über eine der neben der Rheinisch-Westfälischen Technischen Hochschule (RWTH) Aachen und der Technischen Universität München (TUM) – beide wie das KIT im Übrigen auch aktuelle Exzellenz-Universitäten (siehe *Wissenschaftsrat* 2025) – im Technologiebereich führenden Universitäten Deutschlands und Europas. Bei der Gründung einer neuen „KI-Universität" bestünde die Gefahr, sich hier ungewollt Konkurrenz zu machen.

Ähnliches gilt für Unternehmen. Selbst das Unternehmen OpenAI, dessen KI-basiertes Large Language Model ChatGPT ab 2022 in Rekordgeschwindigkeit viele Nutzer gewinnen konnte, gibt es bereits seit dem Jahr 2015 und damit seit bald einem Jahrzehnt. Auch das ebenfalls erst in den letzten Jahren verstärkt ins öffentliche Bewusstsein gerückte Unternehmen Palantir Technologies besteht bereits seit 2003 und damit seit über zwei Jahrzehnten. Es würde also einige Zeit dauern, bis eine neue „KI-Universität" überhaupt „richtig aufgestellt" ist.

X. Mögliche Alternativen zu einer „KI-Universität"

In den obigen Absätzen wurde aufgezeigt, dass die Idee der Gründung einer eigenen neuen staatlichen Universität in Baden-Württemberg mit dem Fokus auf der Künstlichen Intelligenz zwar absolut überlegenswert ist. Dass aber bei näherer Abwägung und Betrachtung viele Risiken und Unwägbarkeiten damit verbunden wären. Welche Alternativen zu einer eigenen Universitätsgründung gibt es dann, wie ließe sich das mit dieser Idee verbundene unstrittige Ziel, den „KI-Standort" Baden-Württemberg (weiter) zu stärken, in anderer Form erreichen?

Die Antwort auf diese Frage ist zugegebenermaßen nicht trivial und dürfte nach Einschätzung des Autors dieses Beitrages in mehreren, in der Tendenz einzeln vergleichsweise eher unspektakuläreren Schritten liegen. Ein Hauptvorteil der Idee der Gründung einer eigenen neuen staatlichen Universität in Baden-Württemberg mit Fokus auf KI wäre deren starke Signalwirkung. Um eine ähnlich starke Signalwirkung zu erreichen, müssten die folgenden Maßnahmen daher dann auch zwingend „unter einem gemeinsamen kommunikativen Dach" gebündelt und miteinander eng verzahnt werden, um das Volumen des Gesamtumfanges der Investitionen in KI besser verdeutlichen und die gewünschte Wirkung erzielen zu können.

Direkte Investitionen in neue KI-Lehrstühle

Ein Teil der für die Gründung einer neuen „KI-Universität" notwendigen Mittel könnte anstatt dessen *direkt* in neue KI-Lehrstühle an *bestehenden* baden-württembergischen Universitäten investiert werden. Dieses hätte den Vorteil, dass die Mittel unmittelbar in die KI-Forschung gehen, ohne in Teilen in den Aufbau, den Betrieb und die Verwaltung einer eigenen neuen Institution zu fließen. Bestehende Strukturen könnten ebenso genutzt werden wie die schon vorhandene gute Reputation der jeweiligen baden-württembergischen Universitäten, um auch internationale Forscher gewinnen zu können. Bei einer entsprechenden finanziellen und personellen Ausstattung dieser KI-Lehrstühle könnte über eine gebündelte, gemeinsame internationale Ausschreibung, die auch durch entsprechende wirksame Öffentlichkeitsarbeit begleitet wird, auch eine große Signalwirkung erzielt werden. Und das, ohne das Risiko einzugehen, dass etablierte Forscher aufgrund der anfangs naturgemäß fehlenden Bekanntheit und Reputation einer neu gegründeten Universität von vornherein erst gar nicht kommen.

Gründung neuer Institute an Universitäten

Eine weitere Maßnahme, bei der zugegebenermaßen in Teilen auch finanzielle Mittel in reine Strukturen fließen würden (wenngleich in erheblich geringerem Ausmaß als bei der Gründung einer gesamten neuen Universität), wäre die Etablierung weiterer Institute mit Schwerpunkt auf KI an den bestehenden neun staatlichen baden-württembergischen Universitäten.

Ähnlich wie das durch private Stifter, beispielsweise beim Hasso-Plattner-Institut an der Universität Potsdam, in anderen IT-Bereichen bereits gemacht wurde, könnte auch das Land Baden-Württemberg als Förderer von KI-Forschung in solchen weiteren Instituten auftreten. Idealerweise ließen sich hier auch Kooperationen mit Unternehmen verwirklichen, wie sie an deutschen und vielen internationalen Universitäten bereits seit Jahren gelebt werden. Solche Institute sollten dann interdisziplinär ausgestaltet werden, sodass Forscher unterschiedlicher Fachrichtungen gemeinsam im Bereich KI zusammenarbeiten können. Wie bei der bereits vorgeschlagenen direkten Investition in neue KI-Lehrstühle auch, müssten solche Maßnahmen seitens des Landes Baden-Württemberg auch kommunikativ entsprechend begleitet werden, um die gewünschte Signalwirkung zu erzielen und auch national und international auf diese Investitionen und Maßnahmen Baden-Württembergs im KI-Bereich aufmerksam zu machen.

Unterstützung bestehender Initiativen

Gerade in Baden-Württemberg gibt es bereits einige Initiativen im KI-Bereich, die nicht zuletzt auch durch Kooperationen von Forschungsgesellschaften, Universitäten, Stiftungen und Unternehmen entstanden sind. Beispiele sind der „Bildungscampus Heilbronn", an dem unter anderem mit der TU München und nun auch der ETH Zürich bereits zwei international renommierte Universitäten auf Initiative der Dieter Schwarz Stiftung engagiert sind (*ETH Zürich* 2023). Digitalisierung und KI spielen dabei bereits eine wichtige Rolle. Oder das Cyber Valley in der Region Stuttgart/Tübingen als gemeinsame Initiative von Land, Wissenschaft und Wirtschaft zur Stärkung des KI-Standortes Baden-Württemberg, das neben den drei akademischen Gründungspartnern (den Universitäten Stuttgart und Tübingen sowie dem Max-Planck-Institut für Intelligente Systeme) auch namhafte nationale und internationale Unternehmen sowie Stiftungen mit an Bord hat (*Ministerium für Wissenschaft, Forschung und Kunst Baden-Württemberg* 2025d). Ebenso der Innovation Park Artificial Intelligence Baden-Württemberg (IPAI) in Heilbronn (*Wirtschaft Digital BW* 2025). Diese bestehenden Initiativen und die daraus entstandenen „Ökosysteme" könnten alternativ zu einer Gründung einer neuen Universität mit Schwerpunkt auf KI ebenfalls (noch) stärker gefördert werden.

Verzahnung mit US-amerikanischen Marktführern

Deutschland hat zwar auch im Bereich KI bereits eine Vielzahl an engagierten und hochinnovativen Playern. Das 2019 gegründete Heidelberger Start-up-Unternehmen Aleph Alpha ist hierbei lediglich ein, wenn auch besonders prominentes Beispiel. Dieses Unternehmen und seine aktuelle Lage zeigen aber auch, wie schwer es als deutsche oder europäische Institution trotz sehr ambitionierter Ziele und Unterstützung durch den Staat und eine Reihe von großen und bekannten Unternehmen ist, im Vergleich zu den US-amerikanischen „Big Tech“-Marktführern zu bestehen. Die deutschen und europäischen Unternehmen und Vorhaben, die sich in den letzten Jahren und Jahrzehnten zum Ziel gesetzt haben, eine Alternative zu den großen US-amerikanischen Konzernen zu sein und diesen „Paroli“ zu bieten, sind Legion. Gelungen ist das letztendlich in den seltensten Fällen. Die letzte große deutsche Gründung im IT-Bereich, deren daraus resultierendes Unternehmen es in den letzten gut 50 Jahren geschafft hat, beständig weltweit an der Spitze im jeweiligen Marktsegment mit dabei zu sein, ist SAP.

Um einen Eindruck für die Dominanz und auch finanzielle Stärke der US-amerikanischen „Big Tech“-Konzerne zu bekommen, genügt ein Blick auf die aktuelle (Stand 07.08.2025) Liste der größten beziehungsweise wertvollsten Unternehmen der Welt nach Marktkapitalisierung. Angeführt wird diese bereits seit Jahren von IT-Unternehmen aus den USA, welche meist auch im KI-Bereich zu den bedeutendsten Playern gehören. Derzeit von: 1. Nvidia (4,38 Billionen US-Dollar), 2. Microsoft (3,90 Billionen US-Dollar), 3. Apple (3,16 Billionen US-Dollar), 4. Alphabet (Google) (2,38 Billionen US-Dollar), 5. Amazon (2,37 Billionen US-Dollar) oder 6. Meta Platforms (Facebook) (1,94 Billionen US-Dollar) (*Statista* 2025). Lediglich zur Einordnung und zum Vergleich: Deutsche Großunternehmen in diesem Ranking, angeführt ebenfalls von einem IT-Unternehmen (SAP), kommen auf Marktkapitalisierungen, die so etwa im Bereich eines Zehntels davon liegen: 28. SAP (338,55 Milliarden US-Dollar), 61. Linde (221,08 Milliarden US-Dollar), 69. Siemens (209,43 Milliarden US-Dollar), 92. Deutsche Telekom (172,14 Milliarden US-Dollar), 100. Allianz (166,53 Milliarden US-Dollar) (*Statista* 2025). Die finanziellen Möglichkeiten dieser US-Unternehmen übersteigen damit naturgemäß diejenigen von deutschen KI-Start-ups um ein Vielfaches. Das Gleiche gilt für die finanziellen Möglichkeiten der privaten US-amerikanischen Spitzenuniversitäten wie Harvard, Stanford, MIT oder Yale (die Höhe von deren Gesamt-Stiftungsvermögen, welche die Dimensionen von Bundesländer-Haushalten in Deutschland erreichen, ist hier bereits kommuniziert worden).

Insofern ist deshalb im übertragenen Sinne das alte chinesische Sprichwort „Wenn du deinen Feind nicht besiegen kannst, umarme ihn“ überlegenswert (im übertragenen Sinne, da es hier selbstredend nicht um „Feinde“, sondern um Wettbewerber geht): Eine weitere Maßnahme als mögliche Alternative zu einer eigenen neuen KI-Universität in Baden-

Württemberg könnte eine engere Verzahnung mit den großen US-amerikanischen Playern auf Universitäts- und Unternehmensseite sein. Dieses ist das von den hier vorgeschlagenen Maßnahmen-Bündeln zugegebenermaßen mit großem Abstand schwierigste Unterfangen. Und es kann auch nur gelingen, wenn zu diesen im IT- und KI-Bereich mit Abstand führenden US-Institutionen auf deutscher Seite ebenfalls Universitäten und Unternehmen mit bekannten Markennamen und hoher Reputation aufgeboten werden. Insofern müssten auf Universitätsseite baden-württembergische (IT-)Exzellenz-Universitäten wie das KIT und auch im „Ländle" mit Außenstellen vertretene Spitzenuniversitäten wie die ETH Zürich oder die TUM ebenso eingebunden werden wie in anderen Themengebieten führende baden-württembergische Universitäten wie die Universität Mannheim, die im Bereich der Wirtschaftswissenschaften (inklusive ihrer Mannheim Business School) seit vielen Jahren in Rankings zu den Besten Deutschlands (oft die Nr. 1) (*Universität Mannheim* 2025) gehört. Gleiches gilt für Persönlichkeiten mit starkem Bezug zu Baden-Württemberg und bereits vielfach belegter Hochschul-Affinität und intensivem Hochschul-Engagement wie dem Lidl & Kaufland-Eigentümer Dieter Schwarz oder dem SAP-Gründer Hasso Plattner, deren Stiftungen und Unternehmensmarken auch international sehr gut bekannt sind. Auch wenn es bereits mehrere Kooperationen mit US-amerikanischen Playern gibt, sollten diese im Rahmen einer konzertierten Aktion auf ein anderes Level, eine andere Stufe gehoben werden, wenn Baden-Württemberg im KI-Bereich in Zukunft „ganz oben" mitspielen will.

XI. Fazit: KI „made in Baden-Württemberg"

Die Gründung einer eigenen neuen, zehnten staatlichen Universität in Baden-Württemberg mit Schwerpunkt auf Künstlicher Intelligenz (KI) ist eine interessante Idee und zeigt, dass die Bedeutung und Relevanz des Themas KI in der Landespolitik absolut erkannt wurde. Deren Umsetzung wäre aber mit vielen Risiken und Unwägbarkeiten verbunden: Die starke Fokussierung auf ein Thema (KI) könnte vor dem Hintergrund, dass Universitäten in der Regel auf Jahrzehnte und Jahrhunderte ausgelegt sind, angesichts der dynamischen Entwicklung von neuen Technologien in Zukunft problematisch sein. Die Finanzierung einer ganzen Universität zu diesem Thema könnte sich vor dem Hintergrund knapper Kassen sowie der Tatsache, dass dann erhebliche Mittel auch in den Aufbau, den Betrieb und die Verwaltung dieser Institution anstatt direkt in die KI-Forschung gehen würden, als weniger zielgerichtet erweisen. Eine neu zu gründende Universität würde zudem zunächst einige Zeit benötigen, um ihre Bekanntheit und Reputation aufzubauen und damit auch für KI-Spitzenforscher attraktiv zu sein. Und schließlich bestünde auch die Gefahr, damit nachträglich und erst recht spät in ein Rennen einzusteigen, in dem andere maßgebliche Akteure bereits vor einiger Zeit gestartet sind und in Sachen Finanzmittel, KI-Knowhow und Reputation bereits sehr weit vorne liegen.

Bei der Förderung und Stärkung des KI-Standortes Baden-Württemberg sollten daher hybride Ansätze, die sich auch in anderen Bereichen bereits als erfolgreich erwiesen haben (vgl. *Mrass, Peters und Leimeister* 2021), eine Option sein: Es gilt auf der einen Seite, verschiedene Player aus unterschiedlichen Bereichen noch stärker zusammenzubringen und aus deren enger Zusammenarbeit sowie den damit verbundenen verschiedenen Perspektiven und Synergien zur Stärkung des KI-Standortes Baden-Württemberg beizutragen. Als Alternative zur Etablierung einer ganz neuen Institution (hier: einer Universität) mit unsicheren Erfolgsaussichten sollten nach Auffassung des Autors dieses Beitrages also in bestehende Akteure und Institutionen investiert werden. Mögliche Mittel sind die Etablierung und Finanzierung neuer weiterer Lehrstühle für KI-Themen an Universitäten, die Gründung (weiterer) Institute zu diesem Themenschwerpunkt, die (noch) stärkere Förderung sowie insbesondere Vernetzung von bereits bestehenden Initiativen wie dem Bildungscampus Heilbronn, dem Cyber Valley und dem IPAI Heilbronn sowie eine deutlich engere Verzahnung mit den im IT- und KI-Bereich führenden US-amerikanischen Playern auf einem ganz neuen Level. Insgesamt geht es letztendlich darum, das Potenzial und die „Weisheit der Vielen" in einer Art Crowdsourcing (vgl. *Mrass und Peters* 2019) – wie auch in anderen Bereich bereits geschehen – zu nutzen.

Um diese gesammelten Maßnahmen-Vorschläge einzeln nicht als „Solitäre" wirken zu lassen und die Gefahr zu vermeiden, dass diese in der öffentlichen Wahrnehmung und der Wissenschaftswelt zu wenig Beachtung finden, sollten diese unter einem gemeinsamen „Dach" gebündelt werden. Dieses gemeinsame „Dach" könnte mittels kommunikativer Labels und Maßnahmen entstehen, ohne neue größere Strukturen – deren Betrieb und Verwaltung auf Dauer ebenfalls erhebliche Ressourcen erfordern würden – zu schaffen. „Baden-Württemberg KI", „KI-Initiative Baden-Württemberg", „KI-Länd Baden-Württemberg" oder „KI – made in Baden-Württemberg" sind dabei lediglich erste Gedanken und Ideen für die Bezeichnung eines solchen möglichen gemeinsamen kommunikativen „Dachs". Weitere lassen sich sicher finden. Damit könnte eine ähnliche Signalwirkung wie mit der Gründung einer eigenen neuen staatlichen Universität in Baden-Württemberg erzielt werden, und die dafür notwendigen Mittel würden direkt in die KI-Forschung fließen. Prämisse und wichtig wäre dabei aber, dass auch das finanzielle Gesamtvolumen dieser gebündelten KI-Maßnahmen mitkommuniziert wird, damit deren „Bazooka"-Charakter deutlich werden würde. Die einzelnen KI-Player sollten dabei ihre Autonomie behalten und die eigenen Vorhaben weiterverfolgen können, was für deren Engagement und Motivation sicherlich ein wichtiger Faktor ist. Je mehr unterschiedliche Akteure und Teilnehmer mit verschiedenen Perspektiven in die Entwicklung und Förderung von Künstlicher Intelligenz am Standort Baden-Württemberg eingebunden und miteinander (noch) stärker verzahnt werden, desto höher die Erfolgswahrscheinlichkeit.

Literaturverzeichnis

CNBC (2025): Bill Gates regretted leaving Harvard: I spent Microsoft's first year trying to get a friend to ‚take charge,' so I could return. Beitrag von Tom Huddleston Jr., 14.02.2025, abrufbar unter: https://www.cnbc.com/2025/02/14/bill-gates-i-regretted-leaving-harvard-university-to-start-microsoft.html (letzter Zugriff: 11.08.2025).

Daft, Richard L. (1985): Why I Recommended That Your Manuscript Be Rejected and What You Can Do About It. In: Publishing in the Organizational Sciences, Cummings, L. L. and Frost, P. J. (eds.), Irwin, Homewood, IL, 1985, pp. 193–209 (zitiert nach: Webster, Jane; Watson, Richard T. (2002): Analyzing the Past to Prepare for the Future: Writing a Literature Review. In: MIS Quarterly 26 (2), S. xiii–xxiii)).

DESTATIS/Statistisches Bundesamt (2025): Hochschulen nach Hochschularten, Stand 31. März 2025, abrufbar unter: https://www.destatis.de/DE/Themen/Gesellschaft-Umwelt/Bildung-Forschung-Kultur/Hochschulen/Tabellen/hochschulen-hochschularten.html (letzter Zugriff: 11.08.2025).

Deutsche Welle (2017): Bildung | Harvard-Universität ehrt Zuckerberg, Beitrag vom 26.05.2017, abrufbar unter: https://www.dw.com/de/mark-zuckerberg-erh%C3%A4lt-ehrendoktorw%C3%BCrde-in-harvard/a-38986931 (letzter Zugriff: 11.08.2025).

Die Zeit (2025): KI-Labs bei Meta | Jahresgehalt 100 Millionen Dollar, Beitrag von Jakob von Lindern vom 03.07.2025, abrufbar unter: https://www.zeit.de/digital/2025-07/ki-labs-meta-superintelligence-mark-zuckerberg-geld (letzter Zugriff: 12.08.2025).

Eidgenössische Technische Hochschule (ETH) Zürich (2023): ETH Zürich erhält grosse Donation und plant Lehr- und Forschungszentrum in Deutschland, abrufbar unter: https://ethz.ch/de/news-und-veranstaltungen/eth-news/news/2023/12/medienmitteilung-eth-zuerich-erhaelt-grosse-donation-

und-plant-lehr-und-forschungseinrichtung-in-deutschland.html, Medienmitteilung vom 08.12.2023 (letzter Zugriff: 12.08.2025).

Frankfurter Allgemeine Zeitung (2025): Baden-Württemberg – Eine neue Universität für Künstliche Intelligenz?, Beitrag von Rüdiger Soldt, 08.06.2025, abrufbar unter: https://www.faz.net/aktuell/politik/inland/eine-neue-universitaet-fuer-ki-in-heilbronn-110511111.html (letzter Zugriff: 11.08.2025).

Gartner (2024): Gartner Hype Cycle für neue Technologien, abrufbar unter: https://www.gartner.de/de/artikel/hype-cycle-fuer-neue-technologien (letzter Zugriff: 11.08.2025).

Gesellschaft für Informatik (2025): Larry Page & Sergey Brin: Gründer von Google, abrufbar unter: https://gi.de/persoenlichkeiten/larry-page-sergey-brin (letzter Zugriff: 11.08.2025).

Handelsblatt (2025): Deutschland, Österreich, Schweiz: Wo Gründergeist herrscht – Die zehn besten Universitäten im Vergleich, Beitrag von Tanja Kewes vom 24.06.2025, abrufbar unter: https://www.handelsblatt.com/unternehmen/start-ups/deutschland-oesterreich-schweiz-wo-gruendergeist-herrscht-die-zehn-besten-universitaeten-im-vergleich/100135888.html (letzter Zugriff: 13.08.2025).

Harvard University (2025): Supporting our Mission, abrufbar unter: https://www.harvard.edu/about/endowment (letzter Zugriff: 12.08.2025).

Heilbronner Stimme (2025): Zehnte Uni für Baden-Württemberg? Bei KI ist Heilbronn heißer Favorit, Beitrag von Simon Gajer, 20.05.2025, abrufbar unter: https://www.stimme.de/heilbronn/stadt-heilbronn/zehnte-uni-baden-wuerttemberg-kuenstliche-intelligenz-standort-heilbronn-art-5054794 (letzter Zugriff: 11.08.2025).

Massachusetts Institute of Technology (MIT) (2025): MIT Facts | Operating Financials, abrufbar unter: https://facts.mit.edu/operating-financials (letzter Zugriff: 12.08.2025).

Massachusetts Institute of Technology (MIT) (2023): World Wide Web Consortium is now a public-interest nonprofit organization, MIT News, Beitrag von Rachel Gordon vom 02.02.2023, abrufbar unter: https://news.mit.edu/2023/world-wide-web-consortium-is-now-public-interest-nonprofit-organization-0202 (letzter Zugriff: 11.08.2025).

Ministerium für Finanzen Baden-Württemberg (2025): Landeshaushalt | Staatshaushaltsplan 2025/2026, Einzelplan 14, Ministerium für Wissenschaft, Forschung und Kunst Baden-Württemberg, abrufbar unter: https://fm.baden-wuerttemberg.de/fileadmin/redaktion/m-fm/intern/Bilder/Haushalt_Finanzen_Steuern/Haushalt_25_26/14_Epl.pdf (letzter Zugriff: 12.08.2025).

Ministerium für Wissenschaft, Forschung und Kunst Baden-Württemberg (2025a): Universitäten, abrufbar unter: https://mwk.baden-wuerttemberg.de/de/hochschulen-studium/hochschullandschaft/hochschularten/universitaeten (letzter Zugriff: 11.08.2025).

Ministerium für Wissenschaft, Forschung und Kunst Baden-Württemberg (2025b): Hochschulen für angewandte Wissenschaften, abrufbar unter: https://mwk.baden-wuerttemberg.de/de/hochschulen-studium/hoch schullandschaft/hochschularten/hochschulen-fuer-angewandte-wissen schaften (letzter Zugriff: 11.08.2025).

Ministerium für Wissenschaft, Forschung und Kunst Baden-Württemberg (2025c): Exzellenzstrategie – Baden-Württemberg ist erfolgreichstes Bundesland, abrufbar unter: https://mwk.baden-wuerttemberg.de/de/forschung/forschungsfoerderung/exzellenzstrategie (letzter Zugriff: 11.08.2025).

Ministerium für Wissenschaft, Forschung und Kunst Baden-Württemberg (2025d): Forschung – Cyber Valley – Innovationscampus zur Künstlichen Intelligenz, abrufbar unter: https://mwk.baden-wuerttemberg.de/de/forschung/innovationscampus-bw/innovationscampus-cyber-valley (letzter Zugriff: 13.08.2025).

Mrass, Volkmar (2024): Bundesbürger sehen bei der Digitalisierung der öffentlichen Verwaltung noch Potenzial. In: Dürrschmidt, Jörg und Majer, Christian F. (Hrsg.): Jahrbuch des Instituts für Angewandte Forschung 2024. Bd. 7. Stuttgart: Richard Boorberg Verlag (Ludwigsburger Schriften Öffentliche Verwaltung und Finanzen, Band 7), S. 151–155.

Mrass, Volkmar (2023): ChatGPT: Chancen und Herausforderungen für Forschung, Lehre und Hochschulen. In: Dürrschmidt, Jörg und Majer, Christian F. (Hrsg.): Jahrbuch des Instituts für Angewandte Forschung 2023. Verwaltung und Gesellschaft im Wandel: 50 Jahre Hochschule für öffentliche Verwaltung und Finanzen Ludwigsburg, Bd. 6. Stuttgart: Richard Boorberg Verlag (Ludwigsburger Schriften Öffentliche Verwaltung und Finanzen Band, 6), S. 105–124.

Mrass, Volkmar; Peters, Christoph; Leimeister, Jan Marco (2021): How Companies Can Benefit from Interlinking External Crowds and Internal Employees. In: MIS Quarterly Executive 20 (1), S. 17–38.

Mrass, Volkmar; Peters, Christoph (2019): Digitale Wertschöpfung durch Crowd Services: Neue Formen des Kundensupports am Beispiel Mila und Swisscom. In: Robra-Bissantz, Susanne und Lattemann, Christoph (Hrsg.): Digital Customer Experience. Mit digitalen Diensten Kunden gewinnen und halten. Wiesbaden: Springer Fachmedien Wiesbaden (Edition HMD), S. 271–282.

Stanford University (2025): Stanford Facts 2025 | Finances, abrufbar unter: https://facts.stanford.edu/wp-content/uploads/sites/20/2025/03/2025-Stanford-Fact-Book_WEB.pdf (letzter Zugriff: 12.08.2025).

Stanford University (2023): Human-Centered Arificial Intelligence (HAI), Artificial Intelligence Index Report 2023, abrufbar unter: https://hai.stanford.edu/assets/files/hai_ai-index-report_2023.pdf (letzter Zugriff: 13.08.2025).

Statista (2025): Größte Unternehmen der Welt nach Marktkapitalisierung im Jahr 2025 (in Milliarden US-Dollar; Stand: 7. August 2025), abrufbar unter: https://de.statista.com/statistik/daten/studie/12108/umfrage/top-unternehmen-der-welt-nach-marktwert (letzter Zugriff: 14.08.2025). (Statista selbst gibt als Quelle für dieses Ranking seinerseits an: https://companiesmarketcap.com/#google_vignette).

Universität Mannheim (2025): QS Ranking: Universität Mannheim erneut beste deutsche Universität in den Wirtschaftswissenschaften, abrufbar unter: https://www.uni-mannheim.de/newsroom/presse/pressemitteilungen/2025/maerz/qs-world-university-ranking-by-subject-2025 (letzter Zugriff: 14.08.2025).

Webster, Jane; Watson, Richard T. (2002): Analyzing the Past to Prepare for the Future: Writing a Literature Review. In: MIS Quarterly 26 (2), S. xiii–xxiii.

Wichert, Andreas (2025): Künstliche Intelligenz, Spektrum.de, Lexikon der Neurowissenschaft, abrufbar unter: https://www.spektrum.de/lexikon/neurowissenschaft/kuenstliche-intelligenz/6810 (letzter Zugriff: 11.08.2025).

Wirtschaft Digital BW (2025): IPAI – Innovation Park Artificial Intelligence Baden-Württemberg, abrufbar unter: https://www.wirtschaft-digital-bw.de/ki-made-in-bw/ipai (letzter Zugriff: 14.08.2025).

Wirtschaftswoche (2023): Beste Bedingungen für Start-ups | Diese Grafiken zeigen, welche Unis die meisten Gründer hervorbringen, Beitrag von Kristin Rau vom 08.09.2023, abrufbar unter: https://www.wiwo.de/erfolg/gruender/beste-bedingungen-fuer-start-ups-diese-grafiken-zeigen-welche-unis-die-meisten-gruender-hervorbringen/29365860.html (letzter Zugriff: 13.08.2025).

Wirtschaftswoche (2009): Uni Stanford | Die Ideenschmiede des Silicon Valley. Beitrag von Matthias Hohensee vom 27.07.2009, abrufbar unter: https://www.wiwo.de/unternehmen/uni-stanford-die-ideenschmiede-des-silicon-valley/5562728.html (letzter Zugriff: 11.08.2025).

Wissenschaftsrat (2025): Förderung und Einzelevaluation von Exzellenzuniversitäten und Exzellenzverbund, abrufbar unter: https://www.wissen

schaftsrat.de/DE/Aufgabenfelder/Wettbewerbliche_Begutachtungen/Exzellenzstrategie/Foerderung_seit_Nov_2019/foerderung_seit_nov_19_node (letzter Zugriff: 12.08.2025).

Yale University (2025a): Yale News | Yale reports investment return for fiscal 2024, abrufbar unter: https://news.yale.edu/2024/10/25/yale-reports-investment-return-fiscal-2024 (letzter Zugriff: 12.08.2025).

Yale University (2025b): Overview of Yale's Budget, abrufbar unter: https://www.yale.edu/funding-yale-home/overview-yales-budget (letzter Zugriff: 12.08.2025).

Psychologische Antezedenzien und Sukzedenzien der Entbürokratisierung – Den Nanny State reduzieren und positives Fehlermanagement etablieren

Martin Sauerland[1]

Der Beitrag thematisiert die Möglichkeit, den sogenannten *Nanny State* mit seinen übermäßigen Regulierungen zurückzuführen, sofern den Bürgerinnen und Bürgern wieder verstärkt Bildungsbereitschaft und die Fähigkeit zu mündigen Entscheidungen zugetraut wird (*Antezedenzien der Entbürokratisierung*). Dies geht sodann mit einer Verringerung formaler Anforderungen einher, was gleichzeitig dazu führen würde, dass Verwaltungsakteure in einem erweiterten (Ermessens-)Spielraum unter erhöhter (Rechts-)Unsicherheit agieren (*Sukzedenzien der Entbürokratisierung*). Damit der erweiterte Handlungsspielraum chancenorientiert genutzt werden kann, ist eine Verwaltungskultur erforderlich, die konstruktiv mit Fehlern umzugehen vermag. Der Status quo einer solchen Verwaltungskultur wird empirisch analysiert.

I. Die nette Nanny und ihre gut gemeinten Erziehungsregeln

Der Begriff „Nanny State" bezeichnet einen Staat, der durch umfangreiche Regulierungen, Gesetze, Vorschriften und Eingriffe in das Privatleben der Bürgerinnen und Bürger versucht, diese (vor sich selbst) zu schützen.[2] Das Konzept umfasst dabei nicht nur Staaten, sondern auch Staatengemeinschaften oder auch Teilstrukturen eines Staates. Zudem bezieht sich der Terminus nicht nur auf konkrete Verbote, auch eine übertriebene Informationserfassung, rigorose Meldepflichten, manipulative Nudging-Verfahren, hohe Anforderungen an die Political Correctness oder eine allgemeine Tendenz zum wirtschaftlichen Dirigismus können gemeint sein.

---

1 Prof. Dr. *Martin Sauerland* ist Professor für Psychologie mit dem Schwerpunkt Arbeit und Organisation an der Hochschule für öffentliche Verwaltung und Finanzen Ludwigsburg.

2 Vgl. https://dictionary.cambridge.org/de/worterbuch/englisch/nanny-state.

Der Ausdruck kam schon in den 1960er-Jahren auf, insbesondere in Großbritannien, wo er die Tendenz des Staates beschrieb, immer mehr Lebensbereiche der Bürgerinnen und Bürger zu regulieren, etwa im Gesundheitswesen, bei der Ernährung, im Straßenverkehr oder im sozialen Verhalten. Heute ist der Begriff omnipräsent – es wird sogar ein jährlicher Nanny-State-Index ermittelt.[3]

Der Nanny State manifestiert sich zum Beispiel in minutiösen Arbeitszeitregeln, in strengen Rauchverboten an Arbeits- und Freizeitstätten, in hohen Steuern auf ungesunde Lebensmittel und entsprechenden Werbe- und Etikettierungsvorschriften, in Verboten bestimmter Lebensmittel in Schulkantinen, in engmaschigen Kontrollpflichten für Autobesitzerinnen und Autobesitzer und der Einrichtung feinstaubbegründeter Fahrverbotszonen, in rigiden Gesetzen zur Versicherung, Beheizung und energetischen Sanierung von Gebäuden, in Impfpflichten und sonstigen Verordnungen zur Eindämmung von Epidemien und Pandemien oder auch in spezifischen Sozialleistungen, mit deren Hilfe Belastungen und Risiken für bestimmte Bevölkerungsgruppen abgefedert werden sollen.

Dabei ist der Begriff Nanny State durchaus negativ konnotiert. Er wird zumeist von Autorinnen und Autoren verwendet, die eine Übergriffigkeit, Bevormundung oder Gängelung durch den Staat anprangern. Die Ursachen für den Nanny State werden allerdings auch in dem Bestreben gesehen, gesellschaftliche Probleme wie Gesundheitskrisen, Umweltverschmutzung oder soziale Ungleichheit zu bekämpfen. Das Verhalten der Bürgerinnen und Bürger soll zielgerichtet gesteuert werden, um Risiken in diesen Lebensbereichen zu minimieren.[4]

Die Auswirkungen sind tatsächlich facettenreich: Einerseits kann der Staat das Wohl seiner Bürgerinnen und Bürger schützen, andererseits besteht die Gefahr, dass individuelle Freiheiten eingeschränkt werden. Der Nanny State basiert auf einer paternalistischen Ideologie, die den Staat als Fürsorger konzipiert, der im besten Interesse seiner Bürgerinnen und Bürger handelt. Dies kann jedoch auch dazu führen, dass die individuelle Selbstbestimmung untergraben wird. Menschen haben dann weniger Spielraum, ihre eigenen Lebensentwürfe zu gestalten, ihre Potenziale frei zu entfalten, ihre präferierten Verhaltensweisen an den Tag zu legen oder souveräne Entscheidungen zu treffen, die für ihre persönlichen Umstände optimiert wären. Eine weitere Gefahr besteht darin, dass sich Menschen

---

3 Vgl. *IEA*, 2025; Deutschland rangiert zwar auf den hinteren Plätzen, die EU insgesamt beeindruckt in absoluten Zahlen jedoch durchaus mit ihren Regulierungen.

4 Le Grand, J./New, B., 2020. *Government Paternalism: Nanny State or Helpful Friend.*

von staatlichen Leistungen abhängig machen und sodann auf diese angewiesen sind. Dies kann sogar zu einer Anspruchshaltung führen, welche mit der Erwartung einhergeht, der Staat müsse für sie sorgen und ihre Probleme lösen, anstatt selbst Verantwortung zu übernehmen und Eigeninitiative zu ergreifen. Unter diesen Umständen trauen sie sich weniger zu, neue Dinge auszuprobieren oder Risiken einzugehen, was persönliches Wachstum und gesellschaftliche Innovationen insgesamt hemmt. Im äußersten Fall führt der Nanny State dazu, dass sich Menschen permanent als Opfer widriger Umstände begreifen, gegenüber denen sie sich selbst ohnmächtig fühlen, was die persönliche Resilienz erodieren und den Ruf nach den Hilfen des Staates noch lauter werden lässt.[5]

II. Die nette Nanny wird zur überbehütenden Glucke

Die Ausführungen im vorangegangenen Abschnitt lassen bereits erahnen, dass der Nanny State wie eine sich selbst erfüllende Prophezeiung wirkt – er selbst wird zur Ursache der Wirkungen, die er bekämpfen will.[6] Er fördert damit auch die Überregulierung, weil er in immer mehr Lebensbereiche eingreifen muss, um eventuelle Gefahren abzuwenden und vermeintliche soziale Unwuchten auszugleichen.

Die Schwelle – zum Beispiel für politische Akteure – neue Vorschriften vorzuschlagen, ist überdies außerordentlich gering, weil die Sicherheits-, Gesundheits-, Schutz- und Fürsorgeorientierung, die darin zum Ausdruck kommt, vordergründig vernünftig erscheint und in großen Teilen der (Wahl-)Bevölkerung daher auf spontane Akzeptanz stößt (siehe dazu auch Abb. 1). Die Aussicht auf die Befriedigung des Sicherheitsbedürfnisses überwiegt zunächst das Autonomiebedürfnis.[7]

Zumeist müssen sodann aber Ausnahmen für besondere Bedingungen zugelassen werden, die einige gesellschaftliche Gruppierungen privilegieren, andere wiederum müssen für die daraus erwachsenen Nachteile entschädigt werden. Die unbedachten Nebenwirkungen und Folgeerscheinungen entsprechender staatlicher Vorschriften generieren somit immer weitere Regulierungen, die zumeist auch noch einen immensen Kontrollaufwand mit sich bringen.

---

5 Le Grand/New (Fn. 4).

6 Rosenthal, R./Fode, K. L., 1963. The Effect of Experimenter Bias on the Performance of the Albino Rat. *Behavioral Science, 8*, 183–189.

7 Vgl. z.B. Krämer, W., 2011. *Die Angst der Woche: Warum wir uns vor den falschen Dingen fürchten.*

Der Nanny State basiert auf der Annahme, dass der Staat besser weiß, was gut für die Bürger ist, als die Individuen selbst. Aus diesem Grund werden Vorschriften und Ähnliches erlassen, die das Verhalten der Individuen so steuern sollen, dass sie selbst, bestimmte Subgruppen oder die Gesellschaft als Ganze besser vor gesundheitlichen, ökonomischen oder ökologischen Schäden bewahrt werden können.[8] Unabhängig davon, inwieweit diese Annahme berechtigt ist, nimmt der Nanny State den Bürgerinnen und Bürgern damit ihre individuellen Entscheidungen ab und hindert sie langfristig daran, eigene Kompetenzen im Umgang mit Risiken aufzubauen. Auf diese Weise gerät der Staat in die Rolle, immer mehr Risiken und Belastungen für immer mehr Gruppierungen abfedern zu müssen, was zwangsläufig dazu führt, dass die Regulierung immer umfangreicher und komplexer wird.

Wie bereits erwähnt, kann es sogar dazu kommen, dass Bürgerinnen und Bürger entsprechende Regulierungen erhoffen, erwarten oder einfordern. Das nachfolgend dargestellte Modell beschreibt beispielhaft für den Gesundheitssektor (im engeren Sinne Risikoverhalten), wie diese niedrigschwellige Akzeptanz einschränkender Vorschriften zustande kommen kann (siehe Abb. 1).

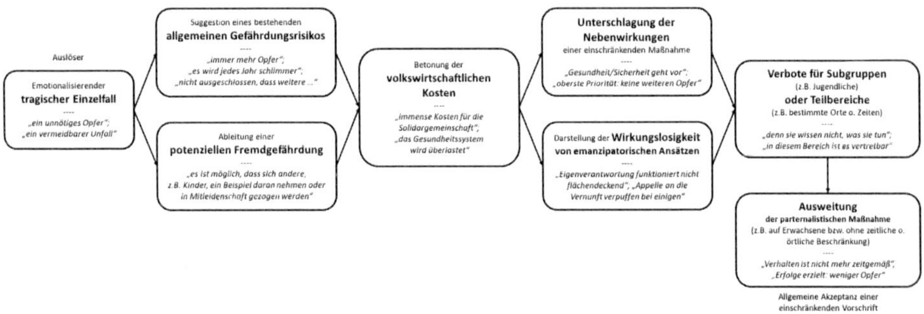

Abb. 1 Genesemodell der Faktoren, die zu einer niedrigschwelligen, allgemeinen Akzeptanz einschränkender Vorschriften führen, beispielhaft für den Gesundheitssektor (im engeren Sinne Risikoverhalten), mit typischen Paraphrasen von Medienvertreterinnen und -vertretern oder Politikerinnen und Politikern (Modell in Anlehnung an einen unveröffentlichten Konzeptentwurf von *Krajewksi/Sauerland*, 2025).

8 Vgl. auch Thaler, R. H./Sunstein, C. R./Bausum, C., 2010. *Nudge. Wie man kluge Entscheidungen anstößt. Wie man Menschen dazu bringt, das Richtige zu tun.*

III. Die Nanny entlassen und erwachsen werden

Die aufgezeigten Mechanismen begünstigen die Überregulierung und die Bürokratisierung. Die Ausführungen legen mithin nahe, dass dies in Teilen unnötig und verzichtbar ist. Je nach zugrunde liegendem Menschenbild und politischer Orientierung mahnen sie sogar an, skeptisch gegenüber entsprechenden staatlichen Regulierungen zu sein und sich dafür einzusetzen, diese abzubauen. In den angesprochenen Bereichen gibt es jedenfalls ein beträchtliches Deregulierungs- und Entbürokratisierungspotenzial.

Der diesbezügliche Handlungsbedarf ist enorm: Laut einer SWR-Umfrage fühlen sich 78 % der Bürgermeisterinnen und Bürgermeister durch zu viel Bürokratie belastet. Immer wieder erscheinen Schlagzeilen wie „Bürokratiemonster überall“ oder die „Bürokratie wird immer schlimmer“.[9] Nicht nur Bürgerinitiativen, auch Wirtschaftsverbände machen ihren Unmut in einschlägigen Brandbriefen öffentlich und fordern einen entsprechenden Befreiungsschlag.[10] So konstatierte der BDI-Präsident Leibinger kürzlich, Deutschland habe sich im Wunsch, das Land noch sicherer für alle zu machen, ein Gefängnis aus Regeln gebaut.[11]

Der Handlungsbedarf ist bekannt, und die Alternativen liegen auf der Hand. Der Gegenentwurf zum Nanny State ist ein Ansatz, der primär auf Bildung und Selbstregulation setzt. Dieser Ansatz propagiert die Eigenverantwortung von mündigen Bürgerinnen und Bürgern, unterstützt deren Entscheidungsfindung bestenfalls durch Aufklärung, Qualifikation und Kompetenzaufbau, vertraut aber gleichzeitig auf einen in weiten Teilen selbstregulierenden, reaktanzfreien Rahmen, der individuelle Freiheiten stärker schützt, ohne von der Annahme auszugehen, in jeden Bereich steuernd eingreifen zu müssen.[12]

Dieser Ansatz muss jedoch eine bestimmte Mentalität nach sich ziehen, ein bestimmtes Mindset, und zwar bei allen beteiligten Parteien – bei Bürgerinnen und Bürgern, Politikerinnen und Politikern und auch in der Verwaltung. In Bezug auf die damit einhergehenden Veränderungsbedarfe in der öffentlichen Verwaltung warb auch schon der Ministerpräsident Baden-Württembergs, Winfried Kretschmann, in der Süddeutschen Zeitung: „Es

9 Vgl. z.B. SWR Online, https://www.swr.de/swraktuell/mehr-gesetze-mehr-buerokratie-kolumne-1000.html.

10 https://www.welt.de/wirtschaft/article249819814/Brandbrief-an-Olaf-Scholz-Wirtschaftsverbaende-fordern-Befreiungsschlag-von-Buerokratie.html.

11 https://www.deutschlandfunk.de/bdi-praesident-leibinger-deutschland-hat-sich-ein-gefaengnis-aus-regeln-gebaut-104.html.

12 Vgl. auch Thaler/Sunstein/Bausum (Fn. 8).

muss ein Mentalitätswechsel stattfinden – hin zum mutigen Nutzen von Spielräumen, weg von der ängstlichen Fehlervermeidungskultur."[13]

IV. Als Heranwachsende Fehler machen dürfen

Es gibt einige Herausforderungen im Kontext der Entbürokratisierung der öffentlichen Verwaltung. Eine erfolgreiche Transformation setzt voraus, dass die Verwaltungsmitarbeitenden in der Lage sind, mit vereinfachten gesetzlichen Rahmenbedingungen, erweiterten Ermessensspielräumen und flacheren Hierarchien umzugehen. Während die Hauptanforderung im gehobenen Dienst bislang die korrekte Auslegung und akribische Anwendung komplexer Gesetzestexte war, gewinnen künftig die eigenverantwortliche Entscheidungsfindung unter unsicheren Rahmenbedingungen und der konstruktive Umgang mit möglichen Fehleinschätzungen an Bedeutung.[14]

Für eine gelingende Entbürokratisierung ist daher die Entwicklung einer konstruktiven Fehlerkultur von zentraler Bedeutung. Andernfalls werden Chancen, die mit einem gewissen Risiko verbunden sind, nicht genutzt und entsprechende Gestaltungsfreiheiten nicht gewährt.

In leistungsorientierten Kontexten werden Fehler allerdings häufig als unbedingt zu vermeidender Makel betrachtet. Fehler sind dementsprechend mit individueller Schuldzuweisung und persönlichen Sanktionen verbunden. Diese Auffassung setzt jedoch massive Anreize, Fehler zu vertuschen oder die Schuld dafür auf andere abzuwälzen. Noch tragischer aber ist, dass Mitarbeitende unter solchen kulturellen Bedingungen überhaupt nur handeln und entscheiden, wenn sie sich absolut sicher sind.

Die Etablierung einer positiven Fehlerkultur stellt angesichts der Entbürokratisierungserfordernisse daher einen wesentlich zielführenderen Gegenentwurf dar: Fehler werden als unvermeidliche Bestandteile komplexer Systeme anerkannt, deren systematische Analyse und Reflexion zur kontinuierlichen Optimierung organisationaler Prozesse und zur Dynamisierung gesellschaftlicher Entwicklungen beiträgt.[15]

---

13 *Süddeutsche Zeitung*, 2023. Bürokratie – Kretschmann: „Werden so nicht mehr regieren können". https://www.sz.de/dpa.urn-newsml-dpa-com-20090101-230813-99-821385.

14 Mai, V. M., 2024. *Entbürokratisierung: Die Eignung und Befähigung der öffentlichen Bediensteten zur deregulierten Arbeitsweise im Fokus.* Unveröffentlichte Abschlussarbeit an der Hochschule für öffentliche Verwaltung und Finanzen Ludwigsburg.

15 Schüttelkopf, E., 2019. *Lernen aus Fehlern. Wie man aus Schaden klug wird.*

Eine solche Kultur basiert auf der Erkenntnis, dass Fehler in unsicheren, neuartigen, komplexen und dynamischen Situationen nicht vollständig ausgeschlossen werden können. Wenn solche Fehler schon nicht gänzlich vermieden werden können, stellt sich umso mehr die Frage, wie mit ihnen möglichst gewinnbringend umgegangen werden kann. Dabei können folgende Prinzipien zugrunde gelegt werden:[16]

(1) Nutzung von Fehlern als Lernquelle: Fehler liefern wertvolle Informationen über die Unwirksamkeit bestimmter Handlungsweisen, Prozesse oder Strategien, wodurch das sogenannte negative Wissen generiert wird. Fehler offenbaren irrtümliche Annahmen oder unvollständige Kausalmodelle und bieten somit Chancen zur Optimierung und Weiterentwicklung. Sie können als Gelegenheiten zum Lernen und zur kontinuierlichen Verbesserung genutzt werden.

(2) Konstruktiver Umgang mit Fehlern: Die Identifikation von Fehlern sollte nicht in persönliche Schuldzuweisungen münden, welche die Mitarbeitenden entmutigen und sie von der Sache entfremden. Stattdessen sollte sie Anstoß für die Verbesserung von Strukturen und Prozessen sein, um das Ergebnis für alle Beteiligten zu optimieren. Der Fokus liegt auf der Lösung des zugrunde liegenden Problems.

(3) Förderung offener Kommunikation: Die Schaffung niedrigschwelliger, transparenter Kommunikationsangebote, ohne Angst vor negativen Konsequenzen, ist essenziell, um Fehler schnell zu erkennen und deren Folgen einzudämmen.

(4) Ganzheitliche Ursachenanalyse: Fehler werden systemisch betrachtet, um zukünftige Fehlentscheidungen zu vermeiden. Die Ursachenanalyse und die Identifikation von Verbesserungspotenzialen erfolgen möglichst gemeinschaftlich im Team.

(5) Förderung von Innovationen: Ein konstruktiver Umgang mit Fehlern kann die Kreativität und Innovationsfähigkeit einer Organisation steigern, indem neue, verbesserte Problemlösungswege erprobt werden. Mitarbeitende können ermutigt werden, entsprechende Vorschläge zu unterbreiten.

(6) Fokussierung auf Stärken: Individuelle Potenziale werden aktiviert, gemeinschaftliche Stärken genutzt und entsprechende Ressourcen aufgebaut, um Risiken und zukünftige Herausforderungen besser bewältigen zu können.

16 Sauerland, M., 2024. *Fehler im Griff. Fehlleistungen begreifen, Fehlertypen unterscheiden, Fehlerursachen vermeiden.*

Die Implementierung einer positiven Fehlerkultur sollte auf mehreren Ebenen zugleich erfolgen:

Eine *Organisation* sollte klare Rahmenbedingungen für den konstruktiven Umgang mit Fehlern schaffen, beispielsweise durch folgende Maßnahmen:

- Sensibilisierung für die Thematik (z. B. psychoedukative Aufklärung)
- Klärung rechtlicher Aspekte (z. B. bei Regressforderungen oder Klagen)
- Rückendeckung durch die Organisationsleitung für die Mitarbeitenden
- Verankerung der Lern- und Innovationsbereitschaft im Leitbild
- Verbannung des personenbezogenen Schuldkonzepts
- Planung eines Budgetpuffers für das Fehlermanagement

Auf der Ebene der *Führungskräfte* und des *Teams* sollten Vorgesetzte

- Vorbilder in der offenen und konstruktiven Fehlerkommunikation sein (eine positive Fehlerkultur kann nicht „von oben“ aufoktroyiert werden, sie muss glaubwürdig vorgelebt werden, um Schambarrieren bei den Mitarbeitenden abbauen und das Verantwortungsbewusstsein für die Sache stärken zu können).
- eigene und vermeintlich mitarbeiterverursachte Fehler nicht vorschnell als Zeichen der Inkompetenz oder mangelnden Professionalität werten, sondern unmittelbar prozessuale und strukturelle Verbesserungsmöglichkeiten ausloten.
- eher intolerant gegenüber der Vertuschung von Fehlern sein.
- insgesamt aber ein vertrauenswürdiges Klima etablieren.
- offene Kommunikationsangebote in ihren Arbeitsteams schaffen.
- zur gemeinsamen Problemlösung anregen.
- vermeidbare Fehler eindämmen, um die Funktionstüchtigkeit ihres Verantwortungsbereichs nicht zu gefährden.
- gleichzeitig jedoch Fehlern in bestimmten Aufgabenbereichen auch den nötigen Raum geben, um Neues erschaffen zu können.
- einen transformationalen Führungsstil (keinesfalls einen autoritären Stil) pflegen.

Auf der Ebene des *Individuums* können Beschäftigte …

- ihre zumeist negativen Einstellungen und blockierenden Glaubenssätze gegenüber Fehlern auf den Prüfstand stellen.
- in einschlägigen Trainings oder Coachings zu einer differenzierteren, lernoffeneren, konstruktiveren und lösungsorientierteren Perspektive angeregt werden.
- ihre Ressourcen, Stärken und Kompetenzen in den Vordergrund rücken und diese systematisch kultivieren, um die Resilienz zu steigern und fehlerprovozierende Schwächen unwirksam werden zu lassen.

Die dargelegten Interventionsmaßnahmen können selbstverständlich auch schichtübergreifend implementiert werden. Eine bewährte Maßnahme für diesen Zweck besteht darin, im üblichen Jour fixe regelmäßig einige Minuten für das Thema „Fehler", „Lerngelegenheiten" oder „Verbesserungsmöglichkeiten" zu reservieren. Ein entsprechender Gesprächsleitfaden, der in diesem Rahmen niedrigschwellig eingesetzt werden kann, findet sich bei *Sauerland* (2024; S. 156).[17]

Wenn die Angst vor Fehlern nicht mehr handlungsleitend ist, können auch neue Ermessensspielräume konstruktiv und situationsgerecht genutzt werden; mutige, chancenorientierte Entscheidungen können getroffen und innovative Ideen ermöglicht und ausprobiert werden; individuelle Potenziale werden ausgeschöpft und Freiräume zur persönlichen Optimierung und Entfaltung gewährt; nicht zuletzt kann wieder mehr Vertrauen in die selbstregulierenden Kräfte der Gesellschaft gesetzt werden.

Doch wie weit ist die Verwaltung auf diesem Weg vorangekommen? Wird die Notwendigkeit der Entbürokratisierung gesehen? Sind die Bedingungen dafür, zum Beispiel in Form einer konstruktiven Fehlerkultur, bereits geschaffen? Bestehen unter Mitarbeitenden die Bereitschaft und die Befähigung zur eigenverantwortlichen Entscheidungsfindung? Auf die Klärung dieser Fragen geht der nachfolgende Abschnitt ein.

V. Erwachsen sein – der Status quo

Eine umfangreiche Onlinebefragung mit 1026 Verwaltungsmitarbeitenden zeigte eine breite Zustimmung zur Notwendigkeit der Entbürokratisierung (90 %), einhergehend mit einer hohen diesbezüglichen Veränderungsbereitschaft (93 %). Die Ergebnisse deuteten zudem darauf hin, dass sich die dafür notwendige positive Fehlerkultur mittlerweile durchaus auf dem Vormarsch befindet (siehe Abb. 2; vgl. dazu noch die verheerende Bilanz von *Michl* aus dem Jahr 2017).[18]

---

17 Sauerland (Fn. 16).

18 Mai (Fn. 14); Michl, A. T., 2017. *Löse das Problem, nicht die Schuldfrage. Agile Verwaltung.* https://agile-verwaltung.org.

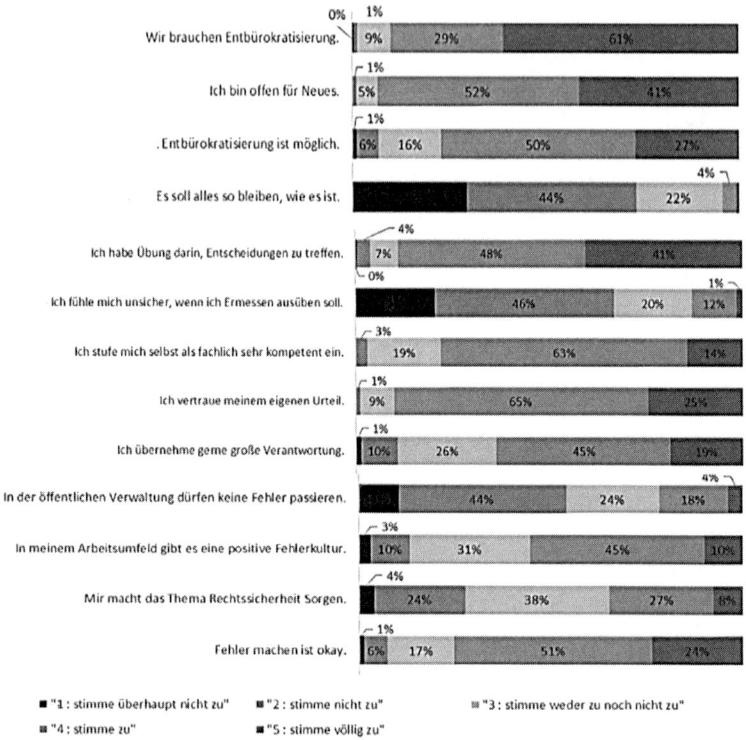

Abb. 2 Prozentuale Anteile für den Grad der Zustimmung zu verschiedenen Aussagen bezüglich der Notwendigkeit, den Bedingungen und der Bereitschaft zur Entbürokratisierung (n=1026 Verwaltungsmitarbeitende). Die dunkleren Kategorien auf der linken Seite der jeweiligen fünfstufigen Skala stehen für einen geringeren Grad an Zustimmung zu der entsprechenden Aussage, die helleren Balkenabschnitte in der Mitte für einen mittleren Grad an Zustimmung, und die wiederum dunkleren Kategorien auf der rechten Seite der jeweiligen Skala stehen für einen höheren Grad an Zustimmung zu der jeweiligen Aussage.

Unsere Untersuchungen zeigen aber auch, dass Fehler mittlerweile zwar zumeist offen angesprochen werden können, ein systematisches Fehler- oder Resilienzmanagement jedoch eher nicht praktiziert wird (siehe Abb. 3).

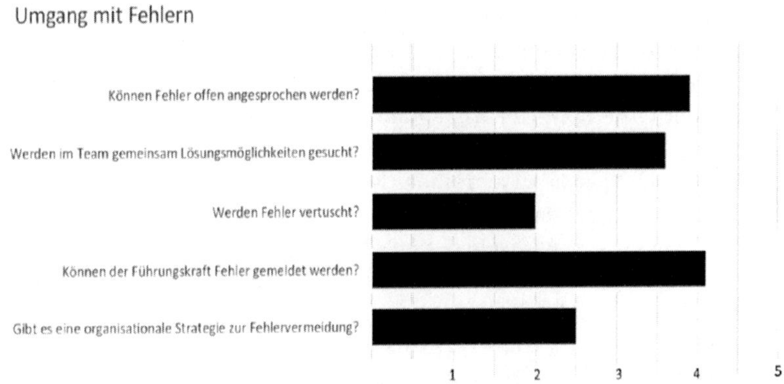

Abb. 3 Mittlere Zustimmung zu verschiedenen Fragen bezüglich der Fehlerkultur und des Fehlermanagements in der eigenen Organisation (n=119; fünfstufige Skala von 1= „trifft ganz und gar nicht zu" bis 5= „trifft voll und ganz zu"). Fehler können zumeist zwar offen angesprochen werden, ein systematisches Fehlermanagement existiert jedoch eher nicht.

In einer Studie fanden wir beispielsweise heraus, dass 67 % von 129 Befragten keinerlei Maßnahmen zur Resilienzsteigerung in ihrer Organisation erkennen können; auch gebe es weder einen Plan zum Umgang mit zukünftigen Fehlern noch eine Dokumentation oder ein systematisches Management bisheriger Fehler. In dieser Hinsicht besteht durchaus noch Verbesserungspotenzial.[19]

Dieses Befundmuster geht auch aus zwei weiteren Befragungen in verschiedenen Verwaltungen hervor: Zwar stimmten nur 3 % der Befragten der Aussage zu, dass Fehler vertuscht werden (M=1,55), der höchste Zustimmungswert war aber bei der Aussage zu verzeichnen, dass Fehler *ausschließlich* mit der eigenen Führungskraft besprochen werden (M=3,55).

Im Rahmen einer umfangreichen Befragung von 231 Beamtinnen und Beamten zeigte sich, dass konkret begangene Fehler zwar insbesondere durch *organisationale* Maßnahmen hätten verhindert werden können, zur zukünftigen Vermeidung solcher Fehler wurde faktisch jedoch keinerlei institutionelle Maßnahme ergriffen. Stattdessen gaben 152 Befragte (65 %) an, dass sie „das nächste Mal eben besser aufpassen" müssten; 35 Befragte gaben sogar an, sich geschämt zu haben, als sie den Fehler mit dem Vorgesetzten besprochen haben.

19 Sauerland (Fn. 16).

Im Rahmen dieser Befragungen zeigte sich auch ein bemerkenswerter Unterschied zwischen (1) der *Selbsteinschätzung* von Führungskräften hinsichtlich ihrer eigenen Offenheit und Akzeptanz gegenüber Fehlern von Mitarbeitenden und (2) der *Fremdeinschätzung* der Mitarbeitenden bezüglich der Offenheit und Akzeptanz ihrer Führungskräfte gegenüber begangenen Fehlern von Mitarbeitenden. Die Offenheit, welche sich Führungskräfte selbst gerne zuschreiben (M=4,32), wird von ihren Mitarbeitenden als signifikant weniger stark ausgeprägt wahrgenommen (M=3,00).

Zahlreiche Befragte wünschen sich einen entsprechenden Kulturwandel. Der Königsweg wird in der Tat in der Schaffung von organisationaler Resilienz gesehen. Die Befragten unserer verschiedenen Untersuchungen unterbreiteten zum Zweck des Aufbaus einer positiven Fehlerkultur, eines konstruktiven Fehlermanagements beziehungsweise zur Stärkung der organisationalen Resilienz teils recht konkrete Vorschläge, die auf verschiedenen Ebenen der Organisation implementiert werden können:

- Regelmäßige Besprechungen zum Lernen aus Fehlern sollten eingeführt werden.
- Strategien zur künftigen Fehlervermeidung sollten erarbeitet werden.
- Mitarbeitende sollten zu einem offenen Umgang mit Fehlern ermutigt werden.
- Zur eigenen Fehlbarkeit sollte man stehen können.
- Im Bedarfsfall muss Unterstützung eingeholt werden können.
- Die eigenen Stärken und Schwächen müssten reflektiert und berücksichtigt werden können.
- Man sollte öfter über den Tellerrand schauen.
- Flachere Hierarchien könnten gebildet werden.
- Beim Auftreten eines Fehlers dürfte die Führungskraft nicht aus der Haut fahren.
- Es sollte stattdessen eine gemeinsame Problemlösung stattfinden.
- Ein entsprechendes Wir-Gefühl müsste dafür kultiviert werden.
- Ein Sparringspartner wäre hilfreich.
- Personal müsste dafür aufgestockt werden.
- Mehr Zeit ist erforderlich, um die Wege zum Ziel im Detail durchdenken zu können.

Zusammenfassend kann festgehalten werden, dass die Verwaltung trotz bestehender Herausforderungen eine grundsätzlich positive Grundhaltung in einschlägigen Aspekten der Entbürokratisierung aufweist, was eine solide Basis für die angestrebten Transformationsprozesse bildet. In der Wahrnehmung der Mitarbeitenden existiert in den meisten Arbeitsumfeldern auch die dafür notwendige positive Fehlerkultur, wenngleich diese sich zuvorderst auf die Möglichkeit der offenen Kommunikation von Fehlern mit der eigenen Führungskraft bezieht. Entwicklungsmöglichkeiten bestehen indes darin, systematische, organisationsweite Strategien zur Vermeidung von bzw. zum Umgang mit Fehlern in einem zunehmend unsicher, dynamischer und komplexer werdenden Arbeitsumfeld zu implementieren.

VI. Zusammenfassung

Der Beitrag diskutiert das Konzept des Nanny State, der durch umfangreiche staatliche Vorschriften gekennzeichnet ist, die das Verhalten der Bürgerinnen und Bürger steuern sollen. Es wird argumentiert, dass solche Vorschriften dazu dienen können, gesellschaftliche Herausforderungen zu bewältigen, diese aber auch zu einer sich immer stärker ausweitenden Bürokratisierung führen und individuelle Freiheiten damit einschränken können. In diesem Zusammenhang werden die psychologischen Mechanismen hinter der Akzeptanz und Ausweitung einschränkender Vorschriften analysiert. Die Notwendigkeit der Entbürokratisierung ist offenkundig, und so wird dafür plädiert, erkennbar unnötige Nanny-State-Regelungen abzubauen und stattdessen mehr Ermessensspielräume in Richtung eines Mindsets obwalten zu lassen, das Chancen nutzt und entsprechende Freiheiten gewährt. Dies bringt allerdings mit sich, dass Verwaltungsmitarbeitende mit mehr Unsicherheit umgehen können, die Verantwortung für ihre freieren Entscheidungen übernehmen wollen und auch dazu imstande sind, eventuelle Fehlentscheidungen konstruktiv zu bewältigen. Das Ausmaß der entsprechenden Bereitschaft und der Status quo der aktuellen Fehlerkultur in der öffentlichen Verwaltung werden abschließend empirisch untersucht – mit teils ermutigenden Befunden, aber auch mit konkreten Entwicklungsvorschlägen.

Literaturverzeichnis

Krämer, W., 2011. *Die Angst der Woche: Warum wir uns vor den falschen Dingen fürchten.* München.

Kretschmann, W., 2023. Süddeutsche Zeitung. Bürokratie – Kretschmann: „Werden so nicht mehr regieren können". https://www.sz.de/dpa.urn-newsml-dpa-com-20090101-230813-99-821385.

Le Grand, J./New, B., 2020. *Government Paternalism: Nanny State or Helpful Friend.* Princeton University Press.

Leibinger, P., 2025, https://www.deutschlandfunk.de/bdi-praesident-leibinger-deutschland-hat-sich-ein-gefaengnis-aus-regeln-gebaut-104.html.

Mai, V. M., 2024. *Entbürokratisierung: Die Eignung und Befähigung der öffentlichen Bediensteten zur deregulierten Arbeitsweise im Fokus*. Unveröffentlichte Abschlussarbeit an der Hochschule für öffentliche Verwaltung und Finanzen Ludwigsburg.

Michl, A. T., 2017. Löse das Problem, nicht die Schuldfrage. Agile Verwaltung. https://agile-verwaltung.org.

Nanny State: https://dictionary.cambridge.org/de/worterbuch/englisch/nanny-state.

Rosenthal, R./Fode, K. L., 1963. *The Effect of Experimenter Bias on the Performance of the Albino Rat. Behavioral Science, 8*, 183–189.

Sauerland, M., 2024. *Fehler im Griff. Fehlleistungen begreifen, Fehlertypen unterscheiden, Fehlerursachen vermeiden*. Berlin.

Schüttelkopf, E., 2019. *Lernen aus Fehlern. Wie man aus Schaden klug wird*. Freiburg.

SWR Online. https://www.swr.de/swraktuell/mehr-gesetze-mehr-buerokratie-kolumne-1000.html.

Thaler, R. H./Sunstein, C. R./Bausum, C., 2010. *Nudge. Wie man kluge Entscheidungen anstößt. Wie man Menschen dazu bringt, das Richtige zu tun*. Berlin.

https://www.welt.de/wirtschaft/article249819814/Brandbrief-an-Olaf-Scholz-Wirtschaftsverbaende-fordern-Befreiungsschlag-von-Buerokratie.html.

Facilitating Digital Transformation in Public Administration: Organizational Approaches and Implementation Strategies

Thorsten Kiunke, Michael Schorn, Julia Kaesmayr und Anna Steidle[1]

Digitalization in public administration affects employees, their working environment, and performance both positively and negatively. This research builds on a survey examining digitalization's impact on public administration in Baden-Wuerttemberg, Germany. This study presents evidence-based recommendations for improving the technical and organizational design of work processes, validated through expert interviews with digitalization officers and municipal managers. The findings reveal implementation obstacles and identify promising approaches for introducing high-quality digital solutions, including process design linked to digitalization strategies, effective project management, and change management practices. Additionally, the study evaluates digital tools for knowledge management, examining professional social networks, collaboration software, document management systems, and real labs. Results indicate significant potential for the proposed organizational measures to facilitate digital transformation in municipal agencies, though further validation through experimental field studies is recommended.

---

1 *Thorsten Kiunke* is an employee of the German Pension Insurance Fund Baden-Württemberg, where he works as head of the Central Tasks and Human Resources division in the Digitalization Department.
Prof. Dr. *Michael Schorn* is chairman of the Institute for Economic and Political Research, Cologne, and honorary professor at the Ludwigsburg University of Applied Sciences.
Prof. Dr. *Julia Kaesmayr* is Professor of Business Psychology and Research Methods at the Carinthia University of Applied Sciences (Villach, Austria) and affiliated researcher at the Ludwigsburg University of Applied Sciences. Her research focuses on Digital Agency and AI effects in work contexts.
Prof. Dr. habil. *Anna Steidle* is professor of public administration with a focus on human resource management and leadership at the Ludwigsburg University of Applied Sciences and affiliated with the Faculty of Business, Economics and Social Sciences at the University of Hohenheim as an associate member.

I. Introduction

Advancing digitalization fundamentally transforms work in public administration. While digital work forms can expand employees' scope of action, they simultaneously increase job demands and may pose health risks through uncertainty and excessive workload (Braun, 2021, p. 77). The Federal Institute for Occupational Safety and Health (Bundesanstalt für Arbeitsschutz und Arbeitsmedizin, BAuA), for example, requires that effects on physical and mental health as well as social interaction be considered preventively when designing or redesigning technical work systems (Bundesanstalt für Arbeitsschutz und Arbeitsmedizin [BAuA], 2017, p. 123).

Digital systems should therefore be designed to reduce stress at the human-technology interface by providing context-dependent information or automating stressful work components to enable smooth workflows (Hirsch-Kreinsen, 2017, p. 476). However, digitalization implementation errors can produce various negative effects, including poor technical integration, uncoordinated organizational processes, change management failures, employee psychological saturation, and contextless data accumulation (Sträter, 2019, p. 252). These issues may become worse because decision-makers in public administration often lack sufficient expertise in work design (Braun, 2021, p. 78).

A recent study addressed this problem (Steidle et al., 2022). The authors used a newly developed model of administrative work digitalization (Kaesmayr et al., 2021) that combines digital maturity models with internet-based work approaches, considering more than just technical aspects. Building on an extended job demands-resources model (Bakker & Demerouti, 2007), the authors hypothesized that digitalization acts as an external factor influencing employees' job demands and resources and consequently affecting their work experience and performance. Results showed that only digital information was moderately developed, while digital interaction and integration remained limited, and data processing and digital transactions were underdeveloped (Steidle et al., 2022).

The study demonstrated that higher levels of digitalization in information procurement reduce work requirements and provide additional resources by expanding employees' scope of action and discretion, while analog processes show negative impacts. Advanced digital solutions – including specialized applications for public administrations, portal solutions, and internal knowledge management systems – achieved significantly stronger positive effects than simple digital tools. Regarding integration, only seamless solutions with proper interfaces to specialized applications effectively supported document workflows, whereas immature solutions increased workload (Steidle et al., 2022). Based on these results, the following research questions arise:

1. What barriers prevent the widespread adoption of high-quality digital solutions in public administration?
2. What organizational and technical approaches enable successful digitalization implementation in local government?
3. Which digital tools best support knowledge management and organizational learning processes?

II. Methodological approach and data basis

Based on these findings of Steidle et al. (2022), we first developed hypotheses through a literature review. Second, we tested these hypotheses through expert interviews using a structured interview guide to ensure response comparability. A total of 12 interviews were conducted with experts selected based on the previous study. The sample comprised digitalization officers and managers from Baden-Wuerttemberg's public agencies for child welfare, municipal public order, building, and environmental affairs. The participating regional authorities included communities, districts, large district towns, cities, and administrative communities. Participants had an average age of 48.08 years (SD=9.45) and average service length of 7.58 years (SD=6.38). All interviews were conducted via online video conference, transcribed, and analyzed using qualitative content analysis according to Mayring (2022).

Additionally, we collected data from 48 final-year bachelor's students in public management with majors in municipal politics and public leadership. These students completed an online questionnaire as part of a course at the University of Public Administration and Finance in Ludwigsburg. A total of 45 datasets proved suitable for analysis. The questionnaire was based on the expert interview guide.

III. Results

1. Literature review and hypotheses

To enable widespread adoption of high-quality digital solutions, implementation obstacles must first be evaluated. Bogumil and Kuhlmann (Bogumil & Kuhlmann, 2021) identified five key obstacle categories for citizens' office digitalization: legal, personnel, political, economic, and technological barriers. This categorization provides general starting points for holistic digitalization approaches in public administration.

Digital transformation requires clear commitment to change from top management. Project credibility must be established and supported through strategic planning and implementation control as steering instruments (Schenk & Schneider, 2019). Another critical element involves designing user-centered business processes without media discontinuity through effective process management (Bogumil & Kuhlmann, 2021; Gehring & Gabriel, 2022; Markus & Meuche, 2022, S. 88ff.). Comprehensive process realignment through transformative change proves essential, whereas current practice often addresses only single components (Schenk & Schneider, 2021). These measures require support through agile project management and employee participation to enable organizational change via effective change management (Bogumil & Kuhlmann, 2021; Mergel, 2019; Schenk & Schneider, 2019; Streicher, 2020).

This results in the following hypotheses for the survey:

- H1: To address obstacles to comprehensive, progressive digitalization in public administration, process design linked to a digitalization strategy is essential.
- H2: Process realignment measures should be supported by effective project management and change management practices.

One of the most popular approaches to knowledge management is the SECI model by Nonaka and Takeuchi (1995). In this model, knowledge transforms through different interaction phases from tacit knowledge – feelings or subjective experiences – to explicit knowledge, meaning concrete, written, and articulated information and data. An extension of this model, illustrated in Figure 4 introduces “places” for each interaction phase, representing physical, virtual, or mental spaces (Nonaka & Konno, 1998).

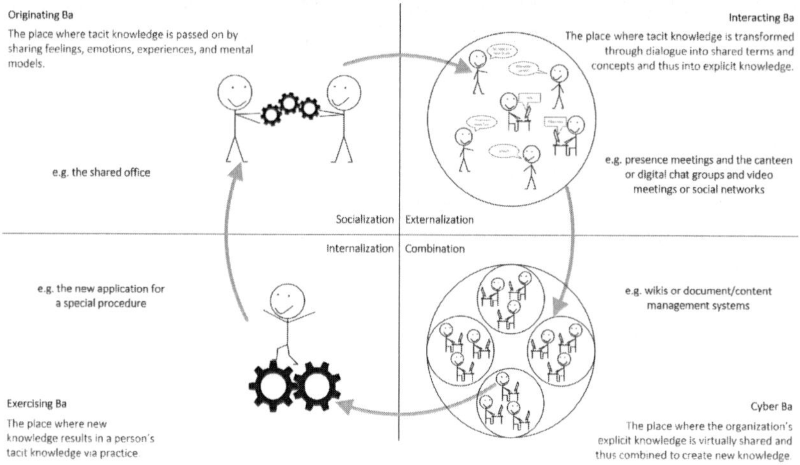

Figure 4 The Concept of "Ba" by Nonaka and Konno (1998) adapted by Schorn (2018).

Both technical solutions and organizational frameworks can promote knowledge exchange and interaction among employees. While North (2021) observes that organizations often implement only technical solutions without supporting organizational an motivational frameworks, Schorn (2018) argues that digitalization can indeed serve as an essential instrument. It facilitates employees' information provision and use in appropriate contexts during interaction phases, thereby enabling knowledge creation. Different digital tools can be aligned with the individual interaction phases:

Socialization: For the first phase of interaction, professional digital social networks can facilitate direct and more efficient exchange with new professional contacts (DiMicco et al., 2008; Wet et al., 2016):

- H3: Professional digital social networks support the initial phase of knowledge exchange interactions.

Externalization: Collaboration software enhances communication and presentation of work results while supporting information retrieval and self-organization (Williams, 2011):

- H4: Collaboration software facilitates knowledge presentation and information exchange

Combination: Document and content management systems (DMS/CMS) enable organizations to store, edit, and categorize documents, thereby supporting knowledge collection and systematization for generating new insights (Frey-Luxemburger, 2014; Lenk et al., 2021):

- H5: DMS and CMS enable knowledge accumulation and facilitate information structuring.

Internalization: Real-world laboratories (real labs) represent physical and virtual spaces where employees can apply and test digitalized knowledge in practice, completing the knowledge creation cycle through experiential learning (Henze-Sakowsky et al., 2022). These learning environments support internalizing knowledge at different levels, i.e personal competency development, social learning, and inter- and transdisciplinary collaboration (Singer-Brodowski et al., 2018):

- H6: Real labs support knowledge exchange and enable experimental learning.

2. Analyses of the interviews

a) H1 and H2: Promoting digital solutions of high quality

To evaluate approaches for introducing high-quality digital solutions, we asked stakeholders about existing implementation barriers. Experts expressed a strong need for coordinated governance, ranging from simple guidelines and stakeholder participation to adopting standardized processes and creating uniform software standards. The experts frequently cited Germany's federal structure as the root cause of these coordination problems. The fragmentation puts pressure on smaller municipalities, which lack sufficient resources for professional digital transformation and consequently rely on makeshift solutions. Additionally, experts identified the Online Access Act (OZG) as problematic due to its insufficient user-centered design.

Furthermore, experts emphasized the critical importance of system integration, particularly regarding the Service-BW portal solution, and highlighted the necessity of accompanying change management initiatives. Effective project management was consistently identified as essential for successful implementation.

b) H3: Professional digital social networks

None of the surveyed administrations had implemented comprehensive digital professional social networks. Respondents mentioned only isolated components, such as internal chat systems. The primary benefits identified were rapid information access and improved connectivity to existing professional networks and contacts. Experts considered clear data protection guidelines and privacy safeguards essential for successful implementation. Additionally, they emphasized that management must demonstrate strong organizational commitment to these platforms to convince employees of their practical value.

c) H4: Digital collaboration software

Collaboration software availability varies considerably. It ranges from simple video conferencing and SharePoint solutions to concept boards and collaboration suites such as Microsoft Teams or Slack. The advantages of digital collaboration tools become apparent through their support for time- and location-independent work, as well as their features for optimized self-organization and work control. For successful implementation, these tools must be seamlessly integrated into daily work routines to ensure consistent adoption. Experts also identified compliance with data protection regulations, user-friendly interfaces, and reliable system availability as critical prerequisites.

d) H5: DMS and CMS

Regarding DMS implementation, findings revealed that none of the surveyed administrations had fully completed deployment. Experts identified inadequate system integration and employee resistance to change as the primary implementation barriers. They also stressed the importance of effective collaboration between IT service providers and specialized procedure managers. Concerning CMS systems, experts highlighted the advantage of centrally consolidating knowledge to improve information accessibility. Additionally, wiki-based CMS platforms offer valuable opportunities for knowledge transfer. Successful CMS implementation requires user-friendly interfaces and must prevent information fragmentation across multiple channels, which would undermine the system's core objectives.

e) H6: Real labs

According to respondents, real labs serve as comprehensive testing environments that enable rigorous evaluation of processes and software while preventing the deployment of incomplete solutions. These environments also facilitate deeper exploration of digitalization challenges and promote knowledge exchange among employees. Although many surveyed administrations operate testing environments, only one has participated in a true real lab in the original sense. Interviewees emphasized that establishing clear operational frameworks represents an essential prerequisite for successful real lab implementation. This includes defining employee time allocations for participation and ensuring organizational culture actively supports such initiatives.

IV. Conclusion

The general starting points for a widespread introduction of high-quality digital solutions, such as process design, functioning project management and elements of change management, are promising approaches. However, for many municipalities, these approaches represent only the second step in high-quality digitalization, as they facilitate implementing predefined general standards. It is precisely the specification of strategy and control on the part of the federal government and the states that should necessarily precede this. Here, real labs could be a decisive factor in achieving a certain degree of standardization and enabling better participation of local government. Similarly, introducing digital professional social networks requires significant persuasion to clarify their real added value. Given the high resource requirements, a state-level initiative appears most sensible, particularly to realize synergy effects across different administrations.

Successful collaboration software implementation requires standardized data protection frameworks to facilitate municipal adoption. Clear workflow specifications must define which tools serve specific process components to ensure consistent employee adoption.

DMS implementation experience demonstrates that technical challenges represent secondary concerns for administrations. Instead, emphasizing user-centered service design proves critical. Enhanced coordination between technical teams and IT service providers can address this priority effectively. Similarly, CMS success depends on employees embracing these platforms for knowledge sharing and making their use integral to daily operations.

These findings reveal significant digitalization opportunities for municipal administrations. However, successful digital transformation demands substantial investments in skilled personnel and organizational restructuring. While expert assessments in this study appear positive, the proposed measures require validation through controlled field experiments. Implementing new technologies such as knowledge management systems or professional social networks would benefit from comparative studies between digitally advanced municipalities and matched control groups.

In addition, international and inter-regional comparative research could illuminate approaches for addressing regulatory and macro-level implementation challenges. Despite acknowledged limitations, the technical and organizational measures presented here offer viable pathways for facilitating digital transformation in municipal agencies.

Acknowledgements

We would like to thank Sandra Mirlieb for her support in conducting the interviews. This study was part of the project "The Impact of digitalization on the quality of administrative actions" (VerDi) which was funded by the Ministry of Science, Research and the Arts Baden-Wuerttemberg (2020–2023).

Literaturverzeichnis

Bakker, A. B., & Demerouti, E. (2007). The Job Demands-Resources model: state of the art. *Journal of Managerial Psychology, 22*(3), 309–328. https://doi.org/10.1108/02683940710733115

Bogumil, J., & Kuhlmann, S. (2021). Digitale Transformation in deutschen Kommunen: Das Beispiel der Bürgerämter und was man daraus lernen kann. *Die Verwaltung, 54*(1), 105–132. https://doi.org/10.3790/verw.54.1.105

Braun, M. (2021). Impulse einer präventiven Arbeitsgestaltung zur Digitalisierung der öffentlichen Verwaltung. *Zentralblatt Für Arbeitsmedizin, Arbeitsschutz Und Ergonomie, 71*(2), 75–80. https://doi.org/10.1007/s40664-020-00408-4

Bundesanstalt für Arbeitsschutz und Arbeitsmedizin (Ed.). (2017). *Psychische Gesundheit in der Arbeitswelt: Wissenschaftliche Standortbestimmung: Forschung Projekt F 2353* (baua). https://www.baua.de/DE/Angebote/Publikationen/Berichte/Psychische-Gesundheit.pdf

DiMicco, J., Millen, D. R., Geyer, W., Dugan, C., Brownholtz, B., & Muller, M. (2008). Motivations for social networking at work. In B. Begole (Ed.), *ACM Conferences, Proceedings of the 2008 ACM conference on Computer supported cooperative work* (pp. 711–720). ACM. https://doi.org/10.1145/1460563.1460674

Frey-Luxemburger, M. (2014). *Wissensmanagement – Grundlagen und praktische Anwendung: Eine Einführung in das IT-gestützte Management der Ressource Wissen*. Vieweg+Teubner Verlag. https://doi.org/10.1007/978-3-8348-2666-4

Gehring, H., & Gabriel, R. (2022). *Wirtschaftsinformatik. Lehrbuch*. Springer Gabler. https://doi.org/10.1007/978-3-658-37702-1

Henze-Sakowsky, A., Jasperneite, J., & Seick, J.-P. (2022). Der Beitrag von Reallaboren zur digitalen Transformation in Kommunen. In F.-R. Habbel, D. Robers, & J. Stember (Eds.), *Edition innovative Verwaltung. Die innovative Kommune: Mindset, Konzepte, Ideen und Praxisbeispiele zukunftsorientierter Städte, Gemeinden und Landkreise* (pp. 275–288). Springer Gabler. https://doi.org/10.1007/978-3-658-35675-0_18

Hirsch-Kreinsen, H. (2017). Arbeiten 4.0 – Qualifikationsentwicklung und Gestaltungsoptionen. *Wirtschaftsdienst, 97*(7), S. 473–476. https://doi.org/10.1007/s10273-017-2163-9

Kaesmayr, J., Schorn, M., & Steidle, A. (2021). Acceleration Factor Pandemic: A Synthesis of E-Government Maturity Models And Public Administration Employees' Perspective. In T. Hemker, R. Müller-Török, A. Prosser, P. Sasvári, D. Scola, & N. Urs (Eds.), *Booksocg.at: Band 341, Cee e|Dem and e|Gov Days 2021: Cov-19 as a Driver for eGovernment? [proceedings of the Central and Eastern European e|Dem and e|Gov Days 2021, Budapest* (1. Auflage, pp. 19–32). facultas. https://doi.org/10.24989/ocg.v341.1

Lenk, K., Meyerholt, U., & Wengelowski, P. (2021). *Wissensmanagement in Staat und Verwaltung* (2. Auflage). *E-Government und die Erneuerung des öffentlichen Sektors: Vol. 14.* Nomos. https://doi.org/10.5771/9783748924425

Markus, H., & Meuche, T. (Eds.). (2022). *Edition innovative Verwaltung. Auf dem Weg zur digitalen Verwaltung: Ein ganzheitliches Konzept für eine gelingende Digitalisierung in der öffentlichen Verwaltung.* Springer Gabler. https://doi.org/10.1007/978-3-658-37151-7

Mayring, P. (2022). *Qualitative Inhaltsanalyse: Grundlagen und Techniken* (13., überarbeitete Auflage). Beltz.

Mergel, I. (2019). Digitale Transformation als Reformvorhaben der deutschen öffentlichen Verwaltung. *Der Moderne Staat – Zeitschrift Für Public Policy, Recht Und Management, 12*(1–2019), 162–171. https://doi.org/10.3224/dms.v12i1.09

Nonaka, I., & Konno, N. (1998). The Concept of "Ba": Building a Foundation for Knowledge Creation. *California Management Review, 40*(3), 40–54.

Nonaka, I., & Takeuchi, H. (1995). *The knowledge creating company: How Japanese companies create the dynamics of innovation.* Oxford Univ. Press.

North, K. (2021). *Wissensorientierte Unternehmensführung: Wissensmanagement im digitalen Wandel* (7., vollständig überarbeitete Auflage). Springer Gabler. https://doi.org/10.1007/978-3-658-32771-2

Schenk, B., & Schneider, C. (2019). *Mit dem digitalen Reifegradmodell zur digitalen Transformation der Verwaltung: Leitfaden für die Organisationsgestaltung auf dem Weg zur Smart City. essentials.* Springer. https://doi.org/10.1007/978-3-658-27754-3

Schenk, B., & Schneider, C. (2021). *Innovative Services und Prozesse für Kommunen: Wie mit innovativer Prozessmodellierung die öffentliche Verwaltung bürgernäher und digitaler werden kann. essentials.* Springer Gabler. https://doi.org/10.1007/978-3-658-34091-9

Schorn, M. (2018). Die Digitalisierung als Chance zum Aufbau eines funktionierenden Wissensmanagements. In Arbeitsgemeinschaft für wirtschaftliche Verwaltung (Ed.), *Personalmanagement im Zeitalter der Digitalisierung* (pp. 50–55).

Singer-Brodowski, M., Beecroft, R., & Parodi, O. (2018). Learning in Real-World Laboratories: A Systematic Impulse for Discussion. *GAIA – Ecological Perspectives for Science and Society, 27*(1), 23–27. https://doi.org/10.14512/gaia.27.S1.7

Steidle, A., Schorn, M., & Kaesmayr, J. (2022). *Der Einfluss der Digitalisierung auf die Qualität des Verwaltungshandelns: Welchen Beitrag leistet das Job-Demands-Resources-Modell? Strukturgleichungsanalysen zur Rolle von Anforderungen und Ressourcen in der digitalisierten Fallbearbeitung.* Vortrag auf der Jahrestagung des Netzwerks Bessere Rechtsetzung und Bürokratieabbau. https://www.netzwerk-rechtsetzung-buerokratieabbau.de/veranstaltung/jahreskonferenz-2022.html

Sträter, O. (2019). Wandel der Arbeitsgestaltung durch Digitalisierung. *Zeitschrift Für Arbeitswissenschaft, 73*(3), 252–260. https://doi.org/10.1007/s41449-019-00163-0

Streicher, H. W. (2020). *Digitale Transformation in der öffentlichen Verwaltung: Praxishandbuch für Projektleiter und Führungskräfte.* Springer Gabler. https://doi.org/10.1007/978-3-662-60938-5

Wet, W. de, Koekemoer, E., & Nel, J. A. (2016). Exploring the impact of information and communication technology on employees' work and personal lives. *SA Journal of Industrial Psychology, 42*(1). https://doi.org/10.4102/sajip.v42i1.1330

Williams, S. P. (2011). Das 8C-Modell für kollaborative Technologien. In P. Schubert & M. Koch (Eds.), *Wettbewerbsfaktor Business Software: Prozesse erfolgreich mit Software optimieren – Berichte aus der Praxis* (pp. 11–22). Hanser Verlag.

Der Zeugnisanspruch im öffentlichen Dienst

Arnd Diringer[1]

Arbeitszeugnisse bergen ein hohes Konfliktpotenzial. Mit etwa 30 000 Verfahren pro Jahr stehen Zeugnisstreitigkeiten hinter Kündigungsschutzklagen und Verfahren über Arbeitsentgelt an dritter Stelle.[2] Hinzu kommen zahlreiche Auseinandersetzungen um Arbeitszeugnisse im Rahmen von Beendigungsstreitigkeiten. Zu diesen Konflikten trägt eine umfangreiche Rechtsprechung bei. Im öffentlichen Dienst müssen bei der Erstellung von Arbeitszeugnissen darüber hinaus Besonderheiten beachtet werden, die sich aus den tarifvertraglichen Vorgaben ergeben.

I. Grundlagen

1. Rechtsgrundlagen

a) Gesetzliche Vorgaben

Bis Ende 2002 regelte § 630 des Bürgerlichen Gesetzbuches (BGB) a. F. den Zeugnisanspruch für alle Dienstverhältnisse einschließlich der Arbeitsverhältnisse. Für Handlungsgehilfen gab es in § 73 des Handelsgesetzbuches (HGB) a. F. eine Sonderregelung.

Seit dem 1. Januar 2003 gilt § 630 BGB nur noch für Dienstverhältnisse, die keine Arbeitsverhältnisse sind (§ 630 Satz 4 BGB).[3] Für Arbeitsverhältnisse gilt jetzt § 109 der Gewerbeordnung (GewO).[4] § 73 HGB wurde aufgehoben.[5]

---

1 Prof. Dr. *Arnd Diringer* lehrt an der Hochschule Ludwigsburg und leitet dort die Forschungsstelle für Arbeitsrecht. Er ist Mitglied im Beirat des Bundesverbands der Arbeitsrechtler in Unternehmen (BVAU e. V.) und Mitinitiator des Expertenforums Arbeitsrecht (#EFAR). Der Beitrag gibt die wesentlichen Ausführungen zum Zeugnisanspruch der 2024 und 2025 in der Zeitschrift „Ausbildung – Prüfung – Fachpraxis" (apf) erschienenen Reihe „Arbeitszeugnisse rechtssicher gestalten" wieder. Sie wurden für den vorliegenden Beitrag überarbeitet und aktualisiert.

2 In den vom *Bundesministerium für Arbeit und Soziales* (BMAS) herausgegebenen Ergebnissen der Statistik der Arbeitsgerichtsbarkeit wurden bis einschließlich 2006 die neu eingereichten Klagen auf Zeugniserteilung und -berichtigung gesondert ausgewiesen. 2006 bzw. 2005, den letzten beiden Jahren der Erfassung, gab es bundesweit 30 817 (Baden-Württemberg: 3 478) bzw. 32 288 (Baden-Württemberg: 3 286) solcher Klagen. Zur Zahl der Zeugnisrechtsstreitigkeiten siehe auch *Middendorf*, in: Grobys/Panzer-Heemeier, Stichwortkommentar Arbeitsrecht, 4. Aufl., Edition 10 2025, Zeugnis Rn. 1 m. w. N.

3 § 630 Satz 4 BGB angef. m. W. v. 01.01.2003 durch G. v. 24.08.2002 (BGBl. I, S. 3412).

4 § 109 GewO eingef. m. W. v. 01.01.2004 durch G. v. 24.08.2002 (BGBl. I, S. 3412).

5 § 73 HBG aufg. m. W. v. 01.01.2003 durch G. v. 24.08.2002 (BGBl. I, S. 3412).

Im Berufsausbildungsverhältnis bestimmt sich der Zeugnisanspruch nach § 16 des Berufsbildungsgesetzes (BBiG). Praktikanten haben gemäß § 26 i. V. m. § 16 BBiG einen Anspruch auf ein Zeugnis.

b) Tarifvertragliche Vorgaben im öffentlichen Dienst

Neben die gesetzlichen Vorgaben können tarifliche Bestimmungen treten. Bei Arbeitnehmern im öffentlichen Dienst sind insofern die in § 35 des Tarifvertrages für den öffentlichen Dienst (TVöD) und § 35 des Tarifvertrages für den öffentlichen Dienst der Länder (TV-L) enthaltenen Regelungen zu beachten.

Für einzelne Berufsgruppen im öffentlichen Dienst finden sich darüber hinaus spezielle Vorgaben.[6] Für Auszubildende gibt es Regelungen in § 18 Tarifvertrag für Auszubildende des öffentlichen Dienstes (TVöD-BBiG) und § 21 des Tarifvertrages für Auszubildende der Länder in Ausbildungsberufen nach dem Berufsbildungsgesetz (TVA-L BBiG).

Diese tarifvertraglichen Bestimmungen werden neben den gesetzlichen angewandt.[7] Sie entsprechen weitgehend den durch die Rechtsprechung ausgeformten gesetzlichen Vorgaben, gehen jedoch teilweise darüber hinaus.[8]

2. Abgrenzungen

a) Dienstzeugnisse für Beamte

Die gesetzlichen und tariflichen Vorgaben für Arbeitszeugnisse regeln nicht den Zeugnisanspruch von Beamten. Ihr Anspruch ergibt sich aus § 85 des Bundesbeamtengesetzes (BBG) bzw. den Beamtengesetzen der Länder.[9]

Zeugnisse von Beamten werden als Dienstzeugnisse bezeichnet. Die für Arbeitszeugnisse geltenden Grundsätze sind weitgehend auf Dienstzeugnisse übertragbar.[10] Allerdings gibt es auch Abweichungen. Dazu gehört, dass bei der Beurteilung von Beamten auch das außerdienstliche Verhalten Berücksichtigung finden kann.[11]

---

6 § 41 Nr. 23 TV-L für Ärzte an Universitätskliniken, § 42 Nr. 10 TV-L für Ärzte außerhalb von Universitätskliniken, § 44 Nr. 4 TV-L für Beschäftigte als Lehrkräfte, § 47 Nr. 3 TV-L für Beschäftigte im Justizvollzugsdienst der Länder sowie im feuerwehrtechnischen Dienst der Freien und Hansestadt Hamburg.

7 *Salomon-Hengst*, öAT 2022, 180.

8 *Guth*, in: Rick/Böhle/Pieper/Geyer (Hrsg.), BeckOK TVöD, 73. Edition Stand 01.06.2015, TVöD-AT § 35 Zeugnis Rn. 3.

9 In Baden-Württemberg § 51 Abs. 5 LBG BaWü.

10 *Schulte*, in: Pielow (Hrsg.), BeckOK GewO, 66. Edition Stand 01.03.2024, GewO § 109 Zeugnis Rn. 25; *Schleßmann*, Das Arbeitszeugnis, 24. Aufl. 2023, Rn. 100.

11 *Schulte* (Fn. 10), GewO § 109 Zeugnis Rn. 25; *Schleßmann* (Fn. 10), Rn. 100–102.

b) Tätigkeitsnachweise

Tätigkeitsnachweise sind keine Arbeitszeugnisse.

Zu diesen Tätigkeitsnachweisen gehören Arbeitsbescheinigungen, die Arbeitgeber auf Verlangen des Arbeitnehmers gemäß § 312 des Sozialgesetzbuch Drittes Buch (SGB III) ausstellen müssen. Sie sollen der Bundesagentur für Arbeit die Prüfung der Anspruchsvoraussetzungen für die Gewährung von Leistungen ermöglichen.[12] Der Arbeitgeber genügt mit ihrer Erstellung nicht zugleich seiner Pflicht zur Zeugniserteilung.[13]

Auch andere Tätigkeitsnachweise, die nicht für Bewerbungsverfahren, sondern für andere Zwecke ausgestellt werden, sind keine Arbeitszeugnisse. Dazu gehören beispielsweise Bescheinigungen über Pflichtpraktika im Studium.[14]

c) Beurteilungen während des Arbeitsverhältnisses

Beurteilungen während eines Beschäftigungsverhältnisses sind keine Arbeitszeugnisse. Sie unterliegen daher auch nicht den strengen Vorgaben für die Gestaltung von Arbeitszeugnissen.

Das gilt auch für die Stationszeugnisse von (Rechts-)Referendaren.[15] Hier muss insbesondere der Grundsatz des Wohlwollens nicht beachtet werden.[16] Stationszeugnisse dienen Prüfungszwecken und müssen daher auch Leistungsdefizite deutlich benennen und bewerten. Dass sie gerade von Berufseinsteigern häufig für Bewerbungen genutzt werden, ändert nichts an ihrer Zweckbestimmung.[17] Auch, dass ihre Vorlage im Bewerbungsverfahren teilweise verlangt wird, führt nicht dazu, dass sie den strengen Anforderungen an Arbeitszeugnisse gerecht werden müssen.

---

12 *Spieß*, in: Boecken/Düwell/Diller/Hanau (Hrsg.), Gesamtes Arbeitsrecht, 2. Aufl. 2022, SGB III § 312 Arbeitsbescheinigung Rn. 2; *Löw*, NZA-RR 2008, 561.

13 *Boecken/Pils*, in: Boecken/Düwell/Diller/Hanau (Hrsg.), Gesamtes Arbeitsrecht, 2. Aufl. 2022, GewO § 109 Zeugnis Rn. 9; *Ring*, BuW 2001, 208.

14 *Diringer*, Schnellkurs Arbeitsrecht, 2019, S. 127.

15 *Boecken/Pils* (Fn. 13), GewO § 109 Zeugnis Rn. 9; *Roth*, in: Hopt (Hrsg.), Handelsgesetzbuch, 44. Aufl. 2025, GewO § 109 Zeugnis, Rn. 3.

16 VGH Kassel, Beschl. v. 26.10.2007 – 8 TP 1731/07, BeckRS 2008, 33460; *Guth* (Fn. 8), § 35 Zeugnis Rn. 2b.

17 VGH Kassel, Beschl. v. 26.10.2007 – 8 TP 1731/07, BeckRS 2008, 33460.

3. Zeugnisarten

a) Unterscheidung nach dem Inhalt

aa) Einfache und qualifizierte Zeugnisse

Das Gesetz unterscheidet in § 109 Abs. 1 GewO zwischen einfachen und qualifizierten Zeugnissen.

Ein einfaches Zeugnis enthält gemäß § 109 Abs. 1 Satz 2 GewO lediglich Angaben über Art und Dauer der Tätigkeit. Ein qualifiziertes Zeugnis enthält gemäß § 109 Abs. 1 Satz 3 GewO zusätzlich Angaben über Leistung und Verhalten des Arbeitnehmers. Es umfasst stets auch die Inhalte eines einfachen Zeugnisses, mithin die Darstellung von Art und Dauer der Tätigkeit.[18]

Der Arbeitnehmer kann zwischen diesen beiden Zeugnisarten wählen.[19] Entscheidet er sich für ein qualifiziertes Zeugnis, kann er nicht verlangen, dass sich die Beurteilung nur auf seine Leistung oder nur auf sein Verhalten bezieht.[20] Der Arbeitgeber darf sich nicht auf eine Beurteilung der Leistung oder des Verhaltens beschränken, auch wenn ein Arbeitnehmer das ausdrücklich wünscht.[21]

bb) Tarifvertragliche Vorgaben im öffentlichen Dienst

Arbeitnehmer im öffentlichen Dienst haben gemäß § 35 Abs. 1 TVöD bzw. § 35 Abs. 1 TV-L bei Beendigung des Arbeitsverhältnisses „Anspruch auf ein schriftliches Zeugnis über Art und Dauer ihrer Tätigkeit, das sich auch auf Führung und Leistung erstrecken muss". Der Begriff „Führung" entspricht dabei dem des „Verhalten" in § 109 Abs. 1 Satz 3 GewO.[22]

Nach den tariflichen Vorgaben besteht damit nur ein Anspruch auf ein qualifiziertes Zeugnis. Die tarifliche Norm schränkt die gesetzlichen Vorgaben allerdings nicht ein. Beschäftigte im öffentlichen Dienst können daher wie jeder andere Arbeitnehmer auch ein einfaches Zeugnis verlangen.[23]

b) Unterscheidung nach dem Zeitpunkt der Erteilung

aa) Zwischenzeugnisse

Gemäß § 109 Abs. 1 GewO haben Arbeitnehmer „bei Beendigung des Arbeitsverhältnisses" einen Anspruch auf ein Arbeitszeugnis (Endzeug-

---

18 *Hunold*, NZA-RR 2001, 113; *Morderegger*, ArbRB 2006, 240, 242; *Stück*, MDR 2006, 791, 792.

19 *Benkert*, NJW-Spezial 2019, 562; *Ecklebe*, DB 2015, 923.

20 *Poeche/Seidel/Ruppelt*, in: Küttner (Hrsg.), Personalbuch, 32. Aufl. 2025, Zeugnis Rn. 25.

21 LAG Hamm, Urt. v. 27.02.1997 – 4 Sa 1691/96, BeckRS 1997, 41326.

22 *Guth* (Fn. 8), TVöD-AT § 35 Zeugnis Rn. 15.

23 *Bauschke*, öAT 2011, 225, 226.

nis). Es ist jedoch anerkannt, dass auch im laufenden Arbeitsverhältnis ein Zeugnis verlangt werden kann. Für diese sogenannten Zwischenzeugnisse gelten die gleichen Grundsätze wie für Endzeugnisse.[24]

Der Anspruch auf ein Zwischenzeugnis wird aus der Fürsorgepflicht des Arbeitgebers abgeleitet.[25] Er setzt ein berechtigtes Interesse voraus.[26] In Anlehnung an die im TVöD verwendete Formulierung wird häufig ein „triftiger Grund" verlangt.[27] Dieser Begriff deckt sich mit dem des berechtigten Interesses.[28]

Bei der Auslegung des Begriffs ist nicht kleinlich vorzugehen.[29] Er ist weit und zugunsten der Arbeitnehmer auszulegen.[30] Nach der Rechtsprechung des BAG gilt ein Grund als triftig, wenn er bei verständiger Betrachtung des Sachverhalts den Wunsch des Beschäftigten als berechtigt erscheinen lässt.[31] Ein Grund ist danach triftig, wenn das Zwischenzeugnis geeignet ist, den mit ihm angestrebten Erfolg zu fördern.[32]

Die obersten Arbeitsrichter nennen beispielhaft die Bewerbung um eine neue Stelle, die Vorlage bei Behörden und Gerichten, die Stellung eines Kreditantrages und strukturelle Änderungen innerhalb des Betriebsgefüges wie z. B. die Betriebsübernahme durch einen neuen Arbeitgeber und die Insolvenz.[33] Weitere, als triftig anzusehende Gründe sind beispielsweise persönliche Veränderungen des Arbeitnehmers, etwa durch Versetzung, Arbeitsunterbrechungen, wie sie sich z. B. bei der Elternzeit ergeben können, die Übernahme eines politischen Mandats oder einer Funktion als Arbeitnehmervertreter mit Freistellung[34] sowie das Ausscheiden eines langjährigen Fachvorgesetzten[35].

---

24 *Ecklebe*, DB 2015, 923, 924; *Hunold*, NZA-RR 2001, 113; *Karb*, in: Conze/Karb/Wölk/Reidel (Hrsg.), Personalhandbuch Arbeits- und Tarifrecht öffentlicher Dienst, 8. Aufl. 2024, Zeugnis Rn. 13; *Naber/Schulte/Tisch*, BB 2019, 757.

25 *Henssler*, in: Säcker/Rixecker/Oetker/Limperg/Schubert (Hrsg.), Münchener Kommentar zum Bürgerlichen Gesetzbuch Band 5, 9. Aufl. 2023, BGB § 630 Pflicht zur Zeugniserteilung Rn. 17; *Ecklebe*, DB 2015, 923, 924.

26 *Benkert*, NJW-Spezial 2019, 562.

27 So z. B. *Koch*, in: Schaub/Koch (Hrsg.), Arbeitsrecht von A-Z, 29. Aufl. 2025, Zeugnis Rn. 1; *Hoß*, AuA 2002, 532; *Naber/Schulte/Tisch*, BB 2019,757.

28 *Henssler* (Fn. 25), § 630 Pflicht zur Zeugniserteilung Rn. 19.

29 BAG, Urt. v. 21.01.1993 – 6 AZR 171/92, Beck RS 1993, 40956.

30 *Bredemeier*, in: Bredemeier/Neffke (Hrsg.), TVöD/TV-L Kommentar, 6. Aufl. 2022, TVöD § 35 Zeugnis Rn. 9.

31 BAG, Urt. v. 21.01.1993 – 6 AZR 171/92, Beck RS 1993, 40956.

32 BAG, Urt. v. 21.01.1993 – 6 AZR 171/92, Beck RS 1993, 40956; BAG, Urt. v. 01.10.1998 – 6 AZR 176/97, Beck RS 1998, 30026285.

33 BAG, Urt. v. 21.01.1993 – 6 AZR 171/92, Beck RS 1993, 40956.

34 *Höser*, NZA-RR 2012, 281, 283; *Salomon-Hengst*, öAT 2022, 180, 183.

35 BAG, Urt. v. 01.10.1998 – 6 AZR 176/97, BeckRS 1998, 30026285; *Stück*, MDR 2006, 791.

bb) Vorläufiges Zeugnis

Arbeitnehmer können nach ganz herrschender Meinung auch dann ein Zeugnis verlangen, wenn die Beendigung des Arbeitsverhältnisses absehbar ist. Das ist beispielsweise nach Ausspruch einer Kündigung der Fall.

Solche Zeugnisse werden zumeist als vorläufiges Zeugnis, teilweise aber auch als Zwischenzeugnis[36] bezeichnet. Zum Teil werden die Begriffe synonym verwandt.[37]

cc) Tarifvertragliche Vorgaben im öffentlichen Dienst

In den tarifvertraglichen Vorgaben für den öffentlichen Dienst wird (ausdrücklich) zwischen End-, Zwischen- und vorläufigen Zeugnissen unterschieden.

Ein Endzeugnis ist danach entsprechend den gesetzlichen Vorgaben bei Beendigung des Arbeitsverhältnisses auszustellen (§ 35 Abs. 1 TVöD, § 35 Abs. 1 TV-L), ein Zwischenzeugnis aus triftigem Grund (§ 35 Abs. 2 TVöD, § 35 Abs. 2 TV-L).

Ein vorläufiges Zeugnis können Beschäftigte bei „bevorstehender Beendigung des Arbeitsverhältnisses verlangen" (§ 35 Abs. 3 TVöD, § 35 Abs. 3 TV-L). Erfasst werden davon alle Beendigungstatbestände. Der Anspruch besteht also nicht nur bei einer Kündigung, sondern insbesondere auch bei einer Beendigung des Arbeitsverhältnisses durch Fristablauf oder Aufhebungsvertrag.[38]

Nach den tariflichen Bestimmungen muss ein vorläufiges Zeugnis nur Angaben über Art und Dauer der Tätigkeit enthalten. Es handelt sich damit um ein einfaches Zeugnis.[39] Eine bevorstehende Beendigung des Arbeitsverhältnisses stellt allerdings auch einen triftigen Grund für ein Zwischenzeugnis dar. Auch Arbeitnehmer im öffentlichen Dienst können daher ein Zwischenzeugnis verlangen, das auch Angaben zu Leistung und Verhalten enthält. Sie haben wie jeder Arbeitnehmer Anspruch auf ein qualifiziertes Zeugnis.

Durch die tariflichen Vorgaben können sie zugleich ein vorläufiges Zeugnis verlangen, das auf Art und Dauer der Tätigkeit beschränkt ist.[40] Die beiden Ansprüche schließen sich nicht aus, sondern stehen nebeneinander.[41]

---

36 So z. B. *Francke*, in: Kiel/Link/Oetker (Hrsg.), Münchener Handbuch zum Arbeitsrecht Band 2: Individualarbeitsrecht II, 6. Aufl. 2024, § 138 Zeugnis und Auskunft, Wiedereinstellungsanspruch Rn. 8; *Ring*, BuW 2001, 208, 210.

37 So z. B. *Eckhoff*, in: Moll/Eckhoff/Reufels (Hrsg.), Münchener Anwaltshandbuch Arbeitsrecht, 6. Aufl. 2025, § 54 Zeugnis Rn. 4; *Becker-Schaffner*, BB 1989, 2105, 2108; *Novak*, ArbRAkuell 2015, 520.

38 *Guth* (Fn. 8), TVöD-AT § 35 Zeugnis Rn. 26.

39 *Guth* (Fn. 8), TVöD-AT § 35 Zeugnis Rn. 25.

40 *Dick*, in: Burger (Hrsg.), TVöD – TV-L Kommentar, 5. Aufl. 2020, TVöD § 35 Zeugnis Rn. 20.

41 *Hecht/Kaster-Müller*, in: Böhle (Hrsg.), Kommunales Personal- und Organisationsmanagement, 2. Aufl. 2022, § 41 Zeugnis Rn. 6.

II. Anspruchsberechtigte und Anspruchsverpflichtete

1. Anspruchsberechtigte

a) Anspruchsberechtigte nach § 109 GewO

Alle Arbeitnehmer haben gemäß § 109 GewO Anspruch auf ein Arbeitszeugnis.[42] Wer als Arbeitnehmer gilt, wird nach dem allgemeinen Arbeitnehmerbegriff bestimmt, der durch Rechtsprechung und Wissenschaft ausgeformt wurde.[43] Arbeitnehmer ist danach, wer aufgrund eines privatrechtlichen Vertrags im Dienste eines anderen zur Leistung weisungsgebundener, fremdbestimmter Arbeit in persönlicher Abhängigkeit verpflichtet ist.[44]

An dieser Begriffsbestimmung hat sich durch die Einfügung des § 611a BGB mit Wirkung zum 1. April 2017 nichts geändert.[45] In der Gesetzesbegründung wird ausgeführt, dass es sich um „die 1:1 Kodifizierung einer gefestigten höchstrichterlichen Rechtsprechung" handelt, die „die Rechtslage in Deutschland unverändert"[46] lässt.

b) Art des Arbeitsverhältnisses

Die Art des Arbeitsverhältnisses ist für den Zeugnisanspruch irrelevant.[47] Anspruchsberechtigt sind daher auch leitende Angestellte, befristet beschäftigte Arbeitnehmer, Aushilfsbeschäftigte und Arbeitnehmer im Probearbeitsverhältnis.[48] Auch Rentner haben bei Beendigung des Arbeitsverhältnisses einen Anspruch auf Erteilung eines Arbeitszeugnisses.[49]

Für den Zeugnisanspruch ist es unerheblich, ob es sich um eine haupt- oder nebenberufliche Tätigkeit handelt und ob sie in Vollzeit oder Teilzeit ausgeübt wird.[50] Die sozialversicherungsrechtliche Ausgestaltung des Arbeitsverhältnisses ist ebenfalls irrelevant.[51] Das ist insbesondere bei geringfügiger Beschäftigung i. S. d. § 8 des Sozialgesetzbuch Viertes Buch (SGB IV) zu beachten. Solche Beschäftigungsverhältnisse gelten arbeits-

---

42 *Schulte* (Fn. 10), § 109 Zeugnis Rn. 5; *Ring*, BuW 2001, 208, 209.

43 *Stück*, MDR 2006, 791.

44 BAG, Urt. v. 20.08.2003 – 5 AZR 610/02, BeckRS 2003, 41754.

45 *Diringer* (Fn. 14), S. 48.

46 BT-Drs. 18/10064, S. 4.

47 *Francke* (Fn. 36), § 138 Zeugnis und Auskunft, Wiedereinstellungsanspruch Rn. 1.

48 So z. B. *Francke* (Fn. 36), § 138 Zeugnis und Auskunft, Wiedereinstellungsanspruch Rn. 1.

49 *Francke* (Fn. 36), § 138 Zeugnis und Auskunft, Wiedereinstellungsanspruch Rn. 1.

50 *Müller-Glöge*, in: Müller-Glöge/Preis/Gallner/Schmidt (Hrsg.), Erfurter Kommentar zum Arbeitsrecht, 25. Aufl. 2025, GewO § 109 Zeugnis Rn. 3; *Kursawe*, ArbRAkt. 2010, 643.

51 *Salomon-Hengst*, öAT 2022, 180, 181.

rechtlich als Arbeitsverhältnisse.[52] Geringfügig Beschäftigte haben wie jeder Arbeitnehmer Anspruch auf ein Zeugnis.[53]

c) Dauer des Arbeitsverhältnisses

Die Dauer des Arbeitsverhältnisses ist grundsätzlich irrelevant.[54] Arbeitnehmer haben auch nach einer sehr kurzen Tätigkeit einen Zeugnisanspruch.[55] Es genügt, wenn eine Tätigkeit nur wenige Tage ausgeübt wurde.[56]

Ein qualifiziertes Zeugnis (§ 109 Abs. 1 Satz 3 GewO) kann jedoch nur verlangt werden, wenn der Mitarbeiter so lange beschäftigt war, dass über seine Leistung und sein Verhalten überhaupt fundierte Aussagen getroffen werden können.[57] War ein Arbeitsverhältnis nur sehr kurz, kann grundsätzlich nur ein einfaches Zeugnis (§ 109 Abs. 1 Satz 2 GewO) verlangt werden.[58]

d) Besonderheiten im öffentlichen Dienst

Der Zeugnisanspruch von Arbeitnehmern im öffentlichen Dienst ergibt sich ebenso aus § 109 Abs. 1 GewO.[59] Die tarifvertraglichen Regelungen (§ 35 Abs. 1 TVöD/§ 35 Abs. 1 TV-L) treten neben den gesetzlichen Zeugnisanspruch.[60]

Auch im öffentlichen Dienst haben alle Arbeitnehmer unabhängig von der Art und Dauer der Beschäftigung einen Zeugnisanspruch.

e) Weitere Anspruchsberechtigte

Auch Auszubildende und Praktikanten haben einen Anspruch auf ein Zeugnis. Das wird durch § 16 BBiG bzw. § 26 i. V. m. § 16 BBiG bestimmt. Im öffentlichen Dienst treten § 18 TVöD-BBiG und § 21 TVA-L BBiG neben diese gesetzlichen Regelungen.[61]

Für sonstige Dienstverpflichtete ergibt sich der Anspruch aus § 630 BGB.[62] Zu diesen Dienstverpflichteten gehören Einfirmen-Handelsvertre-

---

52 *Middendorf* (Fn. 2), Geringfügige Beschäftigung Rn. 2.

53 *Fuhlrott/Fabritius*, AuA 2011, 650.

54 *Middendorf* (Fn. 2), Geringfügige Beschäftigung Rn. 4.

55 *Höser*, NZA-RR 2012, 281.

56 *Wiebauer*, in: Landmann/Rohmer (Hrsg.), Gewerbeordnung, Werkstand 94. EL März 2024, GewO § 109 Zeugnis Rn. 4.

57 *Hoß*, AuA 2002, 532; *Hunold*, NZA-RR 2001, 113, 114.

58 *Hunold*, NZA-RR 2001, 113, 114.

59 *Wiebauer* (Fn. 56), GewO § 109 Zeugnis Rn. 4.

60 *Salomon-Hengst*, öAT 2022, 180, 181.

61 S. o. I. 1. a) und b).

62 S. o. I. 1. a).

ter (§ 92a HGB), angestellte Handelsvertreter (§ 84 Abs. 2 HGB) und Organmitglieder juristischer Personen.[63]

Zu den Organmitgliedern zählen Vorstände und GmbH-Geschäftsführer.[64] Nach herrschender Meinung haben Geschäftsführer allerdings nur dann einen Zeugnisanspruch, wenn sie nicht selbst Gesellschafter sind.[65] Sind sie als Arbeitnehmer tätig, ergibt sich der Zeugnisanspruch aus § 109 GewO.[66]

f) Selbstständige

Selbstständige können nach Erbringung ihrer Dienste kein Dienstzeugnis verlangen. Das gilt jedenfalls, wenn sie Leistungen nicht im Rahmen von dauerhaften Dienstverträgen erbringen. Umstritten ist, ob Selbstständige, die ihre Leistungen im Rahmen von dauerhaften Dienstverträgen erbringen, einen Zeugnisanspruch nach § 630 BGB haben.

Die herrschende Meinung lehnt einen solchen Anspruch ab.[67] Der persönliche Anwendungsbereich des § 630 BGB ist danach teleologisch auf solche Dienstverpflichtete zu reduzieren, die in einer dem Arbeitnehmerstatus vergleichbaren abhängigen Beschäftigung tätig sind.[68] Zur Begründung wird angeführt, dass derjenige, der freie Dienstleistungen erbringt, mit seinen Leistungen und dem Ergebnis der Tätigkeit und nicht mit einem Zeugnis wirbt.[69]

Nach der Gegenansicht ist diese Einschränkung nicht gerechtfertigt. Auch wer als freier Dienstnehmer tätig ist, habe regelmäßig ein Interesse daran, für eine mögliche künftige Stellensuche ein Zeugnis zu erhalten.[70]

2. Anspruchsverpflichtete

a) Grundsätze

Schuldner des Zeugnisanspruchs ist der Arbeitgeber.[71] Ist der Arbeitgeber eine juristische Person, trifft die Pflicht den oder die gesetzlichen Vertreter.[72]

---

63 *Riesenhuber*, in: Westermann u.a. (Hrsg.), Ermann, BGB-Kommentar, 17. Aufl. 2023, § 630 Rn. 3.
64 *Eckhoff* (Fn. 37), § 54 Zeugnis Rn. 1.
65 BAG, Urt. v. 09.11.1967 – II ZR 64/67, BeckRS 1967; a.A. *Ordemann*, DB 1966, 1598.
66 *Müller-Glöge* (Fn. 50), BGB § 630 Pflicht zur Zeugniserteilung Rn. 2.
67 *Müller-Glöge* (Fn. 50), BGB § 630 Pflicht zur Zeugniserteilung Rn. 2; *Riesenhuber* (Fn. 63), § 630 Rn. 3.
68 *Riesenhuber* (Fn. 63), § 630 Rn. 3.
69 *Müller-Glöge* (Fn. 50), BGB, § 630 Pflicht zur Zeugniserteilung Rn. 2.
70 *Hohmeister*, NZA 1998, 571, 578.
71 *Middendorf* (Fn. 2), Zeugnis Rn. 5; *Moderegger*, ArbRB 2006, 240, 241.
72 *Boecken/Pils* (Fn. 13), GewO § 109 Zeugnis Rn. 23.

Der Arbeitgeber kann einen Beschäftigten mit der Ausstellung des Zeugnisses betrauen, das dieser dann im Namen des Arbeitgebers erteilt.[73] Ein solcher Erfüllungsgehilfe muss jedoch ranghöher sein als der Arbeitnehmer, dessen Zeugnis er erstellt.[74] Das setzt voraus, dass der Vertreter dem zu beurteilenden Arbeitnehmer gegenüber weisungsbefugt war.[75]

b) Besonderheiten im öffentlichen Dienst

Die dargelegten Grundsätze gelten im öffentlichen Dienst entsprechend. Die Zeugniserteilung kann auch hier durch einen ranghöheren Beschäftigten erfolgen.[76]

Im öffentlichen Dienst ist ein höherer Rang anzunehmen, wenn der mit der Zeugniserteilung betraute Mitarbeiter entweder einer höheren Besoldungs-, Vergütungs- oder Laufbahngruppe angehört oder dem Zeugnisberechtigten gegenüber fachlich weisungsbefugt war.[77] Behördeninterne Regelungen zur Zeichnungsbefugnis sind hingegen irrelevant.[78] Sie berechtigen Beschäftigte, die nicht ranghöher sind, nicht zur Zeugniserteilung.

c) Sonderfälle

Besonderheiten ergeben sich bei der Arbeitnehmerüberlassung, bei Betriebsübergängen, in der Insolvenz sowie beim Tod des Arbeitgebers, wenn es sich bei dem Arbeitgeber um eine natürliche Person handelt. Letzteres hat im öffentlichen Dienst keine Bedeutung. Auch hier können jedoch die Besonderheiten, die sich bei der Arbeitnehmerüberlassung und bei Betriebsübergängen ergeben, Relevanz erlangen.

- Bei der Arbeitnehmerüberlassung (auch als Leiharbeit oder Zeitarbeit bezeichnet) besteht nur zwischen dem Verleiher und dem Arbeitnehmer ein Arbeitsvertrag. Zwischen dem Entleiher und dem Arbeitnehmer gibt es keine vertragliche Beziehung.[79]

Da sich der Zeugnisanspruch gegen den Arbeitgeber richtet, haben Leiharbeitnehmer auch nur gegen den Verleiher, nicht aber gegen den Entlei-

---

73 BAG, Urt. v. 21.09.1999 – 9 AZR 893/98, BeckRS 30073622.

74 *Adam*, MDR 2005, 553, 557.

75 *Löw*, NZA-RR 2008, 561.

76 *Dick* (Fn. 40), TVöD § 35 Zeugnis Rn. 24; *Löw*, NZA-RR 2008, 561.

77 *Henssler* (Fn. 25), § 630 Pflicht zur Zeugniserteilung Rn. 54.

78 BAG, Urt. 04.10.2005 – 9 AZR 507/04, BeckRS 2006, 40705; *Dick* (Fn. 40), TVöD § 35 Zeugnis Rn. 24.

79 *Diringer* (Fn. 14), S. 76.

her, einen solchen Anspruch.[80] Für die inhaltliche Ausgestaltung muss der Verleiher regelmäßig auf Auskünfte des Entleihers zurückgreifen.[81]

- Bei einem Betriebsübergang ist der bisherige Arbeitgeber bis zum Zeitpunkt des Betriebsübergangs Schuldner des Zeugnisanspruchs. Mit dem Betriebsübergang gemäß § 613a BGB geht das Arbeitsverhältnis auf den Erwerber über.[82] Ab diesem Zeitpunkt richtet sich der Zeugnisanspruch gegen den Erwerber als neuen Arbeitgeber.[83] Das gilt unabhängig davon, wie lange das Arbeitsverhältnis bei ihm fortgesetzt wurde.[84]

Der Erwerber muss das Zeugnis für die gesamte Dauer des Arbeitsverhältnisses erteilen, einschließlich der Zeit vor dem Betriebsübergang.[85] Die notwendigen Kenntnisse muss er sich verschaffen. Dafür kann er regelmäßig auf Informationen aus den Personalakten und Auskünfte unmittelbarer Vorgesetzter des ausscheidenden Arbeitnehmers zurückgreifen.[86] Genügen diese Informationen nicht, besteht ein Auskunftsanspruch gegen den Veräußerer. [87]

III. Zeitpunkt der Zeugniserteilung

1. Entstehen des Zeugnisanspruchs

a) Beendigung des Arbeitsverhältnisses durch Kündigung

Der Anspruch auf ein Endzeugnis entsteht nach dem Wortlaut des § 109 Abs. 1 GewO „bei“ und somit nicht erst nach Beendigung des Arbeitsverhältnisses.[88]

Beide Zeitpunkte fallen bei einer außerordentlichen, fristlosen Kündigung zusammen. Der Arbeitnehmer kann das Zeugnis in diesem Fall sofort verlangen.[89]

80 *Adam*, MDR 2005, 553, 557; *Wank*, in: Ennuschat/Wank/Winkler (Hrsg.), Gewerbeordnung, 9. Aufl. 2020, GewO § 109 Zeugnis Rn. 6.

81 *Poeche/Seidel/Ruppelt* (Fn. 20), Zeugnis Rn. 6.

82 *Karthaus/Richter*, in: Däubler/Hjort/Schubert/Wolmerath (Hrsg.), Arbeitsrecht, 5. Aufl. 2022, BGB § 613a Rn. 1.

83 *Gussen*, in: Rolfs/Giesen/Meßling/Udsching (Hrsg.), BeckOK Arbeitsrecht, 76. Edition Stand 01.06.2025, BGB 613a Rn. 93a.

84 *Dick*, oben Fn. 40, TVöD § 35 Zeugnis Rn. 26.

85 *Jüchser*, NZA 2012, 244, 245.

86 *Jüchser*, NZA 2012, 244, 245.

87 *Jüchser*, NZA 2012, 244, 245.

88 BAG, Urt. v. 27.02.1987 – 5 AZR 710/85, NZA 1987, 628; *Adam*, MDR 2005, 553; *Boecken/Pils* (Fn. 13), GewO § 109 Zeugnis Rn. 29.

89 *Ring*, BuW 2001, 208, 209; *Tillmanns*, in: Rolfs/Giesen/Meßling/Udsching (Hrsg.), BeckOK Arbeitsrecht, 76. Edition Stand 01.06.2025, GewO § 109 Zeugnis Rn. 10.

Bei einer ordentlichen Kündigung hat der Arbeitnehmer nach ganz herrschender Meinung bereits mit Zugang der Kündigung einen Anspruch auf ein Zeugnis.[90] Begründet wird das damit, dass der Beschäftigte das Zeugnis für die Stellensuche benötigt.[91] In diesem Zusammenhang lässt sich § 629 BGB anführen, der Freizeit zur Stellensuche gewährt.[92]

Allerdings ist bei einer ordentlichen Kündigung zu berücksichtigen, dass sich die Verhältnisse bis zum Ablauf der Kündigungsfrist noch ändern können. Das ist gerade bei langen Kündigungsfristen von Bedeutung. Zum Teil wird daher davon ausgegangen, dass ein Arbeitnehmer bei einer ordentlichen Kündigung zunächst nur ein Zwischenzeugnis verlangen kann.[93] Ein Endzeugnis erhält er zu dem Zeitpunkt, zu dem das Arbeitsverhältnis tatsächlich beendet ist.[94]

Die Gegenansicht verweist darauf, dass nach dem Gesetzeswortlaut des § 109 Abs. 1 Satz 1 GewO die Beendigung des Arbeitsverhältnisses maßgeblich ist.[95] Sie tritt erst im Zeitpunkt der rechtlichen Beendigung ein, beim Ausspruch einer ordentlichen Kündigung also nach Ablauf der Kündigungsfrist.[96] Daher bestehe auch erst ab diesem Zeitpunkt ein Zeugnisanspruch.

b) Beendigung des Arbeitsverhältnisses durch Aufhebungsvertrag

Schließen die Arbeitsvertragsparteien einen Aufhebungsvertrag, entsteht der Zeugnisanspruch mit dessen Abschluss.[97] Teilweise wird davon eine Ausnahme gemacht, wenn eine sehr lange Auslauffrist für das Arbeitsverhältnis vereinbart wird.[98]

In der Praxis finden sich im Aufhebungsvertrag häufig Regelungen zur Zeugniserteilung. In diesen Fällen bestimmt sich der Zeugnisanspruch nach der jeweiligen Regelung.

---

90 *Becker-Schaffner*, BB 1989 2105, 2108; *Gäntgen*, in: Henssler/Willemsen/Kalb (Hrsg.), Arbeitsrecht Kommentar, 11. Aufl. 2024, § 109 Zeugnis Rn. 16; *Hartmann*, BuW 2002, 873, 874; *Löw*, NJW 2005, 3605, 3607; *Ring*, BuW 2001, 208, 209; *Tillmanns* (Fn. 89), GewO § 109 Zeugnis Rn. 9.

91 *Becker-Schaffner*, BB 1989 2105, 2108; *Müller-Glöge* (Fn. 50), GewO § 109 Zeugnis Rn. 7. *Hartmann*, BuW 2002, 873, 874; *Henssler* (Fn. 25), § 630 Pflicht zur Zeugniserteilung Rn. 13.

92 *Hartmann*, BuW 2002, 873, 874; *Henssler* (Fn. 25), § 630 Pflicht zur Zeugniserteilung Rn. 13.

93 *Eckhoff* (Fn. 37), § 54 Zeugnis Rn. 3; *Tillmanns* (Fn. 89), GewO § 109 Zeugnis Rn. 32.

94 *Becker-Schaffner*, BB 1989, 2105, 2108.

95 *Francke* (Fn. 36), § 138 Zeugnis und Auskunft, Wiedereinstellungsanspruch Rn. 9.

96 *Francke* (Fn. 36), § 138 Zeugnis und Auskunft, Wiedereinstellungsanspruch Rn. 9.

97 *Boecken/Pils* (Fn. 13), GewO § 109 Zeugnis Rn. 29; *Müller-Glöge* (Fn. 50), GewO § 109 Zeugnis Rn. 9; *Ring*, BuW 2001, 208, 209.

98 *Müller-Glöge* (Fn. 50), GewO § 109 Zeugnis Rn. 9.

c) Befristete Arbeitsverhältnisse

Bei befristeten Arbeitsverhältnissen ist nach herrschender Meinung auf eine fiktive Kündigungsfrist abzustellen. Der Zeugnisanspruch entsteht danach an dem Tag, an dem ordentlich hätte gekündigt werden müssen, um das Arbeitsverhältnis zum Zeitpunkt des Befristungsablaufs enden zu lassen.[99]

Teilweise wird vertreten, dass der Zeugnisanspruch bei befristeten Arbeitsverhältnissen eine „angemessene Zeit" vor Beendigung des Arbeitsverhältnisses besteht.[100] Das seien ca. zwei bis drei Monate vor Ablauf der Befristung.[101] Im Einzelfall bedarf es danach einer Interessenabwägung, bei der darauf abzustellen ist, ab wann eine Bewerbung des Arbeitnehmers um eine neue Stelle unter Berücksichtigung der Dauer des befristeten Arbeitsverhältnisses und der Arbeitsmarktlage sinnvoll erscheint.[102]

2. Notwendigkeit der Beantragung

a) Problemstellung

Umstritten ist, ob das Arbeitszeugnis automatisch auszustellen ist oder es eines Antrags des Arbeitnehmers bedarf.

b) Differenzierung nach der Zeugnisart

aa) Wortlaut der gesetzlichen Vorgaben

Ein Teil der Literatur orientiert sich am Wortlaut der gesetzlichen Bestimmungen.[103]

Danach ist ein einfaches Zeugnis ohne Antrag auszustellen: bei Arbeitnehmern (§ 109 Abs. 1 GewO) und in der Berufsausbildung (§ 16 BBiG).[104]

Dagegen ist ein einfaches Zeugnis nur auf Antrag auszufertigen: bei Dienstverhältnissen, die keine Arbeitsverhältnisse sind (§ 630 BGB), und für Entwicklungshelfer (§ 18 des Entwicklungshelfer-Gesetzes (EhfG)).[105]

Ein qualifiziertes Arbeitszeugnis ist nach dieser Ansicht immer nur auf Antrag zu fertigen.[106]

---

99 *Boecken/Pils* (Fn. 13), GewO § 109 Zeugnis Rn. 29; *Eckhoff* (Fn. 37), § 54 Zeugnis Rn. 3.

100 *Hartmann*, BuW 2002, 873, 874; *Henssler* (Fn. 25), § 630 Pflicht zur Zeugniserteilung Rn. 16; *Ring*, BuW 2001, 208, 209; *Weuster*, BuW 2001, 300.

101 *Hartmann*, BuW 2002, 873, 874; *Henssler* (Fn. 25), § 630 Pflicht zur Zeugniserteilung Rn. 16; *Ring*, BuW 2001, 208, 209; *Weuster*, BuW 2001, 300.

102 *Henssler* (Fn. 25), § 630 Pflicht zur Zeugniserteilung Rn. 16.

103 *Bieder*, jurisPR-ArbR 22/2011 Anm. 2; *Schleßmann* (Fn. 10), Rn. 131.

104 *Bieder*, jurisPR-ArbR 22/2011 Anm. 2; *Schleßmann* (Fn. 10), Rn. 131.

105 *Schleßmann* (Fn. 10), Rn. 131.

106 *Schleßmann* (Fn. 10), Rn. 131.

bb) Besonderheiten im öffentlichen Dienst

Gemäß § 35 Abs. 1 TVöD bzw. § 35 Abs. 1 TV-L haben Beschäftigte bei Beendigung des Arbeitsverhältnisses „Anspruch auf ein schriftliches Zeugnis, über Art und Dauer ihrer Tätigkeit, das sich auch auf Führung und Leistung erstrecken muss", mithin also auf ein qualifiziertes Zeugnis. Arbeitnehmer im öffentlichen Dienst müssen damit keinen Antrag auf ein solches Zeugnis stellen, wenn man mit der dargelegten Literaturansicht auf den Wortlaut der Norm abstellt.

Zu beachten ist allerdings, dass die tarifliche Norm die gesetzlichen Vorgaben nicht einschränkt.[107] Arbeitnehmer im öffentlichen Dienst können daher wie jeder andere Arbeitnehmer auch ein einfaches Zeugnis verlangen.[108]

c) Verhaltener Anspruch

Nach der Rechtsprechung des BAG handelt es sich bei dem Zeugnisanspruch um einen verhaltenen Anspruch.[109] Diese Ansicht wird auch vielfach in der Literatur vertreten.[110]

Ein verhaltener Anspruch ist ein Anspruch, bei dem der Schuldner nicht von sich aus leisten muss, der Gläubiger jedoch jederzeit die Leistung fordern kann.[111] Der Anspruch ist für den Schuldner nicht ohne ein Zutun des Gläubigers oder eines Dritten erfüllbar.[112] Die Erfüllbarkeit des Anspruchs auf ein Arbeitszeugnis hängt danach davon ab, dass der Arbeitnehmer sein Wahlrecht zwischen einem einfachen und einem qualifizierten Zeugnis bereits ausgeübt hat.[113]

Diese Sichtweise stützt sich auf den Sinn und Zweck der Vorschrift.[114] Es sei nicht sinnvoll, dass der Arbeitgeber zunächst ein einfaches Zeugnis erteilt und wenn der Arbeitnehmer später ein qualifiziertes Zeugnis verlangt, zusätzlich ein solches erstellen muss.[115]

---

107 *Bauschke*, öAT 2011, 225, 226.

108 *Bauschke*, öAT 2011, 225, 226.

109 BAG, Urt. v. 12.02.2013 – 3 AZR 120/11, BeckRS 2013, 68103.

110 S. z.B. *Boecken/Pils* (Fn. 13), GewO § 109 Zeugnis Rn. 43; *Klappstein*, in: Dauner-Lieb/Langen (Hrsg.), BGB Schuldrecht, 4. Aufl. 2021, § 630 Pflicht zur Zeugniserteilung Rn. 15; *Roman*, MDR 2005, 553; *Tillmanns* (Fn. 89), GewO § 109 Zeugnis Rn. 9; *Wiebauer* (Fn. 56), GewO § 109 Zeugnis Rn. 16.

111 *Horcher*, ArbRB 2016, 317.

112 *Horcher*, ArbRB 2016, 317.

113 BAG, Urt. v. 12.02.2013 – 3 AZR 120/11, BeckRS 2013, 68103.

114 *Francke* (Fn. 36), § 138 Zeugnis und Auskunft, Wiedereinstellungsanspruch Rn. 9.

115 *Francke* (Fn. 36), § 138 Zeugnis und Auskunft, Wiedereinstellungsanspruch Rn. 9.

Letztlich beruht diese Ansicht auf Praktikabilitätserwägungen, die durch die Formulierung „Sinn und Zweck" rechtlich verkleidet werden. Wie auch Vertreter dieser Ansicht eingestehen müssen, findet sich dafür weder im Wortlaut noch in der Systematik des § 109 GewO eine Stütze.[116]

d) Anforderungen an die Beantragung

aa) Frist

Eine starre Frist, in der ein Arbeitnehmer ein Zeugnis beantragen muss, gibt es nicht.

Die Beantragung muss aber innerhalb der Verjährungsfrist erfolgen. Sie muss so rechtzeitig sein, dass keine Verwirkung eintritt und eventuell bestehende Ausschlussfristen gewahrt bleiben (dazu nachfolgend IV.).

bb) Form

Eine bestimmte Form ist gesetzlich nicht vorgeschrieben. Die Beantragung eines Zeugnisses kann daher auch mündlich erfolgen.

Sind tarif- oder einzelvertraglich Formvorgaben vereinbart, sind diese zu beachten.[117]

Aus Gründen der Beweisbarkeit ist stets eine schriftliche Antragstellung zu empfehlen.[118]

cc) Begründung

Bei einem Endzeugnis muss das Zeugnisverlangen nicht begründet werden.

Bei einem Zwischenzeugnis ist nach herrschender Meinung das berechtigte Interesse an der Zeugniserteilung darzulegen.[119] Die Gegenansicht lehnt eine Darlegungspflicht ab.[120] Arbeitnehmer müssten die Möglichkeit haben ihre Chancen auf dem Arbeitsmarkt realistisch einzuschätzen und einen beruflichen Wechsel vorzubereiten. Ein Zwang zur Offenbarung der Beweggründe würde ihre Interessen gefährden.[121]

Das vermag nicht zu überzeugen. Beschäftigte könnten damit jederzeit grundlos ein Zwischenzeugnis verlangen. Dem berechtigten Interesse käme keine Bedeutung mehr zu.[122]

---

116 *Francke* (Fn. 36), § 138 Zeugnis und Auskunft, Wiedereinstellungsanspruch Rn. 9.

117 *Schleßmann* (Fn. 10), Rn. 134.

118 *Moderegger*, ArbRB 2006, 240; *Schleßmann* (Fn. 10), Rn. 134.

119 *Middendorf* (Fn. 2), Zeugnis Rn. 11; *Fuhlrott/Fabritius*, AuA 2011, 650.

120 *Poeche/Seidel/Ruppelt* (Fn. 20), Zeugnis, Rn. 11.

121 *Poeche/Seidel/Ruppelt* (Fn. 20), Zeugnis, Rn. 11.

122 *Middendorf* (Fn. 2), Zeugnis Rn. 11.

e) Bearbeitungszeit

Der Arbeitgeber muss das Arbeitszeugnis unverzüglich, also ohne schuldhaftes Zögern (§ 121 Abs. 1 BGB) erteilen.[123] Für den öffentlichen Dienst ist das in § 35 Abs. 4 TVöD und § 35 Abs. 4 TV-L ausdrücklich festgelegt.

Der Arbeitgeber kann für die Ausarbeitung des Arbeitszeugnisses eine angemessene Zeit in Anspruch nehmen.[124] Wie lange dieser Zeitraum ist, hängt von den Umständen des Einzelfalls ab.[125] Maßgeblich sind neben der Zeugnisart insbesondere die Dauer des Arbeitsverhältnisses und die betrieblichen Umstände.[126]

Für die Erteilung eines einfachen Zeugnisses genügen in der Regel wenige Tage. In der Literatur wird teilweise eine Frist von ein bis zwei Tagen,[127] meist jedoch eine Frist von zwei bis drei Tagen genannt.[128] Bei Arbeitsverhältnissen von sehr langer Dauer und besonderen Situationen während des Arbeitsverhältnisses (z. B. einem oder mehreren Betriebsübergängen) muss aber etwas mehr Zeit eingeräumt werden.

Für qualifizierte Arbeitszeugnisse ist grundsätzlich eine Bearbeitungszeit von ein bis zwei Wochen[129] oder nach anderer Ansicht von zwei bis drei Wochen[130] angemessen. Auch hier ist die Einräumung einer längeren Frist bei Arbeitsverhältnissen von sehr langer Dauer oder bei Vorliegen besonderer Umstände geboten.

Teilweise wird allerdings auch für die Erteilung eines qualifizierten Zeugnisses nur ein sehr kurzer Zeitraum („Frist von drei Tagen“[131] oder „einige Tage“[132]) zugestanden.

---

123 *Anton-Dyck/Böhm*, ArbRB 2013, 344, 345; *Bauschke*, öAT 2011, 225, 226; *Francke* (Fn. 36), § 138 Zeugnis und Auskunft, Wiedereinstellungsanspruch Rn. 9; *Wiebauer* (Fn. 56), GewO § 109 Zeugnis Rn. 17.

124 *Anton-Dyck/Böhm*, ArbRB 2013, 344, 345; *Kölsch*, NZA 1985, 382, 385; *Stück*, MDR 2006, 791, 797; *Wank* (Fn. 80), GewO § 109 Zeugnis Rn. 9.

125 *Wiebauer* (Fn. 56), GewO § 109 Zeugnis Rn. 17.

126 *Anton-Dyck/Böhm*, ArbRB 2013, 344, 345; *Kölsch*, NZA 1985, 382, 385; *Boecken/Pils* (Fn. 13), GewO § 109 Zeugnis Rn. 29.

127 *Schleßmann* (Fn. 10), Rn. 142.

128 *Wiebauer* (Fn. 56), GewO § 109 Zeugnis Rn. 17.

129 *Dick* (Fn. 40), TVöD § 35 Zeugnis Rn. 31.

130 *Boecken/Pils* (Fn. 13), GewO § 109 Zeugnis Rn. 29; *Salomon-Hengst*, öAT 2022, 180, 181; *Schleßmann* (Fn. 10), Rn. 142.

131 *Henssler* (Fn. 25), § 630 Pflicht zur Zeugniserteilung Rn. 12.

132 *Hartmann*, BuW 2002, 873, 874.

3. Zurückbehaltung des Arbeitszeugnisses

a) Zurückbehaltungsrecht gem. § 273 BGB

Dem Arbeitgeber steht wegen etwaiger Ansprüche aus dem Arbeitsverhältnis grundsätzlich kein Zurückbehaltungsrecht gem. § 273 BGB zu.[133]

Das Arbeitszeugnis zählt zu den Arbeitspapieren, an denen wegen ihres persönlichkeitsbezogenen Charakters keine Gegenrechte ausgeübt werden können.[134] Ein Zurückbehaltungsrecht würde zudem dem Zeugniszweck widersprechen und das Fortkommen des Arbeitnehmers übermäßig erschweren.[135] Das wäre mit der Fürsorgepflicht des Arbeitgebers nicht zu vereinbaren.[136]

Zum Teil wird allerdings davon ausgegangen, dass ein Zurückbehaltungsrecht bestehen kann, wenn es um den Austausch von Leistungen bei der Abwicklung des Arbeitsverhältnisses geht.[137] Als Beispiel wird angeführt, dass der Arbeitgeber das Zeugnis zurückhalten kann, wenn sich der Arbeitnehmer weigert, einen Firmenwagen herauszugeben.[138]

b) Einrede des nicht erfüllten Vertrags gem. § 320 BGB

Die Einrede des nicht erfüllten Vertrags (§ 320 BGB) kommt nicht in Betracht, da zwischen dem Anspruch auf Arbeitsleistung und der Zeugnispflicht kein Gegenseitigkeitsverhältnis besteht.[139]

Zudem steht dieser Einrede – ebenso wie dem Zurückbehaltungsrecht nach § 273 BGB – entgegen, dass die Verweigerung des Zeugnisses den Arbeitnehmer in unverhältnismäßiger Weise bei der Stellensuche beeinträchtigen würde.[140] Das widerspräche der arbeitgeberseitigen Fürsorgepflicht.[141]

---

133 *Ecklebe*, DB 2015, 923, 926; *Henssler* (Fn. 25), § 630 Pflicht zur Zeugniserteilung Rn. 57; *Schulte* (Fn. 10), § 109 Zeugnis Rn. 102; *Linck*, in: Schaub (Hrsg.), Arbeitsrechts-Handbuch, 20. Aufl. 2023, § 147 Zeugnis und Auskunft Rn. 12; *Löw*, NZA 2005, 3605, 3608; *Müller-Glöge* (Fn. 50), GewO § 109 Zeugnis Rn. 48; *Stück*, MDR 2006, 791, 792.

134 *Boecken/Pils* (Fn. 13), GewO § 109 Zeugnis Rn. 43.

135 *Henssler* (Fn. 25), § 630 Pflicht zur Zeugniserteilung Rn. 57; *Schulte* (Fn. 10), § 109 Zeugnis Rn. 102; *Müller-Glöge* (Fn. 50), GewO § 109 Zeugnis Rn. 48; *Reufels*, Aufhebung und Abfindung, 2020, § 4 Einzelne Regelungen des Aufhebungsvertrags Rn. 91.

136 *Henssler* (Fn. 25), § 630 Pflicht zur Zeugniserteilung Rn. 57; *Tiedemann*, in: Tschöpe (Hrsg.), Arbeitsrechtshandbuch, 14. Aufl. 2025, K. Arbeitszeugnis Rn. 52.

137 *Becker*, in: Däubler/Hjort/Schubert/Wolmerath, Arbeitsrecht, 5. Aufl. 2022, GewO § 109 Rn. 16.

138 *Becker* (Fn. 137), GewO § 109 Zeugnis Rn. 16.

139 *Ecklebe*, DB 2015, 923, 926; *Linck* (Fn. 133), § 147 Zeugnis und Auskunft Rn. 13; *Müller-Glöge* (Fn. 50), GewO § 109 Zeugnis Rn. 48; *Stück*, MDR 2006, 791, 792.

140 *Linck* (Fn. 133), § 147 Zeugnis und Auskunft Rn. 13.

141 *Tiedemann* (Fn. 136), K. Arbeitszeugnis Rn. 52.

Selbst bei einem Vertragsbruch durch den Arbeitnehmer hat der Arbeitgeber nicht das Recht die Zeugniserteilung zu verzögern.[142] Das gilt selbst dann, wenn der Beschäftigte durch sein Verhalten einen Grund für eine außerordentliche Kündigung gegeben hat.[143]

c) Kündigungsschutzprozess

Während eines Kündigungsschutzprozesses kann ein Endzeugnis vom Arbeitgeber nach herrschender Meinung nicht mit der Begründung verweigert werden, dass noch nicht rechtskräftig über die ausgesprochene Kündigung entschieden ist.[144] Der Arbeitgeber setze sich mit einem solchen Einwand in Widerspruch zu seinem vorangegangenen Verhalten.[145] Er könne sich gegenüber dem Zeugnisanspruch nicht auf die Unwirksamkeit der eigenen Kündigung berufen, ohne sie gleichzeitig zurückzunehmen.[146]

Das trifft zu. Allerdings handelt auch ein Arbeitnehmer, der während eines Kündigungsschutzprozesses ein Endzeugnis verlangt, widersprüchlich.[147] Er fordert ein Arbeitspapier, in dem unter anderem die Beendigung des Arbeitsverhältnisses zu einem bestimmten Zeitpunkt dokumentiert wird, während er zugleich diese Beendigung bestreitet.

Sachgerecht erscheint es mit Teilen der Literatur für den Zeugnisanspruch auf die tatsächliche, nicht die rechtliche Beendigung des Arbeitsverhältnisses abzustellen.[148] Die Pflicht zur Zeugniserteilung besteht dann unabhängig von der Rechtmäßigkeit einer Kündigung.[149]

IV. Verjährung, Verwirkung und Verzicht

1. Verjährung

Der Anspruch auf Zeugniserteilung verjährt gemäß § 195 BGB in drei Jahren.[150] Das gilt nach Art. 229 § 6 des Einführungsgesetzes zum Bürgerli-

142 *Müller-Glöge* (Fn. 50), GewO § 109 Zeugnis Rn. 47; *Reufels* (Fn. 135), § 4 Einzelne Regelungen des Aufhebungsvertrags Rn. 91.

143 *Boecken/Pils* (Fn. 13), GewO § 109 Zeugnis Rn. 43.

144 BAG, Urt. v. 27.02.1987 – 5 AZR 710/85, NZA 1987, 628; *Löw*, NJW 2005, 3605, 3607.

145 BAG, Urt. v. 27.02.1987 – 5 AZR 710/85, NZA 1987, 628.

146 BAG, Urt. v. 27.02.1987 – 5 AZR 710/85, NZA 1987, 628.

147 A. A. (ohne Begründung) *Middendorf* (Fn. 2), Zeugnis Rn. 8.

148 *Henssler* (Fn. 25), § 630 Pflicht zur Zeugniserteilung Rn. 13.

149 *Henssler* (Fn. 25), § 630 Pflicht zur Zeugniserteilung Rn. 13.

150 *Boecken/Pils* (Fn. 13), GewO § 109 Zeugnis Rn. 43; *Ecklebe*, DB 2015, 923, 926; *Hoß*, AuA 2002, 532, 533; *Löw*, NJW 2005, 3605, 3608; *Nowak*, ArbRAktuell 2019, 526; *Stück*, MDR 2006, 791, 798.

chen Gesetzbuch (EGBGB) für alle Ansprüche auf Zeugniserteilung, die nach dem 31. Dezember 2001 entstanden sind. Zuvor galt eine Verjährungsfrist von 30 Jahren.[151]

Die Verjährungsfrist gilt sowohl für gesetzliche Zeugnisansprüche als auch für tarifvertragliche Zeugnisansprüche nach dem TVöD bzw. TV-L.[152]

Der Beginn der Verjährungsfrist richtet sich nach § 199 Abs. 1 BGB.[153] Sie beginnt mit dem Schluss des Jahres, in dem das Arbeitsverhältnis endete, und endet drei Jahre nach Schluss des Kalenderjahres, in dem der Zeugnisanspruch entstanden ist.[154]

2. Verwirkung

a) Bedeutung

Die Frage der Verwirkung war bei der früheren Verjährungsfrist (30 Jahre) besonders bedeutsam. Trotz der kürzeren Verjährungsfrist von drei Jahren bleibt sie relevant, jedoch nur für Zeugnisansprüche, die auf gesetzliche Bestimmungen gestützt sind.

Die Verwirkung eines tarifvertraglichen Zeugnisanspruchs ist gemäß § 4 Abs. 4 Satz 2 des Tarifvertragsgesetzes (TVG) nicht möglich.[155] Diese Norm schließt die Verwirkung tariflicher Rechte aus.

b) Voraussetzungen

aa) Grundsatz

Ein Recht ist verwirkt, wenn der Gläubiger es längere Zeit nicht ausgeübt hat (Zeitmoment) und der Schuldner darauf vertrauen durfte, dass er nicht mehr in Anspruch genommen wird, sodass ihm die Erfüllung unter Berücksichtigung aller Umstände des Einzelfalls nach Treu und Glauben nicht mehr zuzumuten ist (Umstandsmoment).[156]

Das erforderliche Zeitmoment kann nach der Rechtsprechung des BAG umso kürzer sein, je gravierender die Umstände im Verhalten des Anspruchsberechtigten sind, die es rechtfertigen, die spätere Geltendmachung als unzumutbar anzusehen.[157]

---

151 Zur früheren Rechtslage *Schleßmann*, BB 1988, 1320, 1324; s.a. *Spilger*, jurisPR-ArbR 35, 2023, Anm. 7.

152 *Karb* (Fn. 24), Zeugnis Rn. 16.

153 *Boecken/Pils* (Fn. 13), GewO § 109 Zeugnis Rn. 43; *Ecklebe*, DB 2015, 923, 926.

154 LAG Köln, Urt. v. 31.08.2016 – 11 Sa 1025/15, BeckRS 2016, 74762.

155 *Schleßmann* (Fn. 10), Rn. 166.

156 *Linck* (Fn. 133), § 72 Einreden und Einwendungen gegen den Anspruch auf Arbeitsvergütung Rn. 24.

157 BAG, Urt. v. 03.08.2008 – 5 AZR 62/08, BeckRS 2009, 53329.

bb) Zeitmoment

Ein Zeugnisanspruch kann recht schnell verwirken. Eine starre Zeitgrenze lässt sich zwar nicht festlegen.[158] Die Frage, ob Verwirkung eingetreten ist, hängt wesentlich von den Umständen des Einzelfalls ab.[159] Nach herrschender Meinung genügen allerdings bereits wenige Monate, um das Zeitmoment zu erfüllen.[160]

Meist wird ein Zeitraum von fünf bis zehn Monaten angenommen.[161] Teilweise werden auch drei bis vier Monate als genügend angesehen.[162] Nach anderer Ansicht kann das Zeitmoment im Regelfall erst zehn bis zwölf Monate nach Beendigung des Arbeitsverhältnisses bejaht werden.[163]

In der Literatur wird für die Verwirkung teilweise zwischen dem Anspruch auf ein qualifiziertes und dem auf ein einfaches Zeugnis unterschieden. Der Verwirkungszeitpunkt bei einem qualifizierten Zeugnis kann danach früher erreicht sein als bei einem einfachen.[164] Das ergebe sich daraus, dass die für ein einfaches Zeugnis notwendigen Angaben leichter festzustellen sind als die für ein qualifiziertes. [165]

cc) Umstandsmoment

Zu dem Zeitmoment muss ein Umstandsmoment kommen, der bei dem Arbeitgeber zu der Überzeugung führt, dass der Arbeitnehmer seinen Zeugnisanspruch nicht mehr geltend machen wird.[166]

Dieser Umstandsmoment liegt vor, wenn ein Beschäftigter erklärt hat, dass er kein Interesse an einem Arbeitszeugnis hat.[167] Ansonsten genügt für das Umstandsmoment das bloße Schweigen des Arbeitnehmers.[168] Die Gründe für sein Schweigen sind unerheblich.[169]

---

158 *Stück*, MDR 2006, 791, 799.

159 BAG, Urt. v. 16.10.2007 – 9 AZR 248/07, BeckRs 2007, 49034; *Hartmann*, BuW 2002, 873, 876.

160 *Schleßmann* (Fn. 10), Rn. 166.

161 *Francke* (Fn. 36), § 138 Zeugnis und Auskunft, Wiedereinstellungsanspruch Rn. 19 m. w. N.

162 ArbG Passau, Urt. v. 15.10.1990 – 2 Ca 354/90 D, BeckRS 1990 30735193.

163 *Wiebauer* (Fn. 56), GewO § 109 Zeugnis Rn. 32.

164 *Stück*, MDR 2006, 791, 799.

165 *Stück*, MDR 2006, 791, 799.

166 *Francke* (Fn. 36), § 138 Zeugnis und Auskunft, Wiedereinstellungsanspruch Rn. 19.

167 *Francke* (Fn. 36), § 138 Zeugnis und Auskunft, Wiedereinstellungsanspruch Rn. 19.

168 *Temming*, in: Staudinger, Kommentar zum Bürgerlichen Gesetzbuch Band 2: Recht der Schuldverhältnisse, Neubearbeitung 2022, § 630 Rn. 65.

169 *Schleßmann* (Fn. 10), Rn. 173.

Unter Rekurs auf die Rechtsprechung des BAG[170] zur Verwirkung des Zeugnisberichtigungsanspruchs wird in diesen Fällen davon ausgegangen, dass das Umstandsmoment erfüllt ist, wenn der Arbeitnehmer den Zeugnisanspruch erst fünf oder zehn Monate nach Beendigung des Arbeitsverhältnisses geltend macht.[171] Teilweise wird auch ein Zeitraum von bis zu 15 Monaten genannt.[172]

Für das Umstandsmoment ist maßgeblich, ob eine verantwortliche Beurteilung noch möglich ist.[173] Sie ist nicht mehr möglich, wenn Vorgesetzte, die allein eine Beurteilung abgeben könnten, nicht mehr im Unternehmen beschäftigt sind.[174]

Vereinzelt wird auch überlegt, ob der Einwand der Verwirkung partiell bei solchen Zeugnissachverhalten geltend gemacht werden kann, die der Arbeitgeber mangels Erinnerung nicht mehr bezeugen kann.[175] Eine partielle Verwirkung würde jedoch dazu führen, dass ein Zeugnis nicht alle für das Arbeitsverhältnis relevanten Angaben enthält und damit unvollständig wäre.

3. Ausschluss

a) Grundsatz

Ausschlussfristen können in den Grenzen der §§ 138 Abs. 1, 305 ff. BGB einzelvertraglich vereinbart werden.[176]

Auch mit Ablauf tariflicher Ausschlussfristen kann der Anspruch auf ein Arbeitszeugnis nach herrschender Meinung entfallen.[177] Das ist durch Auslegung der jeweiligen Klausel zu ermitteln.[178]

Nach der Gegenansicht erfassen tarifliche Ausschlussfristen den Zeugnisanspruch dagegen nie. Es könne nicht davon ausgegangen werden, dass die Tarifvertragsparteien mit solchen Fristen das Recht auf Zeugnis-

---

170 BAG, Urt. v. 17.10.1972 – 1 AZR 86/72, BeckRS 1972, 106441; BAG, Urt. v. 17.02.1988 – 5 AZR 638/86, BeckRS 1980, 44305.

171 *Löw*, NJW 2005, 3605, 3608.

172 *Körlings*, DB 2023, 3013, 3016.

173 *Ehlers*, in: Kunz/Henssler/Nebeerling/Beck (Hrsg.), Praxis des Arbeitsrechts, 7. Aufl. 2023, § 32 Abwicklung Rn. 258.

174 *Ehlers* (Fn. 173), § 32 Abwicklung Rn. 258.

175 *Spilger*, JurisPR-ArbR 35/2023 Anm. 7.

176 *Henssler* (Fn. 25), § 630 Pflicht zur Zeugniserteilung Rn. 64; *Ring*, BuW 2001, 208, 215; *Weinmann/Götz*, Das Arbeitnehmermandat, 2. Aufl. 2017, D. Ansprüche im Zusammenhang mit der Beendigung des Arbeitsverhältnisses Rn. 39.

177 *Francke* (Fn. 36), § 138 Zeugnis und Auskunft, Wiedereinstellungsanspruch Rn. 17; *Ring*, BuW 2001, 208, 215; *Schleßmann*, BB 1988, 1320, 1324.

178 *Francke* (Fn. 36), § 138 Zeugnis und Auskunft, Wiedereinstellungsanspruch Rn. 17.

erteilung ausschließen wollten.[179] Ein solcher Ausschluss sei im Hinblick auf die Bedeutung von Arbeitszeugnissen auch nicht begründbar.[180]

b) Regelungen im TVöD und TV-L

Im öffentlichen Dienst sind § 37 Abs. 1 TVöD bzw. § 37 Abs. 1 TV-L zu beachten.

Nach diesen Regelungen verfallen Ansprüche aus dem Arbeitsverhältnis, wenn sie nicht innerhalb von sechs Monaten nach Fälligkeit schriftlich geltend gemacht werden. Diese Ausschlussfrist erfasst alle Ansprüche aus dem Arbeitsverhältnis und findet daher auch auf den Zeugnisanspruch Anwendung.[181]

4. Verzicht

a) Verzicht vor Beendigung des Arbeitsverhältnisses

Ein Verzicht auf ein Arbeitszeugnis ist vor Beendigung des Arbeitsverhältnisses nicht möglich.[182]

b) Verzicht nach Beendigung des Arbeitsverhältnisses

Nach Beendigung des Arbeitsverhältnisses ist ein Verzicht nach herrschender Meinung dagegen möglich.[183] § 109 GewO gewährt dem Arbeitnehmer das Recht, ein Arbeitszeugnis zu verlangen. Von diesem Recht muss er jedoch keinen Gebrauch machen.[184]

Für die Sichtweise der herrschenden Meinung spricht zudem ein Vergleich mit § 16 Abs. 1 BBiG.[185] In dieser Regelung ist, anders als in § 109 GewO, die Ausstellung eines Zeugnisses zwingend vorgeschrieben.

---

179 *Becker-Schaffner*, BB 1989, 2105, 2109.

180 *Becker-Schaffner*, BB 1989, 2105, 2109.

181 *Francke* (Fn. 36), § 138 Zeugnis und Auskunft, Wiedereinstellungsanspruch Rn. 17; *Howald*, öAT, 2024, 67, 69.

182 BAG, Urt. v. 16.09.1974 – 5 AZR 255/74, NJW 1975, 407; *Boecken/Pils* (Fn. 13), GewO § 109 Zeugnis Rn. 34; *Henssler* (Fn. 25), § 630 Pflicht zur Zeugniserteilung Rn. 63; *Mansel*, in: Jauernig (Hrsg.), Bürgerliches Gesetzbuch, 19. Aufl. 2023, § 630 Pflicht zur Zeugniserteilung Rn. 6; *Müller-Glöge* (Fn. 50), GewO § 109 Zeugnis Rn. 53; *Reufels* (Fn. 135), § 4 Einzelne Regelungen des Aufhebungsvertrags Rn. 90; *Weinmann/Götz* (Fn. 176), D. Ansprüche im Zusammenhang mit der Beendigung des Arbeitsverhältnisses Rn 45; *Wiebauer* (Fn. 56), GewO § 109 Zeugnis Rn. 24.

183 *Boecken/Pils* (Fn. 13), GewO § 109 Zeugnis Rn. 34; *Müller-Glöge* (Fn. 50), GewO § 109 Zeugnis Rn. 52; Ring, BuW 2001, 208, 215; *Wiebauer* (Fn. 56), GewO § 109 Zeugnis Rn. 24.

184 *Boecken/Pils* (Fn. 13), GewO § 109 Zeugnis Rn. 34; *Müller-Glöge* (Fn. 50), GewO § 109 Zeugnis Rn. 52; *Reufels* (Fn. 135), § 4 Einzelne Regelungen des Aufhebungsvertrags Rn. 90; *Wiebauer* (Fn. 56), GewO § 109 Zeugnis Rn. 24.

185 *Henssler* (Fn. 25), § 630 Pflicht zur Zeugniserteilung Rn. 63.

V. Ort der Zeugniserteilung

1. Grundsatz

a) Holschuld

Der Zeugnisanspruch ist nach allgemeiner Meinung eine Holschuld.[186] Dies gilt für End-, Zwischen- und vorläufige Zeugnisse.

b) Pflichten der Arbeitsvertragsparteien

Der Arbeitgeber muss das erstellte Zeugnis daher nur zur Abholung bereitlegen.[187] Er ist nicht verpflichtet, es an den Beschäftigten zu übersenden.[188] Der Arbeitgeber muss das Zeugnis auch nicht so übergeben, dass es vor Beschädigung oder Verschmutzung geschützt ist (etwa in einem Briefumschlag).[189]

Der Arbeitnehmer hat das Zeugnis in den Räumlichkeiten des Arbeitgebers abzuholen.[190] Er kann auch dann keine Übersendung verlangen, wenn er dem Arbeitgeber einen frankierten Rückumschlag zur Verfügung stellt oder eine Kostenerstattung für die Übersendung zusagt.[191]

Eine Pflicht zur Abholung besteht auch, wenn ein Arbeitszeugnis erst nach Beendigung des Arbeitsverhältnisses gefordert wird. Der Arbeitnehmer kann auch in diesem Fall nicht verlangen, dass der Arbeitgeber ihm das Zeugnis zuschickt.[192]

Der Arbeitgeber muss den Beschäftigten jedoch darüber informieren, wann das Zeugnis fertiggestellt ist und zur Abholung bereitliegt.[193] Der Arbeitnehmer ist nicht verpflichtet, „auf gut Glück" beim Arbeitgeber vorzusprechen, ohne zu wissen, ob das Zeugnis bereits vorliegt.[194]

Wird das Zeugnis nicht abgeholt, ist es den Personalakten hinzuzufügen und teilt deren Schicksal.[195]

---

186 BAG, Urt. v. 08.03.1995 – 5 AZR 848/93, BeckRS 1995, 40605; LAG Schleswig-Holstein, Beschl. v. 28.01.2021 – 1 Ta 118/20, BeckRs 2021, 3692; *Guth*, oben Fn. 8, § 35 Zeugnis Rn. 29; *Adam*, MDR 2005, 553, 554; *Horcher*, NZA 2022, 747, 754; *Korinth*, ArbRB 2004, 62, 63; *Naber/Schulte/Tisch*, BB 2019, 757, 758; *Novak*, ArbRAktuell 2022, 116, 118.

187 *Ecklebe*, DB 2015, 923, 924; *Novak*, ArbRAktuell 2015, 520.

188 LAG Rheinland-Pfalz, Beschl. v. 15.03.2011 – 10 Ta 45/11, BeckRS 2011, 71728.

189 *Schleßmann*, BB 2000, 411, 412.

190 *Ecklebe*, DB 2015, 923, 924.

191 *Schleßmann* (Fn. 10), Rn. 220.

192 BAG, Urt. v. 08.03.1995 – 5 AZR 848/93, BeckRS 1995, 40605.

193 LAG Hessen, Beschl. v. 19.06.2017 – 10 Ta 172/17, BeckRS 2017, 115904; LAG Schleswig-Holstein, Beschl. v. 28.01.2021 – 1 Ta 118/20, BeckRS 2021, 3692; *Horcher*, NZA 2022, 747, 754; *Novak*, ArbRAktuell 2022, 116, 118.

194 LAG Hessen, Beschl. v. 19.06.2017 – 10 Ta 172/17, BeckRS 2017, 115904; LAG Schleswig-Holstein, Beschl. v. 28.01.2021 – 1 Ta 118/20, BeckRS 2021, 3692.

195 *Schleßmann* (Fn. 10), Rn. 222.

2. Versendung

a) Möglichkeit der Versendung

Dass es sich um eine Holschuld handelt, schließt nicht aus, dass der Arbeitgeber dem Beschäftigten das Zeugnis bringt oder schickt.[196] In der Praxis ist es sogar üblich, dass das Zeugnis dem Arbeitnehmer übersandt wird.[197] Für den Zugang ist dann der Arbeitgeber darlegungs- und beweispflichtig.[198]

Dass der Arbeitgeber dem Beschäftigten das Zeugnis zukommen lässt, entspricht in der Regel dem Interesse des Arbeitnehmers, da ihm dadurch Kosten und Zeitaufwand erspart werden.[199] Häufig wird ein Zeugnis auch auf ausdrücklichen Wunsch des Arbeitnehmers an ihn übersandt, etwa wenn sich der Beschäftigte wegen Krankheit oder Urlaub daran gehindert sieht, den Betrieb zeitnah aufzusuchen.[200]

Bei postalischer Übermittlung kann das Zeugnis per einfachem Brief versandt werden.[201] Der Arbeitgeber ist nicht verpflichtet, eine besondere Versendungsart zu wählen. Er muss das Arbeitszeugnis insbesondere nicht per Einschreiben an den Arbeitnehmer leiten. Wünscht der Beschäftigte eine besondere Zustellungsart, hat er die Mehrkosten zu tragen, wenn der Arbeitgeber diesem Wunsch Folge leistet.[202] Der Arbeitgeber kann aber auch bei Zusage der Kostenübernahme solche Sonderwünsche ablehnen.[203]

b) Vereinbarung

Den Arbeitsvertragsparteien steht es auch frei, zu vereinbaren, dass dem Beschäftigten das Zeugnis zuzusenden ist und damit eine entsprechende Pflicht des Arbeitgebers zu begründen.[204]

Ebenso kann ein gerichtlicher Vergleich zu einer solchen Pflicht führen.[205] Dafür genügt es, wenn vereinbart wurde, dass der Arbeitgeber das Zeugnis dem Arbeitnehmer zukommen lassen muss.[206]

---

196 LAG Hessen, Urt. v. 07.02.2011 – 16 Sa 1195/10; *Schleßmann* (Fn. 10), Rn. 220.

197 *Arnold*, in: Bauer/Diller/Arnold/Kaufmann (Hrsg.), Anwalts-Formularbuch Arbeitsrecht, 8. Aufl. 2025, Kapitel 24 Zeugnis Rn. 10.

198 BAG, Urt. v. 23.02.1983 – 5 AZR 515/80, BeckRS 1983, 2291.

199 *Legleitner*, in: Herberger/Martinek/Rüßmann/Weth/Würdingen (Hrsg.), jurisPK-BGB Band 2, 10. Aufl. 2023, § 630 Pflicht zur Zeugniserteilung Rn. 15.2; *Beckmann/Beckmann*, jurisPR-ArbR 11/2024 Anm. 3.

200 *Schleßmann*, BB 2000, 411, 412.

201 *Schleßmann* (Fn. 10), Rn. 227.

202 LAG Hessen, Urt. v. 01.03.1984 – 10 Sa 858/83, BeckRS 1984, 30458563.

203 *Schleßmann* (Fn. 10), Rn. 227.

204 *Schleßmann* (Fn. 10), Rn. 220.

205 *Ecklebe*, DB 2015, 923, 924; *Novak*, ArbRAktuell 2015, 520; *dies.*, ArbRAktuell 2022, 116, 118.

206 *Tiedemann* (Fn. 136), K. Arbeitszeugnis Rn. 51.

Da das Zeugnis eine Original-Unterschrift tragen muss,[207] sind moderne Übermittlungsformen wie E-Mail ausgeschlossen.[208]

3. Schick- statt Holschuld

a) Gedanklicher Ansatz

In der Rechtsprechung und Literatur wird teilweise angenommen, dass die Holschuld aus Gründen der nachwirkenden Fürsorge des Arbeitgebers ausnahmsweise eine Schickschuld werden kann.[209]

Eine Schickschuld entsteht danach, wenn die Abholung des Zeugnisses unzumutbar ist, weil sie mit unverhältnismäßig hohen Kosten oder besonderen Mühen verbunden ist.[210] Dabei seien an die Unzumutbarkeit für den Arbeitnehmer keine allzu hohen Anforderungen zu stellen, da die Übersendung für den Arbeitgeber nur geringen Mehraufwand bedeutet.[211]

Unzumutbarkeit wird beispielsweise angenommen, wenn ein Beschäftigter seinen Wohnsitz verlegt hat, sodass er eine unzumutbare Reise unternehmen müsste, um in den Besitz seiner Arbeitspapiere zu gelangen.[212] Das Gleiche gilt, wenn ihm die Abholung aus anderen Gründen aufgrund der Entfernung zum Sitz des Arbeitgebers nicht zuzumuten ist.[213]

Dass der Arbeitnehmer nicht mehr mit seinem bisherigen Arbeitgeber zusammentreffen möchte, genügt nach der Rechtsprechung des BAG aber nicht, um eine Verpflichtung zur Übersendung eines Arbeitszeugnisses zu begründen.[214] In solchen Fällen kann sich der Beschäftigte zur Abholung des Zeugnisses eines Boten bedienen.[215]

b) Kritik

Die Ansicht, dass die Holschuld bei besonderem Aufwand für den Arbeitnehmer eine Schickschuld werden kann, ist juristisch nicht überzeugend.

---

207 *Löw*, NJW 2005, 3605, 3606; *ders.*, NZA-RR 2008, 561, 562.

208 *Schleßmann* (Fn. 10), Rn. 227.

209 BAG, Urt. v. 08.03.1995 – 5 AZR 848/93, BeckRS 1995, 40605; *Anton-Dyck/Böhm*, ArbRB 2013, 344, 345; *Guth* (Fn. 8), § 35 Zeugnis Rn. 28; *Spinner*, in: Säcker/Rixecker/Oetker/Limperg/Schubert (Hrsg.), Münchener Kommentar zum Bürgerlichen Gesetzbuch Band 5, 9. Aufl. 2023, BGB § 611a Arbeitsvertrag Rn. 1140.

210 LAG Hessen, Urt. v. 01.03.1984 – 10 Sa 858/83, BeckRS 1984, 30458563; ebenso *Dyck/Böhm*, ArbB 2013, 344, 345; *Ecklebe*, DB 2015, 923, 924; *Novak*, ArbRAktuell 2015, 520.

211 *Henssler* (Fn. 25), § 630 Pflicht zur Zeugniserteilung Rn. 55.

212 ArbG Wetzlar, Beschl. v. 21.07.1971 – Ga 3/71, BB 1972, 222.

213 *Moderegger*, ArbRB 2006, 240.

214 BAG, Urt. v. 08.03.1995 – 5 AZR 848/93, BeckRS 1995, 40605.

215 BAG, Urt. v. 08.03.1995 – 5 AZR 848/93, BeckRS 1995, 40605.

Unter dem Gesichtspunkt von Treu und Glauben kann sich nicht einfach der Leistungsort ändern.[216]

Letztlich steckt hinter diesem Ansatz nur die Erwägung, dass es für den Arbeitgeber ein Leichtes ist, das Zeugnis per Post an den Beschäftigten zu schicken, während für den Arbeitnehmer die Abholung im Einzelfall mühsam sein kann.[217] Das ist jedoch kein juristisches Argument. Allein die Tatsache, dass eine Übersendung dem Arbeitgeber unproblematisch möglich ist, kann daher auch nicht zu einer entsprechenden rechtlichen Verpflichtung führen.[218]

c) Ausnahmen

Eine Schickschuld entsteht jedoch, wenn der Beschäftigte wegen eines Verschuldens des Arbeitgebers bereits vergeblich eine Abholung seines Arbeitszeugnisses versucht hat.[219]

Diese Situation kann sich insbesondere ergeben, wenn der Arbeitgeber eine verspätete Erstellung zu verantworten hat.[220] Gleiches gilt, wenn das Zeugnis aus anderen Gründen, die in der Sphäre des Arbeitgebers liegen, nicht rechtzeitig zur Abholung bereitliegt.[221]

Hat der Arbeitgeber dem Arbeitnehmer ein Hausverbot erteilt, lässt sich der Zeugnisanspruch nur durch Übersendung des Arbeitszeugnisses erfüllen, sodass auch hier eine Übersendungspflicht besteht.[222]

---

216 *Ahmad/Horcher*, NZA 2018, 1234, 1240.

217 *Ahmad/Horcher*, NZA 2018, 1234, 1240.

218 So auch BAG, Urt. v. 08.03.1995 – 5 AZR 848/93, BeckRS 1995, 40605. Das BAG geht allerdings davon aus, dass der Arbeitgeber nach § 242 BGB im Einzelfall gehalten sein kann, dem Arbeitnehmer das Arbeitszeugnis zu übersenden.

219 LAG Hessen, Urt. v. 01.03.1984 – 10 Sa 858/83, BeckRS 1984, 30458563.

220 *Novak*, ArbRAktuell 2015, 520; *Moderegger* ArbRB 2006, 240, 240/241.

221 LAG Hessen, Urt. v. 01.03.1984 – 10 Sa 858/83, BeckRS 1984, 30458563; LAG Köln, Beschl. v. 26.04.2010 – 2 Ta 24/10, BeckRS 2010, 70863.

222 *Becker* (Fn. 137), GewO § 109 Zeugnis Rn. 11.

„Schnelleres und einfacheres Bauen": Reform der Landesbauordnung für Baden-Württemberg

Ulrich Derpa[1]

I. Einführung

> „Mit der nun vorliegenden LBO-Reform legen wir einen Turbo bei der Vereinfachung und Beschleunigung ein. Wir wollen einerseits Verfahren beschleunigen und andererseits das Bauen wieder einfacher machen. Zwar wird die Reform die angespannte Lage im Bau- und Wohnungswesen nicht alleine lösen können. Sie ist aber ein zentraler Hebel für das Land, um wichtige Weichen für schnelleres und einfacheres Bauen zu stellen."

Mit diesen Worten wird Ministerpräsident Winfried Kretschmann im Anschluss an die Sitzung des Ministerrats, in dem die Landesregierung von Baden-Württemberg den Entwurf eines Gesetzes für das schnellere Bauen beschlossen und in den Landtag eingebracht hat, zitiert.[2]

Die Ministerin für Landesentwicklung und Wohnen Nicole Razavi äußerte sich nach der Sitzung:

> „Wir haben jeden Stein umgedreht und eine Generalsanierung durchgeführt. Mein Ziel war es, das System von ‚Kontrolle' auf ‚Ermöglichen' umzustellen und beim Bauen endlich wieder Bremsen zu lösen. Dafür vereinfachen und beschleunigen wir die Verfahren und bauen unnötige Standards ab. Das Motto lautet: alle Hebel auf ‚Go!'".[3]

---

1 Prof. Dr. *Ulrich Derpa* ist Professor für Öffentliches Recht mit Schwerpunkt Sozialrecht und Leiter des Instituts für Öffentliches Bau-, Planungs- und Umweltrecht an der Hochschule für öffentliche Verwaltung und Finanzen Ludwigsburg. Der Beitrag knüpft an den Vortrag „Gesetz für das schnellere Bauen: Die aktuelle Reform der Landesbauordnung im Fokus" im Rahmen der „3. Ludwigsburger Baurechtsgespräche" am 06.02.2025 und die Beiträge des Autors in apf 2025, BW 49 und FStBW 2025, 718 an.

2 Landesregierung von Baden-Württemberg, Wichtige Weichen für schnelleres und einfacheres Bauen, Pressemitteilung, 17.12.2025, https://www.baden-wuerttemberg.de/de/service/presse/pressemitteilung/pid/wichtige-weichen-fuer-schnelleres-und-einfacheres-bauen (letzter Zugriff: 01.08.2025).

3 Landesregierung von Baden-Württemberg (Fn. 2).

Das nach kurzer parlamentarischer Beratung im Frühjahr 2025 vom Landtag von Baden-Württemberg verabschiedete Gesetz für das schnellere Bauen enthält als Artikelgesetz weitreichende Änderungen der Landesbauordnung für Baden-Württemberg (LBO), Änderungen der Verfahrensverordnung zur Landesbauordnung (LBOVVO), die Aufhebung der Allgemeinen Ausführungsverordnung zur Landesbauordnung (LBOAVO) und Änderungen weiterer Gesetze wie des Gesetzes zur Ausführung der Verwaltungsgerichtsordnung (AGVwGO). Die Reform fügt sich insoweit in die Reihe weiterer „Beschleunigungsgesetze" des Bundes und der Länder ein.[4]

Die Reform der Landesbauordnung für Baden-Württemberg zielt darauf ab, baurechtliche Verfahren zu optimieren und zu beschleunigen, bauliche Standards abzubauen und erneuerbare Energien weiter auszubauen. Das Gesetz führt insbesondere eine Genehmigungsfiktion im vereinfachten Genehmigungsverfahren ein, weitet das vereinfachte Genehmigungsverfahren und verfahrensfreie Bauvorhaben aus und schafft das Vorverfahren in Angelegenheiten der Landesbauordnung und nach dem Denkmalschutzgesetz ab.

Die Änderungen haben insoweit weitreichende Auswirkungen sowohl auf die Verwaltungspraxis als auch die Aus- und Fortbildung und wissenschaftliche Betrachtung des Baurechts.

Der Beitrag wirft einen Blick auf die Änderungen, die im Wesentlichen am 28.06.2025, im Übrigen am 28.09.2025 in Kraft getreten sind. Nach der Darstellung des Gesetzgebungsverfahrens erfolgt ein Überblick über Ziele und wesentliche Inhalte der LBO-Novelle. Im Anschluss werden ausgewählte Regelungen herausgegriffen und erfolgt eine erste Bewertung der Reform.

Das Thema des Beitrags betrifft insofern im weiteren Sinne auch den Themenschwerpunkt „Bürokratieabbau"[5] des diesjährigen Jahrbuchs des Instituts für Angewandte Forschung.

II. Der Weg zur „LBO-Novelle 2025"

Die Regierungschefinnen und Regierungschefs der Länder haben im November 2023 in einer Besprechung mit dem Bundeskanzler beschlossen, Planungs- und Genehmigungsverfahren zu beschleunigen, damit der

4 Vgl. zur „Beschleunigungsgesetzgebung" *Derpa*, Mehr Schub für die Energiewende? Der Ausbau der Windenergie im Zeichen der Beschleunigungsgesetzgebung, in: Dürrschmidt/Majer (Hrsg.), Jahrbuch des Instituts für Angewandte Forschung 2024, 2024, S. 34.

5 Vgl. kritisch zu diesem Begriff *Voßkuhle*, DVBl 2024, Heft 5, S. I; siehe zum Bürokratiemodell von *Max Weber* auch *Ludwigs*, NVwZ 2025, 539.

Wirtschaftsstandort Deutschland wettbewerbsfähig bleibt, und mit dem Bund einen „Pakt für Planungs-, Genehmigungs- und Umsetzungsbeschleunigung“ geschlossen.[6] Die zuständigen Ministerinnen und Minister auf Bundes- und Landesebene werden in dem Beschluss gebeten, die jeweils in ihren Zuständigkeitsbereich fallenden Vereinbarungen des Pakts für Gesetzesänderungen in Bund und Ländern schnellstmöglich umzusetzen. Etwaige untergesetzliche Regelungen und Vereinbarungen sollen ebenfalls zeitnah getroffen werden.

Der Bund hat das Baugesetzbuch u. a. durch das Gesetz zur Stärkung der Digitalisierung im Bauleitplanverfahren und zur Änderung weiterer Vorschriften vom 03.07.2023[7] und das Gesetz für die Wärmeplanung und zur Dekarbonisierung der Wärmenetze[8] geändert. Der Entwurf der Bundesregierung für ein Gesetz zur Stärkung der integrierten Stadtentwicklung[9] („Große BauGB-Novelle“[10]) fiel nach dem Bruch der Regierungskoalition aus SPD, BÜNDNIS 90/GRÜNE und FDP mit der Neukonstituierung des Bundestags der Diskontinuität anheim. Der Koalitionsvertrag zwischen CDU, CSU und SPD sieht vor, dass der Bund eine europäische Initiative startet und der nationale „Pakt für Planungs-, Genehmigungs- und Umsetzungsbeschleunigung“ fortgesetzt wird. Mit den Ländern sollen Planungs- und Genehmigungsverfahren vollständig digitalisiert werden.[11] Das Baugesetzbuch soll in zwei Schritten novelliert werden. In den ersten hundert Tagen wird u. a. ein Gesetzentwurf zur Einführung eines Wohnungsbau-Turbos vorgelegt.[12] In einem zweiten Schritt ist eine grundlegende Reform zur Beschleunigung des Bauens vorgesehen.[13]

Die Bauministerkonferenz als Fachministerkonferenz der zuständigen Bauministerinnen und Bauminister der Länder hat die Musterbauord-

---

6 Ministerpräsidentenkonferenz, Besprechung des Bundeskanzlers mit den Regierungschefinnen und Regierungschefs der Länder am 06.11.2023, Ergebnisprotokoll, S. 9 f., 45 ff., https://hessen.de/handeln/mpk/ministerpraesidentenkonferenz-in-berlin (letzter Zugriff: 01.08.2025).

7 BGBl. I Nr. 176.

8 BGBl. I Nr. 394.

9 BR-Drs. 436/24.

10 *Scherff*, UPR 2025, 241; siehe auch *Köck/Neubauer/Dahms*, NVwZ 2024, 296; *Hellriegel*, NVwZ 2024, 1719; *Bunzel/Coulmas/Krusenotto/Lau*, ZfBR 2024, 615.

11 CDU, CSU und SPD, Verantwortung für Deutschland, S. 22, https://www.koalitionsvertrag2025.de (letzter Zugriff: 01.08.2025).

12 CDU, CSU und SPD (Fn. 11), S. 23; hierzu die gleichlautenden Entwürfe eines Gesetzes zur Beschleunigung des Wohnungsbaus und zur Wohnraumsicherung der Bundesregierung (BR-Drs. 256/25) und der Fraktionen der CDU/CSU und SPD (BT-Drs. 21/781); BGBl. I Nr. 257.

13 CDU, CSU und SPD (Fn. 11), S. 23.

nung der Länder mehrfach geändert.[14] Die Musterbauordnung ist rechtlich nicht bindend, sondern gibt Empfehlungen zur Vereinheitlichung der Landesbauordnungen.[15]

Die Regierungskoalition in Baden-Württemberg hat bereits im Koalitionsvertrag 2021 bis 2026 vereinbart, die Bauwilligen und die Baurechtsbehörden zu unterstützen, um Genehmigungsverfahren zu optimieren, zu digitalisieren und zu beschleunigen.[16]

Mit dem Gesetz zum Erlass eines Klimaschutz- und Klimawandelanpassungsgesetzes und zur Verankerung des Klimabelangs in weiteren Rechtsvorschriften vom 07.02.2023 (unter anderem mit Regelungen zum Aufstocken von Bestandsgebäuden zu Wohnzwecken),[17] dem Gesetz zur Erleichterung des baurechtlichen Verfahrens beim Mobilfunknetzausbau vom 13.06.2023[18] und dem Gesetz zur Digitalisierung baurechtlicher Verfahren vom 20.11.2023[19] sind in der laufenden Legislaturperiode vor der 2025 verabschiedeten LBO-Novelle bereits durch drei Gesetze Änderungen der Landesbauordnung für Baden-Württemberg erfolgt.

Das Landeskabinett hat einen ersten Entwurf eines Gesetzes für das schnellere Bauen am 23.07.2024 zur Anhörung freigegeben.[20] Das Ministerium für Landesentwicklung und Wohnen hat im Anschluss die betroffenen Verbände und öffentlichen Stellen, darunter die kommunalen Landesverbände, Regierungspräsidien, Verbände der Bauwirtschaft, Sozialverbände, Verbraucher- und Naturschutzverbände, Vertretungen der Bauberufe, berufsständische Kammern und Verbände des Mobilfunk- und Breitbandausbaus, angehört. Im Beteiligungsportal des Landes konnten im Rahmen der Öffentlichkeitsbeteiligung ebenfalls Kommentare angebracht werden, die zusammenfassend bewertet wurden.

Nach der Verbändeanhörung hat die Landesregierung am 17.12.2024 den Entwurf eines Gesetzes für das schnellere Bauen beschlossen und in

---

14 Bauministerkonferenz, Musterbauordnung – MBO – Fassung November 2022, zuletzt geändert durch Beschluss der Bauministerkonferenz vom 26./27.09.2024, https://www.bauministerkonferenz.de (letzter Zugriff: 01.08.2025).

15 Vgl. *Ritter*, VBlBW 2025, 1.

16 BÜNDNIS 90/DIE GRÜNEN Baden-Württemberg/CDU Baden-Württemberg, Jetzt für morgen, Der Erneuerungsvertrag für Baden-Württemberg, ohne Datum, S. 140, https://www.baden-wuerttemberg.de/fileadmin/redaktion/dateien/PDF/210506_Koalitionsvertrag_2021-2026.pdf (letzter Zugriff: 01.08.2025).

17 GBl. S. 26; vgl. im Kontext der Klimawende und erneuerbaren Energien *Derpa*, VBlBW 2023, 485, 487, 491; *Derpa* (Fn. 4), S. 33, 36.

18 GBl. S. 170.

19 GBl. S. 422; hierzu *Fischer/Harms*, VBlBW 2024, 133; *Schmidt*, apf 2024, BW 39.

20 Vgl. https://beteiligungsportal.baden-wuerttemberg.de/de/mitmachen/lp-17/schnelleres-bauen (letzter Zugriff: 01.08.2025).

den Landtag eingebracht.[21] Das Gesetz ist nach kurzer parlamentarischer Beratung[22] am 13.03.2025 durch den Landtag verabschiedet und am 28.03.2025 im Gesetzblatt für Baden-Württemberg verkündet worden.[23]

Das Gesetz für das schnellere Bauen enthält als Artikelgesetz Änderungen der Landesbauordnung (Art. 1), der Verfahrensverordnung zur Landesbauordnung (Art. 2), des Gesetzes zur Ausführung der Verwaltungsgerichtsordnung (Art. 3), des Gesetzes zu dem Abkommen über das Deutsche Institut für Bautechnik (Art. 4) und des Bauprodukte-Marktüberwachungsgesetzes (Art. 5). Das Ministerium für Landesentwicklung und Wohnen wird weiterhin ermächtigt, den Wortlaut der Landesbauordnung mit neuer Paragrafenfolge bekannt zu machen (Art. 6). Das Gesetz für das schnellere Bauen ist im Wesentlichen drei Monate nach der Verkündigung, d.h. am 28.06.2025 in Kraft getreten. Gleichzeitig ist die Allgemeine Ausführungsverordnung zur Landesbauordnung außer Kraft getreten. Eine Ausnahme besteht hinsichtlich einer Regelung zur Wirksamkeit örtlicher Bauvorschriften, die am 28.09.2025 in Kraft getreten ist (Art. 7).

III. Ziele und wesentliche Inhalte des Gesetzes für das schnellere Bauen

Wesentliche Ziele des Gesetzes sind die Optimierung und Beschleunigung baurechtlicher Verfahren, der Abbau baulicher Standards und der Ausbau erneuerbarer Energien.[24] Weiterhin wird die Allgemeine Ausführungsverordnung zur Landesbauordnung in die Landesbauordnung überführt und EU-Recht umgesetzt. Darüber hinaus werden weitere Änderungen vorgenommen.[25]

Zur Optimierung und Beschleunigung baurechtlicher Verfahren enthält das Gesetz, entlang der einschlägigen Vorschriften, u.a. folgende Regelungen: Die verfahrensfreien Vorhaben werden ausgeweitet (Anhang 1 zu § 50 Abs. 1, § 50 Abs. 2 Nr. 2 LBO). Das vereinfachte Baugenehmigungsverfahren wird für alle Gebäudeklassen ausgenommen Sonderbauten vorgesehen (§ 52 Abs. 1 LBO). Die Nachbarbeteiligung wird von vier auf zwei

---

21 LT-Drs. 17/8022.

22 Vgl. LT-Drs. 17/8392.

23 GBl. Nr. 25.

24 LT-Drs. 17/8022, S. 1f.; Stellungnahmen des Normenkontrollrats Baden-Württembergs vom 03.06.2024 und 23.09.2024, LT-Drs. 17/8022, S. 79. ff.

25 Vgl. zum folgenden bereits den Überblick bei *Derpa*, apf 2025, BW 49ff.

Wochen verkürzt (§ 55 Abs. 2 Satz 1 LBO). Für das vereinfachte Verfahren wird eine Genehmigungsfiktion eingeführt (§ 58 Abs. 1a LBO). Die Regelungen zur Typenprüfung werden durch eine Typengenehmigung ergänzt (§ 68 LBO). Durch die Änderung des Ausführungsgesetzes zur Verwaltungsgerichtsordnung wird das Widerspruchsverfahren in Angelegenheiten der Landesbauordnung und nach dem Denkmalschutzgesetz abgeschafft (§ 15 Abs. 5 AGVwGO).

Die Änderungen zielen ausdrücklich auch auf den Abbau baulicher Standards: Es ist eine vereinfachte Abstandsflächenregelung vorgesehen (§ 5 Abs. 1, 5 und 6, § 6 LBO), ein Wahlrecht der Bauherren bei der Erfüllung der Kinderspielplatzverpflichtung (§ 9 Abs. 4 LBO) und die Lockerung brandschutzrechtlicher Vorschriften (§§ 15, 27 ff. LBO). Von den Sonderbauten ausgenommen werden Tageseinrichtungen für Kinder und Einrichtungen in der Tagespflege für nicht mehr als zehn Kinder (§ 38 Abs. 2 Nr. 6 LBO). Etwas unauffällig daher kommt die Aufhebung der Vorgabe, dass für jede Wohnung ein Abstellraum zur Verfügung stehen muss (§ 35 Abs. 5 LBO). Beim Umbau oder Ersatz von Gebäuden sind weitere Abweichungen von abstandsflächenrechtlichen Vorschriften zuzulassen (§ 56 Abs. 2 Nr. 5 LBO).

Den Ausbau der erneuerbaren Energien betreffen u. a. die Verfahrensfreiheit der Elektroladestruktur (Anhang 1 zu § 50 Abs. 1 Nr. 4 a) und die Nutzung erneuerbarer Energien in örtlichen Bauvorschriften (§ 74 Abs. 1 LBO).

Die Allgemeine Ausführungsverordnung zur Landesbauordnung wird in die Landesbauordnung inkorporiert (u. a. §§ 9, 15, 16, 27, 27a bis f, 28, 28a bis d, 29 ff. LBO). Es erfolgen Anpassungen an die Musterbauordnung (u. a. §§ 1, 43, 63, 63a bis d LBO, Anhang 2 zu §§ 63 Abs. 3 Nr. 3, 63a Abs. 1 Nr. 1 LBO) und die Umsetzung von EU-Recht zur Berufsqualifikation (§§ 63 ff. LBO). Die Novelle sieht darüber hinaus weitere Änderungen wie eine Legaldefinition des Bestandsschutzes in § 76 LBO vor.

Gegenüber dem ersten Anhörungsentwurf sind in dem in den Landtag eingebrachten Gesetzentwurf die ursprünglich vorgesehenen, weitergehenden Regelungen zur Fachkräftesicherung mit zwei Beamten des höheren Dienstes in den unteren Baurechtsbehörden entfallen.

Nach der Anhörung wurden aber auch weitergehende Regelungen zur Genehmigungsfiktion von Antennenanlagen ohne Höhenbegrenzung und zum Bestandsschutz beim Brandschutz vorgesehen.

IV. Ausgewählte Regelungen

1. Optimierung und Beschleunigung baurechtlicher Verfahren

Ein Schwerpunkt der Änderungen liegt auf der Optimierung und Beschleunigung baurechtlicher Verfahren.[26]

a) Ausweitung verfahrensfreier Vorhaben

Die Errichtung der Anlagen und Einrichtungen, die im Anhang 1 zu § 50 Abs. 1 LBO aufgeführt sind, ist nach § 50 Abs. 1 LBO verfahrensfrei und damit von jeglichem Zulassungsverfahren freigestellt.[27] Der Katalog der verfahrensfreien Vorhaben wird durch die LBO-Novelle erweitert: Verfahrensfrei sind nach der im Bezug etwas missverständlichen Regelung Gebäude zum Verkauf landwirtschaftlicher Produkte, sofern sie einem landwirtschaftlichen oder gartenbaulichen Betrieb dienen und den benannten Brutto-Rauminhalt von 40 m^3 im Innenbereich und 20 m^3 im Außenbereich einhalten (Anhang 1 zu § 50 Abs. 1 Nr. 2 a).[28] Bei Garagen wird die verfahrensfreigestellte Grundfläche moderat von 30 m^2 auf 50 m^2 angehoben, sodass auch Doppelgaragen erfasst werden (Anhang 1 zu § 50 Abs. 1 Nr. 1 b).[29] Ausdrücklich einbezogen werden Terrassen im Innenbereich bis 30 m^2 Grundfläche mit Ausnahme von Dachterrassen und ihren Überdachungen (Anhang 1 zu § 50 Abs. 1 Nr. 1 l).[30] Zu den verfahrensfreien Vorhaben gehören Öffnungen für sämtliche Gebäude, nicht nur für Wohngebäude (Anhang 1 zu § 50 Abs. 1 Nr. 2 c). Solarenergieanlagen sind generell verfahrensfrei, unabhängig davon, ob es sich um anlageabhängige oder anlagenunabhängige Solarenergieanlagen handelt (Anhang 1 zu § 50 Abs. 1 Nr. 3 c). Somit sind nunmehr auch Freiflächen-Solarenergieanlagen verfahrensfrei. Damit begegnet der Gesetzgeber der kurzen Genehmigungsfrist in der geänderten Erneuerbare-Energien-Richtlinie der EU.[31] Verfahrensfrei sind bestimmte Anlagen zur Nutzung und Erzeugung von Wasserstoff (Anhang 1 zu § 50 Abs. 1 Nr. 3 e bis g), Ladestationen für Elektromobilität einschließlich technischer Nebenanlagen (Anhang 1 zu § 50 Abs. 1 Nr. 4 a), Kinder-

---

26 Vgl. bereits *Derpa* (Fn. 25), S. 50ff.

27 Vgl. *Dürr/Leven/Speckmaier/Dürig*, Baurecht Baden-Württemberg, 18. Aufl. 2024, S. 138; *Hager*, in: Schlotterbeck/Hager/Busch/Gammerl, Landesbauordnung für Baden-Württemberg, 8. Aufl. 2020, LBO, § 50 Rn. 1.

28 Vgl. LT-Drs. 17/8022, S. 71.

29 LT-Drs. 17/8022, S. 71.

30 LT-Drs. 17/8022, S. 71.

31 Vgl. den Hinweis auf die Richtlinie (EU) 2023/2413 des Europäischen Parlaments und des Rates vom 18.10.2023 in der Gesetzesbegründung, LT-Drs. 17/8022, S. 72.

spielplätze (Anhang 1 zu § 50 Abs. 1 Nr. 8 g) und bestimmte mobile Geflügelställe (Anhang 1 zu § 50 Abs. 1 Nr. 8 j).

Die Nutzungsänderung ist verfahrensfrei, wenn durch die neue Nutzung Wohnraum im Innenbereich geschaffen wird (§ 50 Abs. 2 Nr. 2 LBO). Das bisherige Erfordernis zusätzlichen Wohnraums[32] in einem Wohngebäude entfällt.

Das Vorhaben muss nach der unveränderten Regelung des § 50 Abs. 5 LBO weiterhin materiellem Recht entsprechen. Es handelt sich aber bis zu einem gewissen Grad um einen Rückzug der Verwaltung, die von Nutzungsänderungen häufig gar keine Kenntnis erlangen wird.

b) Ausweitung vereinfachtes Baugenehmigungsverfahren

Das vereinfachte Baugenehmigungsverfahren wird durch die LBO-Novelle ausgeweitet. Die Baurechtsbehörde hat nach dem insoweit unveränderten § 52 Abs. 2 LBO im vereinfachten Baugenehmigungsverfahren ein reduziertes Prüfprogramm. Danach prüft die Baurechtsbehörde die Übereinstimmung mit den Vorschriften der §§ 14 und 29 bis 38 BauGB, die Übereinstimmung mit den §§ 5 bis 7 LBO und andere öffentlich-rechtliche Vorschriften außerhalb dieses Gesetzes und außerhalb von Vorschriften aufgrund dieses Gesetzes, soweit in diesen Anforderungen an die Baugenehmigung gestellt werden, oder, soweit es sich um Vorhaben im Außenbereich handelt, im Umfang des traditionellen Genehmigungsverfahrens nach § 58 Abs. 1 Satz 2 LBO.[33]

Der Anwendungsbereich des vereinfachten Baugenehmigungsverfahrens ist in § 52 Abs. 1 LBO neu geregelt worden. Der Bauherr kann neben dem Kenntnisgabeverfahren des § 51 LBO beantragen, dass ein Baugenehmigungsverfahren durchgeführt wird (§ 52 Abs. 1 Satz 1 LBO). Das vereinfachte Baugenehmigungsverfahren kann bei allen Bauvorhaben mit Ausnahme der Sonderbauten durchgeführt werden (§ 52 Abs. 1 Satz 2 LBO). Das vereinfachte Verfahren bezieht sich insoweit anders als nach der bisherigen Regelung nicht mehr nur auf Bauvorhaben nach § 51 Abs. 1 LBO, in denen das Kenntnisgabeverfahren durchgeführt werden kann. Für Sonderbauten nach § 38 LBO bleibt es beim traditionellen Genehmigungsverfahren. Für Wohngebäude der Gebäudeklasse 1 bis Gebäudeklasse 4 ist neben dem Kenntnisgabeverfahren lediglich das vereinfachte Baugenehmigungsverfahren zulässig (§ 52 Abs. 1 Satz 3 LBO). Für die übrigen Vorhaben, die

---

32 Vgl. zur bisherigen Rechtslage *Hager*, in: Schlotterbeck/Hager/Busch/Gammerl (Fn. 27), § 50 Rn. 27.

33 Vgl. zum (reduzierten) Prüfprogramm *Dürr/Leven/Speckmaier/Dürig* (Fn. 27), S. 154; *Schlotterbeck*, in: Schlotterbeck/Hager/Busch/Gammerl (Fn. 27), § 52 Rn. 1, 7 ff.

keine Sonderbauten nach § 38 LBO sind, d.h. für Wohngebäude Gebäudeklasse 5 (13 bis 22 m), sonstige Gebäude der Gebäudeklasse 1 bis 5 (bis 22 m) und sonstige bauliche Anlagen, besteht für die Bauherren insofern ein Wahlrecht zwischen dem vereinfachten Genehmigungsverfahren und dem traditionellen Genehmigungsverfahren. Von den ursprünglich vorgeschlagenen, noch weitergehenden Regelungen, nach denen außer bei Sonderbauten nur noch das vereinfachte Baugenehmigungsverfahren eröffnet ist, wurde nach der Verbändeanhörung Abstand genommen.[34]

Bauvorhaben müssen nach der insofern unveränderten Vorschrift des § 52 Abs. 3 LBO auch im vereinfachten Verfahren den öffentlich-rechtlichen Vorschriften entsprechen.

c) Verkürzung Nachbarbeteiligung

Nach der Neuregelung sind Einwendungen innerhalb von zwei Wochen nach Zustellung oder sonstiger Bekanntgabe bei der Gemeinde elektronisch in Textform oder zur Niederschrift vorzubringen (§ 55 Abs. 2 LBO). Die Verkürzung der Frist für Einwendungen von vier auf zwei Wochen sollte der Beschleunigung des baurechtlichen Verfahrens dienen.[35] Der Beschleunigungseffekt ist dabei zweifelhaft. Die Frist von zwei Wochen entspricht zwar der bis zum 28.02.2010 geltenden Regelung.[36] Die Verkürzung der Frist ist indes kritisch zu beurteilen, da der Angrenzer prüfen muss, ob eine Abweichung, Ausnahme oder Befreiung von Vorschriften erfolgen soll, die auch dem Schutz des Nachbarn dienen. Einwendungen müssen nach der bisherigen Rechtsprechung dem Grunde nach konkretisiert werden.[37] Im Hinblick auf die Verkürzung der Frist und die materielle Präklusion in § 55 Abs. 2 Satz 2 LBO wären überhöhte Anforderungen an das Vorbringen von Einwendungen ein Verstoß gegen die Rechtsschutzgarantie aus Art. 19 Abs. 4 GG. Im Übrigen sind mehr Anträge auf Wiedereinsetzung in den vorigen Stand nach § 32 LVwVfG[38] zu erwarten.

d) Zustellung der Baugenehmigung

Die äußere Wirksamkeit der Baugenehmigung setzt eine Zustellung oder Bekanntgabe voraus. Die mit dem Genehmigungsvermerk versehenen Bauvorlagen sind dem Antragsteller nach der insofern unveränderten Regelung des § 58 Abs. 1 Satz 6 LBO zuzustellen oder nach § 9 OZG bekannt-

34 Vgl. LT-Drs. 17/8022, S. 76.

35 LT-Drs. 17/8022, S. 55.

36 GBl. 1995, S. 617; GBl. 2009, S. 615; vgl. hierzu *Fischer*, VBlBW 2010, 213, 217.

37 Vgl. *Dürr/Leven/Speckmaier/Dürig* (Fn. 27), S. 151.

38 Vgl. hierzu *Schlotterbeck*, in: Schlotterbeck/Hager/Busch/Gammerl (Fn. 27), § 55 Rn. 40.

zugeben. Angrenzern (§ 55 Abs. 1 LBO), deren Einwendungen nicht entsprochen wird oder deren nachbarliche Belange durch das Vorhaben berührt sein können, *ist* die Baugenehmigung ebenfalls zuzustellen oder bekannt zu geben (§ 58 Abs. 1 Satz 7 LBO).

Die Baugenehmigung *soll* sonstigen Nachbarn, deren geschützte Belange berührt sein können, nur noch zugestellt oder bekannt gegeben werden (§ 58 Abs. 1 Satz 7 Halbs. 2 LBO). Es handelt sich um ein intendiertes Ermessen. Es mag für die Verwaltung teilweise problematisch sein, betroffene Nachbarn zu identifizieren, und dies daher zu Verzögerungen führen. Die neue Regelung ist im Hinblick auf den Rechtsschutz und den Lauf der Rechtsmittelfristen trotzdem kritisch zu beurteilen.

Bei Eigentümergemeinschaften nach dem WEG gilt eine dem § 55 Abs. 3 Satz 3 LBO entsprechende Regelung; danach genügt für Gemeinschaftseigentum Zustellung bzw. Bekanntgabe an Verwalter (§ 58 Abs. 1 Satz 8 bis 9 LBO).

e) Einführung einer Genehmigungsfiktion im vereinfachten Verfahren

Die Einführung der Genehmigungsfiktion stellt neben der Abschaffung des Widerspruchsverfahrens die weitgehendste Änderung dar.

Das Land Baden-Württemberg folgt damit anderen Ländern, die die Genehmigungsfiktion im Baurecht eingeführt haben.[39] Im Pakt für Planungs-, Genehmigungs- und Umsetzungsbeschleunigung wurde vereinbart, dass die Länder im Wohnungsbau befristet bis 2026 und für Mobilfunkmasten, die eine Baugenehmigung erfordern, eine bundesweit einheitliche Genehmigungsfunktion von drei Monaten einführen.[40] Der Gesetzgeber geht mit der neuen Regelung in Baden-Württemberg noch darüber hinaus. Die Genehmigungsfiktion findet nach § 58 Abs. 1a Satz 1 LBO i.V.m. § 42 a LVwVfG auf Vorhaben im vereinfachten Genehmigungsverfahren nach § 52 LBO und, ungeachtet der Anlagenhöhe, bei der Errichtung und Änderung von Antennenanlagen Anwendung.

Die beantragte Genehmigung gilt nach § 42 a Abs. 1 Satz 1, Abs. 2 Satz 1 LVwVfG nach Ablauf von drei Monaten nach Ablauf der für die Entscheidung festgelegten Frist als erteilt, soweit durch Rechtsvorschrift nichts Abweichendes bestimmt ist. Die Frist beginnt nach § 42 a Abs. 2 Satz 2 LVwVfG mit Eingang der vollständigen Unterlagen. Für die Vollständigkeit des Bauantrags und der Bauvorlagen sowie für den Beginn der

39 Vgl. zu entsprechenden Regelungen in anderen Ländern *Hiese*, DVBl 2023, 825; noch zum Gesetzentwurf der Landesregierung Baden-Württemberg vom 23.07.2024 *Ritter* (Fn. 15), S. 1 m.w.N.

40 Ministerpräsidentenkonferenz (Fn. 6), S. 9, 45, 60.

Entscheidungsfrist nach § 42 a Absatz 2 Satz 1 LVwVfG ist § 54 LBO maßgebend (§ 58 Abs. 1 a Satz 1 Nr. 1 Halbs. 1 LBO).

Da in § 54 LBO in Abs. 1, 3, 5 und 6 LBO verschiedene Fristen genannt werden, ist die gesetzliche Regelung nicht eindeutig. Nach Abs. 1 hat die Baurechtsbehörde innerhalb von zehn Arbeitstagen nach Eingang den Bauantrag und die Bauvorlagen auf Vollständigkeit zu überprüfen. Sind Bauantrag und Bauvorlagen unvollständig oder entsprechen sie nicht den Formanforderungen, hat die Baurechtsbehörde dem Bauherrn unverzüglich mitzuteilen, welche Ergänzungen erforderlich sind und dass ohne Behebung der Mängel innerhalb der dem Bauherrn gesetzten, angemessenen Frist der Bauantrag zurückgewiesen werden kann. Bis zum Eingang der nachgebesserten Bauvorlagen sind alle Fristabläufe gehemmt. Die Baurechtsbehörde hat dem Bauherrn nach Abs. 2 unverzüglich den Eingang und den nach Abs. 5 ermittelten Zeitpunkt der Entscheidung mit Datumsangabe mitzuteilen und die Gemeinde und die berührten Stellen zu hören, sobald der Bauantrag und die Bauvorlagen vollständig sind. Nach Abs. 3 setzt die Baurechtsbehörde der Gemeinde und den berührten Stellen eine angemessene Frist, die höchstens einen Monat betragen darf und nur unter den Voraussetzungen des Abs. 6 ausnahmsweise bis zu einem Monat verlängert werden darf. Nach Abs. 5 hat die Baurechtsbehörde im vereinfachten Baugenehmigungsverfahren innerhalb eines Monats zu entscheiden; diese Frist beginnt, sobald die vollständigen Bauvorlagen und alle für die Entscheidung notwendigen Stellungnahmen und Mitwirkungen vorliegen, spätestens jedoch nach Ablauf der Fristen nach Abs. 3 und nach § 36 Abs. 2 Satz 2 BauGB sowie nach § 12 Abs. 2 Satz 2 und 3 LuftVG.

Die Regelung des § 58 Abs. 1 a Satz 1 Nr. 1 Halbs. 1 LBO ist so zu verstehen, dass auch für den Beginn der Entscheidungsfrist nach § 42 a Absatz 2 Satz 1 LVwVfG die Vollständigkeit des Bauantrags und der Bauvorlagen maßgeblich ist. Beginn und Ende der Frist müssen wegen der weitgehenden Rechtsfolgen zweifelsfrei festgestellt werden können. Der Gesetzgeber hat entgegen kürzeren Fristen im Anhörungsentwurf bewusst auf die dreimonatige Entscheidungsfrist des § 42 a Abs. 2 Satz 1 LVwVfG und den Beginn der Frist nach § 42 a Abs. 2 Satz 2 LVwVfG abgestellt.

Eine Verlängerungsmöglichkeit der dreimonatigen Entscheidungsfrist des § 42 a Abs. 2 Satz 1 LVwVfG ist, abweichend von § 42 Abs. 2 Satz 3 LVwVfG, nicht vorgesehen (§ 58 Abs. 1a Satz 1 Nr. 1 Halbs. 2 LBO).

Die gesetzliche Fiktion hat zur Folge, dass die Genehmigung im vereinfachten Verfahren und bei Antennenanlagen bei nicht fristgemäßer Entscheidung fingiert wird.[41] Die Genehmigungsfiktion erstreckt sich nicht auf die materielle Rechtsmäßigkeit des Vorhabens.[42]

Die Genehmigungsfiktion gilt auch für Abweichungen, Ausnahmen und Befreiungen, soweit diese beantragt wurden (§ 58 Abs. 1 a Satz 1 Nr. 2 LBO). Ein versagtes gemeindliches Einvernehmen ist vor Ablauf der Entscheidungsfrist zu ersetzen (§ 58 Abs. 1 a Satz 1 Nr. 3 LBO). Diese Regelung weicht von der Konstruktion ab, nach der die (hier gerade nicht erteilte) Genehmigung zugleich als Ersatzvornahme gilt (§ 54 Abs. 4 Satz 3 LBO). Die Regelung des § 58 Abs. 1 a Satz 1 Nr. 3 LBO ist insofern als vorrangige Regelung anzusehen. Es folgt aus dem Rechtsstaatsprinzip, dass die Gemeinde auch in diesem Fall vor der Ersetzung des Einvernehmens anzuhören ist und ihr Gelegenheit zu geben ist, binnen angemessener Frist erneut über das gemeindliche Einvernehmen zu entscheiden (vgl. § 54 Abs. 4 Satz 6 bis 7 LBO), was auch zeitliche Schwierigkeiten aufwerfen wird.

Der Eintritt der Genehmigungsfiktion ist nach § 42 Abs. 3 LVwVfG auf Verlangen demjenigen, dem der Verwaltungsakt bekannt zu geben wäre, zu bescheinigen. Die Bescheinigung ist unverzüglich schriftlich oder elektronisch in Textform zuzustellen oder bekanntzugeben, wobei sie den Inhalt wiederzugeben und eine Rechtsbehelfsbelehrung nach § 58 VwGO zu enthalten hat (§ 58 Abs. 1a Satz 1 Nr. 4 LBO).

Die Vorschriften über die Bestandskraft von Verwaltungsakten und über das Rechtsbehelfsverfahren gelten nach § 42 a Abs. 1 Satz 2 LVwVfG entsprechend. Damit finden auch die Vorschriften über Rücknahme und Widerruf von Verwaltungsakten (§§ 48ff. LVwVfG) Anwendung. Rechtswidrig fingierte Genehmigungen können insbesondere unter den Voraussetzungen des § 48 LVwVfG zurückgenommen werden. Bei der Rücknahme der fingierten Genehmigung kommt ein Anspruch auf Ausgleich des Vermögensnachteils nach § 48 Abs. 3 Satz 1 LVwVfG in Betracht.[43] Die Baurechtsbehörde darf einen Antrag auf Genehmigung eines offensichtlich rechtswidrigen Vorhabens nicht einfach liegen lassen und die Genehmigungsfiktion eintreten lassen, wenn es nach Fiktionseintritt nach pflichtgemäßem Ermessen zu einer Rücknahme angehalten wäre. Hier käme auch eine Amtspflichtverletzung nach § 839 BGB i.V.m. Art. 34 GG durch Unterlassen in Betracht, wobei ein Mitverschulden der am Bau Beteiligten zu berücksich-

41 Vgl. zur Rechtsfolge *Hiese* (Fn. 39), S. 825f., 830f.

42 *Hiese* (Fn. 39), S. 830 m.w.N.; differenziert zu Verfahrensfehlern: *Uechtritz*, in: Mann/Sennekamp/Uechtritz, Verwaltungsverfahrensgesetz, 3. Aufl. 2025, § 42 a Rn. 42ff.

43 Vgl. *Ritter* (Fn. 15), S. 4.

tigen ist. Die fingierte Genehmigung ist mit Rechtsbehelfen angreifbar. Nach der Abschaffung des Widerspruchsverfahrens in Angelegenheiten der Landesbauordnung kommen insbesondere die Anfechtungsklage und Verfahren des vorläufigen Rechtsschutzes in Betracht.[44]

Der Antragsteller kann vor Ablauf der dreimonatigen Entscheidungsfrist auf den Eintritt der Genehmigungsfiktion verzichten (§ 58 Abs. 1a Satz 2 LBO). Von einer von § 42a Abs. 2 Satz 1 LVwVfG abweichenden kürzeren Entscheidungsfrist wurde nach der Verbändeanhörung Abstand genommen.

f) Früherer Baubeginn

Im Kenntnisgabeverfahren darf nunmehr bei allen Vorhaben nach zwei statt nach vier Wochen mit der Ausführung begonnen werden, soweit der Bauherr keine Mitteilung der Baurechtsbehörde nach § 53 Abs. 6 LBO erhält oder der Baubeginn nach § 47 Abs. 1 LBO oder § 15 Abs. 1 Satz 2 BauGB untersagt wird (§ 59 Abs. 4 LBO). Der Verweis der Gesetzesbegründung auf die bereits bisher geltende Frist von zwei Wochen bei Vorhaben, denen die Angrenzer zugestimmt haben,[45] überzeugt nicht. Die Baurechtsbehörde muss auch faktisch die Möglichkeit haben, den Baubeginn zu untersagen. Die Regelung entspricht insofern der Intention des Gesetzes, die Eigenverantwortung des Bauherrn zu stärken.

g) Erlöschung der Genehmigung für Tierhaltungsanlagen

Die Genehmigung für bestimmte Tierhaltungsanlagen erlischt nach einer durchgehenden Unterbrechung von mehr als sechs Jahren, ohne dass eine Verlängerung vorgesehen ist (§ 62 Abs. 3 LBO).

h) Einführung einer Typengenehmigung

Neben der Typenprüfung wird als Grundlage für serielles Bauen eine Typengenehmigung eingeführt, wie dies die Musterbauordnung und andere Landesbauordnungen vorsehen.[46]

---

44 Vgl. *Stelkens*, in: Stelkens/Bonk/Sachs, Verwaltungsverfahrensgesetz, 10. Aufl. 2023, § 42 a Rn. 70 f.; zu weiteren Fragen des Rechtsschutzes bei der Genehmigungsfiktion, auch im Hinblick auf die Fiktionsbescheinigung: *Decker*, in: Busse/Kraus, Bayerische Bauordnung, Werkstand: 159. EL September 2025, Art. 68 Rn. 605 ff.

45 Vgl. LT-Drs. 17/8022, S. 57.

46 Vgl. LT-Drs. 17/8022, S. 69.

i) Abschaffung des Widerspruchsverfahrens

Die Abschaffung des baurechtlichen und denkmalschutzrechtlichen Widerspruchsverfahrens stellt die weitgehendste Änderung zum Verfahren dar.

In Baden-Württemberg ist das Vorverfahren des § 68 Abs. 1 Satz 1, Abs. 2 VwGO in den Fällen des § 68 Abs. 1 Satz 2 VwGO i. V. m. § 15 AGVwGO ausgeschlossen. Hierzu gehören bislang zum Beispiel Angelegenheiten, die die Errichtung, den Betrieb oder die Änderung von Anlagen zur Nutzung von Windenergie an Land mit einer Gesamthöhe von mehr als 50 Metern betreffen (§ 15 Abs. 4 AGVwGO).[47]

Nach § 15 Abs. 5 Satz 1 AGVwGO bedarf es nunmehr auch in Angelegenheiten der Landesbauordnung und nach dem Denkmalschutzgesetz keines Vorverfahrens mehr. Die Übergangsregelung des § 15 Abs. 5 Satz 2 AGVwGO legt, insofern abweichend vom Inkrafttreten der Vorschrift am 28.06.2025, fest, dass ein Vorverfahren noch durchzuführen ist, wenn der Verwaltungsakt vor dem 01.06.2025 bekannt gegeben wurde.

Damit folgt Baden-Württemberg dem Beispiel anderer Länder, die das Vorverfahren abgeschafft oder eingeschränkt haben.[48] Die Ausgestaltung des Vorverfahrens ist in den einzelnen Ländern unterschiedlich geregelt und reicht von der fast vollständigen Abschaffung des Widerspruchsverfahrens über eine Abschaffung des Vorverfahrens in einzelnen Regelungsbereichen bis zu einer Kombination einer teilweisen Abschaffung des Vorverfahrens mit Optionsmodellen.

Im Hinblick auf die in der Gesetzesbegründung genannte Verfahrensdauer im Widerspruchsverfahren[49] mag die Abschaffung des Widerspruchsverfahrens in Angelegenheiten der Landesbauordnung und nach dem Denkmalschutzgesetz zwar konsequent erscheinen. Die Abschaffung der verwaltungsinternen Kontrolle ist trotzdem zu bedauern und mag ein Einstieg in eine weitergehende Abschaffung des Vorverfahrens sein. Letztlich werden damit auch die Aufgaben des Regierungspräsidiums als Mittelbehörde neu justiert und die Regierungspräsidien noch stärker zu Sonderbehörden mit bestimmten originären Zuständigkeiten.

---

47 Vgl. *Derpa*, in: Dürrschmidt/Majer (Fn. 4), S. 34.

48 Übersicht bei *Porsch*, in: Schoch/Schneider, Verwaltungsrecht, 48. EL Februar 2025, VwGO, § 68 Rn. 14a ff.

49 LT-Drs. 17/8022, S. 74, 77.

2. Abbau baulicher Standards

Auf den Abbau materieller Regelungen und Standards wird im Folgenden lediglich kurz eingegangen.

a) Vereinfachung des Abstandsflächenrechts

Die Abstandsflächenregelungen werden geändert (§ 5 Abs. 1, 5 und 6, § 6 LBO). Auf die Wandhöhe wird die Höhe einer Giebelfläche nach Maßgabe des § 5 Abs. 5 LBO nunmehr zu einem Viertel angerechnet.[50]

b) Wahlrecht bei der Kinderspielplatzverpflichtung

Der Bauherr hat nach weiterer Maßgabe des § 9 Abs. 4 LBO ein Wahlrecht auf Zahlung eines Geldbetrags an die Gemeinde, um der Kinderspielplatzverpflichtung nachzukommen.

c) Erleichterungen beim Brandschutz

Regelungen des Brandschutzes sind immer sensibel. Bei der Überführung der Allgemeinen Ausführungsverordnung zur Landesbauordnung in die Landesbauordnung wurden die dortigen Regelungen des Brandschutzes im Wesentlichen übernommen (z.B. § 15 Abs. 3 Satz 3 bis 5 LBO). Ein zweiter Rettungsweg ist nach der Neuregelung (neben der Rettung über einen Sicherheitstreppenraum) auch dann nicht erforderlich, wenn der erste Rettungsweg aus einem Geschoss einer Nutzungseinheit, welches einen Aufenthaltsraum enthält, ebenerdig unmittelbar ins Freie führt (§ 15 Abs. 5 Satz 2 LBO).

Den Erleichterungen beim Brandschutz im Bestand haben nach der Gesetzesbegründung Vertreter der Feuerwehren von Baden-Württemberg zugestimmt.[51]

d) Abweichungen

Abweichungen von den Vorschriften der §§ 4 bis 37 LBO sind bei der Schaffung von Wohnraum durch Ausbau, Nutzungsänderung, Aufstockung oder Änderung des Daches nach § 56 Abs. 2 Nr. 1 LBO zuzulassen, wenn die Baugenehmigung oder die Kenntnisgabe für die Errichtung des Gebäudes mindestens fünf Jahre zurückliegt. Es muss sich anders als nach der bisherigen Regelung nicht mehr um zusätzlichen Wohnraum handeln. Weiterhin können bei der Ersetzung eines rechtmäßig errichteten Gebäudes an gleicher Stelle durch ein Gebäude höchstens gleicher Abmessung nach § 56

---

50 Zur bisherigen Regelung *Schlotterbeck/Busch*, Abstandsflächenrecht in Baden-Württemberg, 3. Aufl. 2020, S. 247 f.

51 LT-Drs. 17/8022, S. 77.

Abs. 4 Nr. 5 LBO Ausnahmen in Bezug auf Abweichungen von den abstandrechtlichen Anforderungen des § 5 LBO zugelassen werden.

3. Ausbau erneuerbarer Energien sowie weitere Änderungen

a) Ausbau erneuerbarer Energien

Neben den bereits angesprochenen Vorschriften zur Verfahrensfreiheit gibt es weitere Vorschriften, die auf den Ausbau erneuerbarer Energien zielen. Örtliche Bauvorschriften über Anforderungen an die äußere Gestaltung baulicher Anlagen sind nur zulässig (nicht nur wie bislang grundsätzlich zulässig), wenn sie gleichzeitig die Nutzung erneuerbarer Energien zulassen (§ 74 Abs. 1 Satz 2 LBO). Anforderungen in bereits bestehenden Satzungen, die widersprechende Anforderungen enthalten, werden zum 28.09.2025 unwirksam (§ 74 Abs. 1 Satz 3 LBO i.V.m. Art. 7 Satz 1 Gesetz für das schnellere Bauen).

b) Übernahme der Regelungen der LBOAVO in die LBO

Durch das Änderungsgesetz werden die Regelungen der Allgemeinen Ausführungsverordnung zur Landesbauordnung in die Landesbauordnung übernommen (u.a. §§ 9, 15, 16, 27, 27 a bis f, 28, 28 a bis d, 29 ff. LBO). Nach der Gesetzesbegründung soll die Einbettung der Allgemeinen Ausführungsverordnung zur Landesbauordnung in die Landesbauordnung die Gesetzesanwendung vereinfachen.[52] Die Landesbauordnung erscheint durch die Übernahme in das Parlamentsgesetz überfrachtet und – auch nach einer Neubekanntmachung mit einer neuen Paragrafenfolge (Art. 6 Gesetz für das schnellere Bauen) – nicht besser lesbar. Entsprechende zukünftige Änderungen müssen durch den Landtag erfolgen.

c) Anpassungen an die Musterbauordnung und Umsetzung von EU-Recht

Weitere Änderungen dienen der Anpassung der LBO an die Musterbauordnung (u.a. §§ 1, 43, 63, 63 a bis d LBO, Anhang 2 zu §§ 63 Abs. 3 Nr. 3, 63 a Abs. 1 Nr. 1 LBO) und der Umsetzung von EU-Recht zur Berufsqualifikation (§§ 63 ff. LBO). Das Gesetz enthält verschiedene Anpassungen an die von der Bauministerkonferenz beschlossene Musterbauordnung.[53] Mit den Änderungen zur Berufsqualifikation begegnet das Land einem Vertragsverletzungsverfahren der EU-Kommission hinsichtlich der Bauvorlageberechtigung.[54]

---

52 LT-Drs. 17/8022, S. 1.

53 Vgl. z.B. LT-Drs. 17/8022, S. 54.

54 Vgl. LT-Drs. 17/8022, S. 58.

d) Bestandsschutz

Neu aufgenommen wird eine Legaldefinition des Bestandsschutzes. Eine bauliche Anlage genießt nach der Regelung des § 76 Abs. 1 LBO Bestandsschutz, soweit sie genehmigt und genehmigungskonform errichtet worden ist und den Umfang der genehmigten Nutzung nicht verlassen hat. Eine bauliche Anlage genießt danach auch Bestandsschutz, wenn sie zum Zeitpunkt ihrer Errichtung dem geltenden Recht entsprochen hat oder wenn die bauliche Anlage zu einem späteren Zeitpunkt hätte genehmigt werden können und die Anlage nicht zwischenzeitlich zu anderen Zwecken genutzt wird.

Nach der Gesetzesbegründung dient die Änderung der ausdrücklichen Regelung des formellen (Satz 1) und materiellen (Satz 2) Bestandsschutzes, wie er durch Art. 14 Abs. 1 GG und die höchstrichterliche Rechtsprechung geprägt wird.[55] Die Begründung ist fraglich, als der Bestandsschutz zum Teil bundesrechtlich geprägt ist.[56] Es ist abzuwarten, welche Auswirkungen die Regelung, mit der der Gesetzgeber offenbar keine materielle Änderung beabsichtigte, auf die Rechtsprechung zur Abbruchsanordnung und zur Nutzungsuntersagung und damit auf die Auslegung der Frage, ob eine Anlage im Widerspruch zu öffentlich-rechtlichen Vorschriften errichtet wurde (§ 65 Abs. 1 Satz 1 LBO) und Anlagen im Widerspruch zu öffentlich-rechtlichen Vorschriften genutzt werden (§ 65 Abs. 1 Satz 2 LBO),[57] hat. Der Gesichtspunkt des Bestandsschutzes findet sich – anders als bei der Beseitigungsanordnung – in Wortlaut und Systematik des Tatbestands der Nutzungsuntersagung nicht.[58] Die Gesetzesänderung muss insofern nicht notwendigerweise Auswirkungen auf die Nutzungsuntersagung nach § 65 Abs. 1 Satz 2 LBO haben.

Interessant ist, dass es sich nicht um die erste Regelung des Bestandsschutzes handelt, sondern Art. 7 Neue Allgemeine Bau-Ordnung für das Königreich Württemberg vom 06.10.1872 bereits eine Regelung zum Bestandsschutz enthielt.[59]

e) Untere Baurechtsbehörden

Die Feststellung der Erfüllung der personellen Voraussetzungen als untere Baurechtsbehörde wird in § 46 Abs. 2 Satz 2 LBO auf das Ministerium

---

55 LT-Drs. 17/8022, S. 70.

56 Vgl. etwa *Söfker*, in: Ernst/Zinkahn/Bielenberg/Krautzberger, Baugesetzbuch, 157. EL November 2024, § 35 Rn. 178 ff. m. w. N.

57 Vgl. *Dürr/Leven/Speckmaier/Dürig* (Fn. 27), S. 143 f., 158 ff. m. w. N.

58 VGH BW, Urt. v. 09.11.2020, VBlBW 2021, 326, 330.

59 Reg.-Bl. S. 305.

übertragen. Die ursprünglich vorgesehenen weitergehenden personellen Anforderungen an die unteren Baurechtsbehörden mit zwei Angehörigen im höheren Dienst sind nach der Verbändeanhörung entfallen. Das erscheint richtig, da die angedachten Regelungen an den praktischen Anforderungen vorbeigingen und ein Eingriff in die Personal- und Organisationshoheit der Kommunen wären.

V. Fazit

Durch die Reform der Landesbauordnung werden formelle Anforderungen im Baurecht reduziert. Vorgesehen ist eine weitergehende Verfahrensfreiheit. Das betrifft insbesondere Nutzungsänderungen im Bestand und Freiflächen-Solaranlagen. Das vereinfachte Genehmigungsverfahren wird ausgeweitet. Dies bedeutet ein reduziertes Prüfprogramm für die Baurechtsbehörde und stärkere Verantwortung für Bauherrn und am Bau Mitwirkende. Die Eigenverantwortung wird dadurch gestärkt. Zugleich wird auch Verantwortung übertragen und geht ein Stück Rechtssicherheit verloren. Ein Herzstück der Änderungen sind die angesprochene Genehmigungsfiktion und die Abschaffung des Widerspruchsverfahrens. Ob dies zu einer Beschleunigung von Verfahren führt, hängt auch von der Ausstattung der Verwaltungsgerichte, der dortigen Entwicklung in Asylverfahren und der weiteren Regulierung oder Deregulierung des Europa-, Bundes- und Landesrechts ab.

Landesrechtlich erfolgt ein moderater Abbau von Standards insbesondere bei Nutzungsänderungen. Die Landesbauordnung bleibt ein komplexes Regelwerk. Die Überführung der Allgemeinen Ausführungsverordnung in die Landesbauordnung und Umsetzung von EU-Recht im Bereich der Berufsqualifikation machen die Gesetzesanwendung und Lesbarkeit nicht unbedingt einfacher.

Es bleibt nach dem Inkrafttreten und der praktischen Umsetzung der Regelungen abzuwarten, ob der „*Turbo*" bei der Vereinfachung und Beschleunigung der Verfahren auch ein Turbo im Bau- und Wohnungswesen ist und alle Hebel auf „*Go!*" stehen oder ob ganz andere, auch außerrechtliche Hindernisse für eine Belebung des Bau- und Wohnungsmarkts bestehen.

Bürokratieaufbau durch Gold-Plating und fehlende Konsolidierung im Gesetzgebungsverfahren am Beispiel der Umsatzsteuerbefreiung für Bildungsleistungen

Sascha Gieseler[1]

Bürokratie als Hemmschuh der deutschen Wirtschaft und ihr notwendiger Abbau sind derzeit in aller Munde, und der Begriff „Bürokratieabbau" hat gute Aussichten auf die Wahl zum Wort (oder vielmehr Unwort) des Jahres. Bürokratie wird in diesem Kontext nicht nach dem klassischen Verständnis als Organisationsform verstanden, um Gesetze und Vorschriften regelbasiert um- und durchzusetzen, sondern wird vielmehr als Belastung empfunden und mit einem Übermaß an komplizierten Formularen und langwierigen Prozessen verbunden, die als bürokratische Hürden wahrgenommen werden.

Ein Grund für den steigenden Unmut im Zusammenhang mit dem genannten Begriff mag u. a. sein, dass die Bürgerinnen und Bürger verstärkt das Gefühl beschleicht, dass die Politik zwar viel über das Thema redet, aber die Probleme nicht wirklich angeht. Während der Bürokratieabbau vordergründig propagiert und vereinzelt auch bürokratische Hürden und Hemmnisse beseitigt oder zumindest reduziert werden, wird an anderer Stelle vielfach – zumindest gefühlt – weiterhin Bürokratie aufgebaut.

Neben der Schaffung zahlreicher neuer Gesetze, die bürokratische Hürden und Auflagen mit sich bringen, haben viele Bürgerinnen und Bürger das Gefühl, dass die Verwaltung bestimmte Vorgänge unnötig verkompliziert. Der nachfolgende Beitrag konzentriert sich in diesem Zusammenhang auf die Probleme, die bei der Umsetzung von Richtlinien der Europäischen Union (EU) entstehen, wenn sie unreflektiert und mit überschießender Intention umgesetzt werden.

Dies betrifft sowohl den deutschen Gesetzgeber als auch die Regierungen auf Bundes- und Landesebene als Verordnungsgeber.

---

1 Prof. Dr. *Sascha Gieseler* ist Professor für Steuerrecht an der Hochschule für öffentliche Verwaltung und Finanzen Ludwigsburg und Prorektor für Forschung, Weiterbildung und Internationalisierung.

Wo gerne die europäischen Organe als Bürokratietreiber bezeichnet werden, liegt das Problem vielfach in einer abweichenden und insbesondere überschießenden nationalen gesetzgeberischen Umsetzung unionsrechtlichen Vorgaben (so genanntes „Gold-Plating", s. dazu sogleich). Als prominentes Beispiel dafür wäre das deutsche Lieferkettengesetz[2] zu nennen, das von der damaligen Bundesregierung auf nationaler Ebene verabschiedet wurde, während auf europäischer Ebene gerade erst der Konsultationsprozess in Gange war. Demzufolge stimmt das nationale Lieferkettengesetz vielfach nicht mit den letztlich auf europäischer Ebene vereinbarten Zielen, Pflichten und Maßnahmen der Europäischen Lieferkettenrichtlinie[3] überein. Aber auch in anderen Bereichen findet so genanntes „Gold-Plating" nach ähnlichem Muster statt. Der Verfasser versucht am Beispiel der Umsatzsteuerbefreiung für Bildungsleistungen nachfolgend aufzuzeigen, dass häufig durch die überschießende Umsetzung von europäischen Richtlinienvorgaben durch die nationale Gesetzgebung zusätzliche und unnötige Bürokratie im Sinne von zusätzlichem und unnötigem Erfüllungsaufwand geschaffen wird.

I. Begrifflichkeiten

Bürokratie („Herrschaft der Verwaltung") bezeichnet dem Grunde nach – wertneutral – die Ausführung von Verwaltungstätigkeiten nach klaren Vorgaben und innerhalb festgelegter Strukturen. In den letzten Jahren hat sich insbesondere in der Diskussion um den „Bürokratieabbau" ein Begriffsverständnis entwickelt, das Bürokratie mit Überregulierung von Behördenhandeln gleichsetzt, die viele Menschen als negativ empfinden. Diese übersteigerte Bürokratie wird als Bürokratismus bezeichnet, umgangssprachlich werden die Begriffe Bürokratie und Bürokratismus je-

---

2 Art. 1 des Gesetzes über die unternehmerischen Sorgfaltspflichten in Lieferketten vom 16.07.2021, BGBl. 2021 Teil I Nr. 46, S. 2959 („Lieferkettensorgfaltspflichtengesetz"), in Kraft getreten zum 01.01.2023 (zunächst für Unternehmen mit mehr als 3.000 Beschäftigten, seit 01.01.2024 für Unternehmen mit mehr als 1.000 Beschäftigten).

3 Richtlinie (EU) 2024/1760 des Europäischen Parlaments und des Rates vom 13.06.2024 über die Sorgfaltspflichten von Unternehmen im Hinblick auf Nachhaltigkeit und zur Änderung der Richtlinie (EU) 2019/1937 und der Verordnung (EU) 2023/2859. Das Europäische Parlament stimmte im April 2025 für eine Verschiebung des Inkrafttretens, sodass erste Regelungen erst ab 26.07.2028 gelten. Mit der Richtlinie (EU) 2025/794 des Europäischen Parlaments und des Rates vom 14.04.2025 zur Änderung der Richtlinie (EU) 2022/2464 und (EU) 2024/1760 bezüglich der Daten, ab denen die Mitgliedstaaten bestimmte Anforderungen an die Nachhaltigkeitsberichterstattung und die Sorgfaltspflichten von Unternehmen erfüllen müssen, ist diese Änderung in Kraft getreten.

doch häufig gleichgesetzt. Von diesem – negativ besetzten – Bürokratieverständnis geht der folgende Beitrag aus.

Der Begriff Gold-Plating beschreibt im herkömmlichen Wortsinn die Beschichtung eines Objekts mit einer dünnen Goldschicht, um dessen Wert und Aussehen zu verbessern. Im übertragenen Sinne bezeichnet der Begriff das Hinzufügen von zusätzlichem Regelungsaufwand oder unnötigen Funktionen und wird insbesondere im Zusammenhang mit der Übertragung von EU-Vorgaben in nationales Recht benutzt, um damit auf vermeidbare Belastungen hinzuweisen. Die Übertragung des Begriffs auf die Gesetzgebung bringt also zum Ausdruck, dass eine zusätzliche Regelungsschicht aufgetragen wird, die über die EU-Vorgabe hinausgeht.[4]

Insbesondere EU-Richtlinien bedürfen einer nationalen Umsetzung, wobei die Mitgliedsstaaten die konkreten Maßnahmen weitgehend selbst gestalten können, da nur das zu erreichende Ziel verbindlich vorgeschrieben ist. Der Nationale Normenkontrollrat (NKR) unterscheidet hierbei drei Fälle von Gold-Plating:[5]

Unechtes Gold-Plating: Anwendung der EU-Richtlinie auf Sachverhalte, die die Richtlinie an sich nicht regelt. Beispiel: Während die EU im Gewährleistungsrecht nur eine Regelung von Verbraucherverträgen vorsieht, werden in Deutschland Verbraucherverträge und zusätzlich Verträge zwischen Unternehmen geregelt.

Echtes Gold-Plating: Das aktive Hinzufügen einer Regelung zu einer Richtlinie beziehungsweise die über das notwendige Maß hinausgehend strenge Umsetzung der Richtlinie.

Passives Gold-Plating: Das Beibehalten höherer nationaler Schutznormen nach Umsetzung einer EU-Richtlinie.

Da Gold-Plating zusätzliche Kosten, vermehrte Berichtspflichten und unnötigen bürokratischen Aufwand verursachen kann, sieht der NKR das unnötige „Draufsatteln" auf eine EU-Richtlinie kritisch.[6] Ähnlich kritisch sieht dies beispielsweise der Deutsche Mittelstandsbund (DMB), der in seiner Kritik an der Umsetzung europäischer Vorgaben auf den NKR-Jahresbericht 2024[7] verweist, wonach die die Belastung (abzüglich der

4 So der Nationale Normenkontrollrat (NKR) auf seiner Website, s. u. https://www.normenkontrollrat.bund.de/Webs/NKR/SharedDocs/Newsletter/DE/2024/2024-3/05_artikel_goldplating.html.

5 Nachfolgende Übersicht nach NKR, s. u. https://www.normenkontrollrat.bund.de/Webs/NKR/SharedDocs/Newsletter/DE/2024/2024-3/05_artikel_goldplating.html.

6 NKR, s. u. https://www.normenkontrollrat.bund.de/Webs/NKR/SharedDocs/Newsletter/DE/2024/2024-3/05_artikel_goldplating.html.

7 NKR-Jahresbericht 2024: „Gute Gesetze. Digitale Verwaltung. Weniger Bürokratie.", abrufbar unter https://www.normenkontrollrat.bund.de/Webs/NKR/SharedDocs/Downloads/DE/Jahresberichte/2024-jahresbericht.pdf.

Entlastungen) aus der Umsetzung von EU-Richtlinien den Erfüllungsaufwand um eine Milliarden Euro erhöht hatte.[8]

Sowohl NKR als auch DMB beabsichtigen kein generelles Verbot von Gold-Plating[9], da eventuell bei der Umsetzung von EU-Vorgaben nationale Besonderheiten zu beachten sind oder beispielsweise höhere Schutzstandards wünschenswert sein können. Einigkeit besteht jedoch darin, dass bei der Umsetzung unnötige bürokratische Belastungen zu vermeiden sind.[10]

II. Umsatzsteuerbefreiung für Bildungsleistungen auf europäischer Ebene

Harmonisierungsbestrebungen im Umsatz- bzw. Mehrwertsteuerrecht gibt es auf europäischer Ebene seit mehreren Jahrzehnten.[11] Ein im Hinblick auf die Rahmenbedingungen weitgehend harmonisiertes Mehrwertsteuerrecht war von den Mitgliedstaaten als wesentlicher Baustein für einen funktionsfähigen Binnenmarkt angesehen worden, in dem der freie Waren- und Dienstleistungsverkehr nicht behindert und durch Wettbewerbsbedingungen verfälscht werden soll.

Die maßgebliche Richtlinie in ihrer heute im Kern noch bestehenden Form ist die sogenannte Mehrwertsteuersystemrichtlinie.[12] In der Mehrwertsteuersystemrichtlinie existiert ein Abschnitt (Titel) zu Steuerbefreiungen (Art. 131 ff. MwStSystRL).

Nach Art. 132 Buchst. i MwStSystRL wird von der Mehrwertsteuer befreit die Erziehung von Kindern und Jugendlichen, Schul- und Hochschulunterricht, Aus- und Fortbildung sowie berufliche Umschulung und

---

8 Vgl. Deutscher Mittelstandsbund (DMB) auf seiner Website, s. u. https://www.mittelstandsbund.de/kompetenzbereiche/internationalisierung/beitrag/gold-plating-deutsche-verschaerfung-von-eu-recht-muss-aufhoeren.

9 Anders die Bundesregierung, die in ihrer im Kabinett am 01.10.2025 beschlossenen „Modernisierungsagenda" unter 5.4 davon spricht, dass ab sofort EU-Recht ohne bürokratische Übererfüllung umgesetzt wird, abrufbar unter https://www.bundesregierung.de/breg-de/bundesregierung/bundeskanzleramt/modernisierungsagenda-2386518.

10 Vgl. NKR unter https://www.normenkontrollrat.bund.de/Webs/NKR/SharedDocs/Newsletter/DE/2024/2024-3/05_artikel_goldplating.html sowie DMB unter https://www.mittelstandsbund.de/kompetenzbereiche/internationalisierung/beitrag/gold-plating-deutsche-verschaerfung-von-eu-recht-muss-aufhoeren.

11 Grundlage der Umsatzsteuerharmonisierung ist die Sechste Richtlinie 77/388/EWG des Rates vom 17.05.1977 zur Harmonisierung der Rechtsvorschriften der Mitgliedstaaten über die Umsatzsteuern.

12 Richtlinie 2006/112/EG des Rates vom 28.11.2006 über das gemeinsame Mehrwertsteuersystem.

damit eng verbundene Dienstleistungen und Lieferungen von Gegenständen durch Einrichtungen des öffentlichen Rechts, die mit solchen Aufgaben betraut sind, oder andere Einrichtungen mit von dem betreffenden Mitgliedstaat anerkannter vergleichbarer Zielsetzung.

Ergänzt wird die Regelung durch Art. 132 Buchst. j MwStSystRL, wonach von Privatlehrern erteilter Schul- und Hochschulunterricht von der Mehrwertsteuer befreit wird.

Die Regelungen sind relativ einfach und übersichtlich gehalten.

In persönlicher Hinsicht wird differenziert zwischen selbstständigen Lehrern („Privatlehrern"), die als Einzelperson eigenverantwortlich tätig werden und Institutionen („Einrichtungen des öffentlichen Rechts" sowie „andere Einrichtungen").

In sachlicher Hinsicht wird für beide Personengruppen der „Schul- und Hochschulunterricht" befreit, für die Institutionen ergänzend verwandte Tätigkeiten („Erziehung von Kindern und Jugendlichen, Aus- und Fortbildung sowie berufliche Umschulung").

Interessant ist, dass die Mehrwertsteuersystemrichtlinie auch mit den genannten Leistungen eng verbundene Dienstleistungen einbezieht und sogar damit eng verbundene Lieferungen von Gegenständen.[13]

III. Anwendbarkeit europäischer Richtlinien

Europäische Richtlinien sind grundsätzlich nicht unmittelbar anwendbar, sondern müssen durch die Mitgliedstaaten in nationales Recht umgesetzt werden. Die ordnungsgemäße Umsetzung wird von der EU-Kommission überwacht, die beim EuGH ein Vertragsverletzungsverfahren bei nicht ordnungsgemäßer Umsetzung einleiten kann.

Parallel dazu kann der EuGH in Vorlageverfahren nach Art. 267 AEUV auf Anfrage eines nationalen Gerichts über die Auslegung des EU-Rechts entscheiden, wobei die Entscheidung für die nationalen Gerichte verbindlich ist. Ziel ist die Sicherung einer einheitlichen Auslegung des Unionsrechts in allen Mitgliedstaaten.

Nach ständiger Rechtsprechung des EuGH kann sich der Einzelne in allen Fällen, in denen die Bestimmungen einer Richtlinie inhaltlich unbedingt und hinreichend genau sind, gegenüber einem Mitgliedstaat vor dessen Gerichten auf sie berufen, wenn der Mitgliedstaat die Richtlinie

---

13 Ein Beispiel hierfür wäre die Lieferung von Lebensmitteln an Kinder und Jugendliche in der Mensa einer Schule.

nicht fristgemäß oder nicht ordnungsgemäß in nationales Recht umgesetzt hat.[14]

Eine Bestimmung des Unionsrechts ist unbedingt, wenn sie eine Verpflichtung begründet, die weder an eine Bedingung geknüpft ist noch zu ihrer Erfüllung oder Wirksamkeit einer Maßnahme der Organe der Europäischen Union oder der Mitgliedstaaten bedarf.[15] Sie ist hinreichend genau, wenn sie in unzweideutigen Worten eine Verpflichtung festlegt.[16]

IV. Nationale Umsetzung der Regelungen in Deutschland

Die in der Mehrwertsteuersystemrichtlinie vorgegebenen Steuerbefreiungen für Bildungsleistungen wurden in Deutschland in § 4 Nr. 21 und 22 UStG umgesetzt.

Nach Ansicht der Rechtsprechung war diese Umsetzung durch das deutsche Umsatzsteuergesetz in seiner Fassung vor dem 01.01.2025 nicht hinreichend.[17] Daher konnten sich Steuerpflichtige in bestimmten Fällen unmittelbar auf die Befreiungen nach Unionsrecht berufen.[18]

Die zum 01.01.2025 umgesetzte Gesetzesänderung erfolgte letztlich vor allem, um der Bestrafung in einem Vertragsverletzungsverfahren zu entgehen.[19]

---

14 Vgl. exemplarisch EuGH, Urt. v. 15.02.2017, C-592/15 – British Film Institute, EU:C:2017:117, Rn. 13 sowie die dort angeführte Rechtsprechung.

15 Vgl. exemplarisch EuGH, Urt. v. 16.07.2015, C-108/14 und C-109/14– Larentia + Minerva und Marenave Schifffahrt, EU:C:2015:496, Rn. 49 sowie die dort angeführte Rechtsprechung.

16 Vgl. exemplarisch EuGH, Urt. v. 01.07.2010, C-194/08 – Gassmayr, EU:C:2010:386, Rn. 45 sowie die dort angeführte Rechtsprechung.

17 Vgl. *Sölch/Ringleb/Oelmaier*, § 4 Nr. 21, Rn. 9 unter Hinweis auf BFH v. 21.03.2007, V R 28/04, BStBl II 2010, 999; v. 10.01.2008, V R 52/06, DStRE 2008, 445; v. 24.01.2008, V R 3/05, BStBl II 2012, 267.

18 Vgl. *Sölch/Ringleb/Oelmaier*, § 4 Nr. 21, Rn. 9 unter Hinweis auf BFH v. 29.03.2017, XI R 6/16, Rn. 33, 37; EuGH v. 28.11.2013, C-319/12 – MDDP, Rn. 40 ff. zu Art. 132 Abs. 1 Buchst. i MwStSystRL beim Vorsteuerabzug.

19 Da die Befreiung des von einem Privatlehrer erteilten Schul- und Hochschulunterrichts im deutschen UStG nicht geregelt war, war gegen Deutschland ein Vertragsverletzungsverfahren eingeleitet worden, vgl. Pressemitteilung der EU-Kommission vom 07.02.2024; abrufbar unter https://germany.representation.ec.europa.eu/news/vertragsverletzungsverfahren-entscheidung-zu-deutschland-2024-02-07_de.

1. Nationale Regelung vor 01.01.2025

In der zuletzt vor dem 01.01.2025 geltenden Fassung hatte der deutsche Gesetzgeber die Richtlinienvorgaben wie folgt umgesetzt:

Demnach waren steuerfrei die unmittelbar dem Schul- und Bildungszweck dienenden Leistungen privater Schulen und anderer allgemeinbildender oder berufsbildender Einrichtungen, wenn sie als Ersatzschulen gemäß Art. 7 Abs. 4 GG staatlich genehmigt oder nach Landesrecht erlaubt sind oder wenn die zuständige Landesbehörde bescheinigt, dass sie auf einen Beruf oder eine vor einer juristischen Person des öffentlichen Rechts abzulegende Prüfung ordnungsgemäß vorbereiten.

Fernen unterlagen der Steuerbefreiung die unmittelbar dem Schul- und Bildungszweck dienenden Unterrichtsleistungen selbstständiger Lehrer an Hochschulen im Sinne der §§ 1 und 70 des Hochschulrahmengesetzes und öffentlichen allgemeinbildenden oder berufsbildenden Schulen oder an privaten Schulen und anderen allgemeinbildenden oder berufsbildenden Einrichtungen, soweit diese die Voraussetzungen des Buchstabens a erfüllen.

Der deutsche Gesetzgeber unterschied somit zwei Fallgruppen: auf der einen Seite Einrichtungen, die entweder über eine entsprechende (gesetzliche) Erlaubnis verfügten oder eine Bescheinigung der zuständigen Landesbehörde vorweisen konnten. Auf der anderen Seite selbstständige Lehrer, die entweder an Hochschulen oder öffentlichen Schulen tätig waren oder für andere Einrichtungen, die entweder über eine (gesetzliche) Erlaubnis oder eine Bescheinigung der zuständigen Landesbehörde verfügten.

Der Anwendungsbereich ähnelte dem der europäischen Richtlinie, war aber nicht deckungsgleich. Beispielsweise war für selbstständige Lehrer eine Befreiung nur vorgesehen, wenn sie für bestimmte Einrichtungen tätig waren, die über eine entsprechende Erlaubnis oder Bescheinigung verfügten. Besagte Bescheinigungen standen schon seit Jahren in der Kritik[20], insbesondere nachdem dies von der Richtlinie nicht vorgesehen war und insoweit eine Grundlage fehlte. Letztlich waren Hochschulen und andere und öffentliche Einrichtungen nicht vom Anwendungsbereich von § 4 Nr. 21 UStG a. F. erfasst, sondern nur die Tätigkeit selbstständiger Lehrer für diese Einrichtungen.

---

20 Die Rspr. sah das Vorliegen einer Bescheinigung als ausreichend (aber ggf. überschießend) an, um von der nach dem Unionsrecht geforderten Anerkennung durch den Mitgliedstaat als „Einrichtung mit vergleichbarer Zielsetzung“ ausgehen zu können, vgl. exemplarisch BFH, Urt. v. 21.03.2007, V R 28/04.

Das Fehlen dieser Einrichtungen im Anwendungsbereich von § 4 Nr. 21 UStG a. F. hatte seinen Grund darin, dass der deutsche Gesetzgeber traditionell für Körperschaften des öffentlichen Rechts und vergleichbare Einrichtungen unter bestimmten Voraussetzungen eine besondere Umsatzsteuerbefreiung vorgesehen hat.[21]

Ergänzend sieht das deutsche Umsatzsteuergesetz in § 4 Nr. 22 UStG weitere Befreiungen vor. Zum einen für Vorträge, Kurse und andere Veranstaltungen wissenschaftlicher oder belehrender Art, die von juristischen Personen des öffentlichen Rechts, von Verwaltungs- und Wirtschaftsakademien, von Volkshochschulen oder von Einrichtungen, die gemeinnützigen Zwecken oder dem Zweck eines Berufsverbandes dienen, durchgeführt werden, wenn die Einnahmen überwiegend zur Deckung der Kosten verwendet werden. Zum anderen für andere kulturelle und sportliche Veranstaltungen, die von den im vorstehenden Satz genannten Unternehmern durchgeführt werden, soweit das Entgelt in Teilnehmergebühren besteht.

Kritik wurde vielfach auch an der Umsetzung für die sogenannten „anderen Einrichtungen" geübt, da die deutsche Regelung für die Personengruppe eine Umsatzsteuerbefreiung für Bildungsleistung nur dann vorsah, wenn sie auf einen Beruf oder eine vor einer juristischen Person des öffentlichen Rechts abzulegende Prüfung ordnungsgemäß vorbereiteten.[22]

Damit blieb die nationale Umsetzung deutlich hinter den unionsrechtlichen Vorgaben zurück, die keine derartige Einschränkung vorsieht.[23] Dies wurde in der Vergangenheit von zahlreichen Autoren kritisiert.[24]

Ebenfalls kritisiert wurde der Umstand, dass in Deutschland die eng mit der Erbringung von Bildungsleistungen verbundenen Dienstleistungen und Lieferungen nur punktuell (etwa im Bereich der Jugendhilfe) umgesetzt worden waren. Dieses Problem soll an dieser Stelle nur kurz erwähnt werden, in der Folge wird darauf nicht weiter eingegangen werden.

---

21 Bereits in den deutschen Umsatzsteuergesetzen von 1926 waren die Durchführung von Vorträgen wissenschaftlich belehrender Art sowie Leistungen auf dem Gebiet der Erwachsenenbildung unter bestimmten Voraussetzungen steuerfrei. Dies wurde in den 1930er-Jahren auf alle Vorträge wissenschaftlicher und belehrender Art ausgedehnt. Im Jahr 1952 wurden auch Volkshochschulen allgemein befreit und 1961 die Befreiung auch den Verwaltungs- und Wirtschaftsakademien zuerkannt. Ab 1967 wurden auch Einrichtungen begünstigt, die gemeinnützigen Zwecken oder den Zwecken eines Berufsverbandes dienen, vgl. hierzu insgesamt die sehr instruktive Übersicht bei *Sölch/Ringleb/Oelmaier* UStG § 4 Nr. 22 Rn. 1 ff.

22 Vgl. exemplarisch *Bunjes/Heidner* UStG § 4 Nr. 21, Rn. 2 ff. m. w. N.

23 Beispielsweise waren durch privatwirtschaftlich organisierte Einrichtungen veranstaltete Seminare zu Fortbildungszwecken nicht von der Umsatzsteuer befreit (solange sie nicht auf einen Beruf oder eine vor einer juristischen Person des öffentlichen Rechts abzulegende Prüfung ordnungsgemäß vorbereiteten).

24 Vgl. exemplarisch *Bunjes/Heidner* UStG § 4 Nr. 21, Rn. 2 ff. m. w. N.

Die Vorschriften waren über mehrere Jahre weitgehend unverändert, mehrere Anläufe einer Reform scheiterten im Gesetzgebungsverfahren aus unterschiedlichen Gründen.[25] Letztlich war die Umsetzung mit Ablauf des Jahres 2024 erforderlich, um einem Vertragsverletzungsverfahren zu entgehen, nachdem Deutschland bis zu diesem Zeitpunkt keine Regelung für selbstständig tätige Lehrer im Gesetz vorgesehen hatte.

2. Deutsche Regelung nach 31.12.2024

Dementsprechend wurde eine Reform der Vorschriften zur Umsatzbesteuerung von Bildungsleistungen im Jahressteuergesetz 2024 umgesetzt. Die aktuelle Regelung sieht wie folgt aus:

Demnach sind gem. § 4 Nr. 21 UStG steuerfrei die unmittelbar dem Schul- und Bildungszweck dienenden Leistungen von Einrichtungen des öffentlichen Rechts, die mit solchen Aufgaben betraut sind, privaten Schulen und anderen allgemeinbildenden oder berufsbildenden Einrichtungen, wenn sie als Ersatzschulen gemäß Art. 7 Abs. 4 GG staatlich genehmigt oder nach Landesrecht erlaubt sind oder wenn die zuständige Landesbehörde bescheinigt, dass sie Schulunterricht, Hochschulunterricht, Ausbildung, Fortbildung oder berufliche Umschulung erbringen.

Diese Einrichtungen erbringen somit nicht generell umsatzsteuerfreie Leistungen, sondern unter bestimmten Voraussetzungen.

Ferner sind steuerfrei die unmittelbar dem Schul- und Bildungszweck dienenden Unterrichtsleistungen selbstständiger Lehrer an Hochschulen im Sinne der §§ 1 und 70 des Hochschulrahmengesetzes und öffentlichen allgemeinbildenden oder berufsbildenden Schulen oder an privaten Schulen und anderen allgemeinbildenden oder berufsbildenden Einrichtungen, soweit diese die Voraussetzungen des Buchstabens a erfüllen (selbstständige Lehrer als „Subunternehmer").

Schließlich wird der Schul- und Hochschulunterricht von der Umsatzsteuer befreit, der von Privatlehrern erteilt wird (selbstständige Lehrer, die auf eigene Rechnung tätig werden).

Im Vergleich zu der vor dem 01.01.2025 geltenden Rechtslage wurde der persönliche Anwendungsbereich auf Einrichtungen des öffentlichen Rechts erweitert und die auf eigene Rechnung tätigen, selbstständigen Lehrer als Personengruppe in den Anwendungsbereich aufgenommen.

---

25 Mit den Jahressteuergesetzen 2013 und 2019 hatte der Gesetzgeber den Versuch unternommen, die Befreiung von Bildungsleistungen an das Unionsrecht anzupassen. In beiden Fällen scheiterte er insbesondere aufgrund von Bedenken der privatwirtschaftlichen Anbieter.

Der sachliche Anwendungsbereich der begünstigten Leistungen wurde für die privatwirtschaftlich organisierten Anbieter („anderen allgemeinbildenden oder berufsbildenden Einrichtungen“) auf „Schul- und Hochschulunterricht, Aus- und Fortbildung sowie berufliche Umschulung und damit eng verbundene Lieferungen und sonstige Leistungen“ ausgedehnt.[26] Der Regierungsentwurf hatte für diese Anbieter im Bereich der Fortbildung die Steuerbefreiung nur für den Fall des Fehlens einer systematischen Gewinnerzielung vorgesehen.[27] Diese Voraussetzung ist im Gesetzgebungsprozess entfallen, sodass künftig Fortbildungen auch dann befreit sein können, wenn sie mit Gewinnstreben erbracht werden.

Die Regelung in § 4 Nr. 22 UStG wurde nicht verändert.[28]

a) Verwendung unterschiedlicher Formulierungen

Problematisch an der Umsetzung sind zunächst die unterschiedlichen Begrifflichkeiten und Formulierungen, die der deutsche Gesetzgeber verwendet.

Für die Einrichtungen des öffentlichen Rechts (die mit entsprechenden Aufgaben betraut sind) sowie für die privaten Schulen und anderen allgemeinbildenden oder berufsbildenden Einrichtungen benutzt der Gesetzgeber die Formulierung „unmittelbar dem Schul- und Bildungszweck dienende Leistungen“.

Für die Bescheinigungen, die den sogenannten „anderen allgemeinbildenden oder berufsbildenden Einrichtungen“ von der zuständigen Landesbehörde für die Gewährung der Steuerbefreiung erteilt werden müssen, ist nach dem Wortlaut des Gesetzes erforderlich, dass sie Schulunterricht, Hochschulunterricht, Ausbildung, Fortbildung oder berufliche Umschulung erbringen.

Vergleicht man den deutschen Gesetzestext mit dem Wortlaut der Mehrwertsteuersystemrichtlinie, fällt auf, dass der deutsche Gesetzgeber bei den Bescheinigungen offenbar den Wortlaut der Richtlinie übernommen hat, allerdings für die Definition der Leistungen am bisherigen Begriff „Schul- und Bildungszweck“ festgehalten hat. So stellt sich die Frage, ob es sich bei dem Inhalt der Bescheinigungen um begünstigte Tätig-

---

26 Zuvor befreite das Gesetz für diese Anbieter nur „Leistungen, die auf einen Beruf oder eine vor einer juristischen Person des öffentlichen Rechts abzulegende Prüfung ordnungsgemäß vorbereiten“.

27 Vgl. Regierungsentwurf JStG 2024, BR-Drs. 369/24 vom 16.08.2024, S. 197.

28 Hierzu sah der Referentenentwurf einen Änderungsvorschlag zur Regelung der Sportveranstaltungen vor, der jedoch aufgrund der erfolgreichen Lobbyarbeit u.a. der Kommunalen Spitzenverbände nicht umgesetzt wurde.

keiten, die dem Schul- und Bildungszweck dienen, handelt (was nach den Gesetzen der Logik zwingend der Fall sein sollte) oder ob der Gesetzgeber bewusst unterschiedliche Formulierungen (mit welcher Zielsetzung?) verwendet hat.

Auch für die zweite Fallgruppe der selbstständigen Lehrer, die für eine andere Einrichtung tätig werden, verwendet der Gesetzgeber den Begriff der „unmittelbar dem Schul- und Bildungszweck dienenden Unterrichtsleistungen" und weicht insofern nur geringfügig von der für die erste Personengruppe verwendeten Formulierung ab (Unterrichtsleistungen statt Leistungen).

Bei der dritten Fallgruppe, wenn selbstständige Lehrer eigenverantwortlich tätig werden, verwendet der deutsche Gesetzgeber nur den Begriff „Schul- und Hochschulunterricht", orientiert sich dabei am Wortlaut der Richtlinie, ohne dies jedoch mit den übrigen Formulierungen in Einklang zu bringen.

Der deutsche Gesetzgeber verursacht weitere Unklarheit, indem er für die Gruppe der selbstständigen Lehrer zwei leicht unterschiedliche Formulierungen verwendet. Während er in § 4 Nr. 21 Buchst. b UStG (Gruppe der selbstständigen Lehrer als „Subunternehmer") vom „selbstständigen Lehrer" spricht, benutzt er in § 4 Nr. 21 Buchst. c UStG den Begriff „Privatlehrer".

Der Begriff des „Privatlehrers" im Sinne der Mehrwertsteuersystemrichtlinie ist in der Vergangenheit durch den EuGH konkretisiert worden und umfasst ausschließlich natürliche Personen. Der Privatlehrer muss in eigener Person, für eigene Rechnung und in eigener Verantwortung Bildungsleistungen erbringen. Eine unmittelbare Vertragsbeziehung mit der unterrichteten Person muss jedoch nicht vorliegen (z.B. Vertrag mit Eltern, Schüler ist Kind), um die Befreiung beanspruchen zu können.[29] Der deutsche Gesetzgeber scheint in § 4 Nr. 21 Buchst. c UStG durch die Übernahme der Formulierung aus der Richtlinie diesen Inhalt übernommen zu haben. Ob und inwieweit dies auch für die Fallgruppe des § 4 Nr. 21 Buchst. b UStG gilt, bleibt offen.

b) Frage nach dem Verhältnis zu § 4 Nr. 22 UStG

Indem der deutsche Gesetzgeber die Einrichtungen des öffentlichen Rechts in den Anwendungsbereich von § 4 Nr. 21 UStG einbezieht, kommt er den unionsrechtlichen Vorgaben nach, scheint dabei aber zu vergessen, dass er für Körperschaften des öffentlichen Rechts und vergleichbare Einrichtungen in § 4 Nr. 22 UStG bereits eine Sonderregelung vorgesehen hat,

29 EuGH, Urt. v. 14.06.2007, C-445/05 – Harderer, BFH/NV 2007, Beilage 4 S. 394.

deren Regelungsbereich für diese Personengruppe in einem Konkurrenzverhältnis zur Befreiung nach § 4 Nr. 21 UStG steht.

Mit § 4 Nr. 22 UStG gibt es bereits eine vom Anwendungsbereich her vergleichbare (natürlich nicht vollständig übereinstimmende) Regelung, die der Gesetzgeber in der letzten Reform unverändert belassen hat.

Nun könnte man meinen, der Gesetzgeber habe bewusst an § 4 Nr. 22 UStG festgehalten, um möglicherweise der öffentlichen Hand und gemeinnützigen Einrichtungen eine weitreichendere Umsatzsteuerbefreiung angedeihen zu lassen. So wird im Gesetzestext in § 4 Nr. 22 UStG von Vorträgen wissenschaftlicher oder belehrender Art gesprochen.[30] Diese Formulierung könnte darauf hindeuten, dass der Anwendungsbereich bewusst weiter gefasst sein soll als die Befreiungen für den in § 4 Nr. 21 UStG genannten Personenkreis.

Nach Ansicht der Steuerverwaltung ist das aber gerade nicht der Fall, da nach den Erläuterungen im Umsatzsteueranwendungserlass als Veranstaltungen wissenschaftlicher oder belehrender Art solche gelten, die als Erziehung von Kindern und Jugendlichen, als Schul- oder Hochschulunterricht, als Ausbildung, Fortbildung oder berufliche Umschulung zu qualifizieren sind.[31] Der Verordnungsgeber verwendet somit im Regelungsbereich von § 4 Nr. 22 UStG dieselbe Formulierung wie das Unionsrecht in Art. 132 Buchst. i MwStSystRL. Da die Regelung im Umsatzsteueranwendungserlass zumindest die Finanzbehörden bindet, ist in Bezug auf den sachlichen Anwendungsbereich kein eigenständiger Regelungsgehalt aus § 4 Nr. 22 UStG zu entnehmen.

c) Inkonsistenz durch fehlende Übernahme der unionsrechtlichen Struktur

Unabhängig von der Frage nach der Konkurrenz zu § 4 Nr. 22 UStG verweigert sich der deutsche Gesetzgeber einer Übernahme der unionsrechtlich vorgesehenen Struktur. Diese Übernahme mag zwar keine zwingende Voraussetzung für die Umsetzung in nationales Recht darstellen, würde jedoch Inkonsistenzen und (vermeintliche) Widersprüche vermeiden und wäre daher für die Rechtsanwendung überaus hilfreich.

---

30 Durch Schaffung von § 4 Nr. 22 UStG in seiner jetzigen Form im Jahr 1967 trat an die Stelle der zuvor befreiten Veranstaltungen „wissenschaftlicher und belehrender Art" die Befreiung von Veranstaltungen „wissenschaftlicher oder belehrender Art", vgl. hierzu ausführlich *Sölch/Ringleb/Oelmaier* UStG § 4 Nr. 22 Rn. 1.

31 Vgl. Abschn. 4.22.1 Abs. 2 Satz 1 UStAE unter Verweis auf BFH, Urt. v. 27.04.2006 – V R 53/04, BStBl II 2007 S. 16.

d) Unnötige Differenzierung bei selbstständig tätigen Lehrpersonen

Der deutsche Gesetzgeber differenziert unnötigerweise bei natürlichen Personen danach, ob sie auf eigene Rechnung tätig werden oder als Subunternehmer für eine andere Einrichtung auftreten. Das Unionsrecht kennt eine solche Differenzierung nicht.

Nach der deutschen Regelung leitet sich die Steuerbefreiung der als Subunternehmer tätigen Lehrperson von der Leistung ab, die der Auftraggeber gegenüber den teilnehmenden Kunden erbringt. Die Unterrichtsleistung der selbstständigen Lehrer wird steuerbefreit, soweit die auftraggebende Einrichtung die Voraussetzungen für die Steuerbefreiung erfüllt. Erbringt die veranstaltende Einrichtung gegenüber den Teilnehmenden steuerpflichtige Leistungen, soll auch die Leistung der für einen Vortrag oder Unterricht eingesetzten selbständigen Lehrperson umsatzsteuerpflichtig sein.

e) Steuerbefreiung für privatwirtschaftlich organisierte Anbieter mit Gewinnstreben

Nach dem aktuellen Gesetzeswortlaut ist die Steuerbefreiung im Bereich der Fort- und Weiterbildung anzuwenden, auch wenn die Leistung durch einen privatwirtschaftlich organisierten Anbieter erbracht wird, der mit Gewinnstreben agiert.

Das hätte insbesondere für die Anbieter negative Konsequenzen, die ihre Leistungen an vorsteuerabzugsberechtigte Kunden erbringen (z.B. Fortbildung für Steuerberater oder Rechtsanwälte). Diese Kunden sind aufgrund der Vorsteuerabzugsberechtigung wirtschaftlich nicht mit der Umsatzsteuer belastet, wohingegen die Anbieter wegen ihrer umsatzsteuerpflichtigen Ausgangsumsätze für ihre Eingangsleistungen ihrerseits zum Vorsteuerabzug berechtigt sind. Sollten die Ausgangsumsätze der Anbieter für diese Fortbildungen umsatzsteuerfrei werden, entfiele wegen § 15 Abs. 2 Satz 1 Nr. 1 UStG ihre Vorsteuerabzugsberechtigung für die bezogenen Eingangsleistungen. Dies würde zu einer wirtschaftlich höheren Belastung der Anbieter führen, die letztlich in die Preisgestaltung ihrer Angebote einfließen und über kurz oder lang zu einer Verteuerung der Angebote gegenüber ihren vorsteuerabzugsberechtigten Kunden führen muss.

f) Bescheinigungsverfahren

In diesem Zusammenhang erfreut sich plötzlich das Bescheinigungsverfahren, das eigentlich durch die Gesetzesänderung hätte abgeschafft werden sollen, neuer Beliebtheit. Nach dem Gesetzeswortlaut sind nur solche Leistungen steuerfrei, für die erstens beantragt und zweitens bescheinigt wird, dass es sich um Leistungen im Sinne des § 4 Nr. 21 UStG handelt.

Die privatwirtschaftlich organisierten Anbieter versprechen sich von einem selektiven Bescheinigungsverfahren, das allein von den Anbietern für ausgesuchte Leistungen in Anspruch genommen werden können soll, eine Lösung zur Begrenzung der soeben dargestellten negativen Folgen.[32] Da bislang (Rechtslage vor 01.01.2025) der Grundsatz galt, dass die Bescheinigung sowohl vom Steuerpflichtigen als auch von der Finanzbehörde beantragt werden konnte und zwingend zu erteilen war, wenn die gesetzlichen Voraussetzungen für die Steuerbefreiung vorlagen[33], ist dieser Ansatz höchst fragwürdig.

Darüber hinaus würde den Steuerpflichtigen dadurch de facto ein Wahlrecht eingeräumt, die Steuerbefreiung in Anspruch zu nehmen oder auf die Steuerbefreiung zu verzichten. Da ein solcher Verzicht für Bildungsleistungen rechtlich zumindest derzeit nicht durch die Mehrwertsteuersystemrichtlinie erlaubt ist[34], dürfte dieser Ansatz nicht umsetzbar sein.

In der Vergangenheit wurde insbesondere das in § 4 Nr. 21 UStG vorgesehene Bescheinigungsverfahren von der Praxis heftig kritisiert[35], insbesondere nachdem dafür keine Grundlage in der Mehrwertsteuersystemrichtlinie existiert. Daher wurde es begrüßt[36], dass das Bescheinigungsverfahren nach dem Referentenentwurf zum 31.12.2024 abgeschafft werden sollte. Leider hat es die Abschaffung nicht durch den Gesetzgebungsprozess geschafft, und das Bescheinigungsverfahren ist auch nach der Reform zum Jahreswechsel erhalten geblieben – wenn auch in leicht modifizierter Form.

Als ob das Bescheinigungsverfahren als solches nicht schon aufwendig genug wäre, führt gerade diese durch die Reform erfolgte Modifizierung zu weiteren Problemen in der Praxis. Künftig soll nicht mehr bescheinigt werden, dass auf einen Beruf oder eine vor einer juristischen Person des öffentlichen Rechts abzulegende Prüfung ordnungsgemäß vorbereitet wird, sondern dass die betreffende Einrichtung Schulunterricht, Hochschulunterricht, Ausbildung, Fortbildung oder berufliche Umschulung erbringt.

Dabei ist offen, ob die bisher bestehenden Bescheinigungen ihre Gültigkeit verlieren und sämtliche Bescheinigungen neu eingeholt werden müssen oder ob die alten Bescheinigungen fortgelten können.

---

32 Vgl. Stellungnahme des Deutschen Steuerberaterverbandes (DStV) vom 12.02.2025 unter Tz. 4: 7; abrufbar unter https://www.dstv.de/artikel-pool/tb-024-25-hs-gem-stellungnahme-ust-bildungsleistungen.

33 Vgl. Abschn. 4.21.5 Abs. 2 UStAE unter Verweis auf vgl. BVerwG, Urt. v. 04.05.2006 – 10 C 10.05.

34 Dem steht Art. 137 MwStSystRL entgegen, der eine abschließende Aufzählung enthält.

35 Vgl. exemplarisch *Bunjes/Heidner* UStG § 4 Nr. 21, Rn. 2 ff. m. w. N.

36 Vgl. exemplarisch *Bunjes/Heidner* UStG § 4 Nr. 21, Rn. 2 ff. m. w. N.

Es ist ferner offen, ob es ausreicht, dass die betreffende Einrichtung teilweise begünstigte Leistungen erbringt (Globalbescheinigung) oder ob für jede einzelne Leistung eine gesonderte Bescheinigung erforderlich ist (wie es in der Vergangenheit unter der vor dem 01.01.2025 geltenden Rechtslage der Fall war[37]).

Ferner ist offen, von wem die Bescheinigungen beantragt werden können. In der Vergangenheit bestand sowohl für den Steuerpflichtigen als auch für die Finanzbehörden die Möglichkeit, eine entsprechende Bescheinigung – auch rückwirkend für vergangene Jahre – bei der zuständigen Landesbehörde zu beantragen.[38] Dies hatte in Einzelfällen zur Folge, dass Leistungen, die vom Unternehmer als steuerpflichtig behandelt worden waren, nachträglich als steuerfrei angesehen wurden mit der Folge, dass der Unternehmer in großem Umfang gezogene Vorsteuer an die Finanzbehörden zurückzahlen musste.

g) Umsatzsteuerbefreiung im Bereich Sport

Nur am Rande sei hier die Problematik der Umsatzsteuerbefreiung für Sportereignisse und Leistungen im Bereich des Sports erwähnt, die in Deutschland teilweise in § 4 Nr. 22 UStG und teilweise in anderen Vorschriften geregelt ist und die ebenfalls nicht harmonisch mit den unionsrechtlichen Vorgaben der Mehrwertsteuersystemrichtlinie in Einklang gebracht werden kann. Auch hier hatte der Gesetzgeber im Jahressteuergesetz 2024 den Versuch einer Reform unternommen, ist damit aber wie mit dem Versuch der Abschaffung des Bescheinigungsverfahrens für die Bildungsleistungen im Gesetzgebungsverfahren gescheitert.

Auch bei den Leistungen im Bereich des Sports gibt es eine relativ knappe und übersichtliche Vorgabe in der Mehrwertsteuersystemrichtlinie. Wie bei den Bildungsleistungen wurde sie in Deutschland in verschiedenen Vorschriften umgesetzt. Das führt dazu, dass die nationalen Regelungen teilweise über die unionsrechtlichen Vorschriften hinausschießen, teilweise auch hinter den Vorgaben zurückbleiben[39], sodass der EuGH mehrfach bemüht werden musste, um die Ergebnisse der deutschen Regelungen zu korrigieren.[40]

---

37 Vgl. Abschn. 4.21.5 Abs. 4 UStAE.

38 Vgl. Abschn. 4.21.5 Abs. 2 Satz 1 UStAE unter Verweis auf BVerwG, Urt. v. 04.05.2006 – 10 C 10.05.

39 Das nationale Recht befreit lediglich sportliche Veranstaltungen gegen Teilnahmegebühren, begünstigt sind nur Leistungen, die von den im Gesetz genannten Anbietern erbracht werden (darunter u.a. Körperschaften des öffentlichen Rechts und gemeinnützige Einrichtungen).

40 Vgl. EuGH, Urt. v. 31.03.2002, C-174/00 Rn. 26ff. – Kennemer Golf & Country Club, Slg. I 2002, 3293; Urt. v. 16.10.2008, C-253/07 – Canterbury Hockey Clubs, EU:C:2008:571; Urt. v. 19.12.2013, C-495/12 – Bridport and West Dorset Golf Club Limited, ECLI:EU:C:2013:861.

Nachdem es der BFH eine gewisse Zeit zugelassen hatte, dass betroffene Unternehmer ihre Leistungen in unmittelbarer Anwendung des Art. 132 Abs. 1 Buchst. m MwStSystRL steuerfrei behandelten[41], stellte der EuGH im Jahr 2020 fest, dass eine unmittelbare Berufung auf Art. 132 Abs. 1 Buchst. m MwStSystRL nicht infrage kommt, da bereits nach dem Wortlaut lediglich „bestimmte Dienstleistungen" befreit seien und eine unmittelbare Anwendung daher daran scheitere, dass den Mitgliedstaaten ein Ermessensspielraum zusteht, um „bestimmte Dienstleistungen" zu definieren.[42]

V. Verschlimmbesserung durch Verwaltung

Betrachtet man allein die gesetzlichen Regelungen, fällt sofort die Verwendung unterschiedlicher Begriffe ins Auge, und man fragt sich, ob dies zu unterschiedlichen rechtlichen Schlussfolgerungen führen soll.

Im Vergleich mit der Mehrwertsteuersystemrichtlinie fällt auf, dass der deutsche Gesetzgeber offensichtlich nicht die unionsrechtliche Struktur übernommen hat und seine – in gewissen Grenzen zulässigen und in gewissem Umfang berechtigten – nationalen Besonderheiten in diese Struktur integriert, sondern dass scheinbar krampfhaft der Versuch unternommen wird, an der Struktur der nationalen Regelung festzuhalten und die unionsrechtlichen Vorgaben einzupassen.[43]

Dem Verfasser ist bewusst, dass eine weitgehende Angleichung an die Formulierungen der Mehrwertsteuersystemrichtlinie nicht alle Probleme lösen würde. Aber die unionsrechtliche Regelung hat mit den verwendeten Begriffen einen klar bezeichneten sachlichen Anwendungsbereich geschaffen, auch wenn diese unbestimmten Rechtsbegriffe teilweise einen weiten Beurteilungsspielraum zulassen und insoweit entsprechende Rechtsunsicherheit mit sich bringen, solange sie noch nicht durch Rechtsprechung konkretisiert sind.[44]

---

41 Vgl. BFH, Urt. v. 03.04.2008, V R 74/07, BFH/NV 2008, 1631.

42 EuGH, Urt. v. 10.12.2020, C-488/18 – Golfclub Schloss Igling.

43 Dieses Phänomen ist leider bei zahlreichen weiteren Umsatzsteuerbefreiungen zu beobachten wie beispielsweise den Heilbehandlungsleistungen, Leistungen im Bereich Pflege, Sozialfürsorge und sozialer Sicherheit sowie im Bereich Kultur und Sport.

44 Dies gilt insbesondere, wenn man berücksichtigt, dass sich im Bereich der Umsatzsteuerbefreiung für Bildungsleistungen die Rechtsprechung vor wenigen Jahren einschneidend gewandelt hat. Während die Rspr. noch bis zum Jahr 2019 einen sehr weiten Anwendungsbereich für die Steuerbefreiung von Bildungsleistungen gesehen hat (Steuerbefreiung für Tennislehrer, Tanzlehrer etc.), erfolgte mit dem Urteil des EuGH zur Umsatzsteuerbefreiung von Fahrschulunterricht (EuGH, Urt. v. 14.03.2019, C-449/17 – A&G Fahrschul-Akademie, DStR 2019, 620) eine Umkehr ins Gegenteil. Seither betont die Rspr., dass Bil-

Die Begrenzung von Rechtsunsicherheit durch Konkretisierung bestimmter Fallgruppen auf gesetzlicher Ebene kann eine sinnvolle Begründung für das Abweichen von unionsrechtlichen Formulierungen darstellen. Durch die aktuelle gesetzliche Regelung wurde die unbestimmten Rechtsbegriffen immanente Rechtsunsicherheit jedoch nicht verringert, sondern hat sich sogar noch verstärkt. Darüber hinaus müssen Gesetze abstrakt formuliert sein, da sie eine Vielzahl von Fällen und Personen erfassen, ohne sich auf einen konkreten Einzelfall zu beziehen. Die damit notwendigerweise einhergehende Abstraktheit der verwendeten Formulierungen führt zwangsläufig zu Interpretationsspielräumen. Diese sind auch gewünscht und notwendig, um auf veränderte Rahmenbedingungen reagieren zu können. Ein besonderes Interesse an einer Konkretisierung bestimmter Einzelfälle ist für den Bereich der Umsatzsteuerbefreiung von Bildungsleistungen nicht ersichtlich.

1. Regelungen im UStAE

Das gilt umso mehr, nachdem die Steuerverwaltung durch den Umsatzsteueranwendungserlass und diverse Anwendungsschreiben die Möglichkeit hat, gesetzliche Regelungen zu konkretisieren. Dadurch besteht die Möglichkeit, die unbestimmten Rechtsbegriffe durch die Vorstellung der Steuerverwaltung auf der einen und die Ergebnisse der Rechtsprechung auf der anderen Seite auszufüllen und so Schritt für Schritt für mehr Rechtssicherheit zu sorgen.

Voraussetzung dafür ist allerdings auch hier die Einhaltung eines konsistenten Regelwerks. Das ist in der Vergangenheit ebenfalls nicht vollständig gelungen.

Beispielsweise hat sich die Steuerverwaltung durch Übernahme der Rechtsprechung für die Definition des Begriffs „Veranstaltungen wissenschaftlicher oder belehrender Art“ aus § 4 Nr. 22 UStG letztlich die Formulierung der Mehrwertsteuersystemrichtlinie zu eigen gemacht[45], wohingegen sie im Bereich von § 4 Nr. 21 UStG weiterhin auf den Begriff

dungsleistungen nicht von der Umsatzsteuer befreit werden können, wenn der Freizeitcharakter im Vordergrund steht. Ebenfalls im Jahr 2019 entschied der EuGH in einem weiteren deutschen Vorabentscheidungsersuchen gegen eine Steuerbefreiung für Surf- oder Segelunterricht (EuGH, Beschl. v. 07.10.2019, C-47/19 – Finanzamt Hamburg-Barmbek-Uhlenhorst, UR 2019, 892). Im Jahr 2021 konnte er diese Rspr. in Bezug auf Schwimmunterricht fortsetzen (EuGH, Urt. v. 21.10.2021, C-373/19 – Dubrovin & Tröger – Aquatics, MwStR 2021, 894, UR 2021, 860).

45 Veranstaltungen wissenschaftlicher oder belehrender Art sind solche, die als Erziehung von Kindern und Jugendlichen, als Schul- oder Hochschulunterricht, als Ausbildung, Fortbildung oder berufliche Umschulung zu qualifizieren sind, vgl. Abschn. 4.22.1 UStAE unter Verweis auf BFH, Urt. v. 27.04.2006 – V R 53/04, BStBl II 2007, S. 16.

„unmittelbar dem Schul- und Bildungszweck dienende Leistungen“ abstellt.[46]

Ferner hält die Steuerverwaltung im Regelungsbereich von § 4 Nr. 22 UStG an einer Steuerbefreiung für Schwimm-, Tennis-, Reit-, Segel- und Skiunterricht als Sportunterricht fest[47], während die Rechtsprechung die Steuerbefreiung für diese Leistungen versagt.[48]

Dabei soll die Steuerbefreiung unabhängig davon gelten, ob der Sportunterricht Mitgliedern des Vereins oder anderen Personen erteilt wird und ein bestimmter Stunden- und Stoffplan sowie eine von den Teilnehmern abzulegende Prüfung wird als nicht erforderlich angesehen[49], während für die Bildungsleistungen im Regelungsbereich von § 4 Nr. 21 UStG ein festliegendes Lehrprogramm und Lehrpläne zur Vermittlung eines Unterrichtsstoffs für die Erreichung eines bestimmten Lehrgangsziels sowie geeignete Unterrichtsräume gefordert werden und der Betrieb der Bildungseinrichtung auf eine gewisse Dauer angelegt sein muss.[50]

2. Erläuterungen zur Neuregelung durch BMF-Schreiben (Entwurf)

Nachdem bereits während des Gesetzgebungsverfahrens vielfach Kritik an den geplanten Änderungen laut geworden war und die betroffenen Unternehmer möglichst schnell Klarheit verlangten[51], veröffentlichte das BMF am 17.01.2025 den Entwurf eines Anwendungsschreibens zum Zweck der Verbändeanhörung.

Dieser Entwurf erntete beinahe noch mehr Kritik als zuvor die Gesetzesänderung, da er an vielen Stellen die während des Gesetzgebungsverfahrens aufgeworfenen Fragen nicht löste, sondern die Probleme eher verschlimmerte.[52]

---

46 Vgl. Abschn. 4.21.4 Abs. 1 ff. UStAE.

47 Vgl. Abschn. 4.22.1 Abs. 4 UStAE.

48 BFH, Urt. v. 16.12.2021 V R 31/21, BFH/NV 2022 S. 572; vorgehend EuGH, Urt. v. 21.10.2021, C-373/19 – Dubrovin & Tröger – Aquatics.

49 Vgl. Abschn. 4.22.1 Abs. 4 UStAE.

50 Vgl. Abschn. 4.21.2 Abs. 2 UStAE

51 Exemplarisch sei hier auf die Stellungnahme des Deutschen Steuerberaterverbandes (DStV) verwiesen, der eine „faire Neuregelung der Steuerbefreiung von Bildungsleistungen“ forderte, abrufbar unter https://www.dstv.de/artikel-pool/tb-099-24-hs-gem-schreiben-ust-bildungsleistungen.

52 Exemplarisch soll auch hier auf die Stellungnahme des Deutschen Steuerberaterverbandes (DStV) verwiesen werden, der mit Nachdruck erhebliche Nachbesserung forderte und gemeinsam mit einigen renommierten Umsatzsteuerexperten in einer gemeinsamen umfangreichen schriftlichen Stellungnahme vom 12.02.2025 Position bezog; abrufbar unter https://www.dstv.de/artikel-pool/tb-024-25-hs-gem-stellungnahme-ust-bildungsleistungen.

Aus Sicht des Verfassers ist zunächst positiv hervorzuheben, dass das BMF in der geplanten Anpassung des Anwendungserlasses zur Ausgestaltung des im Gesetz verwendeten Begriffs der „unmittelbar dem Schul- und Bildungszweck dienenden Leistungen" auf die Formulierung aus der Mehrwertsteuersystemrichtlinie zurückgreift. Demnach sollen die unmittelbar dem Schul- und Bildungszweck dienenden Leistungen Schulunterricht, Hochschulunterricht, Ausbildung, Fortbildung sowie berufliche Umschulung und auch damit eng verbundene Lieferungen und sonstige Leistungen umfassen.[53]

In der Folge führt das BMF genauer aus, was unter Schulunterricht, Hochschulunterricht, Ausbildung, Fortbildung sowie beruflicher Umschulung zu verstehen sein soll.

Insbesondere durch den Wegfall unterschiedlicher Beschränkungen im Bereich der Fortbildung und der beruflichen Umschulung sahen sich zahlreiche Bildungsanbieter vor große Unsicherheit gestellt. So war zum einen der Bezug zur Vorbereitung auf einen Beruf oder eine vor einer juristischen Person des öffentlichen Rechts abzulegende Prüfung entfallen, Zum anderen ging aus dem Entwurf des BMF nicht klar hervor, ob einzelne Vorträge oder eine Vortragsreihe weiterhin von der Steuerbefreiung ausgeschlossen sein sollten.[54]

Zurecht wurden die Ausführungen im Entwurf des BMF kritisiert, da der Entwurf in Einzelbereichen eine von den rein rechtlichen Vorgaben des Umsatzsteuerrechts nicht gedeckte Differenzierung in „gewünschte" und „weniger gewünschte" Bildungsleistungen vornimmt.[55] Eine klare Abgrenzung anhand der rechtlichen Voraussetzungen fehlte jedoch vielfach.[56]

Die Fragen, die durch den in der neuen Gesetzesfassung geänderten Wortlaut aufgeworfen worden waren, wurden vielfach durch den Ent-

---

53 Abschn. 4.21.1 Abs. 1 Satz 1 UStAE-E.

54 Diese waren zuvor mangels eines festliegenden Lehrprogramms oder Lehrplans zur Vermittlung des Unterrichtsstoffs von der Steuerbefreiung ausgeschlossen, vgl. Abschn. 4.21.2 Abs. 2 Satz 6 UStAE.

55 Stellungnahme des Deutschen Steuerberaterverbandes (DStV) vom 12.02.2025 unter Tz. 4: 7; abrufbar unter https://www.dstv.de/artikel-pool/tb-024-25-hs-gem-stellungnahme-ust-bildungsleistungen.

56 Darüber hinaus verkompliziert die Steuerverwaltung die Behandlung der Bildungsleistungen, indem sie danach differenziert, ob das Bildungsangebot vor Ort, interaktiv oder online zum Abruf erfolgt. Während die Ausgestaltung der Veranstaltung als interaktiver Live-Stream in Echtzeit als umsatzsteuerfrei angesehen wird, sollen demgegenüber Streaming-Angebote eines aufgezeichneten Unterrichts oder Onlineübungen und Onlineklausuren mit automatisiert generierter Rückmeldung von der Steuerbefreiung ausgeschlossen sein, vgl. Abschn. 4.21.2 Abs. 2 Satz 3 UStAE. Diese zusätzliche Schwierigkeit für die Praxis soll an dieser Stelle nicht weiter vertieft werden, da der Schwerpunkt des Beitrags sich auf die Schwierigkeiten auf der Ebene der Begriffe im Bereich Gesetz und Verordnung konzentriert.

wurf nicht beantwortet. Stattdessen hat der Entwurf des Anwendungsschreibens noch größere Unsicherheit verursacht, insbesondere im Hinblick auf das Bescheinigungsverfahren.

Neben der Frage, wer künftig durch die Ausweitung des Regelungsbereichs auf Aus- und Fortbildung sowie berufliche Umschulung als zuständige Landesbehörde anzusehen sein wird, kam durch die Ausführungen im Entwurf des BMF nicht klar zum Ausdruck, wer die Bescheinigung beantragen darf (Steuerpflichtiger und Finanzbehörde?), ob die Bescheinigung zwingend beantragt werden muss und welchen Inhalt die Bescheinigung haben soll.

Nach dem Entwurf sind Leistungen, die verschiedenartigen Bildungszwecken dienen, mit getrennten Bescheinigungen nachzuweisen.[57] Am Beispiel der Fernlehrinstitute stellt der Entwurf dar, dass eine Bescheinigung für jeden einzelnen Lehrgang nötig ist.

Weitergehende Hinweise zum Inhalt der Bescheinigung sind nicht vorhanden, und es bleibt offen, wie konkret die Bildungsleistungen in der Bescheinigung anzugeben sind.

Neben der Unklarheit über Zuständigkeit und Inhalt der Bescheinigungen drängt sich geradezu auf, mit welchem immensen bürokratischen Aufwand sowohl aufseiten der Steuerpflichtigen als auch aufseiten der Behörden – hier sind Verwaltungsbehörden für die Erteilung der Bescheinigung sowie Finanzbehörden für die Überprüfung der Bescheinigungen betroffen – hierfür zu rechnen ist.

Sieht man von dem dabei entstehenden Aufwand und den damit verbundenen Kosten ab, werden Bildungsanbieter durch dieses Bescheinigungsverfahren mit erheblicher Rechtsunsicherheit belastet, insbesondere wenn sie kurzfristig auf Schulungsbedarf reagieren möchten. Da die Bescheinigung Voraussetzung für die Steuerbefreiung ist, können die Leistungen erst nach Erteilung oder Ablehnung der Bescheinigung umsatzsteuerlich zutreffend angeboten und abgerechnet werden. Das bedeutet im Umkehrschluss, dass bis zur Vorlage der Bescheinigung mit Ausweis der Umsatzsteuer abzurechnen ist – selbst wenn die Bescheinigungen rückwirkend ausgestellt werden sollte.[58]

Am 24.10.2025 hat das BMF letztlich das finale Anwendungsschreiben zu den Bildungsleistungen veröffentlicht, mit dem auch der Umsatzsteueranwendungserlass angepasst wird. Zu begrüßen ist eine weitrei-

57 Abschn. 4.21.7 Abs. 4 UStAE-E.

58 So auch die Stellungnahme des Deutschen Steuerberaterverbandes (DStV) vom 12.02.2025 unter Tz. 4: 9 Ziffer 4; abrufbar unter https://www.dstv.de/artikel-pool/tb-024-25-hs-gem-stellungnahme-ust-bildungsleistungen.

chende Nichtbeanstandungsregelung, die es Steuerpflichtigen erlaubt, die bislang geltenden Regelungen auf Umsätze anzuwenden, die vor dem 01.01.2028 ausgeführt werden.[59] Es bleibt die Hoffnung, dass der Gesetzgeber bis dahin das Gesetz entsprechend reformiert.

VI. Fazit

Ziel dieses Beitrags war es, die Widersprüchlichkeiten aufzuzeigen, die bei der Umsetzung von unionsrechtlichen Vorgaben in nationales Recht entstehen, wenn der nationale Gesetzgeber nicht konsequent auch notwendige Anpassungen in seinem System berücksichtigt.

Zusammenfassend kann man konstatieren, dass durch das Festhalten an traditionellen Vorschriften und Formulierungen und der teilweise unreflektierten Übernahme einzelner Passagen aus EU-Richtlinien Inkonsistenzen entstehen, die für die Rechtsanwendung auf allen Seiten (sowohl aufseiten der Unternehmer als auch aufseiten der Behörden) zu erheblichem Erfüllungs- und Verwaltungsaufwand führen. Allein bei den Steuerbefreiungen im Umsatzsteuerrecht gibt es mehrere vergleichbare Beispiele (etwa im Bereich der Sozialfürsorge und der Heilbehandlungsleistungen), in anderen Rechtsgebieten (wie etwa dem in der Einleitung angesprochenen Lieferkettengesetz) dürfte die Analyse kaum weniger problematisch ausfallen.

Letztlich bleibt nur eines festzuhalten: Wer den Bürokratierückbau ernst meint und konsequent umzusetzen gedenkt, muss auf der Ebene der Gesetzgebung ansetzen und derartige Widersprüche künftig vermeiden und bestehende Inkonsistenzen möglichst schnell beseitigen.

---

59 Das finale Schreiben wurde nach dem Redaktionsschluss des vorliegenden Bandes veröffentlicht, so dass es hier nur kurz erwähnt werden kann.

Bürokratieabbau – Eine Gefahr für den Grundrechtsschutz?

Stefan Holzner[1]

Der Beitrag widmet sich der – durchaus als etwas provokant zu verstehenden – These, dass es bei dem Bemühen um „Bürokratieabbau" auch zu berücksichtigen gilt, dass „der Bürokratie" in bestimmten Bereichen und unter bestimmten Umständen eine Schutzfunktion innewohnt, die es ggf. zu wahren gilt, sodass es insoweit sogar ein gewisses Bedürfnis nach einem (Rest-)Bestand an „Bürokratie" gibt.

I. Zur Einleitung

Es scheint Einigkeit zu bestehen: Die „Bürokratie" muss „abgebaut" werden! Wobei bereits dieser recht rudimentäre Ausruf Anlass zur Irritation bietet, denn der Begriff „Abbau" wird auch im Zusammenhang mit der „Förderung" von Bodenschätzen verwendet[2] – also im Sinne eines „Emporhebens"[3]. Das wäre in Bezug auf den hinter dem Thema Bürokratie-Abbau stehenden Sinn und Zweck natürlich geradezu widersinnig. Ebenfalls gängige Begrifflichkeit ist die Forderung nach einer „Entbürokratisierung" – im Land Hessen ist damit gar eine der konkreten Aufgaben eines Ministers beschrieben.[4]

---

1 Prof. Dr. *Stefan Holzner*, LL.M., Betriebswirt (IWW) ist Professor an der Hochschule für öffentliche Verwaltung und Finanzen Ludwigsburg und Gründer des Instituts für steuerliches Verfahrens- und Organisationsrecht (IsVOR) im Institut für Angewandte Forschung (IAF) der Hochschule für öffentliche Verwaltung und Finanzen Ludwigsburg. Soweit im Bemühen nach einer einfachen Lesbarkeit in diesem Beitrag die männliche Form von personenbezogenen Hauptwörtern verwendet wird, sollen die entsprechenden Begriffe im Sinne der Gleichbehandlung grundsätzlich für alle Geschlechter gelten.

2 *Wahrig*, Wörterbuch der Deutschen Sprache, 2. Aufl. 2009, Stichwort: „Abbau", dort unter 1.

3 *Wahrig*, Wörterbuch der Deutschen Sprache, 2. Aufl. 2009, Stichwort: „fördern", dort unter 2.

4 Staatsminister *Manfred Pentz* ist Minister für Bundes- und Europaangelegenheiten, Internationales und Entbürokratisierung und Bevollmächtigter des Landes Hessen beim Bund, staatskanzlei.hessen.de (zuletzt abgerufen: 12.09.2025).

II. Zur Bürokratie

„Die Bürokratie" scheint also ein Etwas zu sein, das es buchstäblich zu zähmen gilt, das also bestenfalls abgeschafft oder zumindest verkleinert werden muss. Offen bleibt dabei zunächst, was eigentlich genau unter „Bürokratie" verstanden werden soll: So sei unter dem Begriff der „Beamtenapparat"[5], respektive gar die „Beamtenherrschaft"[6] oder, etwas weiter gefasst, „die Gesamtheit einer aus Beamten und Angestellten bestehenden Verwaltung"[7] zu verstehen. Auch wenn hier nur eine kleine Auswahl an Erläuterungen herangezogen wird, fällt doch auf, dass eine Art Narrativ geprägt wird, das sich schlüssig zur beabsichtigten Verwendung des Begriffs „Bürokratie" verhält. Denn kausal verantwortlich für die Bürokratie sind die Bürokraten, und darunter scheint man in erster Linie Beamte im allgemeinen Sinne, vielleicht noch in etwas offener Fassung die mit der Verwaltung betrauten Beamte verstehen zu dürfen. Dieser Beitrag soll allerdings nicht der Verteidigung der Beamtenschaft als Institution dienen, sondern möchte vielmehr auf die (rechtlichen) Prozesse hinweisen, die sich im Rahmen einer öffentlichen Verwaltung (durch beamtete oder nicht beamtete Sachwalter) vollziehen.

Die „Verwaltung" hat dabei die Aufgabe, „alle mit einer Sache zusammenhängenden Angelegenheiten [zu] erledigen".[8] Dies beinhaltet einerseits die Ideen von Vereinfachung, Zentralisierung und auch Effizienz. Denn wenn etwa ein Gemeinwesen zum Zwecke seiner Finanzierung Steuern festsetzt und erhebt, dann ist es einfacher und effizienter, dass sich eine darauf spezialisierte Behörde – das Finanzamt – im Auftrag und für das Gemeinwesen damit befasst. Andererseits führt die Übertragung der Erledigung von Angelegenheiten an eine Verwaltung durchaus zu Folgefragen. Im konkreten Beispiel der Besteuerung etwa, wie die Durchführung der Steuerfestsetzung und -erhebung konkret erfolgen und wie die Rechtmäßigkeit und Gleichmäßigkeit des Verwaltungshandelns – genauer: die rechtmäßige und gleichmäßige Durchführung der Verfahren durch die Verwaltung – gewährleistet werden soll. Dabei spielen die Grundrechte des Grundgesetzes eine gewichtige Rolle.

---

5 *Kluge*, Etymologisches Wörterbuch der deutschen Sprache, 25. Aufl. 2010, Stichwort: „Bürokratie".

6 *Wahrig*, Wörterbuch der Deutschen Sprache, 2. Aufl. 2009, Stichwort: „Bürokratie", dort unter 1.

7 *Wahrig*, Wörterbuch der Deutschen Sprache, 2. Aufl. 2009, Stichwort: „Bürokratie", dort unter 2.

8 *Wahrig*, Wörterbuch der Deutschen Sprache 2. Aufl. 2009, Stichwort: „verwalten".

III. Zum Einfluss der Grundrechte auf die Bürokratie

Grundfunktionen der Grundrechte sind die Abwehrfunktion, die Schutz- und Leistungsfunktion sowie die Gleichbehandlung.[9] Darüber hinaus gehen von den Grundrechten weitere Wirkungen aus, die sich – zur Erreichung des eigentlichen Ziels, der Bewahrung und dem Schutz materieller Grundrechtspositionen – auch auf eine der Schutzfunktion entsprechende Ausgestaltung von Verfahren bezieht.[10] Auch diesbezüglich lassen sich – wie häufig – aus den Grundrechten keine unmittelbaren Details für die konkrete Ausgestaltung von Verwaltungsverfahren entnehmen. Dies nicht zuletzt, um dem Gesetzgeber hier nicht den erforderlichen Spielraum zu nehmen und die konkrete Umsetzung anpassbar an die sich entwickelnden Gegebenheiten zu ermöglichen. Ein Mindestmaß, insbesondere an Verfahrensgerechtigkeit, sieht das BVerfG jedoch als verfassungsrechtlich garantiert an.[11]

Daneben soll sich aus Art. 108 GG – einer Vorschrift aus der sog. „Finanzverfassung" des Grundgesetzes – ergeben, dass der „Gesichtspunkt einer möglichst effizienten Verwaltung" in Bezug auf die Steuerverwaltung ebenfalls Verfassungsrang genießt.[12] Auch hier stellt sich wiederum die Frage, in welchem Ausmaß verfassungsrechtliche Regelungen auf die Verfahrensregelungen einwirken. Unstreitig dürfte dabei zumindest sein, dass sowohl die Verwaltung als auch die davon betroffenen Bürgerinnen und Bürger ein insoweit gleichlaufendes Interesse an einer effizienten Verwaltung haben.[13]

IV. Zum Besteuerungsverfahren nach den Regeln der Abgabenordnung – Konkretisierung von Bürokratie (?)

Das steuerliche Verfahrensrecht, insbesondere nach den Vorschriften der Abgabenordnung (AO) – aber auch in den verfahrensrechtlichen Regelungen, die in geringerem Umfang in Sammlungen materiell-steuerrechtlicher Vorschriften aufzufinden sind –, hat seinen dienenden Zweck in der Durchsetzung des materiellen Steuerrechts. Für die AO wird in § 85

---

9 *Jarass*, in: Jarass/Pieroth, GG, 18. Aufl. 2024, Vor Art. 1 Rn. 2–7.

10 BVerfG, Urt. v. 16.06.2009, NJW 2009, 2431 (2437); BVerfG, Beschl. v. 18.06.1986, NJW 1987, 887 (888); BVerfG, Beschl. v. 12.06.1990, NJW 1990, 2306 (2307 f.); insbesondere zum Strafverfahren BVerfG, Beschl. v. 12.04.2005, BVerfGE 113, 29; BVerfG, Beschl. v. 14.05.1985, BVerfGE 69, 381; BVerfG, Beschl. v. 20.12.1979, BVerfGE 53, 30.

11 BVerfG, Beschl. v. 20.04.1982, BVerfGE 60, 253; BVerfG, Urt. v. 09.03.2004, BVerfGE 110, 94.

12 BFH, Urt. v. 22.10.2014, BStBl. II 2015, 371.

13 *Hey*, StuW 2024, 16 (17).

Satz 1 AO geregelt, dass die Finanzbehörden „die Steuern nach Maßgabe der Gesetze gleichmäßig festzusetzen und zu erheben“ haben, bei ihrem Tun also insbesondere die grundrechtlichen Schranken der Gleichbehandlung des Art. 3 Abs. 1 GG sowie des Rechtsstaatsprinzips aus Art. 20 Abs. 3 GG zu wahren haben. Die Verwaltung hat daher das jeweils geltende Verfahrensrecht sowie materielle Steuerrecht gesetzmäßig und willkürfrei anzuwenden.

Daneben ist beim Steuervollzug auch zu beachten, dass aufgrund der (Über-)Komplexität des Steuerrechts ein Zusammenwirken von Steuerpflichtigen und Finanzverwaltung erforderlich ist, auch wenn sich aus § 88 Abs. 1 Satz 1 AO grundsätzlich der Untersuchungsgrundsatz (auch: Amtsermittlungsgrundsatz) ergibt, wonach die Ermittlung des für die konkrete Besteuerung erheblichen Sachverhalts in vollem Umfang durch das Finanzamt zu erfolgen hat.[14] Der Untersuchungsgrundsatz wird allerdings durch an die Steuerpflichtigen (und Dritte) gerichtete Mitwirkungspflichten in Gestalt von Auskunfts-, Vorlage- und Mitteilungs- und Anzeigepflichten bei der Sachverhaltsaufklärung ergänzt, §§ 90 ff. AO. Dies kann faktisch zu einer Art Kooperation zwischen Finanzamt und Steuerpflichtigen führen.[15] Dabei stellt die Entgegennahme der Informationen der Steuerpflichtigen über die eigenen Verhältnisse das mildeste Mittel im Rahmen einer gebotenen Verhältnismäßigkeitsabwägung bei der Sachverhaltsermittlung dar.[16]

Im Ergebnis kann die Erbringung der Mitwirkungsleistung durch die Steuerpflichtigen sowohl zu einer (steuerlichen) Belastung als auch zu einer Entlastung führen. Erforderlich für einen gleichmäßigen Steuervollzug ist damit aber auch, dass das Finanzamt die Angaben der Steuerpflichtigen verifiziert (Verifikationsgebot), wobei bereits der Gesetzgeber gehalten ist, die entsprechenden Überprüfungsmöglichkeiten zu schaffen.[17] Der Gesetzgeber muss also bürokratische Regelungen schaffen, die im Rahmen der Steuerverwaltung von den Finanzbeamten befolgt werden müssen, um dadurch ein grundrechtlich geschütztes Interesse aller Steuerpflichtigen nach gleichmäßigem Steuervollzug zu wahren.

Eine Vereinfachung des gesamten Besteuerungsverfahrens scheint für manche Sachverhaltskonstellationen dadurch erreicht zu werden, dass der Gesetzgeber die Steuererhebung so regelt, dass bereits an der Quelle durch besondere Entrichtungsverpflichtete die Steuer berechnet und einbehalten

14 *Hahlweg*, in: Koenig, AO, 5. Aufl. 2024, § 88 Rn. 9.

15 *Drüen*, FR 2011, 101.

16 *Myßen*, in: Krumm (Hrsg.), Grundrechtsschutz im Steuerrecht, DStjG 47 (2025), 371 (378).

17 BVerfG, Urt. v. 27.06.19914, BVerfGE 84, 239.

wird (Quellensteuer).[18] Dies ist etwa bei der Abgeltungssteuer als besondere Erhebungsform der Einkommensteuer für Kapitalerträge nach § 43 Abs. 5 i. V. m. § 32d Abs. 6 EStG der Fall. Zwar kann es bei einem generalisierenden, typisierenden und pauschalierenden Tatbestand, der zur Quellenbesteuerung führt, auch in gewissem Umfang zu Ungleichbehandlungen kommen, die jedoch als verfassungsrechtlich gerechtfertigt angesehen werden.[19] Allerdings führt die Quellenbesteuerung letztlich wohl doch nur zu einer gewissen – ihrerseits ebenso grundrechtsbeeinträchtigenden[20] – Verlagerung (bürokratischer) Verwaltungsaufgaben von den Finanzämtern auf die Entrichtungsverpflichteten,[21] die bei dieser Variante einer sog. Anmeldesteuer umfangreiche Daten und Informationen – die sie zunächst von den eigentlichen Steuerpflichtigen erheben müssen – an die Finanzämter im Zusammenhang mit der Steueranmeldung weiterleiten müssen. Dadurch lässt sich der Umfang an „notwendiger Bürokratie" indes kaum vermindern.

Gleiches gilt im Ergebnis für die weiteren Anmeldesteuern wie etwa die Umsatzsteuer oder die Lohnsteuer als weitere besondere Erhebungsform der Einkommensteuer. Auch hier bleiben, trotz des jeweils erhöhten Mitwirkungserfordernisses aufseiten der Steuerpflichtigen, umfangreiche Überwachungs- und Kontrollpflichten (etwa durch entsprechende Umsatzsteuersonder- oder Lohnsteueraußenprüfungen) des Finanzamts im Zusammenhang mit dem Besteuerungsverfahren bestehen.

V. Zu möglichen Lösungsansätzen

Dass überall dort, wo sich Prozesse etabliert haben, es der Natur der Sache nach sinnvoll ist, diese nach einer gewissen Zeit einer Revision zu unterziehen und ggf. den Prozess weiterzuentwickeln oder möglicherweise aufgrund einer Änderung der tatsächlichen Verhältnisse ganz abzuschaffen, erfüllt lediglich die Anforderungen an eine Binsenweisheit. Eine radikale Beschneidung bürokratischer Verwaltungsprozesse könnte aber eben nicht nur zu einem wünschenswerten Bürokratieabbau im Sinne von Verfahrensreduktionen und Verfahrensvereinfachungen, sondern ggf. auch zu einem Abbau von grundrechtlich geforderten Schutzfunktionen führen, sodass eine – möglicherweise populär wirkende und medienwirksame inszenierte – Herangehensweise wie etwa die des Unterneh-

18 BVerfG, Urt. v. 09.03.2004, BVerfGE 110, 94.
19 BFH, Urt. v. 28.01.2015, BStBl. II 2015, 393.
20 BVerfG, Beschl. v. 29.11.1967, BVerfGE 22, 380.
21 *Myßen*, in: Krumm (Hrsg.), Grundrechtsschutz im Steuerrecht, DStjG 47 (2025), 371 (383).

mers Elon Musk als Berater für die US-Regierung[22] kaum in Betracht kommt.

Wenn die Rücknahme bereits gesetzten Rechts also schwierig ist und aufgrund der (Über-)Komplexität vieler Rechtsgebiete – insbesondere des Steuerrechts – eine (zeit-)aufwendige Interessen- und Folgenabwägung erfordert, sollte der Fokus darauf gerichtet werden, gar nicht erst einen derartigen Zustand entstehen zu lassen, der im Nachhinein zumindest anteilig wieder revidiert werden soll.[23] Dafür ist es erforderlich, bereits im Gesetzgebungsverfahren anzusetzen, um „schlanke" und „smarte" Verfahren zu planen, die sowohl einen angemessenen Grundrechtsschutz für die Rechtsanwender gewähren als auch eine effiziente Verwaltung ermöglichen. Dazu zählt nicht nur, dass die Verwaltung die Regelungen umsetzen kann, sondern eben auch, dass die Rechtsanwender sowohl die materiell-rechtlichen als auch die formell-rechtlichen Regelungen mit angemessenem Aufwand erfassen und handhaben können.

Dabei könnte der Gesetzgeber bereits bei den materiell-rechtlichen Besteuerungsregelungen ansetzen und diese so ausgestalten, dass für die Verwirklichung einer gleichmäßigen Besteuerung von vornherein nur ein Mindestmaß an Verwaltungsaufwand erforderlich wird.[24] Weiter könnte auch eine Ausweitung materiell-rechtlicher Typisierungs- und Pauschalierungsregeln zu einer Vereinfachung des Besteuerungsverfahrens führen, wobei hier gewisse Grenzen durch die Notwendigkeit der Berücksichtigung der steuerlichen Leistungsfähigkeit vorgegeben werden.[25] Denkbar ist weiterhin, bisher differenzierte Steuerarten zusammenzufassen, was sich aber wohl auf einige wenige „Ministeuern" beziehen dürfte, die sich vorrangig im kommunalen Bereich finden.[26]

Da sich eine schon bisher nicht zu registrierende gesetzgeberische Leichtigkeit in der Abschaffung und Reduktion von Steuern auch künftig ebenso wenig erwarten lässt wie eine progressiv vereinfachende künftige Gesetzgebung, ist als weiterer Ansatz die Idee eines Apells an die Rechtsanwender zur Normalhandhabung der bestehenden Gesetze vorzustellen.[27] Dabei sollen die Steuergesetze als „Regelung des Normalfalls" ver-

---

22 Siehe dazu etwa Tech-Milliardär Musk beendet Tätigkeit für US-Regierungsabteilung DOGE, tagesschau.de, https://www.tagesschau.de/ausland/amerika/usa-musk-beendet-taetigkeit-fuer-regierung-100.html (letzter Zugriff: 17.09.2025); Elon Musks DOGE: Mehr Effizienz durch radikale Einsparungen?, dw.com, https://www.dw.com/de/elon-musks-doge-mehr-effizienz-durch-radikale-einsparungen/a-71749922 – DW – 26.02.2025 (letzter Zugriff: 17.09.2025).

23 *P. Kirchhoff*, DStR 2023, 1801.

24 Siehe dazu statt vieler etwa *G. Kirchhoff*, DStR 2023, 355 (356 ff.); *Hey*, StuW 2024, 16 (17 ff.).

25 *G. Kirchhoff*, DStR 2023, 355 (360 f.).

26 *Hey*, StuW 2024, 16 (18).

27 *P. Kirchhoff*, DStR 2023, 1801 (1804).

standen werden und ihre Anwendung in der – wie auch immer zu bestimmenden – „tatbestandlichen Mitte“, die zu einer Verminderung des Prüfungs- und damit Verwaltungsaufwands führen soll, könnte mit einem Steuernachlass begünstigt werden.[28]

Weitere Vereinfachungsmöglichkeiten werden in der Einführung bzw. Ausweitung digitaler Prozesse im Besteuerungsverfahren gesehen,[29] respektive insgesamt in einem Umdenken im Umgang mit den von den Finanzbehörden erhobenen Daten: Wenn sich das Finanzamt vermehrt auf bereits vorhandene Daten stützen oder sich die benötigten Daten, die ggf. bereits bei einer anderen Behörde vorliegen, beschaffen könnte („Once-only“-Prinzip), wären die Steuerpflichtigen insoweit nur einmalig zur Mitwirkung (in welchem Verwaltungsverfahren auch immer) verpflichtet.[30] Dies könnte auch die – ebenfalls mit verfassungsrechtlich notwendigem bürokratischem Aufwand verbundenen – möglichen Sanktionen bei Unterlassung geforderter Mitwirkung konzentrieren.[31] Allerdings ist zu berücksichtigen, dass dies zwar zu einer gewissen Steigerung der Effizienz, wohl aber nicht zu einer echten Verringerung der Bürokratie bei der Steuerverwaltung führen dürfte.

Ein weiterer Gedanke ist, insbesondere das materielle Steuerrecht zu verstetigen in dem Sinne, dass auf andauernde rasche, sich mitunter widersprechende eilige Rechtssetzung im Bereich des Steuerrechts verzichtet wird und es gar zu einer (vorübergehenden) Einstellung gesetzgeberischer Aktivitäten kommen zu lassen.[32] Das würde natürlich die bestehenden Herausforderungen nicht unmittelbar auflösen, könnte aber die erforderliche Möglichkeit bieten, dass sich die an der Rechtsanwendung beteiligten Akteure mit dem Status quo befassen, diesen erfassen und vollständig nachvollziehen, damit in der Folge maßvolle gesetzgeberische Aktivitäten zu den wünschenswerten Vereinfachungen führen könnten und nicht versehentlich – aber vorhersehbar – zu weiteren Erschwernissen.

VI. Fazit

Es mangelt offenbar weder an Ideen und (mehr oder weniger konkreten) Vorschlägen noch an der übergreifenden Erkenntnis, dass ein Abbau von

28 *P. Kirchhoff*, DStR 2023, 1801 (1804), der einen Nachlass i. H. v. 1 bis 5 % der Steuerschuld bei stetiger verfahrensschonender Gestaltung der Steuerfälle vorschlägt.

29 *G. Kirchhoff*, DStR 2023, 355, der von einem „verfassungsrechtlichen Auftrag zur Digitalisierung des Steuerrechts“ spricht.

30 *Myßen*, in: Krumm (Hrsg.), Grundrechtsschutz im Steuerrecht, DStjG 47 (2025), 371 (390).

31 *Hey*, StuW 2024, 16 (23).

32 *Hey*, StuW 2024, 16 (20).

Bürokratie – nicht nur, aber sicherlich insbesondere im Bereich des Steuerrechts – in einem noch ungewissen, aber notwendig spürbaren Umfang dringend geboten erscheint. Der erste Reflex, hierbei mit der gesetzgeberischen Axt oder – aktuell offenbar angesagter – Kettensäge[33] vorzugehen, ist zu verwerfen, denn der Bürokratie wohnt, wenn auch nicht immer, so aber doch oft, neben der Last ebenso ein Nutzen inne, der auch eine grundrechtsschützende Funktion haben kann. Gefragt sind also alternative Herangehensweisen – an deren Vorschlägen es eigentlich auch nicht mangelt.

Voraussichtlich wird es aber nicht den einen „großen Wurf" geben, mit dem sich ein über Jahrzehnte immer weiter angewachsener Konflikt einfach auflösen lässt. Eine vielversprechende Option scheint der Fortschritt in der Digitalisierung von Verwaltungsverfahren im Allgemeinen und dem Besteuerungsverfahren im Besonderen zu sein. Dabei steht das Besteuerungsverfahren nicht am Anfang; vielmehr sind bereits heute viele Vorschriften auf eine weitergehendere Digitalisierung ausgerichtet wie beispielsweise bei der Bekanntgabe von Verwaltungsakten durch Bereitstellung zum Datenabruf nach § 122a AO. Jedoch lassen der Fortschritt in seiner konkreten Anwendung und die damit verbundenen erheblichen Erfolge noch auf sich warten, und es scheint so, als würde bisher eher zögerlich von den bereits vorhandenen gesetzgeberischen Möglichkeiten Gebrauch gemacht.

Möglicherweise sind umfassendere und/oder schnellere Fortschritte derzeit weniger aus den konkreten Anwendungen und Verfahrensabläufen heraus zu erwarten, als vielmehr aufgrund eines ganz anderen, nicht verwaltungsspezifischen Phänomens: dem demografischen Wandel. Wird in der Verwaltung aufgrund geburtenstarker Pensionsjahrgänge bei gleichzeitig geburtenschwachen Nachfolgejahrgängen in Verbindung mit dem generellen Mangel an qualifizierten Fachkräften das Personal knapp, bleibt kaum eine andere Option als eine progressive Digitalisierung. Personalab- und -aufwüchse dem Grunde nach sind statistisch an sich einigermaßen plan- und vorhersagbar. Es ist daher geboten, dass alle Beteiligten rechtzeitig, im Sinne von zeitnah, dazu beitragen, dass der erforderliche „Schwung" für eine Reform der „Bürokratie" aufgenommen wird, um nicht – vorhersehbar plötzlich – von der Realität überholt zu werden.

---

33 100 Tage Milei in Argentinien: Reform per „Kettensäge", tagesschau.de, https://www.tagesschau.de/ausland/amerika/argentinien-milei-104.html (letzter Zugriff: 17.09.2025); Musk und Milei und ihre Symbolik: Mit der Kettensäge gegen die Bürokratie, sueddeutsche.de, https://www.sueddeutsche.de/wirtschaft/kettensaege-milei-musk-buerokratie-symbol-li.3217228 (letzter Zugriff: 17.09.2025).

Vom Chaos zur Kontrolle: Wie ein neues Ministerium die deutsche Digitalpolitik revolutionieren soll

Christoph Schmidt[1]

Der Beitrag untersucht die Gründung des Bundesministeriums für Digitalisierung und Staatsmodernisierung (BMDS) als Reaktion auf strukturelle Defizite deutscher Digitalpolitik. Im Fokus stehen verfassungsrechtliche, organisatorische und föderale Aspekte der Kompetenzbündelung. Anhand konkreter Handlungsfelder analysiert der Text, ob das BMDS geeignet ist, die digitale Transformation wirksam zu koordinieren und zu beschleunigen.

I. Einführung

Die Digitalisierung des Staates und der Gesellschaft stellt einen der größten Transformationsprozesse der Gegenwart dar. Deutschland, als führende Wirtschaftsmacht in Europa, hat in den vergangenen Jahren immer wieder mit erheblichen Defiziten bei der digitalen Transformation zu kämpfen gehabt. Dies spiegelt sich nicht zuletzt in internationalen Rankings wie dem Index für die digitale Wirtschaft und Gesellschaft (DESI) wider. So belegt Deutschland bei den E-Government-Nutzern im Alter von 16 bis 74 Jahren im DESI-Zeitraum 2024 (Daten von 2023) mit einem Anteil von 62,15 % lediglich den drittletzten Platz.[2] Als Reaktion auf diese Herausforderungen hat die neue Bundesregierung am 6. Mai 2025 mit dem Bundesministerium für Digitalisierung und Staatsmodernisierung (BMDS) erstmals ein eigenständiges Ministerium auf Bundesebene geschaffen, das die bislang fragmentierten Zuständigkeiten für digitalpoli-

---

1 Prof. Dr. iur. *Christoph Schmidt* ist Professor an der Hochschule für öffentliche Verwaltung und Finanzen in Ludwigsburg. Er lehrt gegenwärtig auf dem Gebiet des allgemeinen Abgabenrechts und gründete jüngst das Institut für digitale Transformation im Steuerrecht (IdTStR) an der gleichen Hochschule, das er seit März 2023 leitet.

2 https://digital-decade-desi.digital-strategy.ec.europa.eu/datasets/desi/charts/desi-indicators?period=desi_2024&indicator=desi_egov_users_anys&breakdown=ind_total&unit=pc_ind_ilt12&country=AT,BE,BG,HR,CY,CZ,DK,EE,EU,FI,FR,DE,EL,HU,IE,IT,LV,LT,LU,MT,NL,PL,PT,RO,SK,SI,ES,SE (letzter Zugriff: 26.05.2025).

tische Fragen bündeln und als zentrale Koordinierungsinstanz für die digitale Transformation des Staates und der Verwaltung fungieren soll.[3]

Die Gründung des BMDS markiert einen Paradigmenwechsel in der deutschen Digitalpolitik. Während zuvor digitalpolitische Kompetenzen auf verschiedene Ressorts verteilt waren – vom Bundeskanzleramt über das Innenministerium bis hin zum Verkehrs- und Wirtschaftsministerium –, werden diese nun unter einem Dach zusammengeführt. Bemerkenswert ist dabei insbesondere der dem BMDS eingeräumte Zustimmungsvorbehalt für wesentliche IT-Ausgaben der unmittelbaren Bundesverwaltung,[4] der einen erheblichen Eingriff in die Ressorthoheit der übrigen Ministerien darstellt und Fragen nach der verfassungsrechtlichen Vereinbarkeit mit dem Ressortprinzip aufwirft.

Der vorliegende Beitrag nimmt diese fundamentale Neuordnung der Exekutivstrukturen im digitalpolitischen Bereich zum Anlass für eine umfassende Analyse. Im Zentrum steht dabei die kritische Würdigung der Vorzüge und Nachteile dieser institutionellen Innovation. Ziel ist es, zu untersuchen, inwiefern die neue Ministerialstruktur geeignet ist, den digitalen Transformationsprozess in Deutschland zu beschleunigen und bestehende Defizite zu überwinden. Dabei werden sowohl verwaltungsrechtliche als auch verfassungsrechtliche Aspekte erörtert und die Auswirkungen auf das föderale Gefüge analysiert.

Die Untersuchung erfolgt vor dem Hintergrund einer langjährigen kontroversen Debatte um die Notwendigkeit eines eigenständigen Digitalministeriums.[5] Während Befürworter die Bündelung von Kompetenzen als Schlüssel zur Überwindung bisheriger Defizite sehen, warnen Kritiker vor einer Ausblendung fachspezifischer Digitalaspekte und einer Verletzung des Ressortprinzips. Der Beitrag greift diese unterschiedlichen Perspektiven auf und stellt sie im Hinblick auf den Erfolg des neuen Ministeriums gegenüber. Mit dieser Analyse möchte der Beitrag einen ersten Anstoß zur wissenschaftlichen Diskussion über die optimale institutionelle Ausgestaltung der Digitalpolitik in Deutschland leisten und zugleich Entscheidungsträgern Orientierungshilfen für die weitere Entwicklung des BMDS und seiner Einbettung in die föderale Verwaltungsstruktur an die Hand geben.

---

3 https://bmds.bund.de/aktuelles/pressemitteilungen/unser-versprechen-deutschland-wird-digitaler-schneller-und-unbuerokratischer (letzter Zugriff: 26.05.2025).

4 *Merz*, Organisationserlass, https://www.bundesregierung.de/resource/blob/975196/2345476/cdff731d8650c3ea9281853dedf46d2c/2025-05-06-organisationserlass-data.pdf (letzter Zugriff: 26.05.2025).

5 Dazu beispielsweise https://www.bundestag.de/webarchiv/textarchiv/2019/kw42-de-digitalisierung-659866 (letzter Zugriff: 26.05.2025).

II. Von der Fragmentierung zur Zentralisierung: Der Weg zum Bundesministerium für Digitalisierung und Staatsmodernisierung

1. Entwicklungslinien der deutschen Digitalpolitik (1980er–2024)

Die digitale Transformation des deutschen Staates hat ihre Wurzeln in den 1980er-Jahren, als erste Telekommunikationsprojekte die Grundlage für moderne Verwaltungsdigitalisierung schufen. Mit der Digitalen Agenda 2014–2017 versuchte die Bundesregierung erstmals, eine ressortübergreifende Strategie zu etablieren,[6] scheiterte jedoch an mangelnder Kohärenz zwischen den beteiligten Ministerien. Die damals geschaffenen Strukturen – verteilt auf das Wirtschafts-, Innen- und Verkehrsministerium – erwiesen sich als zu starr, um mit der Dynamik technologischer Innovationen Schritt zu halten. Ein Beispiel aus der jüngsten Vergangenheit ist der bereits erwähnte DESI-Index 2024. Im Hinblick auf einen ebenso relevanten Indikator der vorausgefüllten Formulare belegt Deutschland lediglich den vorletzten Platz.[7] Diese insgesamt internationale Rückständigkeit offenbarte systemische Defizite: Während andere Länder zentralisierte Digitalbehörden etabliert hatten, verharrte die Bundesrepublik in einer kleinteiligen Kompetenzverteilung über zahlreiche Ministerien hinweg.

2. Systemische Defizite der bisherigen Organisationsstruktur

Vor der Gründung des BMDS herrschte eine paradoxe Zuständigkeitsverteilung: Das Bundesinnenministerium verwaltete die IT-Infrastruktur, während das Verkehrsministerium den Breitbandausbau koordinierte und das Wirtschaftsministerium für digitale Wirtschaftspolitik zuständig war.[8] Diese Zersplitterung führte zu erheblichen Reibungsverlusten – exemplarisch sichtbar bei der Umsetzung des Onlinezugangsgesetzes (OZG), das durch interministerielle Kompetenzkonflikte erheblich verzögert wurde. Neben abteilungsübergreifenden Abstimmungsprozessen kann auch die personelle Struktur als ein zentrales Hemmnis angesehen werden: 57 Abteilungen, Unterabteilungen und Referate in verschiedenen

---

6 https://www.publikationen-bundesregierung.de/pp-de/publikationssuche/digitale-agenda-2014-2017-727138 (letzter Zugriff: 26.05.2025).

7 (Fn. 2).

8 https://www.behoerden-spiegel.de/2025/05/07/digitalministerium-buendelt-kompetenzen-aus-sechs-haeusern (letzter Zugriff: 26.05.2025).

Ministerien trugen zwar das Wort „Digital“ im Namen,[9] agierten jedoch ohne koordinierende Gesamtstrategie.

3. Gesellschaftspolitischer Reformdruck und institutioneller Wandel

Der gesellschaftliche Druck für eine institutionelle Neuordnung kulminierte 2021 in einer Bitkom-Studie, die eine 71 %-Zustimmung in der Bevölkerung für ein eigenständiges Digitalministerium dokumentierte.[10] Treiber dieser Forderung waren unter anderem mittelständische Unternehmen, die in einer fragmentierten Digitalpolitik einen Standortnachteil sahen. Der Koalitionsvertrag 2025 zwischen CDU/CSU und SPD griff diese Stimmung auf und sah erstmals die Schaffung eines Ministeriums für „Digitalisierung und Staatsmodernisierung“ vor.[11] Einen neuralgischen Punkt stellen insbesondere potenzielle verfassungsrechtliche Bedenken durch Kompetenzverlagerungen und eine Unterminierung des Ressortprinzips dar. Die Debatte spiegelte einen grundlegenden Paradigmenkonflikt wider: Sollte Digitalpolitik als Querschnittsaufgabe in Fachressorts verankert bleiben oder durch zentrale Steuerung effizienter gestaltet werden?

4. Föderale Erprobung als Reformlabor

Die Bundesländer Bayern und Hessen dienten mit ihren 2018/19 gegründeten Digitalministerien als experimentelle Vorreiter. Das hessische Modell setzte auf eine dualistische Haushaltsstruktur: ein Budget für ressortinterne Digitalprojekte, ein zweites für ressortübergreifende Initiativen.[12] Dies ermöglichte bis 2025 die flächendeckende Einführung von 560 digitalen Verwaltungsleistungen – ein Spitzenwert im Ländervergleich. Erfolgsprojekte wie „EDITH“ (Enabling Digital Transformation in Hesse) förderten gezielt die Digitalisierung von Kleine und mittlere Unternehmen (KMU) durch KI-Schulungen.[13]

---

9 https://www.bitkom.org/Presse/Presseinformation/Grosse-Mehrheit-fuer-Schaffung-eines-Digitalministeriums (letzter Zugriff: 26.05.2025).

10 (Fn. 9).

11 *CDU/CSU/SPD*, Koalitionsvertrag zwischen CDU, CSU und SPD der 21. Legislaturperiode, https://www.cdu.de/app/uploads/2025/04/KoaV-2025-Gesamt-final-0424.pdf (letzter Zugriff: 26.05.2025).

12 Die aktuelle Regierungserklärung zu diesen und anderen Themen der Digitalisierung Hessens ist abrufbar unter https://hessen.de/sites/hessen.hessen.de/files/2025-03/regierungserklaerung_digitalministerin_hlt_20250325.pdf (letzter Zugriff: 26.05.2025).

13 (Fn. 12).

Bayerns Digitalministerium hingegen war zunächst mitunter harscher Kritik ausgesetzt. So bezeichnete die Opposition im Rahmen einer Regierungserklärung der Staatsministerin für Digitales im Jahr 2023 das neue Haus als „Mini-Ministerium für die Digitalisierung. Es ist klein, es hat wenig Geld, es hat wenig Kompetenz, und es hat wenig Macht.“[14]

Diese Erfahrungen flossen anscheinend in die Bundesgesetzgebung ein: Der BMDS-Organisationserlass übernahm hessische Elemente, integrierte aber gleichzeitig bayerische Lessons Learned durch klare Abgrenzungsklauseln zu Fachressorts. Die Länderpionierarbeit bewies, dass zentralisierte Digitalpolitik vor allem durch eine Balance zwischen Steuerungsmacht und Ressortautonomie erfolgreich sein kann. Dieser historisch-institutionelle Kontext erklärt, warum die BMDS-Gründung 2025 nicht als isolierter Akt, sondern als Höhepunkt eines langjährigen Lernprozesses deutscher Digitalpolitik zu verstehen ist. Die Synthese aus länderbezogenen Best Practices und bundespolitischen Fehlanläufen schuf die Voraussetzungen für eine fundierte Kompetenzbündelung auf Bundesebene.

III. Organisationsrechtliche Fundamente: Der Erlass vom 6. Mai als Basis der BMDS-Gründung

1. Organisationserlass und rechtliche Grundlagen

Die Gründung des Bundesministeriums für Digitalisierung und Staatsmodernisierung (BMDS) basiert auf dem Organisationserlass vom 6. Mai 2025, der auf § 9 GOBreg[15] zurückzuführen ist. Dieser Erlass transferiert wie nachstehend aufgelistet Kompetenzen aus sechs bestehenden Ministerien in das neue Ressort:[16]

Aus dem Bundeskanzleramt:

- strategische Vorausschau
- Verhaltenswissenschaften und bürgerzentrierte Politik
- Grundsatzfragen der Digitalpolitik

14 https://www.bayern.landtag.de/www/ElanTextAblage_WP18/Protokolle/18%20Wahlperiode%20Kopie/18%20WP%20Plenum%20Kopie/139%20PL%20220323%20ges%20endg%20Kopie.pdf (letzter Zugriff: 26.05.2025).

15 Geschäftsordnung der Bundesregierung (GOBReg) vom 11. Mai 1951 (GMBl S. 137); zuletzt geändert durch Bekanntgabe vom 22. Oktober 2002 (GMBl S. 848).

16 *Merz* (Fn. 4), S. 6 f.

Aus dem Innenministerium:
- digitale Verwaltung inklusive OZG-Steuerung (ohne Pass-, Ausweiswesen und Identitätsmanagement)
- digitale Gesellschaft inklusive Informationstechnik (ohne Statistik, Integrität, Korruptionsprävention, Sponsoring, Bundesakademie für öffentliche Verwaltung, Datenpolitik)
- allgemeine IT-Beschaffung
- Steuerung der IT des Bundes inklusive Infrastruktur und der darauf begrenzten IT-Sicherheit
- Netze des Bundes (ohne spezifische Anforderungen der Sicherheitsbehörden)
- Cybersicherheit in der Bundesverwaltung
- Netzinfrastrukturen, Netzstrategie 2030, Informationsverbund der öffentlichen Verwaltung
- Recht der digitalen Verwaltung
- Zentrum für Digitale Souveränität (ZenDiS)

Aus dem Verkehrsministerium:
- Digital- und Datenpolitik
- digitale Infrastrukturen

Aus dem Wirtschaftsministerium:
- europäische und nationale bessere Rechtsetzung und Bürokratieabbau
- Digitalpolitik (ohne Post)
- Recht der Datennutzung
- digitale Wirtschaft, Datenverfügbarkeit, Investitionsprüfungen
- digitale Souveränität
- Digitalgipfel

Aus dem Finanzministerium:
- ITZBund (ohne jene Aufgaben, die als Bundesfinanzbehörde zu erbringen sind)
- souveräne Cloud

Aus dem Justizministerium:
- Geschäftsstelle für Bürokratieabbau
- bessere Rechtssetzung
- Nationaler Normenkontrollrat
- Umsetzung des EU-AI-Acts

2. Personalausstattung und Haushaltsaspekte

Fix bezifferte Planstellen- oder Etat-Ansätze existieren gegenwärtig (Stand 15. Mai 2025) noch nicht. Der Gründungserlass regelt lediglich das

Verfahren: Alle betroffenen Abteilungen samt Personal und Sachmitteln werden aus den sechs Ressorts in das BMDS übertragen. Maßgeblich sind jeweils die Ausstattungen der Organisationsbereiche zum 1. Januar 2025. Für die Overhead-Verwaltung gilt grundsätzlich eine 10-Prozent-Quote.[17] Für 2025 gibt es noch keinen eigenen Einzelplan im Bundeshaushalt. Ein Referatsleiter räumte am 8. Mai ein: „Das Digitalministerium hat noch nicht einmal einen Einzelplan."[18]

3. Der Zustimmungsvorbehalt bei IT-Ausgaben: Reichweite und Grenzen

Mit dem Organisationserlass wird dem Bundesministerium für Digitales und Staatsmodernisierung zudem ein Zustimmungsvorbehalt für alle wesentlichen IT-Ausgaben der unmittelbaren Bundesverwaltung eingeräumt. Ausnahmen betreffen bestimmte Geschäftsbereiche der Verteidigung, der Sicherheits- und Polizeiaufgaben, des Bundesnachrichtendienstes sowie der Steuerverwaltung. Das Nähere zum Zustimmungsvorbehalt soll eine Vereinbarung regeln.[19] Verfassungsrechtliche Fragen beziehen sich auf die Umgehung des Kollegialprinzips (Art. 65 Satz 3 GG). Während Konflikte normalerweise im Kabinett entschieden werden, ermöglicht der Vorbehalt dem BMDS ein unilaterales Vetorecht. Der zuvor skizzierte rechtliche und organisatorische Rahmen verdeutlicht die ambitionierte Ausstattung des BMDS, offenbart aber gleichzeitig strukturelle Spannungen zwischen effizienzorientierter Zentralisierung und verfassungsrechtlich geschützter Ressortautonomie.

IV. Sechs Handlungsfelder, ein Ministerium: Kurzfristige Erfolgsaussichten für Digitalisierung und Staatsmodernisierung

1. Vorbemerkung

Die Etablierung des Bundesministeriums für Digitalisierung und Staatsmodernisierung markiert einen fundamentalen institutionellen Wandel in

17 *Merz* (Fn. 4), S. 9.

18 https://background.tagesspiegel.de/it-und-cybersicherheit/briefing/cybersicherheit-das-bsi-muss-kuenftig-zweimal-zum-rapport (letzter Zugriff: 26.05.2025).

19 *Merz* (Fn. 4), S. 7 f.

der deutschen Digitallandschaft. Während die beiden vorangegangenen Kapitel vor allem die rechtlichen und organisatorischen Dimensionen dieser Neustrukturierung auf allgemeiner Ebene analysierten, widmet sich das folgende Kapitel den konkreten Auswirkungen, die bereits kurzfristig – das heißt innerhalb der ersten zwölf bis 24 Monate nach Gründung – für Bürger sowie für wirtschaftliche Akteure zu erwarten sind.

Der Überblick basiert im Wesentlichen auf den aktuell (Stand 26. Mai 2025) auf der Internetpräsenz publizierten Themen des Ministeriums[20] und ist von besonderer Relevanz, da die gesellschaftliche Akzeptanz des BMDS maßgeblich davon abhängen wird, inwieweit es gelingt, die sogenannte Digitalisierungsdividende spürbar an die Endnutzer weiterzugeben. Die bisherige fragmentierte Zuständigkeitsverteilung hatte zur Folge, dass viele Digitalisierungsinitiativen in Deutschland primär als interne Verwaltungsprojekte konzipiert wurden, ohne die Nutzerzentrierung konsequent ins Zentrum zu stellen. Mit der Bündelung von Kompetenzen im BMDS und der Etablierung eines Zustimmungsvorbehalts für IT-Ausgaben ergeben sich neue Steuerungsmöglichkeiten, um Digitalisierungsvorhaben stärker auf greifbare Mehrwerte für die Adressaten auszurichten. Die entscheidende Frage bleibt jedoch, ob das neue Ministerium in der Lage sein wird, kurzfristig wahrnehmbare Erfolge zu generieren, oder ob die internen Umstrukturierungsprozesse zunächst zu einer Verzögerung laufender Initiativen führen könnten.

2. Thema #1: Digitaler Staat

Das BMDS verfolgt mit dem „Digital First“-Ansatz eine vollständige Digitalisierung von Verwaltungsleistungen, um Bürgern und Unternehmen schnellere, nutzerzentrierte Dienstleistungen zu bieten. Ein Kernprojekt ist die EUDI-Wallet, die eine sichere digitale Identität für Behördengänge ermöglicht und bis 2026 von acht Millionen Nutzern verwendet werden könnte. Der „Deutschland-Stack“ als interoperable Plattform soll föderale Insellösungen ersetzen und KI-gestützte Antragsbearbeitung ermöglichen, zum Beispiel durch automatisiertes Kindergeld nach der Geburt. Für Bürger bedeutet dies kurzfristig:

- Reduktion physischer Behördengänge durch digitales Bürgerkonto.
- Vorausgefüllte Formulare für Verwaltungsleistungen.
- Zeitersparnis durch das Once-Only-Prinzip.[21]

---

20 https://bmds.bund.de (letzter Zugriff: 26.05.2025).

21 Das Once-Only-Prinzip besagt, dass Bürger und Unternehmen Informationen und Nachweise, die für die Beantragung von Verwaltungsleistungen notwendig sind, nur einmal an die Verwaltung übermitteln müssen.

Unternehmen könnten von der 24-Stunden-Unternehmensgründung[22] und standardisierten Schnittstellen für den Datenaustausch mit Behörden profitieren.

3. Thema #2: Staatsmodernisierung

Das BMDS bündelt Kompetenzen aus sechs Ministerien, um Doppelstrukturen abzubauen und Verwaltungsprozesse zu automatisieren. Ein Sofortprogramm zum Bürokratierückbau sieht unter anderem vor:

- 20 % weniger Verwaltungsvorschriften des Bundes.
- 25 % Reduktion der Bürokratiekosten für Unternehmen durch vereinfachte Meldeverfahren.

4. Thema #3: Digitale Wirtschaft

Das BMDS treibt eine Reform des Datenschutzrechts voran, um KMU und Start-ups zu entlasten. Geplante Maßnahmen umfassen vor allem:

- Gesetzlicher Open-Data-Anspruch für öffentliche Datensätze.
- Datenökonomie-Förderung durch Datentreuhandstellen.
- Testfelder für KI-Anwendungen, insbesondere in der automatisierten Verwaltung.

Die innovationsfreundliche Umsetzung des EU-AI-Acts soll Marktzugänge beschleunigen, während eine zentrale KI-Aufsicht Klarheit für Unternehmen schafft.

5. Thema #4: Digitale Souveränität

Als Reaktion auf technologische Abhängigkeiten priorisiert das BMDS den Aufbau einer deutschen Cloud-Infrastruktur mit Open-Source-Standards und schließt nicht vertrauenswürdige Anbieter aus. Kurzfristige Effekte:

- Signifikantes Wachstum des IT-Sicherheitsmarkts.
- Zahlreiche neue Arbeitsplätze in der Cybersicherheitsbranche.
- Strategische EU-Partnerschaften für KI und Zero-Trust-Architekturen.

Unternehmen erhalten damit verlässliche Rahmenbedingungen für datensouveräne Geschäftsmodelle.

---

22 https://www.n-tv.de/wirtschaft/der_boersen_tag/Unternehmensgruendung-soll-in-24-Stunden-moeglich-sein-article25734410.html (letzter Zugriff: 26.05.2025).

6. Thema #5: Digitale Infrastruktur

Ein Telekommunikations-Netzausbaubeschleunigungsgesetz soll Genehmigungsverfahren für Glasfaser- und 5G-Projekte vereinfachen. Geplant sind:

- Fiktionsregelungen bei Anträgen zur Vermeidung von Verzögerungen.
- Flächendeckende Grundversorgung mit Breitband.
- Nutzungszentrierte Überprüfung der Mobilfunkabdeckung durch die Bundesnetzagentur.

Für Bürger bedeutet dies kurzfristig verbesserte Netzverfügbarkeit in ländlichen Regionen; Unternehmen profitieren von stabileren digitalen Geschäftsprozessen.

7. Thema #6: Internationale Digitalpolitik

Das BMDS positioniert Deutschland als Gestalter der EU-Digitalpolitik, zum Beispiel durch:

- Wirtschaftsfreundliche Umsetzung des Data Acts zur Entbürokratisierung.
- Multi-Stakeholder-Dialoge zur Internet-Governance mit Fokus auf Demokratie und Rechtsstaatlichkeit.
- Ausbau strategischer Partnerschaften mit Ländern des globalen Südens für offene digitale Märkte.

Unternehmen erhalten dadurch klare Regeln für grenzüberschreitende Datenströme und Marktzugänge.

8. Gesamturteil

Das BMDS setzt mit seiner sektorenübergreifenden Ausrichtung wichtige Impulse, insbesondere durch die Bündelung fragmentierter Zuständigkeiten. Kurzfristige Erfolge könnten jedoch durch strukturelle Hindernisse begrenzt werden: die föderale Zersplitterung, personelle Engpässe in der IT-Sicherheit und ungelöste Zielkonflikte zwischen Bürokratieabbau und Regulierung. Die vom NKR geforderte „Trendwende“[23] ist erst erkennbar, wenn die Verwaltung selbst entlastet wird – hier fehlen im BMDS-Konzept klare Maßnahmen. Für eine echte Beschleunigung braucht es verbindliche Zwischenziele. Die nächsten zwölf bis 24 Monate werden zeigen, ob das BMDS die Balance zwischen Zentralisierung und föderaler Flexibilität findet.

---

23 https://www.bundestag.de/presse/hib/kurzmeldungen-1116538 (letzter Zugriff: 24.11.2025).

V. Potenzielle positive Aspekte der neuen Ministeriumsordnung

1. Überwindung der Fragmentierung und Bündelung von Kompetenzen

Die historische Zersplitterung digitalpolitischer Zuständigkeiten auf sechs Bundesministerien führte zu einem System, das zentrale Vorhaben blockierte. Als Beispiele können genannt werden:

- OZG-Umsetzung: Trotz gesetzlicher Verpflichtung (2017) erreichte Deutschland insgesamt nur eine unzureichende Digitalisierung der Verwaltungsleistungen. Ursache waren unter anderem interministerielle Kompetenzkonflikte: Das BMI verantwortete Portale, das BMF steuerte Finanzmittel, Länder behielten die Hoheit über Backend-Systeme.
- Effizienzverluste: Es zeigte sich, dass Abstimmungsprozesse zwischen den Ressorts oftmals zu erheblichen Verzögerungen führten. Die IT-Konsolidierung Bund scheiterte oftmals an fehlender ressortübergreifender Steuerung.[24]

Vor der BMDS-Gründung lagen beispielsweise die IT-Infrastruktur, der Breitbandausbau und die Datenökonomie in unterschiedlichen Ressorts. Die ehemalige Staatsministerin und Beauftragte für Digitales im Bundeskanzleramt hatte zudem keine nennenswerten Kompetenzen. Stattdessen konkurrieren verschiedene Ministerien darum, wer das faktische Digitalministerium ist. Hinzu kamen mehrere Abstimmungs- und Beratungsgremien auf Bundesebene (Digitalkabinett, IT-Rat, Digitalrat) und andere Stakeholder in dem föderalen Beziehungsgeflecht (zum Beispiel der IT-Planungsrat oder die Föderale IT-Kooperation (FITKO)). Eine Struktur, die der Bitkom bereits vor Jahren – wenn auch im Zusammenhang mit der damaligen Europawahl – als „digitale Kleinstaaterei" kritisierte.[25] Die Zusammenführung dieser Kompetenzen unter dem BMDS-Dach ermöglicht nunmehr erstmals eine kohärente Ressortlogik.

---

24 So die Erkenntnisse des Bundesrechnungshofs, die unter https://www.bundesrechnungshof.de/SharedDocs/Downloads/DE/Berichte/2024/it-konsolidierung-ii-volltext.pdf (letzter Zugriff: 26.05.2025) abrufbar sind.

25 https://www.connect-professional.de/markt/bitkom-will-digitale-kleinstaaterei-verhindern.281812.html (letzter Zugriff: 26.05.2025).

2. Erhöhter Stellenwert und Sichtbarkeit

Ein eigenes Ministerium verleiht der Digitalpolitik politisches Gewicht und schafft klare Verantwortungsstrukturen:

- Kabinettsrepräsentanz: Mit Minister Dr. Karsten Wildberger (ehemals Media-Saturn-CEO) und den zwei Staatssekretären Philipp Amthor und Thomas Jarzombek[26] sowie dem Staatssekretär Dr. Markus Richter[27] fungiert das BMDS als zentrale Schaltstelle – anders als die bisherige Digitalstaatsministerin im Kanzleramt, die eher eine beratende Funktion hatte.
- Öffentliche Wahrnehmung: Eine aktuelle Bitkom-Umfrage zeigt, dass 85 % der Unternehmen Digitalpolitik als einen Regierungsschwerpunkt fordern. Nach der BMDS-Gründung stieg die Medienpräsenz digitaler Themen deutlich wahrnehmbar an.
- Internationale Sichtbarkeit: Als einheitliche Verhandlungsinstanz könnte das BMDS deutsche Interessen in der EU beispielsweise im AI Act durchsetzen, etwa Ausnahmen für KMU bei KI-Dokumentationspflichten.

3. Vermeidung von Doppelstrukturen

Bisherige IT-Modernisierungsversuche scheiterten an dezentralen Entscheidungsstrukturen:

- IT-Konsolidierung Bund: Die Bundesverwaltung benötigt eine flexible, zukunftsorientierte und sichere IT. Die Bundesregierung hatte sich daher bereits seit geraumer Zeit das Ziel gesetzt, die IT des Bundes zu standardisieren und zu zentralisieren. Obwohl sie seit dem Jahr 2007 die Steuerung der IT des Bundes mehrfach neu ausgerichtet hat, ist es bislang nicht gelungen, geeignete, ressortübergreifende Strukturen zu schaffen.[28]
- BMDS als zentrale Steuerungsinstanz: Der grundsätzliche Zustimmungsvorbehalt ermöglicht dem BMDS eine zentrale Steuerung aller IT-Ausgaben in der Bundesverwaltung, exklusive der genannten Geschäftsbereiche. Dies beseitigt die bisherige Fragmentierung, bei der Ressorts isoliert agierten.

---

26 https://bmds.bund.de/aktuelles/aktuelle-meldungen/06052025-vereidigung-der-parlamentarischen-staatssekretaere-im-bundesdigitalministerium (letzter Zugriff: 26.05.2025).

27 https://bmds.bund.de/ministerium/leitung/staatssekretaere/dr-markus-richter (letzter Zugriff: 26.05.2025).

28 So die Erkenntnisse des Bundesrechnungshofs, die unter Fn. 24 abrufbar sind.

VI. Potenzielle negative Aspekte der neuen Ministeriumsordnung

1. Zwischen Anspruch und Realität: Die Problematik der Zuständigkeitsabgrenzung

Die Frage, welche Themen und Aufgaben in einem Digitalministerium sinnvoll gebündelt werden können, bleibt hochkomplex und umstritten. So wurden bereits vor der Errichtung des BMDS beispielsweise zwei alternative Ausgestaltungen entwickelt: ein Ministerium mit zwei Hauptabteilungen – für Digitalpolitik und -strategie sowie für Projekte – und ein gestuftes Zuständigkeitsmodell. Dieses berücksichtigt einen Kernbereich mit originären Kompetenzen und Federführung, ergänzt um einen Wirkungsbereich für Koordination und Beratung sowie einen Entwicklungsbereich für vorausschauende Aktivitäten.[29]

Es zeigt sich bereits auf konzeptioneller Ebene, wie schwierig eine klare Abgrenzung zu den Kompetenzen anderer Fachressorts ist. Im Detail wird die Zuständigkeitsfrage nahezu unlösbar:

- Wer verantwortet beispielsweise die Modernisierung der Verkehrsinfrastruktur für autonomes Fahren – das Digitalministerium oder das Verkehrsressort?
- Soll das BMBF künftig nur noch analoge Technologien fördern, während das Digitalministerium für alles Digitale zuständig ist?
- Wer entscheidet, ob ein Unternehmen mit digitalem Geschäftsmodell unter das BMWK oder das Digitalministerium fällt?
- Ist Cybersicherheit Aufgabe des Digital-, des Innen- oder des Verteidigungsministeriums?[30]

Solche Abgrenzungsfragen lassen sich nahezu endlos fortsetzen. Selbst wenn die Kompetenzen auf abstrakter Ebene durch den aktuellen Organisationserlass geregelt sind, sind im administrativen Alltag fortlaufend Abgrenzungskonflikte zu erwarten. Schon die grundlegende Verständigung darüber, welche Themen als „eher digital“ oder „eher nicht digital“ gelten und welchem Ressort sie zuzuordnen sind, dürfte mindestens eine Legislaturperiode beanspruchen. Mit dem weiteren Fortschreiten der Digitalisierung werden zudem immer mehr Politikfelder zumindest teilwei-

---

29 Dazu *Egle*, Digitalministerium: Welche Fehler gemacht und wie sie vermieden werden könnten, https://www.bidt.digital/wp-content/uploads/sites/2/2022/08/bidt-Reihe-Impulse-2-Digitalministerium.pdf (letzter Zugriff: 13.05.2025) m. w. N.

30 Diese Fragen stellt *Egle* (Fn. 29), S. 11.

se digitalisiert, sodass das Digitalministerium perspektivisch in nahezu allen Bereichen mitverantwortlich sein müsste.[31]

Zuständigkeit ist jedoch kein Randthema, sondern ein zentrales Prinzip ministerieller Verwaltung. Das Argument der eigenen oder fehlenden Zuständigkeit kann gezielt eingesetzt werden, um politische Vorhaben zu blockieren oder Problemlösungen zu verhindern – sei es absichtlich oder aus institutioneller Trägheit. Es erscheint durchaus möglich, dass andere Ressorts bestrebt sein könnten, profilträchtige und erfolgreiche Digitalthemen im eigenen Haus zu behalten, während dem Digitalministerium vor allem die schwierigen und wenig attraktiven Aufgaben zufallen. Es droht die paradoxe Situation, dass das Digitalministerium für Misserfolge in der Digitalpolitik verantwortlich gemacht wird, ohne über die notwendigen Steuerungsinstrumente zu verfügen.

Ein weiteres Risiko besteht darin, dass die Existenz eines eigenständigen Digitalministeriums den Druck auf die übrigen Ressorts mindert, die digitale Transformation im eigenen Bereich aktiv voranzutreiben. Die Verantwortung für digitale Themen könnte bequem ausgelagert werden, sodass Referate oder Abteilungen, die bislang wenig Engagement in Sachen Digitalisierung gezeigt haben, sich künftig noch leichter mit dem Hinweis auf die mangelnde Zuständigkeit zurückziehen.[32]

2. Potenzielle Zeit- und Ressourcenfalle

Die Gründung eines neuen Ministeriums bindet unweigerlich personelle, finanzielle und zeitliche Ressourcen, die für inhaltliche Digitalisierungsvorhaben fehlen. Zwei mögliche Szenarien verdeutlichen das Dilemma:[33]

1. Langsame Rekrutierung externer Expertise:

Um hoch qualifiziertes Personal (zum Beispiel KI-Spezialisten, Cloud-Architekten) zu gewinnen, ist ein wettbewerbsorientierter Auswahlprozess nötig. Dies verzögert die Arbeitsfähigkeit des Ministeriums erheblich.

2. Schnelle Personalübernahme aus Fachressorts („Organigramm-Shopping"):

Werden stattdessen bestehende Referate aus anderen Ministerien übernommen, entstehen kulturelle Reibungsverluste: Unterschiedliche Arbeitsweisen, Hierarchien und IT-Systeme müssen integriert werden. Die Schaffung

31 *Egle* (Fn. 29), S. 11.
32 *Egle* (Fn. 29), S. 12.
33 *Egle* (Fn. 29), S. 12.

eines einheitlichen „digitalen Mindsets" wird so zu einer erheblichen Herausforderung.

Insoweit bleibt abzuwarten, wie die im Organisationserlass vom 6. Mai 2025 skizzierten geplanten Zuständigkeitsübertragungen in praxi umgesetzt werden sowie ob und inwieweit auf externe Expertise zurückgegriffen wird.

3. Zwischen Kanzlerprinzip und Ressortautonomie: Der BMDS-Zustimmungsvorbehalt auf dem Prüfstand

a) Vorbemerkung

Der neu eingeführte Zustimmungsvorbehalt des BMDS „für alle wesentlichen IT-Ausgaben der unmittelbaren Bundesverwaltung"[34] greift tatsächlich tief in die bis dato weitgehend eigenverantwortliche Haushalts- und Ressorthoheit der anderen Ministerien ein. Aus verfassungsrechtlicher Perspektive wirft dies mehrere Fragen auf, die im Folgenden dargestellt sind.

b) Eingriff in die Ressortautonomie

Nach dem Ressortprinzip (Art. 65 Satz 2 GG) führt jeder Bundesminister sein Ressort „selbständig und unter eigener Verantwortung". Die eigenverantwortliche Leitung der Bundesministerien lässt sich wie folgt skizzieren:[35]

1. Eigenständige Führung: Jeder Bundesminister leitet seinen Geschäftsbereich autonom innerhalb der vom Kanzler vorgegebenen politischen Richtlinien.
2. Keine Einmischung: Weder der Bundeskanzler noch andere Minister dürfen in fremde Ressorts eingreifen, Weisungen erteilen oder Befugnisse an sich ziehen.
3. Kabinettsbeschlüsse: Beschlüsse der Bundesregierung als Kollegium (zum Beispiel zu ressortübergreifenden Themen) sind für alle Minister bindend.

Umstritten ist, ob der Kanzler den zuständigen Minister in allen Ressortangelegenheiten einbeziehen muss. Die herrschende Meinung bejaht dies, um Ressortegoismen (zum Beispiel bei Digitalisierungsprojekten) zu ver-

---

34 *Merz* (Fn. 4), S. 7.

35 Die folgenden Erläuterungen basieren auf *Knobloch*, in: Kluth/Hömig/Wolff, 14. Aufl., Art. 65 Rn. 4.

meiden. Die Gemeinsame Geschäftsordnung der Bundesregierung (GGO) konkretisiert die Praxis:

- § 3 GGO: Ressorts müssen bei grenzüberschreitenden Themen zusammenarbeiten.
- § 20 GGO: Ein Minister kann nicht eigenmächtig Entscheidungen treffen, die andere Ressorts betreffen.

Zu den Befugnissen der Bundesminister zählen:

1. Organisationshoheit:
   - Festlegung von Verwaltungsstrukturen und Prioritäten im eigenen Geschäftsbereich.
   - Personalentscheidungen und Ressourcenverteilung (z. B. Standortwahl für Behörden).
2. Haushaltsbewirtschaftung:
   - Flexible Verwendung der im Haushalt zugewiesenen Mittel, um politische Ziele umzusetzen.

Im Hinblick auf die Verantwortlichkeit gegenüber dem Bundestag ist zu beachten, dass Minister sich für Mängel in ihrem Ressort verantworten müssen (Art. 43 Abs. 1 GG). Der Bundestag kann durch Misstrauensvoten oder Untersuchungsausschüsse reagieren. Ein nachgelagerter Genehmigungsvorbehalt durch ein anderes Ministerium – wie der eingangs erwähnte Zustimmungsvorbehalt des BMDS – relativiert diese Selbstständigkeit erheblich:

- De-facto-Veto: Erkennt das BMDS in Einzelfällen keine hinreichende Übereinstimmung mit seiner Digitalstrategie, kann es Investitionsvorhaben blockieren oder verzögern.
- Politische Verantwortlichkeit: Der verantwortliche Fachminister kann seinen Etat nicht mehr vollständig eigenverantwortlich umsetzen, wenn er das BMDS um Zustimmung bitten muss.

Diese Konstellation ähnelt mehr einer „Ressort-Oberaufsicht" als einem bloßen Koordinationsinstrument und unterläuft faktisch die Minister-Eigenkompetenz.

c) Vom Kanzlerprinzip zum Mikromanagement?

Das Kanzlerprinzip ist ein verfassungsrechtliches Fundament, das dem Bundeskanzler eine einzigartige Stellung verleiht.[36] Anders als in parlamentarischen Systemen mit kollektiver Kabinettsherrschaft setzt Art. 65 Satz 1 GG den Kanzler als strategischen Architekten der Politik in den Mittelpunkt. Die Richtlinienkompetenz ermöglicht dem Kanzler, die gro-

36 Die folgenden Erläuterungen basieren auf *Knobloch* (Fn. 35), 2.

ßen politischen Weichen zu stellen. Dies verdeutlicht auch der Organisationserlass vom 6. Mai 2025, mit dem Zuständigkeiten verlagert und das BMDS neu gegründet wurden. Der Zustimmungsvorbehalt „für alle wesentlichen IT-Ausgaben der unmittelbaren Bundesverwaltung" ist insofern formell zulässig, weil er auf dem Erlass beruht (§ 9 GOBReg).

Ein pauschaler Zustimmungsvorbehalt wäre nur dann gesichert verfassungsrechtlich zulässig, wenn er sich strikt auf rein organisatorische Abläufe (zum Beispiel zentrale Erfassung und Freigabe von Zahlungsanträgen) beschränkte und nicht inhaltlich darüber entscheidet, welche IT-Projekte ein Ministerium verfolgt oder mit welchem Funktionsumfang sie ausgestaltet werden. Fordert das BMDS jedoch, in jedem Einzelfall inhaltlich zu prüfen und zu genehmigen, ob ein bestimmtes Vorhaben („wesentliche IT Ausgaben") durchgeführt werden darf, greift dies möglicherweise unzulässig in das Ressortprinzip ein. Ein generelles Zustimmungsrecht für finanzielle Einzelentscheidungen könnte hier als unzulässige Gängelung gelten, wenn es den jeweiligen Minister daran hindert, im Rahmen seines bewilligten Etats zu entscheiden. Der Vorbehalt gilt allerdings nicht für Verteidigung, Sicherheitsbehörden und Steuerverwaltung. Dies zeigt, dass der Erlass sensible Kompetenzbereiche schützen will, unterstreicht aber gleichzeitig die Fragwürdigkeit des Eingriffs in andere Ressorts.

Weiterhin ist die haushaltsrechtliche Dimension zu berücksichtigen. Art. 110 GG verlangt, dass alle Ausgaben des Bundes im Haushaltsplan ausgewiesen und vom Bundestag bewilligt werden. Ein Zustimmungsvorbehalt darf nicht dazu missbraucht werden, parlamentarisch bewilligte Mittel faktisch einzufrieren. Wenn das BMDS Investitionen dauerhaft blockiert, könnte dies das „Trennungs- und Abstimmungsgebot" zwischen Parlament und Exekutive infrage stellen.

Die Einführung des Zustimmungsvorbehalts durch den Bundeskanzler ist formell rechtmäßig, da die Geschäftsordnung der Bundesregierung und der Organisationserlass gemäß Art. 65 GG die nötige Grundlage bieten. Der Kanzler kann die Geschäftsverteilung zwischen den Ministerien regeln. Entscheidend ist die Zweckbindung des Vorbehalts:

- Zulässig sollte es sein, wenn er der ressortübergreifenden Koordination dient; beispielsweise zur Vermeidung redundanter IT-Systeme oder zur Sicherstellung einheitlicher Standards, zum Beispiel für Open-Source-Vorgaben.
- Kritisch erscheint es, wenn der Vorbehalt zur faktischen Ressortkontrolle missbraucht würde. Dies könnte das Ressortprinzip (Art. 65 Satz 2 GG) verletzen, das die eigenverantwortliche Aufgabenerfüllung der Ministerien schützt.

d) Ergebnis

Insgesamt ist zu konstatieren: Der Zustimmungsvorbehalt ist grundsätzlich vereinbar mit dem Grundgesetz, sofern er als Kooperationsinstrument und nicht als Kontrollmechanismus ausgestaltet wird. Entscheidend wird die zukünftige tatsächliche Umsetzung sein, die die Balance zwischen zentraler Steuerung und Ressortautonomie wahrt.

VII. Resümee und Ausblick

Anhand des vorliegenden Beitrags wurde deutlich, dass die Gründung des Bundesministeriums für Digitalisierung und Staatsmodernisierung ein „Motor [...] für konkrete, sichtbare Fortschritte bei der Digitalisierung und eine moderne, handlungsfähige Verwaltung“[37] sein kann. Zugleich wirft sie jedoch eine Reihe rechtlicher und praktischer Fragen auf, die hier identifiziert sowie eingehend erörtert wurden. In diesem abschließenden Kapitel werden daher zunächst die zentralen Erkenntnisse in Thesenform zusammengefasst, um so die notwendigen Diskussionen zu vertiefen. Anschließend wird ein Ausblick auf weiterführende Forschungsfragen und mögliche Entwicklungen gegeben.

1. Zusammenfassung in Thesen

Die folgenden Thesen und aufgeworfenen Fragen zielen darauf ab, die Komplexität der Herausforderungen, die mit dem neu errichteten Ministerium einhergehen, pointiert zusammenzufassen und kritisch zu reflektieren. Sie sollen nicht nur den – aktuell noch sehr überschaubaren – Stand der Diskussion dokumentieren, sondern ebenso gezielt neue Denkansätze und Forschungsperspektiven eröffnen. Sie verstehen sich als Einladung zum anwendungs- und praxisbezogenen sowie zum wissenschaftlichen Dialog über die Zukunft der Digitalisierung der Verwaltung. Als zentrale Thesen können formuliert werden:

These 1: Verfassungsrechtlicher Balanceakt

Der BMDS-Zustimmungsvorbehalt für IT-Ausgaben untergräbt das Ressortprinzip (Art. 65 GG), indem er Ministerien de facto einer Oberaufsicht unterwirft, obwohl er Doppelstrukturen reduzieren könnte. Die verfas-

---

37 Dr. *Karsten Wildberger*, Bundesminister für Digitales und Staatsmodernisierung, Zitat abrufbar auf der Startseite des Ministeriums (Fn. 20).

sungsrechtliche Legitimität hängt davon ab, ob der Vorbehalt als Koordinationsinstrument und nicht als Kontrollmechanismus genutzt wird.

These 2: Fragmentierte Digitalstrategie
Die Ausnahmen für Sicherheitsbehörden und Steuerverwaltung etablieren ein Zwei-Klassen-System, das die Kohärenz der Digitalisierungslogik gefährden und parallele Governance-Strukturen fördern könnte. Dies wirft die Frage auf, wie einheitliche Standards bei selektiver Zentralisierung erreicht werden können.

These 3: Steuerrechtliche Sonderrolle
Die Herausnahme der Steuerverwaltung aus dem Zustimmungsvorbehalt ignoriert deren hohen Digitalisierungsbedarf und riskiert Insellösungen, die den „Deutschland-Stack“ unterminieren könnten. Hier bedarf es klarer Schnittstellen zwischen BMDS und Finanzressort, um Interoperabilität zu gewährleisten.

These 4: Kulturelle Reibungsverluste
Die Integration von Abteilungen aus sechs Ministerien führt zu Konflikten zwischen heterogenen Verwaltungskulturen, die synergetische Effizienz behindern könnten. Ein „digitaler Mindset“ erfordert gezielte Change-Management-Strategien, die im Organisationserlass nicht verankert sind.

These 5: Leerstelle im Haushalt
Das aktuelle Fehlen eines eigenen Einzelplans im Bundeshaushalt untergräbt (noch) die Handlungsfähigkeit des BMDS und offenbart eine Kluft zwischen politischem Anspruch und administrativer Realität. Ohne klare Budgetzuweisungen droht die Priorisierung innovativer IT-Projekte an Finanzierungsengpässen zu scheitern.

These 6: Föderale Implementierungsfallen
Die historischen OZG-Defizite zeigen, dass zentrale Bundesimpulse ohne effektive Länderkoordination scheitern. Das BMDS muss föderale Experimentierräume wahren, während es interoperable Standards durchsetzt – ein Zielkonflikt, der neue Governance-Modelle erfordert.

These 7: Limitierte Länder-Transferierbarkeit
Hessens dualistische Haushaltsstruktur und Bayerns Abgrenzungsklauseln sind auf die Bundesebene nur bedingt übertragbar, da die Akteursvielfalt und Rechtskomplexität deutlich höher ist. Die Bundesebene braucht angepasste Kooperationsformate, die föderale Dynamik nicht ersticken.

These 8: Ressourcenparadoxon
Die schnelle Personalübernahme aus Fachressorts riskiert kulturelle Fragmentierung, während die Rekrutierung externer Expertise Zeit kostet – ein Dilemma, das agiles Personalmanagement erfordert. Ungeklärt ist aktuell, wie das BMDS Fachkräfte gegen die Konkurrenz der Privatwirtschaft gewinnen will.

These 9: Bürokratische Abgrenzungskonflikte
Unklare Kompetenzzuordnungen (zum Beispiel bei KI oder Breitbandausbau) generieren neue Abstimmungsebenen und untergraben den Bürokratieabbau-Anspruch. Hier braucht es klare Kriterien für Querschnittsthemen, um Machtkämpfe zwischen BMDS und Fachressorts zu vermeiden.

These 10: Strategische Überlastungsgefahr
Die Bündelung von Digitalkompetenzen führt kurzfristig zu symbolischer Sichtbarkeit, doch ohne Priorisierungsmechanismen droht langfristig strategische Zersplitterung. Das BMDS muss nachweisen, dass Zentralisierung nicht zu „digitalem Mikromanagement", sondern zu echter Effizienzsteigerung führt.

2. Offene Forschungsfragen

Die wissenschaftliche Begleitung der BMDS-Entwicklung wirft eine Reihe fundamentaler Forschungsfragen auf, die systematischer Untersuchung bedürfen:

Verfassungsrechtliche Dimensionen: Wie lassen sich die Grenzen des Zustimmungsvorbehalts verfassungskonform definieren? Welche Auswirkungen hat die neue Kompetenzverteilung auf das Gleichgewicht zwischen Kanzlerprinzip, Ressortprinzip und Kollegialprinzip?

Implementierung und Governance: Welche organisationstheoretischen Modelle eignen sich für die Integration heterogener Verwaltungskulturen in einem neuen Ministerium? Wie können effektive Koordinationsmechanismen zwischen Bund, Ländern und Kommunen entwickelt werden? Welche Rolle spielt die personelle Ausstattung mit Digitalexpertise für den Erfolg des Ministeriums?

Europäische und internationale Einbettung: Wie positioniert sich das BMDS in der europäischen Digitalpolitik-Landschaft? Welche Auswirkungen hat die deutsche Ministeriumsgründung auf die EU-weite Koordination digitalpolitischer Initiativen? Können andere EU-Mitgliedstaaten von den deutschen Erfahrungen profitieren?

Steuerrechtliche Spezialfragen: Welche Implikationen hat die BMDS-Gründung für die Digitalisierung der Steuerverwaltung, die explizit vom Zustimmungsvorbehalt ausgenommen ist? Wie können steuerrechtliche Digitalisierungsprojekte trotz dieser institutionellen Trennung von der übergreifenden Digitalstrategie profitieren?

3. Weiterführender Forschungsbedarf und potenzielle Entwicklungen

Die wissenschaftliche Begleitung des BMDS erfordert einen interdisziplinären Forschungsansatz, der rechtswissenschaftliche, verwaltungswissenschaftliche und informatische Perspektiven integriert. Besonders dringlich erscheint die empirische Evaluation der ersten Implementierungserfahrungen, um fundierte Aussagen über die Wirksamkeit der neuen institutionellen Architektur treffen zu können.

Kurz- bis mittelfristige Forschungsprioritäten (2025–2027): Eine systematische Analyse der organisationsinternen Integrationsprozesse könnte wertvolle Erkenntnisse für die Optimierung der Ministeriumsstrukturen liefern. Gleichzeitig sollten die Auswirkungen des Zustimmungsvorbehalts auf die Projektdurchlaufzeiten und Innovationsfähigkeit der Bundesverwaltung quantitativ erfasst werden. Die Entwicklung von Indikatoren zur Messung der Digitalisierungsdividende für Bürger und Unternehmen würde eine evidenzbasierte Bewertung der BMDS-Performance ermöglichen.

Langfristige Entwicklungsperspektiven (2027–2030): Die potenzielle Weiterentwicklung des BMDS zu einem umfassenden Modernisierungsministerium mit erweiterten Kompetenzen für Verwaltungsreform und Bürokratieabbau könnte eine natürliche Evolution der aktuellen Struktur darstellen. Alternativ wäre auch eine Rückführung bestimmter Kompetenzen in die Fachressorts denkbar, falls sich die zentralisierte Steuerung als ineffektiv erweisen sollte.

Die internationale Dimension verdient besondere Aufmerksamkeit: Deutschland könnte mit dem BMDS-Modell internationale Standards für die institutionelle Organisation der Digitalpolitik setzen und als Vorbild für andere Länder fungieren. Dies erfordert jedoch eine kontinuierliche Comparative-Governance-Forschung, die deutsche Erfahrungen mit internationalen Best Practices abgleicht.

Methodische Innovationen: Die Evaluation des BMDS bietet Gelegenheit für methodische Innovationen in der Verwaltungsforschung. Big-Data-Analysen von Verwaltungsprozessen, KI-gestützte Politikfolgenabschätzung und experimentelle Ansätze zur Messung von Bürgerzufriedenheit könnten neue Standards für die evidenzbasierte Bewertung von Verwaltungsreformen setzen.

Die nächsten Jahre werden entscheidend dafür sein, ob das BMDS tatsächlich als Motor für konkrete, sichtbare Fortschritte bei der Digitalisierung und eine moderne, handlungsfähige Verwaltung fungieren kann oder ob es als weiteres Beispiel für die Komplexität deutscher Verwaltungsreformen in die Geschichte eingehen wird. Die wissenschaftliche Begleitung dieses Experiments ist nicht nur für die deutsche Verwaltungswissenschaft, sondern für das internationale Verständnis digitaler Governance-Innovation von außerordentlicher Bedeutung.

Literaturverzeichnis

CDU/CSU/SPD (2025). Koalitionsvertrag zwischen CDU, CSU und SPD der 21. Legislaturperiode, elektronisch veröffentlicht unter: https://www.cdu.de/app/uploads/2025/04/KoaV-2025-Gesamt-final-0424.pdf (letzter Zugriff: 26.05.2025).

Egle, Christoph (2025). Digitalministerium: Welche Fehler gemacht und wie sie vermieden werden könnten, elektronisch veröffentlicht unter: https://www.bidt.digital/wp-content/uploads/sites/2/2022/08/bidt-Reihe-Impulse-2-Digitalministerium.pdf (letzter Zugriff: 13.05.2025).

Kluth, Winfried/Hömig, Dieter/Wolff, Heinrich Amadeus (Hrsg.) (2025). Grundgesetz für die Bundesrepublik Deutschland, Handkommentar, 14. Auflage, Baden-Baden (zitiert: Kluth/Hömig/Wolff/Bearbeiter).

Merz, Friedrich (2025). Organisationserlass, elektronisch veröffentlicht unter: https://www.bundesregierung.de/resource/blob/975196/2345476/cdff731d8650c3ea9281853dedf46d2c/2025-05-06-organisationserlass-data.pdf (letzter Zugriff: 26.05.2025).

Die Beurteilung der dauernden Leistungsfähigkeit von baden-württembergischen Gemeinden

Jutta Breitenstein[1]

I. Grundsachverhalt

Im Hinblick auf die zunehmend angespannte Finanzsituation der Gemeinden in Baden-Württemberg[2] stellt die Aufrechterhaltung der dauernden Leistungsfähigkeit eine Herausforderung dar. Bei der Aufrechterhaltung der dauernden Leistungsfähigkeit handelt es sich um eine elementare Voraussetzung, um die in § 77 Abs. 1 Satz 1 der Gemeindeordnung für Baden-Württemberg (GemO) normierte Sicherstellung der stetigen Aufgabenerfüllung gewährleisten zu können.[3]

Die dauernde Leistungsfähigkeit stellt einen unbestimmten Rechtsbegriff dar.[4] Eine empirisch getestete Formel oder eine Definition, um die dauernde Leistungsfähigkeit einer Gemeinde zweifelsfrei beurteilen und prognostizieren zu können, existiert nicht.[5] Damit beispielsweise die Rechtsaufsichtsbehörde für ihre Genehmigungen[6] und die Gemeinde für ihre Dispositionen die dauernde Leistungsfähigkeit beurteilen und deren voraussichtliche Entwicklung prognostizieren können, wird eine ganzheitliche, einzelfallbezogene Analyse der Haushaltssatzung mit dem Haushaltsplan (einschließlich seiner Anlagen) und der mittelfristigen Finanzplanung[7] unter Einbeziehung der Jahresabschlüsse und Rechenschaftsberichte sowie ergänzend qualitativer Faktoren[8] empfohlen. Im Hinblick darauf, dass sich die Sicherstellung der stetigen Aufgabenerfüllung weit über den Finanzplanungszeitraum erstreckt, sollten sich ab-

1 Prof. Dr. *Jutta Breitenstein* ist Professorin für Öffentliche Finanz- und Betriebswirtschaft und Wirtschaftswissenschaften an der Hochschule für öffentliche Verwaltung und Finanzen Ludwigsburg.

2 Vgl. *Freier/Raffer*, Kommunaler Finanzreport, 2025, S. 12.

3 Vgl. *Goldbach*, Feststellung und Sicherung der dauernden Leistungsfähigkeit, 2023, S. 643.

4 Vgl. Teil A Abschnitt I Nr. 1 Buchst. a VwV KomHWi.

5 Vgl. *Schwarting*, § 9 Grundsätze der Einnahme- und Kreditwirtschaft, 2008, Rn. 60; *Breitenstein*, Bilanzanalyse, 2018, S. 169.

6 Vgl. exemplarisch § 86 Abs. 4 und § 87 Abs. 2, 5 GemO.

7 Vgl. Teil A Abschnitt I Nr. 1 Buchst. b VwV KomHWi; *Schwarting*: § 9 Grundsätze der Einnahme- und Kreditwirtschaft, 2008, Rn. 61.

8 Vgl. *Breitenstein*, Bilanzanalyse, 2018, S. 213.

zeichnende Entwicklungstendenzen bei der Prognose der dauernden Leistungsfähigkeit miteinbezogen werden.[9]

Um abbildungsverzerrende Gestaltungen mittels Haushalts- und Jahresabschlusspolitik erkennen zu können, wird eine Analyse der Haushalts- und Jahresabschlusspolitik anheimgestellt.

Einen Überblick über eine mögliche Herangehensweise bei der Beurteilung der dauernden Leistungsfähigkeit gibt Abb. 1. Die einzelnen Schritte werden in den Kapiteln zwei bis sieben erläutert.

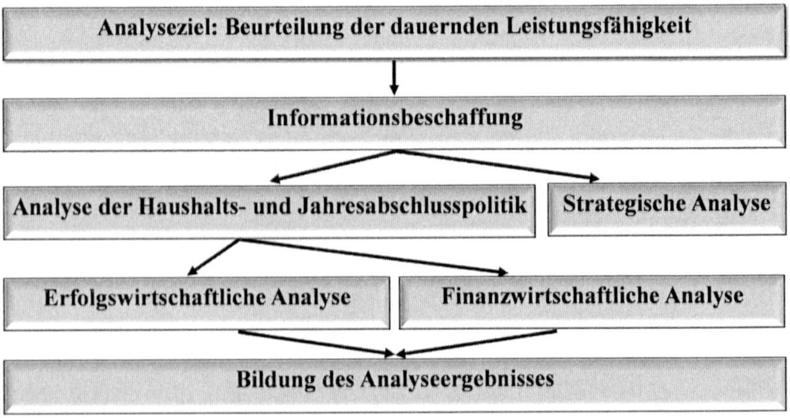

Abb. 1 Methodik der Analyse der dauernden Leistungsfähigkeit[10]

II. Analyseziel und Informationsbasis

Bevor auf die Ausgestaltung der Analyse der dauernden Leistungsfähigkeit im Einzelnen eingegangen wird, soll der Blick zunächst auf das Analyseziel sowie auf die notwendige Informationsgrundlage gerichtet werden.

1. Ziel der Analyse

Das Ziel der Analyse dürfte darin bestehen, möglichst entscheidungsrelevante Erkenntnisse über die gegenwärtige und zukünftige Entwicklung

9 Vgl. Teil A Abschnitt I Nr. 1 Buchst. b VwV KomHWi; *Schwarting*: § 9 Grundsätze der Einnahme- und Kreditwirtschaft, 2008, Rn. 61.

10 Eigene Darstellung in Anlehnung an *Müller*, Management-Rechnungswesen, 2003, S. 240; *Baetge/Kirsch/Thiele*, Bilanzanalyse, 2004, S. 54.

der dauernden Leistungsfähigkeit einer Gemeinde zu erhalten.[11] Da es sich um eine komplexe Zielsetzung handelt, bietet sich die Operationalisierung[12] in Teilziele an.

Für die erfolgswirtschaftliche Analyse könnte beispielsweise als Teilziel formuliert werden: War die Gemeinde in der Vergangenheit in der Lage, den Grundsatz der intergenerativen Gerechtigkeit einzuhalten und wird sie voraussichtlich auch in der Zukunft dazu befähigt sein? Bei der erfolgswirtschaftlichen Analyse dürfte im Fokus stehen, ob die Gemeinde dauerhaft in der Lage sein wird, ihre ordentlichen Aufwendungen durch ordentliche Erträge zu decken.[13]

Für die finanzwirtschaftliche Analyse könnten beispielsweise folgende Teilziele formuliert werden: War die Gemeinde in der Vergangenheit und wird sie auch zukünftig in der Lage sein, ihre Auszahlungen aus laufender Verwaltungstätigkeit aus ihren Einzahlungen aus laufender Verwaltungstätigkeit zu leisten?[14] Können die Auszahlungen für die ordentliche Kredittilgung dauerhaft aus dem Zahlungsmittelüberschuss aus der laufenden Verwaltungstätigkeit[15] beglichen werden?[16] Reicht der Zahlungsmittelüberschuss aus der laufenden Verwaltungstätigkeit nach Abzug der ordentlichen Kredittilgung gegenwärtig und voraussichtlich auch zukünftig dafür aus, um die für die Aufgabenerfüllung erforderlichen Investitionen anteilig selbst finanzieren zu können?[17]

Für die strategische Analyse könnte beispielsweise als Teilziel formuliert werden: Kann die Gemeinde voraussichtlich auch in der Zukunft über das erforderliche (immaterielle) Erfolgspotenzial verfügen, um im Zusammenwirken mit einer geordneten Haushaltswirtschaft die stetige Aufgabenerfüllung sicherstellen[18] zu können.[19]

---

11 Vgl. auch *Zeis*, Analyse, 2007, S. 145.

12 Zur Operationalisierung eines Analyseziels in Teilziele bei der Jahresabschlussanalyse vgl. *Brösel*, Bilanzanalyse, 2024, S. 43 f.

13 Vgl. *Breitenstein*, Bilanzanalyse, 2018, S. 212 f.; vgl. auch § 23 Nr. 1, 2 KomHKVO. Die Pflicht zum Ausgleich von ordentlichen Erträgen und ordentlichen Aufwendungen ergibt sich in Baden-Württemberg aus § 80 Abs. 2 Satz 2 GemO.

14 Vgl. Teil A Abschnitt I Nr. 1 Buchst. b VwV KomHWi; Anlage 16 Nr. 4 VwV Produkt- und Kontenrahmen.

15 Der Zahlungsmittelüberschuss aus der laufenden Verwaltungstätigkeit wird in Baden-Württemberg aufgrund von § 79 Abs. 2 Nr. 2 Buchst. a GemO „als Zahlungsmittelüberschuss […] des Ergebnishaushalts" bezeichnet.

16 Vgl. Teil A Abschnitt I Nr. 1 Buchst. b VwV KomHWi; Anlage 16 Nr. 5 VwV Produkt- und Kontenrahmen.

17 Vgl. Anlage 16 Nr. 6 VwV Produkt- und Kontenrahmen.

18 Zur Verpflichtung der Gemeinde zur Sicherstellung der stetigen Aufgabenerfüllung vgl. § 77 Abs. 1 Satz 1 GemO.

19 Vgl. *Breitenstein*, Bilanzanalyse, 2018, S. 419.

2. Informationsgrundlage

Als Informationsgrundlage zur Beurteilung und Prognose der dauernden Leistungsfähigkeit einer Gemeinde dienen insbesondere die Haushaltssatzung einschließlich des Haushaltsplans und seiner Anlagen und die mittelfristige Finanzplanung sowie Informationen über sich abzeichnende Entwicklungstendenzen.[20]

Ergänzend empfiehlt es sich, den Jahresabschluss (einschließlich Anhang) und den Rechenschaftsbericht in die Analyse mit einzubeziehen. Der gemäß § 95 Abs. 1 GemO „nach den Grundsätzen ordnungsmäßiger Buchführung unter Berücksichtigung der besonderen gemeindehaushaltsrechtlichen Bestimmungen aufzustellen[de]"[21] Jahresabschluss hat nach der Intention des Gesetzgebers „die tatsächliche Vermögens-, Ertrags- und Finanzlage der Gemeinde darzustellen"[22]. Bei der Abbildung der wirtschaftlichen Lage einer Gemeinde im Jahresabschluss ist jedoch zu berücksichtigen, dass diese vom baden-württembergischen Abbildungsmodell determiniert wird.[23] Im Jahresabschluss sind die realen Verhältnisse der Gemeinde in Werteinheiten zu transformieren. Hieraus resultieren jahresabschlusspolitisch einsetzbare Gestaltungsoptionen, die von der Gemeinde für die zielgerichtete Abbildung ihrer Vermögens-, Ertrags- und Finanzlage nutzbar sind.[24]

Insbesondere aufgrund der Umstellung auf das Neue Kommunale Haushalts- und Rechnungswesen besteht jedoch die Situation, dass bei vielen Gemeinden die doppischen Jahresabschlüsse noch nicht oder nicht rechtzeitig aufgestellt und festgestellt werden.[25] In diesen Fällen stehen dem Analysten kein aktueller Jahresabschluss und Rechenschaftsbericht zur Verfügung, welche für die Analyse der dauernden Leistungsfähigkeit grundsätzlich essenziell sind.

Um dieses Problem zu lösen, könnten, wie in anderen Bundesländern[26], ausnahmsweise befristete Erleichterungen für die Aufstellung und Fest-

---

20 Teil A Abschnitt I Nr. 1 Buchst. b VwV KomHWi; *Schwarting*, § 9 Grundsätze der Einnahme- und Kreditwirtschaft, 2008, Rn. 61.

21 § 95 Abs. 1 Satz 2 GemO.

22 § 95 Abs. 1 Satz 4 GemO.

23 Vgl. *Lachnit/Müller*, Bilanzanalyse, 2017, S. 71; *Breitenstein*, Bilanzanalyse, 2018, S. 215.

24 Vgl. *Ammann/Müller*, IFRS, 2006, S. 246.

25 Vgl. *Gemeindeprüfungsanstalt Baden-Württemberg*, Geschäftsbericht 2025, S. 29.

26 Beispielsweise wurde für die niedersächsischen Kommunen die Möglichkeit eröffnet, durch Ratsbeschluss bis einschließlich des Jahresabschlusses für das Haushaltsjahr 2022 auf die Aufstellung der Teilergebnisrechnungen, der Teilfinanzrechnungen und des Anhangs zu verzichten, vgl. § 1 Abs. 1 NBKAG. Der Verzicht umfasst auch den Rechenschaftsbericht, die Anlagenübersicht, die Schuldenübersicht, die Rückstellungsübersicht,

stellung der Jahresabschlüsse bis einschließlich des Jahresabschlusses für das Haushaltsjahr 2024 eingeräumt werden. Das Ziel sollte sein, die Rückstände bei der Aufstellung der Jahresabschlüsse spätestens bis zu Beginn der Haushaltsplanung 2027 möglichst vollständig abzubauen.

Um dieses Ziel zu erreichen, erscheinen weitreichende Vereinfachungen erforderlich. Diskutierbar wären beispielsweise, in Anlehnung an die Regelungen in Niedersachsen[27] und in Sachsen-Anhalt[28], die folgenden Erleichterungen: Auf Basis einer noch zu schaffenden Ermächtigungsgrundlage und eines Gemeinderatsbeschlusses könnte auf die Aufstellung der Teilergebnisrechnungen und Teilfinanzrechnungen verzichtet werden. Auch der Verzicht auf den Anhang (einschließlich Anlagen) und den Rechenschaftsbericht wird als vertretbar erachtet, weil die Informationen durch Zeitablauf in der Regel an Informationsgehalt und Entscheidungsnutzen verloren haben. Ferner wäre zu erwägen, ob als Ausnahme vom Grundsatz der Ansatzstetigkeit[29] in den der Eröffnungsbilanz folgenden Jahresabschlüssen auf die Bildung von Wahlrückstellungen[30] sowie auf die Bildung von Rückstellungen für verblockte Altersteilzeit und ähnliche Arbeitszeitmodelle[31], Gebührenausgleichsrückstellungen[32], Rückstellungen für „drohende Verpflichtungen aus Bürgschaften und Gewähr-

---

die Forderungsübersicht und die Übersicht der ins Folgejahr zu übertragenden Haushaltsermächtigungen, die gemäß § 128 Abs. 3 NKomVG dem Anhang beizufügen sind.
In Sachsen-Anhalt wurden durch Runderlasse des Ministeriums für Inneres und Sport vom 15. Oktober 2020, 22. April 2022, 2. April 2024 und 29. Mai 2024 umfangreiche Erleichterungen für die Aufstellung sowie die Prüfung der kommunalen Jahresabschlüsse bis einschließlich des Haushaltsjahres 2025 eingeräumt. Unter der Voraussetzung, dass eine geprüfte Eröffnungsbilanz vorliegt, kann beispielsweise ganz oder teilweise, auf der Grundlage eines Ratsbeschlusses, von der Aufstellung der Teilergebnisrechnungen, der Teilfinanzrechnungen, des Anhangs und des Rechenschaftsberichts abgesehen werden. Ferner müssen die gemäß § 35 Abs. 1 Satz 1 Nr. 3–6 KomHVO passivierungspflichtigen Abfalldeponierückstellungen, Altlastsanierungsrückstellungen, Instandhaltungsrückstellungen und sonstigen Rückstellungen nicht gebildet werden, wenn sie in Haushaltsjahren für die Erleichterungen beim Jahresabschluss gelten, in Anspruch genommen werden sollen. Die Pflicht zur Bildung von aktiven und passiven Rechnungsabgrenzungsposten besteht nur für mehrjährige Geschäftsvorfälle. Beispielsweise müssen passive Rechnungsabgrenzungsposten für Grabnutzungsgebühren weiterhin gebildet werden. Vgl. *Ministerium für Inneres und Sport Sachsen-Anhalt*, Runderlass vom 15. Oktober 2020, S. 1–5 i. V. m. Runderlass vom 22. April 2022, S. 2 f., Runderlass vom 2. April 2024, S. 1 und Runderlass vom 29. Mai 2024, S. 1 f.

27 Vgl. § 1 Abs. 1 NBKAG.

28 Vgl. *Ministerium für Inneres und Sport Sachsen-Anhalt*, Runderlass vom 15. Oktober 2020, S. 1–5.

29 Zum Grundsatz der Ansatzstetigkeit vgl. § 43 Abs. 1 Nr. 5 Satz 2 GemHVO.

30 Vgl. § 41 Abs. 2 Satz 1 GemHVO.

31 Vgl. § 41 Abs. 1 Nr. 1 GemHVO.

32 Vgl. § 41 Abs. 1 Nr. 4 GemHVO.

leistungen"[33] ausnahmsweise verzichtet werden könnte, sofern die Auszahlungen für die zugrunde liegenden Sachverhalte spätestens im Haushaltsjahr 2024 vollständig geleistet wurden. Sofern es sich um zwei- bis vierjährige Sachverhalte handelt, die nach dem Zeitpunkt der Aufstellung der Eröffnungsbilanz liegen und vor dem 01.01.2025 vollständig abgeschlossen waren, wären zeitlich befristete Erleichterungen bei der Periodenabgrenzung mittels Rechnungsabgrenzungsposten vorstellbar. Für „von der Gemeinde geleistete Investitionszuschüsse"[34], für erhaltene „Investitionszuweisungen und Investitionsbeiträge"[35], für die in der Regel aktive beziehungsweise passive Sonderposten zu bilden sind,[36] sowie für Grabnutzungsgebühren bedarf es jedoch weiterhin einer periodengerechten Abgrenzung.

Mittelfristig können in die Beurteilung der dauernden Leistungsfähigkeit auch die Informationen des Erweiterten Beteiligungsberichts einbezogen werden, wenngleich sich die Frage nach der Aktualität der Informationen stellt. Der Erweiterte Beteiligungsbericht ist spätestens neun Monate nach dem Haushaltsjahr aufzustellen, die Feststellung durch den Gemeinderat soll spätestens 15 Monate nach dem Haushaltsjahr erfolgen. Anschließend wird die Rechtsaufsichtsbehörde und die Gemeindeprüfungsanstalt Baden-Württemberg über den Feststellungsbeschluss informiert und er wird ortsüblich publiziert.[37]

III. Analyse der Haushalts- und Jahresabschlusspolitik

Im Hinblick darauf, dass die realen Verhältnisse der Gemeinde in Werteinheiten zu transformieren sind, ergeben sich bei der Aufstellung des Haushaltsplans (einschließlich der mittelfristigen Finanzplanung) und des Jahresabschlusses (einschließlich dem Rechenschaftsbericht) Gestaltungsmöglichkeiten, die für eine zielgerichtete Abbildung der wirtschaftlichen Lage der Gemeinde eingesetzt werden können.[38] Auch die in Baden-Württemberg geltenden Regelungen zur Aufstellung des Haushaltsplans und des Jahresabschlusses können haushalts- und jahresabschlusspolitisch motivierte Abbildungen nicht vollkommen verhindern, weil die Re-

33 § 41 Abs. 1 Nr. 6 GemHVO.
34 § 40 Abs. 4 Satz 1 GemHVO.
35 § 40 Abs. 4 Satz 2 GemHVO.
36 Vgl. § 40 Abs. 4 GemHVO.
37 § 95a Abs. 1 i. V. m. § 95 b GemO.
38 Vgl. *Ammann/Müller*, IFRS, 2006, S. 246.

gelungen beispielsweise Ansatz- und Bewertungswahlrechte enthalten und es nicht möglich ist, die vielfältigen kommunalen Sachverhalte abschließend zu regeln.[39] Der baden-württembergische Gesetz- und Verordnungsgeber könnte jedoch die Möglichkeit der Haushalts- und Jahresabschlusspolitik einschränken,[40] wenn er beispielsweise die Ansatz- und Bewertungswahlrechte reduzieren würde. Beispielsweise eröffnet die Bildung und spätere Auflösung von Wahlrückstellungen[41] jahresabschlusspolitisches Gestaltungspotenzial.

Das bedeutsamste Ziel der gemeindlichen Haushalts- und Jahresabschlusspolitik dürfte in der dauerhaften Sicherstellung des Haushaltsausgleichs liegen.[42] Ein über Jahre hinweg positives ordentliches Ergebnis indiziert in der Regel die dauernde Leistungsfähigkeit der Gemeinde.[43] In ertragsstarken Haushaltsjahren mit einem zu erwartenden überdurchschnittlich hohen ordentlichen Ergebnis könnte es haushalts- und jahresabschlusspolitisches Ziel der Gemeinde sein, mittels der Bildung von stillen Reserven das ordentliche Ergebnis zu minimieren. In finanzwirtschaftlich angespannten Haushaltsjahren, die oftmals mit rückläufigen ordentlichen Erträgen einhergehen, könnte die Gemeinde bestrebt sein, die stillen Reserven zur Erreichung eines ausgeglichenen ordentlichen Ergebnisses möglichst stillschweigend wieder aufzulösen.[44]

Als Instrumente der Haushalts- und Jahresabschlusspolitik kann die Gemeinde die zielorientierte Sachverhaltsgestaltung und die Sachverhaltsabbildung einsetzen.[45]

Unter der Sachverhaltsgestaltung werden die zielorientierten Maßnahmen zur Gestaltung der realen Verhältnisse der Gemeinde zusammengefasst, die von ihr getätigt oder unterlassen werden, um im Haushaltsplan in der Finanzplanung und insbesondere im Jahresabschluss die angestrebte wirtschaftliche Lage der Gemeinde zeigen zu können.[46] Da Sachverhaltsgestaltungen das Mengengerüst betreffen, sind sie generell vor dem Abschlussstichtag zu realisieren.[47] Soweit möglich dürften Sachverhaltsgestaltungen in der Regel bereits bei Aufstellung des Haushaltsplans und

---

39 Vgl. *Lachnit/Müller*, Bilanzanalyse, 2017, S. 71.

40 Vgl. *Ammann/Müller*, IFRS, 2006, S. 246.

41 Zur Bildung von Wahlrückstellungen vgl. § 41 Abs. 2 Satz 1 GemHVO.

42 Vgl. *Kußmaul/Henkes*, Qualitative Analyse, 2008, S. 937.

43 Vgl. *Breitenstein*, Bilanzanalyse, 2018, S. 218.

44 Vgl. *Lachnit/Müller*, Bilanzanalyse, 2017, S. 74.

45 Vgl. *Küting*, Der Stellenwert der Bilanzanalyse, 2006, S. 2755.

46 Vgl. *Coenenberg/Haller/Schultze*, Jahresabschluss und Jahresabschlussanalyse, 2024, S. 1110; *Lachnit/Müller*, Bilanzanalyse, 2017, S. 78.

47 Vgl. *Ammann/Müller*, IFRS, 2006, S. 248.

der mittelfristigen Finanzplanung mit bedacht werden. Beispielsweise könnte eine Gemeinde zur Verlagerung des ordentlichen Aufwands Reparatur- oder Instandhaltungsmaßnahmen vorziehen oder auf spätere Haushaltsjahre verschieben.[48] Aus haushalts- und jahresabschlusspolitischen Erwägungen sollen Vermögensgegenstände geleast statt gekauft werden.[49] Um den Personalaufwand geringer ausweisen zu können, sollen externe Personen oder Betriebe mit der Wahrnehmung gemeindlicher Aufgaben betraut werden.[50] Um den Schuldenstand am Abschlussstichtag niedriger ausweisen zu können, werden Kredite wenige Tage vor Ende des Haushaltsjahres getilgt und im neuen Haushaltsjahr – unter Einhaltung der haushaltsrechtlichen Bestimmungen – wieder aufgenommen.[51] Um die liquiden Mittel am Abschlussstichtag höher ausweisen zu können, werden beispielsweise zur Zahlung fällige Verbindlichkeiten aus Lieferungen und Leistungen erst zu Beginn des neuen Haushaltsjahres beglichen.

Für die Rechtsaufsichtsbehörde und andere externe Analysten der dauernden Leistungsfähigkeit einer Gemeinde sind Sachverhaltsgestaltungen kaum erkennbar. Teilweise können im Anhang zum Jahresabschluss oder im Rechenschaftsbericht Indizien für Sachverhaltsgestaltungen inhärent sein.[52] Ferner können sich Hinweise auf mögliche Sachverhaltsgestaltungen auch aus dem Vorbericht oder aus den Plan-Ist-Vergleichen der Ergebnisrechnung und der Finanzrechnung ergeben.[53]

Mit den Sachverhaltsabbildungen sollen im Haushaltsplan (einschließlich Finanzplanung), im Jahresabschluss und im Rechenschaftsbericht sowie in freiwilligen Publikationen mit finanzwirtschaftlichem Bezug die Abbildung der wirtschaftlichen Verhältnisse der Gemeinde zielorientiert beeinflusst werden.[54] Bei der Beurteilung der dauernden Leistungsfähigkeit einer Gemeinde dürfte der Fokus insbesondere auf den materiellen Sachverhaltsabbildungen liegen. Formelle Sachverhaltsabbildungen, die insbesondere auf Ausweiswahlrechten, Gliederungswahlrechten und Erläuterungswahlrechten basieren, können vor allem zur formellen Gestaltung des Jahresabschlusses und der Berichterstattung mit finanzwirt-

48 Vgl. *Heinhold*, Instrumente der unternehmerischen Bilanzpolitik, 1984, S. 450.

49 Vgl. *Coenenberg/Haller/Schultze*, Jahresabschluss und Jahresabschlussanalyse, 2024, S. 1110; *Weller*, Bilanzpolitische Gestaltungsparameter, 2009, S. 3.

50 Vgl. *Breitenstein*, Bilanzanalyse, 2018, S. 222.

51 Vgl. *Heinhold*, Instrumente der unternehmerischen Bilanzpolitik, 1984, S. 450.

52 Vgl. *Weber*, Möglichkeiten der Bilanzpolitik, 1990, S. 90; *Bieg/Kußmaul/Waschbusch*, Externes Rechnungswesen, S. 288.

53 Vgl. *Breitenstein*, Bilanzanalyse, 2018, S. 223.

54 Vgl. *Lachnit/Müller*, Bilanzanalyse, 2017, S. 78f.; *Weller*, Bilanzpolitische Gestaltungsparameter, 2009, S. 3f.; *Breitenstein*: Bilanzanalyse, 2018, S 223.

schaftlichem Bezug eingesetzt werden.[55] Sie haben jedoch keine materiellen Auswirkungen auf das Vermögen, das Eigenkapital und das Fremdkapital der Gemeinde sowie auf die Abbildung des ordentlichen Ergebnisses und des Sonderergebnisses.[56]

Das Instrumentarium der materiellen Sachverhaltsabbildungen umfasst die Ansatzwahlrechte, die Bewertungswahlrechte und die Ermessensspielräume.[57]

Aktivierungswahlrechte bestehen beispielsweise für geringwertige immaterielle sowie bewegliche Vermögensgegenstände des Sachvermögens, die als erforderliche Erstausstattung in Verbindung mit einer Bauinvestition angeschafft oder hergestellt worden sind[58] sowie für das Disagio[59]. Neben den Pflichtrückstellungen[60] existiert ein Passivierungswahlrecht für weitere Verbindlichkeiten- und Aufwandsrückstellungen.[61]

Bewertungswahlrechte bestehen beispielsweise bei der Ermittlung der Anschaffungskosten mit Bewertungsvereinfachungsverfahren[62] und der Herstellungskosten[63].[64] Ferner bei der Festlegung einer von der linearen Abschreibung abweichenden Abschreibungsmethode[65] und den Wertgrenzen „für [geringwertige] immaterielle und bewegliche Vermögensgegenstände des Sachvermögens bis zu einem Wert von 1 000 Euro ohne Umsatzsteuer“[66].

Ermessensspielräume bestehen beispielsweise bei der Bestimmung der jeweiligen Nutzungsdauer von abnutzbaren Vermögensgegenständen innerhalb der im Leitfaden zur Bilanzierung empfohlenen Nutzungsdau-

---

55 Vgl. *Küting/Weber*, Die Bilanzanalyse, 2015, S. 41 f., 44; *Fudalla/Tölle/Wöste*, Bilanzierung und Jahresabschluss, 2023, S. 221.

56 Vgl. *Küting/Weber*, Die Bilanzanalyse, 2015, S. 41; *Breitenstein*, Bilanzanalyse, 2018, S. 223.

57 Vgl. *Wohlgemuth*, IFRS: Bilanzpolitik und Bilanzanalyse, 2007, S. 67; *Fudalla/Tölle/Wöste*, Bilanzierung und Jahresabschluss, 2023, S. 221.

58 Vgl. § 46 Abs. 2 Satz 2 GemHVO.

59 Vgl. § 48 Abs. 3 Satz 1 GemHVO.

60 Vgl. § 41 Abs. 1 GemHVO.

61 Vgl. § 41 Abs. 2 Satz 1 GemHVO.

62 Die Bewertungsvereinfachungsverfahren umfassen aufgrund von § 45 GemHVO das Festwertverfahren gemäß § 37 Abs. 2 GemHVO, die Gruppenbewertung gemäß § 37 Abs. 3 GemHVO und die Verbrauchsfolgeverfahren.

63 Zu den einzelnen Wahlbestandteilen bei der Ermittlung der Herstellungskostenobergrenze vgl. § 44 Abs. 2 Satz 3 und Abs. 3 Satz 2 GemHVO.

64 Vgl. *Lachnit/Müller*, Bilanzanalyse, 2017, S. 83; *Weller*, Bilanzpolitische Gestaltungsparameter, 2009, S. 4.

65 Vgl. § 46 Abs. 1 Satz 2, 3 GemHVO.

66 § 38 Abs. 4 GemHVO.

ern[67],[68] bei der Schätzung des Erfüllungsbetrags von Rückstellungen,[69] bei der Abgrenzung von Erhaltungsaufwand und Herstellungskosten,[70] bei der Ermittlung des niedrigeren beizulegenden Wertes bei außerplanmäßigen Abschreibungen[71],[72] bei der Feststellung des Zeitpunkts, ab wann die Gründe für eine außerplanmäßige Abschreibung entfallen sind und eine ertragswirksame Zuschreibungspflicht[73] existiert[74] und bei der Ermittlung der Nutzungsdauern für die Abschreibung von geleisteten Investitionszuschüssen[75].

Um insbesondere prognostizieren zu können, ob das im Ergebnishaushalt, in der mittelfristigen Finanzplanung und in der Ergebnisrechnung jeweils ausgewiesene ordentliche Ergebnis möglicherweise modelliert wurde, wird eine Analyse der Haushalts- und Jahresabschlusspolitik anheimgestellt.

Da Sachverhaltsgestaltungen für einen externen Analysten grundsätzlich nicht zu eruieren sind,[76] wird sich die Analyse vor allem auf die Ansatzwahlrechte, die Bewertungswahlrechte und die Ermessenspielräume fokussieren.[77] Bei der Analyse kommt dem Anhang[78], der insbesondere die Angaben und die Erläuterungen zu der Ausübung von Ansatz- und Bewertungswahlrechten enthält, eine Schlüsselrolle zu.[79] Weitere Hinweise zu abbildungsverzerrenden Sachverhaltsabbildungen können direkt oder implizit im Haushaltsplan, in der mittelfristigen Finanzplanung sowie im Vorbericht, im Jahresabschluss und im Rechenschaftsbericht oder in ergänzenden finanzwirtschaftlichen Publikationen inhärent sein. Außer-

---

67 Vgl. *AG Bilanzierung und Jahresabschluss Baden-Württemberg* et al., Leitfaden zur Bilanzierung, 2023, Anlage 3 Abschreibungstabelle für Baden-Württemberg.

68 Vgl. *Fudalla/Tölle/Wöste*, Bilanzierung und Jahresabschluss, 2023, S. 223.

69 Vgl. *Coenenberg/Haller/Schultze*, Jahresabschluss und Jahresabschlussanalyse, 2024, S. 1112; *Lachnit/Müller*, Bilanzanalyse, 2017, S. 84.

70 Vgl. *Coenenberg/Haller/Schultze*, Jahresabschluss und Jahresabschlussanalyse, 2024, S. 1112.

71 Zur Abschreibungspflicht bei einer voraussichtlich dauernden Wertminderung auf den niedrigeren beizulegenden Wert am Abschlussstichtag vgl. § 46 Abs. 3 Satz 1 GemHVO.

72 Vgl. *Coenenberg/Haller/Schultze*, Jahresabschluss und Jahresabschlussanalyse, 2024, S. 1112; *Fudalla/Tölle/Wöste*, Bilanzierung und Jahresabschluss, 2023, S. 223.

73 Die Zuschreibungspflicht (Wertaufholungsgebot) ergibt sich aus § 46 Abs. 3 Satz 2 GemHVO.

74 Vgl. *Lachnit/Müller*, Bilanzanalyse, 2017, S. 84.

75 Vgl. *Breitenstein*, Bilanzanalyse, 2018, S. 227; vgl. auch *Weller*, Bilanzpolitische Gestaltungsparameter, 2009, S. 8 f. Zur Pflicht geleistete Investitionszuschüsse abzuschreiben vgl. § 40 Abs. 4 Satz 1 GemHVO.

76 Vgl. *Küting/Weber*, Die Bilanzanalyse, 2015, S. 50.

77 Vgl. *Lachnit/Müller*, Bilanzanalyse, 2017, S. 98–106.

78 Zu den einzelnen Inhalten des Anhangs vgl. § 47 Abs. 1–4, § 53, § 63 Abs. 2 GemHVO.

79 Vgl. *Lachnit/Müller*, Bilanzanalyse, 2017, S. 98 f.

dem dürfte von Interesse sein, ob und gegebenenfalls inwieweit sich einzelne Positionen im Ergebnishaushalt, im Finanzhaushalt sowie in der Ergebnisrechnung, in der Finanzrechnung und in der Bilanz im Zeitablauf verändert haben.[80] Sofern sich in der Ergebnisrechnung, der Finanzrechnung und in der Bilanz erhebliche Veränderungen zu den Vorjahreswerten ergeben haben, die die Vergleichbarkeit beeinträchtigen, sollten die Pflichtangaben und Erläuterungen im Anhang in der Regel Aufschluss über die Ursachen der Veränderungen geben.[81] Beispielsweise könnte es in der derzeit angespannten Finanzsituation der Gemeinden aufschlussreich sein, ob im Vergleich zu den Vorjahren vermehrt „Erträge aus der Auflösung oder Herabsetzung von Rückstellungen“[82] zu verzeichnen sind, die bei den sonstigen Erträgen im Ergebnishaushalt und in der Ergebnisrechnung auszuweisen sind[83].

Um prognostizieren zu können, ob und gegebenenfalls inwieweit abschlusspolitische Gestaltungen von der Gemeinde vorgenommen wurden, um das ordentliche Ergebnis zu verbessern oder zu verschlechtern, empfiehlt es sich nach einer eingehenden Analyse und Würdigung der zur Verfügung stehenden Informationen für den Jahresabschluss eine Liste der Ansatz- und Bewertungswahlrechte und möglicher Ermessensspielräume zu generieren. Auf dieser Grundlage können dann identifizierbare abschlusspolitische Gestaltungen der Gemeinde strukturiert aufgenommen werden. Anschließend können die abschlusspolitischen Gestaltungen in grafische Bilanzpolitikprofile[84] überführt werden, um in einer Gesamtbetrachtung die ergebniserhöhende oder die ergebnisreduzierende Wirkung der Abschlusspolitik auf das ordentliche Ergebnis zu veranschaulichen. [85]

IV. Erfolgswirtschaftliche Analyse

Bei ganzheitlicher Betrachtung bedarf es zur vorsichtigen Einschätzung und Prognose der dauernden Leistungsfähigkeit einer Gemeinde neben der Analyse der Haushalts- und Jahresabschlusspolitik und der strategi-

---

80 Vgl. *Lachnit/Müller*, Bilanzanalyse, 2017, S. 98 f.; Breitenstein: Bilanzanalyse, 2018, S. 233.

81 Vgl. § 47 Abs. 2 GemHVO.

82 Anlage 31.2, Konto 3582 VwV Produkt- und Kontenrahmen.

83 Vgl. Anlage 3 Nr. 10, Anlage 19 Nr. 10 jeweils i. V. m. Anlage 31.2, Konto 3582 VwV Produkt- und Kontenrahmen.

84 Für ein Beispiel zur Generierung eines kommunalspezifischen Bilanzpolitikprofils siehe *Breitenstein*, Bilanzanalyse, 2018, S. 234–237.

85 Vgl. *Lachnit/Müller*, Bilanzanalyse, 2017, S. 100–106.

schen Analyse vor allem einer erfolgswirtschaftlichen und einer finanzwirtschaftlichen Analyse. Die im fünften Kapitel noch darzustellende finanzwirtschaftliche Analyse legt den Fokus insbesondere auf die dauerhafte Sicherstellung der Zahlungsfähigkeit der Gemeinde[86], auf ihre Fähigkeit zur ordentlichen Tilgung von Krediten und kreditähnlichen Rechtsgeschäften[87], auf ihre Innenfinanzierungskraft zur Sicherstellung der für die Aufgabenerfüllung notwendigen Investitionen[88] sowie auf die Einhaltung des Überschuldungsverbots[89].

Das Ziel der erfolgswirtschaftlichen Analyse besteht in der Regel darin, möglichst belastbare Informationen zu erlangen, ob die Gemeinde derzeit und voraussichtlich auch künftig in der Lage sein wird, den Grundsatz der intergenerativen Gerechtigkeit einzuhalten. Dafür ist es in der Regel erforderlich, dass in einer Gesamtbetrachtung im Haushaltsjahr, in der mittelfristigen Finanzplanung und soweit prognostizierbar auch darüber hinaus möglichst ein ausgeglichenes ordentliches Ergebnis erwirtschaftet werden kann.[90] Für die retrospektive Betrachtung sollten auch aktuelle Jahresabschlüsse und Rechenschaftsberichte in die Analyse miteinbezogen werden.

Anknüpfend an die baden-württembergischen Regelungen zum Haushaltsausgleich sollen sich im Haushaltsjahr die ordentlichen Aufwendungen durch ordentliche Erträge – unter Einbeziehung von Vorjahresfehlbeträgen – ausgleichen.[91] Sofern in den letzten Jahresabschlüssen der Ausgleich gelingen konnte und im Haushaltsplan sowie in der mittelfristigen Finanzplanung weiterhin positive ordentliche Ergebnisse zu erwarten sind, kann unter der Voraussetzung, dass die Planansätze sorgfältig geschätzt und zutreffend abgebildet wurden, die ertragswirtschaftliche dauernde Leistungsfähigkeit in der Regel bejaht werden.[92] Bei der Prognose der dauernden ertragswirtschaftlichen Leistungsfähigkeit der Gemeinde sollte jedoch mitbedacht werden, dass ein lediglich ausgeglichenes ordentliches Ergebnis für die Sicherstellung der langfristigen Aufgabenerfüllung in der Regel kaum auskömmlich sein dürfte.[93] Um im Sinne der

86 Vgl. *Goldbach*, Feststellung und Sicherung der dauernden Leistungsfähigkeit, 2023, S. 644.
87 Vgl. Teil A Abschnitt I Nr. 1 Buchst. b VwV KomHWi.
88 Vgl. *Goldbach*, Feststellung und Sicherung der dauernden Leistungsfähigkeit, 2023, S. 644.
89 Vgl. § 80 Abs. 3 Satz 3 GemO; Teil A Abschnitt I Nr. 1 Buchst. b VwV KomHWi.
90 Vgl. Teil A Abschnitt I Nr. 1 Buchst. b VwV KomHWi; § 23 Nr. 1, 2 KomHKVO.
91 Vgl. § 80 Abs. 2 Satz 2 GemO.
92 Vgl. Teil A Abschnitt I Nr. 1 Buchst. b VwV KomHWi; § 23 Nr. 1, 2 KomHKVO.
93 Vgl. *Jänchen*, Sächsisches Kennzahlensystem 2012, S. 164; *Breitenstein*, Bilanzanalyse, 2018, S. 352.

intergenerativen Gerechtigkeit die Substanzerhaltung des kommunalen Vermögens gewährleisten zu können, die nicht mit zusätzlichem Fremdkapital finanziert werden sollte, bedarf es inflationsbedingt in der Regel eines höheren ordentlichen Ergebnisses.[94]

Im „Gesetzentwurf [...] zur Reform des Gemeindehaushaltsrechts“[95] vom 10. Februar 2009 wurde ausgeführt, dass „wegen der unvermeidbaren finanzwirtschaftlichen Schwankungen [...] ein Ausgleich von ordentlichen Erträgen und Aufwendungen“[96] nicht in jedem Haushaltsjahr realisierbar sein wird.[97] Die flexibel gestaltete Haushaltsausgleichsregelung sieht vor, dass zum Ausgleich eines verbleibenden negativen ordentlichen Ergebnisses die „Mittel [aus] der Rücklage aus Überschüssen des ordentlichen Ergebnisses zum Haushaltsausgleich“[98] zu verwenden sind.[99] Sofern die Gemeinde im Haushaltsjahr und im Zeitraum der mittelfristigen Finanzplanung über eine ausreichend hohe Rücklage aus Überschüssen des ordentlichen Ergebnisses zum Ausgleich von Fehlbeträgen beim ordentlichen Ergebnis verfügt, dürfte die dauernde ertragswirtschaftliche Leistungsfähigkeit der Gemeinde grundsätzlich gegeben sein. Für eine abschließende Prognose empfiehlt es sich, die weiteren Informationen der Jahresabschlüsse und Rechenschaftsberichte miteinzubeziehen sowie die individuellen Verhältnisse der Gemeinde zu betrachten.

Soweit im Haushaltsjahr beziehungsweise in den Jahren der mittelfristigen Finanzplanung ein Ausgleich des jahresbezogenen Fehlbetrags beim ordentlichen Ergebnis – trotz der Verwendung der Rücklage aus Überschüssen des ordentlichen Ergebnisses – jeweils nicht gelingt, können nunmehr das Sonderergebnis des aktuellen Haushaltsjahres und die „Mittel der Rücklage aus Überschüssen des Sonderergebnisses zum Haushaltsausgleich verwendet werden“[100].[101] Ein Überschuss beim Sonderergebnis resultiert in der Regel aus dem Verkauf von Vermögensgegenständen, insbesondere von Grundstücken und Gebäuden der Gemeinde, über dem Restbuchwert.[102] Sofern über mehrere Jahre die Gemeinde ihr ordentliches Ergebnis nur unter Verwendung des Sonderergebnisses oder der Rücklage

94 Vgl. *Budäus/Hilgers*, Eigenkapital und EK-Quote, 2010, S. 24 f.

95 LT-Drs. 14/4002, S. 1.

96 LT-Drs. 14/4002, S. 52.

97 Vgl. LT-Drs. 14/4002, S. 52.

98 § 24 Abs. 1 Satz 1 GemHVO.

99 Vgl. § 24 Abs. 1 Satz 1 GemHVO.

100 § 24 Abs. 2 GemHVO.

101 Vgl. § 24 Abs. 2 GemHVO.

102 Vgl. § 2 Abs. 1 Nr. 21–23, Abs. 2 GemHVO.

aus Überschüssen des Sonderergebnisses ausgleichen kann, dürfte die dauernde ertragswirtschaftliche Leistungsfähigkeit in der Regel nur noch mit leichten Einschränkungen gegeben sein, weil die Gemeinde außerordentliche Erträge aus einmaligen Vermögensverkäufen zum Ausgleich des ordentlichen Ergebnisses einsetzen muss. Für eine abschließende Prognose der ertragswirtschaftlichen dauernden Leistungsfähigkeit empfiehlt es sich, die weiteren Informationen der Jahresabschlüsse und Rechenschaftsberichte miteinzubeziehen sowie die individuellen Verhältnisse der Gemeinde zu analysieren. Möglicherweise verfügt die Gemeinde über hohe Vermögenswerte, die sie für die Aufgabenerfüllung nicht mehr benötigt. Ferner könnte eine temporäre Sondersituation vorliegen, die mit unverhältnismäßig hohen Ertragsrückgängen einhergeht oder hohe zusätzliche ordentliche Aufwendungen verursacht.

Soweit der Ausgleich des ordentlichen Ergebnisses unter Verwendung der Rücklage des ordentlichen Ergebnisses, des Sonderergebnisses und der Rücklage aus Überschüssen des Sonderergebnisses nicht möglich ist, darf der verbleibende Fehlbetrag „längstens in die drei folgenden Haushaltsjahre vorgetragen werden“[103].[104] Um die ertragswirtschaftliche Leistungsfähigkeit in diesem Fall einschätzen und prognostizieren zu können, dürften die Verhältnisse im Einzelfall vertieft zu analysieren sein. Handelt es sich um einen einmaligen Fehlbetragsvortrag, der voraussichtlich im Finanzplanungszeitraum wieder ausgeglichen werden kann, dann dürfte die ertragswirtschaftliche dauernde Leistungsfähigkeit der Gemeinde weniger eingeschränkt sein. Liegt jedoch die Situation vor, bei der die Erwirtschaftung von vorzutragenden Fehlbeträgen beim ordentlichen Ergebnis im Haushaltsjahr und in der mittelfristigen Finanzplanung den Regelfall darstellen und zeichnen sich keine Verbesserungstendenzen ab, dann dürfte die dauernde ertragswirtschaftliche Leistungsfähigkeit grundsätzlich beeinträchtigt sein. In der Regel kann davon ausgegangen werden, dass die Gemeinde alle Anstrengungen unternommen hat beziehungsweise unternehmen wird, um Fehlbeträge beim ordentlichen Ergebnis zu vermindern und möglichst zu vermeiden. Für eine abschließende Prognose der erfolgswirtschaftlichen dauernden Leistungsfähigkeit der Gemeinde und für die vertiefte Analyse der Ursachen für die Fehlbetragsvorträge, empfiehlt es sich, die Informationen der Jahresabschlüsse und Rechenschaftsberichte und weiterer entscheidungsrelevanter Informationen miteinzubeziehen. Bei sächsischen Gemeinden wird

103 § 24 Abs. 3 Satz 1 Satz 1 GemHVO.

104 Vgl. § 80 Abs. 3 Satz 1 GemO i. V. m. § 24 Abs. 3 Satz 1 GemHVO.

beim Vortrag von Fehlbeträgen beim ordentlichen Ergebnis ein Haushaltsstrukturkonzept erforderlich.[105]

Sofern der vorgetragene Fehlbetrag beim ordentlichen Ergebnis nicht innerhalb der folgenden drei Haushaltsjahre ausgeglichen werden kann, ist eine Verrechnung mit dem Eigenkapital der Gemeinde in der Form des Basiskapitals vorgeschrieben.[106] „Das Basiskapital darf nicht negativ werden."[107] Bei mehrmaligen Verrechnungen von Fehlbeträgen beim ordentlichen Ergebnis mit dem Basiskapital dürfte die ertragswirtschaftliche dauernde Leistungsfähigkeit der Gemeinde nachhaltig erheblich beeinträchtigt und möglicherweise nicht mehr gegeben sein. Im „Gesetzentwurf […] zur Reform des Gemeindehaushaltsrechts"[108] wird für diese Fallkonstellation ausgeführt: „Die Verrechnung mit dem Basiskapital kann vor allem bei schwerwiegenden Strukturproblemen in Betracht kommen, wenn die Minderung des Basiskapitals mit einem Abbau der Infrastruktur verbunden wird. Spätestens in derartigen Finanzsituationen kann die Rechtsaufsichtsbehörde zur Sicherung der stetigen Aufgabenerfüllung auf der Grundlage von § 77 Abs. 1 GemO die Erstellung eines Konzepts verlangen, das strukturelle Maßnahmen zur Konsolidierung des Haushalts vorsieht."[109]

Dem Haushaltsplan mit Vorbericht und dem Jahresabschluss mit Rechenschaftsbericht sind zur Einschätzung der dauernden ertragswirtschaftlichen Leistungsfähigkeit als Anlage unter anderem die Kennzahlen „ordentliches Ergebnis"[110] im Gesamtbetrag und bezogen auf die Einwohner sowie der „Aufwandsdeckungsgrad"[111] beizufügen.[112] Um das ordentliche Ergebnis auf haushalts- und jahresabschlusspolitisch motivierte Ergebnisverbesserungen oder Ergebnisverschlechterungen untersuchen zu können, wird ergänzend die Ermittlung eines bereinigten ordentlichen Ergebnisses[113] empfohlen. Da haushalts- und jahresabschlusspolitische Gestaltungen die Vergleichbarkeit zwischen den Gemeinden beeinträchtigen, sollten die vorgenannten Kennzahlen auch auf bereinigter Basis ermittelt werden.

---

105 Vgl. Teil A Abschnitt I Nr. 4 Buchst. a VwV KomHWi.

106 Vgl. 80 Abs. 3 GemO i. V. m. § 24 Abs. 3 Satz 2 und § 25 Abs. 3 GemHVO.

107 § 25 Abs. 3 Satz 2 GemHVO; vgl. auch § 80 Abs. 3 Satz 3 GemO.

108 LT-Drs. 14/4002, S. 1.

109 LT-Drs. 14/4002, S. 53.

110 Anlage 16, 29 Nr. 1 VwV Produkt- und Kontenrahmen.

111 Anlage 16, 29 Nr. 1 VwV Produkt- und Kontenrahmen.

112 Vgl. Anlage 16, 29 VwV Produkt- und Kontenrahmen.

113 Zur Vorgehensweise und Generierung eines bereinigten Jahresergebnisses siehe *Breitenstein*, Bilanzanalyse, 2018, S. 324–333.

V. Finanzwirtschaftliche Analyse

Neben der Sicherstellung des ressourcenorientierten Ausgleichs des ordentlichen Ergebnisses stellt eine geordnete finanzwirtschaftliche Lage, die insbesondere in der Aufrechterhaltung der dauernden Zahlungsfähigkeit der Gemeinde zum Ausdruck kommt, eine grundlegende Prämisse für die stetige Erfüllung der gemeindlichen Aufgaben dar.[114] Das Ziel der Analyse zur vorsichtigen Einschätzung und Prognose der dauernden finanziellen Leistungsfähigkeit dürfte deshalb in der Regel darin bestehen, Erkenntnisse zu gewinnen, ob die Gemeinde voraussichtlich dauerhaft ihre Zahlungsfähigkeit sicherstellen kann.[115] Ferner ob sie voraussichtlich in der Lage sein wird, die ordentliche Tilgung von Krediten und kreditähnlichen Rechtsgeschäften dauerhaft selbst zu erwirtschaften[116] und darüber hinaus noch Mittel für die anteilige Eigenfinanzierung ihrer Investitionen zur Verfügung stehen[117]. Ferner sollte untersucht werden, wie sich die Verschuldung der Gemeinde voraussichtlich entwickeln wird und ob sich mittel- bis langfristig Überschuldungstendenzen abzeichnen.[118]

Die in der Finanzrechnung abgebildeten Einzahlungen und Auszahlungen aus der laufenden Verwaltungstätigkeit, der Investitionstätigkeit und der Finanzierungstätigkeit sind grundsätzlich jahresabschlusspolitisch nicht verformbar.[119] Bei der retrospektiven Analyse der dauernden finanziellen Leistungsfähigkeit sollte mit in Erwägung gezogen werden, dass mit dem Instrument der Sachverhaltsgestaltung partiell auch Einzahlungen und Auszahlungen und somit die Zahlungsmittelüberschüsse beziehungsweise Zahlungsmittelbedarfe aus der laufenden Verwaltungstätigkeit, der Investitionstätigkeit und der Finanzierungstätigkeit sowie der Bestand an liquiden Mitteln im Jahresabschluss gestaltbar sind.[120]

Die baden-württembergischen Gemeinden wurden gesetzlich zur Sicherung ihrer Liquidität verpflichtet.[121] Sie haben als Mindestliquidität in der Regel zwei Prozent „der Summe der Auszahlungen aus laufender Verwaltungstätigkeit nach dem Durchschnitt der drei dem Haushaltsjahr vo-

114 Vgl. *Rose*, Zur Bedeutung der Liquiditätsplanung, 2010, S. 200; *Breitenstein*, Bilanzanalyse, 2018, S. 381 f.

115 Vgl. *Goldbach*, Feststellung und Sicherung der dauernden Leistungsfähigkeit, 2023, S. 644.

116 Vgl. Teil A Abschnitt I Nr. 1 Buchst. b VwV KomHWi.

117 Vgl. *Goldbach*, Feststellung und Sicherung der dauernden Leistungsfähigkeit, 2023, S. 644.

118 Vgl. Teil A Abschnitt I Nr. 1 Buchst. b, c VwV KomHWi.

119 Vgl. *KGSt*, Jahresabschlussanalyse, 2011, S. 40.

120 Vgl. *Müller*, Management-Rechnungswesen, 2003, S. 255.

121 Vgl. § 89 GemO.

rangehenden Jahre"[122] vorzuhalten.[123] Für die Einschätzung der dauernden Leistungsfähigkeit einer Gemeinde sind hinsichtlich ihrer Finanzlage dem Haushaltsplan mit Vorbericht und dem Jahresabschluss mit Rechenschaftsbericht die Kennzahlen „Zahlungsmittelüberschuss der Ergebnisrechnung"[124], der „Mindestzahlungsmittelüberschuss"[125], die Nettoinvestitionsfinanzierungsmittel[126], die „Soll-Liquiditätsreserve"[127] (vorzuhaltende Mindestliquidität) und der voraussichtliche Bestand an „liquide[n] Eigenmitteln zum Jahresende" beizufügen.[128]

Ein besonders relevantes Beurteilungskriterium für die dauernde finanzielle Leistungsfähigkeit stellt der Zahlungsmittelüberschuss aus der laufenden Verwaltungstätigkeit im Jahresabschluss und seine Entwicklung im Haushaltsjahr und in der mittelfristigen Finanzplanung dar. Sofern der Zahlungsmittelüberschuss aus der laufenden Verwaltungstätigkeit dauerhaft ausreicht, um die ordentliche Tilgung einschließlich des Tilgungsanteils für kreditähnliche Rechtsgeschäfte zu leisten (Mindestzahlungsmittelüberschuss) und darüber hinaus noch Mittel für die Eigenfinanzierung der Investitionen zur Verfügung stehen (Nettoinvestitionsfinanzierungsmittel), dürfte die dauernde finanzielle Leistungsfähigkeit der Gemeinde in der Regel zu bejahen sein.[129] Ergänzend empfiehlt es sich, auf der Grundlage der individuellen Verhältnisse der Gemeinde zu prüfen, ob die verpflichtend vorzuhaltende Mindestliquidität voraussichtlich im Haushaltsjahr und im Finanzplanungszeitraum gewährleistet werden kann und sich keine Überschuldungstendenzen abzeichnen. Eine Überschuldung würde vorliegen, wenn die Gemeinde über kein Eigenkapital mehr verfügt und deshalb auf der Aktivseite ihrer Bilanz eine „Nettoposition (nicht gedeckter Fehlbetrag)"[130] ausweisen müsste.[131]

Im Jahresabschluss wurde ein Zahlungsmittelüberschuss aus der laufenden Verwaltungstätigkeit ausgewiesen, der so hoch war, dass nur die ordentliche Kredittilgung und der Tilgungsanteil für kreditähnliche Rechtsgeschäfte vollständig erwirtschaftet wurden. Nach den Angaben

---

122 § 22 Abs. 2 GemHVO.
123 Vgl. § 22 Abs. 2 GemHVO.
124 Anlage 16, 29 Nr. 4 VwV Produkt- und Kontenrahmen.
125 Anlage 16, 29 Nr. 5 VwV Produkt- und Kontenrahmen.
126 Anlage 16, 29 Nr. 6 VwV Produkt- und Kontenrahmen.
127 Anlage 16, 29 Nr. 7 VwV Produkt- und Kontenrahmen.
128 Anlage 16, 29 Nr. 8 VwV Produkt- und Kontenrahmen.
129 Vgl. Teil A Abschnitt I Nr. 1 Buchst. b VwV KomHWi.
130 § 52 Abs. 3 Nr. 3 GemHVO.
131 Vgl. § 80 Abs. 3 Satz 3 GemO i. V. m. § 52 Abs. 3 Nr. 3 GemHVO.

im Haushaltsplan und in der mittelfristigen Finanzplanung wird sich diese Situation voraussichtlich fortsetzen. Da der Mindestzahlungsmittelüberschuss voraussichtlich im Haushaltsjahr und in der mittelfristigen Finanzplanung erwirtschaftet werden kann, dürfte in der Regel die finanzielle Leistungsfähigkeit gegeben sein.[132] Das dürfte insbesondere dann gelten, wenn die Gemeinde über nicht gebundene liquide Mittel aus Vorjahren oder aus Einzahlungen aus Vermögensveräußerungen verfügen kann, die eine anteilige Finanzierung ihrer Investitionen ermöglichen.[133] Unter Berücksichtigung der individuellen Verhältnisse der Gemeinde empfiehlt es sich, für die Einschätzung und Prognose der finanziellen Leistungsfähigkeit ergänzend zu eruieren, ob die Gemeinde unter Einbeziehung der veranschlagten (neuen) Kreditaufnahmen für Investitionen und Investitionsförderungsmaßnahmen voraussichtlich auch weiterhin in der Lage sein dürfte, die daraus resultierenden Zinsen und die ordentliche Tilgung aus dem Zahlungsmittelüberschuss aus der laufenden Verwaltungstätigkeit zu begleichen. Es sollte bedacht werden, dass mit zusätzlichen Investitionen möglicherweise der zahlungswirksame Personal- und Sachaufwand steigen könnte, der den Zahlungsmittelüberschuss aus der laufenden Verwaltungstätigkeit vermindert.[134] Ergänzend empfiehlt es sich, auf der Grundlage der individuellen Verhältnisse der Gemeinde zu prüfen, ob die verpflichtend vorzuhaltende Mindestliquidität voraussichtlich im Haushaltsjahr und im Finanzplanungszeitraum gewährleistet werden kann und sich keine Überschuldungstendenzen abzeichnen.

Im Jahresabschluss wurde ein Zahlungsmittelüberschuss aus der laufenden Verwaltungstätigkeit ausgewiesen, der erheblich niedriger war als die ordentliche Kredittilgung einschließlich dem Tilgungsanteil für kreditähnliche Rechtsgeschäfte. Nach den Angaben im Haushaltsplan und in der mittelfristigen Finanzplanung wird sich diese Situation voraussichtlich fortsetzen, und der Mindestzahlungsmittelüberschuss und die Nettoinvestitionsfinanzierungsmittel können voraussichtlich dauerhaft nicht erwirtschaftet werden. Dies hat zur Folge, dass die ordentliche Tilgung nur noch partiell aus dem Zahlungsmittelüberschuss aus der laufenden Verwaltungstätigkeit erwirtschaftet werden kann. Für die Einschätzung und Prognose der finanziellen Lage sind die individuellen Verhältnisse der Gemeinde maßgeblich. Insbesondere sollte geprüft werden, ob gegebenenfalls noch nicht gebundene liquide Mittel aus den Vorjahren

---

132 Vgl. Nr. 2.2.1 VwV-Haushaltssicherung.

133 Vgl. auch Nr. 2.2.1 VwV-Haushaltssicherung.

134 Vgl. *Beck/Böhmer/Brettschneider*, Kommunales Finanzmanagement, 2023, S. 482.

oder aus der Einzahlung aus der Vermögensveräußerung zur Verfügung stehen. Sofern keine freien liquiden Mittel aus Vorjahren zur Verfügung stehen, dürfte die finanzielle Leistungsfähigkeit in der Regel angespannt sein, weil Einzahlungen aus Vermögensveräußerungen in der Regel nicht dauerhaft zur Verfügung stehen werden, um die ordentliche Kredittilgung zu erbringen und eine anteilige Eigenfinanzierung der Investitionen zu gewährleisten. Bei Vorliegen einer solchen Situation dürfte die Rechtsaufsichtsbehörde auf die Notwendigkeit von Haushaltskonsolidierungsmaßnahmen hinweisen mit der Intention, den Zahlungsmittelüberschuss aus der laufenden Verwaltungstätigkeit zu erhöhen, damit die Gemeinde mittelfristig zumindest die ordentliche Kredittilgung wieder vollständig selbst erwirtschaften kann.[135] Ergänzend empfiehlt es sich, auf der Grundlage der individuellen Verhältnisse der Gemeinde zu prüfen, ob eine Überschuldung droht. In Anbetracht der angespannten finanziellen Situation könnte möglicherweise die verpflichtend vorzuhaltende Mindestliquidität im Haushaltsjahr und im Finanzplanungszeitraum nicht vollumfänglich gewährleistet sein.

Bei der Einschätzung und Prognose der dauernden finanziellen Leistungsfähigkeit der Gemeinde sollte auch die Entwicklung der Verschuldung analysiert werden. In diesem Zusammenhang sollte berücksichtigt werden, dass es sich bei den Rückstellungen und beispielsweise bei den Verbindlichkeiten aus Lieferungen und Leistungen um Schulden handelt, wenngleich sie in § 61 Nr. 38 GemHVO nicht als solche klassifiziert werden. Sofern Vorbelastungen künftiger Haushaltsjahre[136] im Haushaltsjahr und im Finanzplanungszeitraum zahlungswirksam werden, sollten sie bei der Einschätzung und der Prognose der dauernden finanziellen Leistungsfähigkeit mit einbezogen werden.[137]

VI. Strategische Analyse

Die erfolgs- und finanzwirtschaftliche Analyse der dauernden Leistungsfähigkeit legt den Schwerpunkt insbesondere auf die quantitativen Faktoren. Durch eine Kombination der quantitativen und qualitativen Analyse kann in der Regel ein ganzheitlicheres Bild über die zukünftige Entwick-

135 Vgl. Nr. 2.21, 2.2.2 VwV-Haushaltssicherung.
136 Vgl. § 42 GemHVO.
137 Vgl. § 23 Nr. 4 KomHKVO.

lung der dauernden Leistungsfähigkeit gewonnen werden.[138] Die innerhalb und außerhalb einer Gemeinde vorhandenen (immateriellen) Erfolgspotenziale, beispielsweise die Motivation der Mitarbeitenden, die Zufriedenheit der Einwohnerinnen und Einwohner und die gelebte Orientierung am Gemeinwohl sowie die Berücksichtigung der Nachhaltigkeit, dürften von strategischer Relevanz sein,[139] um im Zusammenwirken mit einer geordneten Haushaltswirtschaft die stetige Aufgabenerfüllung sicherstellen zu können[140]. Um prognostizieren zu können, über welche Erfolgspotenziale eine Gemeinde voraussichtlich zukünftig verfügen kann und welche internen und externen Faktoren auf die Gemeinde Einfluss nehmen werden, könnten beispielsweise auf der Grundlage einer SWOT-Analyse[141] die individuellen Stärken und Schwächen der Gemeinde sowie die Chancen und Risiken analysiert werden,[142] die sich voraussichtlich langfristig auf die dauernde Leistungsfähigkeit der Gemeinde auswirken werden. Die Durchführung einer strategischen Analyse setzt jedoch voraus, dass der externe Analyst über die notwendigen Informationen verfügen kann.

VII. Schlussbetrachtung

Nach Durchführung der einzelnen Analysen dürfte der Analyst in der Regel befähigt sein, die dauernde Leistungsfähigkeit der Gemeinde und deren voraussichtliche Entwicklung vorsichtig einschätzen und prognostizieren zu können. Derzeit existiert noch die Herausforderung, dass vielfach die Jahresabschlüsse nicht zeitnah aufgestellt und festgestellt werden[143] und daher die retrospektive Analyse der dauernden Leistungsfähigkeit mit erheblichen Unsicherheiten behaftet sein kann, die auch die prospektive Analyse beeinflussen können. Der externe Analyst sollte sich auch den Grenzen der Analyse bewusst sein. Aufgrund der bestehenden Informationsasymmetrie zwischen ihm und der Gemeinde, kann er in der Regel nicht über vollumfängliche Informationen zur Einschätzung der dauernden Leistungsfähigkeit verfügen.

---

138 Vgl. *Küting/Lam/Mojadadr*, Entwicklungstendenzen der Bilanzanalyse, 2010, S. 2290.

139 Vgl. *Müller/Müller*, Unternehmenscontrolling, 2020, S. 241.

140 Vgl. *Breitenstein*, Bilanzanalyse, 2018, S. 419.

141 Für grundlegende Erläuterungen zur Vorgehensweise bei einer strategischen Analyse von Gemeinden einschließlich der Generierung einer SWOT-Analyse siehe *Gleich/Schentler*, Strategische und operative Planung in Kommunen, 2010, S. 33–41.

142 Vgl. *Coenenberg/Haller/Schultze*, Jahresabschluss und Jahresabschlussanalyse, 2024, S. 1312, 1328.

143 Vgl. *Gemeindeprüfungsanstalt Baden-Württemberg*, Geschäftsbericht 2025, S. 29.

Die zunehmend angespannte Finanzsituation der Gemeinden[144] dürfte auch die dauernde Leistungsfähigkeit der Gemeinden tangieren. In diesem Kontext drängt sich die Frage auf, wie die Gemeinden und ihre Rechtsaufsichtsbehörden mit dieser Herausforderung zukünftig umgehen werden.[145]

Literaturverzeichnis

AG Bilanzierung und Jahresabschluss Baden-Württemberg et al.: Leitfaden zur Bilanzierung nach den Grundlagen des Neuen Kommunalen Haushalts- und Rechnungswesens (NKHR) in Baden-Württemberg, 4. Aufl., Stuttgart 2023, abrufbar unter URL: https://im.baden-wuerttemberg.de/fileadmin/redaktion/m-im/intern/dateien/pdf/20231120_Leitfaden_zur_Bilanzierung_4._Auflage_final_Rein.pdf (letzter Zugriff: 25.08.2025).

Ammann/Müller: IFRS – International Financial Reporting Standards – Bilanzierungs-, Steuerungs- und Analysemöglichkeiten, 2., vollst. überarb. Aufl., Herne 2006.

Beck/Böhmer/Brettschneider: Kommunales Finanzmanagement in Baden-Württemberg – Neues Kommunales Haushalts- und Rechnungswesen (NKHR), 4., vollst. überarb. Aufl., Wiesbaden 2023.

Baetge/Kirsch/Thiele: Bilanzanalyse, 2., vollst. überarb. und erw. Aufl., Düsseldorf 2004.

Bieg/Kußmaul/Waschbusch: Externes Rechnungswesen, 6., vollst. überarb. und akt. Aufl., München 2012.

Breitenstein: Die Adaption der Bilanzanalyse nach den Anforderungen kommunaler Jahresabschlüsse, Wiesbaden 2018; zugl. Diss. Helmut-Schmidt-Universität, Universität der Bundeswehr Hamburg 2017.

Brösel: Bilanzanalyse – Unternehmensbeurteilung auf der Basis von HGB- und IFRS-Abschlüssen, 18., neu bearb. Aufl., Berlin 2024.

Budäus/Hilgers: Eigenkapital und EK-Quote – vernachlässigbare Faktoren?, in: der städtetag, 2010, Heft 4, S. 22–26.

Coenenberg/Haller/Schultze: Jahresabschluss und Jahresabschlussanalyse – Betriebswirtschaftliche, handelsrechtliche, steuerrechtliche und internationale Grundlagen – HGB, IAS/IFRS, US-GAAP, DRS, CSRD/ESRS, 27., akt. und überarb. Aufl., Stuttgart 2024.

Freier/Raffer: Kommunaler Finanzreport 2025, Hrsg.: Bertelsmann Stiftung, Gütersloh 2025, abrufbar unter URL: https://www.bertelsmann-stiftung.de/fileadmin/files/Projekte/Monitor_Nachhaltige_Kommune/Finanzreport2025.pdf (letzter Zugriff: 31.08.2025).

---

144 Vgl. *Freier/Raffer*, Kommunaler Finanzreport 2025, S. 12.

145 Vgl. *Beck/Böhmer/Brettschneider*, Kommunales Finanzmanagement, 2023. S. 483.

Fudalla/Tölle/Wöste: Bilanzierung und Jahresabschluss in der Kommunalverwaltung – Grundsätze für das „Neue Kommunale Finanzmanagement" (NKF), 5., neu bearb. Aufl., Berlin 2023.

Gemeindeprüfungsanstalt Baden-Württemberg: Geschäftsbericht 2025, abrufbar unter URL: https://www.gpabw.de/fileadmin/Dateien/Website/Publikationen_-_Zeit/Geschaefts_und_Kommunalfinanzberichte/gpa_kfb_2025.pdf (letzter Zugriff: 18.08.2025).

Gleich/Schentler: Strategische und operative Planung in Kommunen – Koordination, Steuerung, Budgetierung, Berlin 2010.

Goldbach, B.: II. 3. Feststellung und Sicherung der dauernden Leistungsfähigkeit gem. § 23 KomHKVO, in: Lasar, A. et al. (Hrsg.): Kommunales Haushalts- und Rechnungswesen in Niedersachsen – Kommentar, 5. Aufl., Dresden 2023, S. 643–651.

Heinhold: Instrumente der unternehmerischen Bilanzpolitik, in: WiSt, 1984, S. 449–454.

Jänchen: Das Sächsische Kommunale Kennzahlensystem – Eine Empfehlung für die sächsischen Städte, Gemeinden und Landkreise, in: Sachsenlandkurier, Heft 4, 2012, S. 162–171.

KGSt: Jahresabschlussanalyse im neuen Haushalts- und Rechnungswesen, KGSt-Bericht Nr. 1/2011, Köln 2011.

Küting: Der Stellenwert der Bilanzanalyse und Bilanzpolitik im HGB- und IFRS-Bilanzrecht, in: DB, 2006, S. 2753–2762.

Küting/Lam/Mojadadr: Entwicklungstendenzen der Bilanzanalyse – Ein Erfahrungsbericht –, in: DB, 2010, S. 2289–2297.

Küting/Weber: Die Bilanzanalyse – Beurteilung von Abschlüssen nach HGB und IFRS, 11., überarb. Aufl., Stuttgart 2015.

Kußmaul/Henkes: Haushalts- und Jahresabschlussanalyse in der kommunalen Doppik – Qualitative Analyse, in: StuB, 2008, S. 937–943.

Lachnit, L./Müller, S.: Bilanzanalyse – Grundlagen – Einzel- und Konzernabschlüsse – HGB- und IFRS-Abschlüsse – Unternehmensbeispiele, 2., akt. und überarb. Aufl., Wiesbaden 2017.

LT-Drs. 14/4002 vom 10.02.2009: Gesetzentwurf der Landesregierung – Gesetz zur Reform des Gemeindehaushaltsrechts.

Müller: Management-Rechnungswesen – Ausgestaltung des externen und internen Rechnungswesens unter Konvergenzgesichtspunkten, Wiesbaden 2003; zugl. Habilitationsschrift Universität Oldenburg 2003.

Müller/Müller: Unternehmenscontrolling – Managementunterstützung bei Erfolgs-, Finanz-, Risiko- und Erfolgspotenzialsteuerung, 3. Aufl., Wiesbaden 2020.

Rose: Zur Bedeutung der Liquiditätsplanung im Neuen Kommunalen Rechnungswesen, in: ZKF, 2010, S. 193–201.
Runderlass des Ministeriums für Inneres und Sport Sachsen-Anhalt vom 15. Oktober 2020 – Erleichterungen zur Beschleunigung der Aufstellung und Prüfung kommunaler Jahresabschlüsse, abrufbar unter URL: https://mi.sachsen-anhalt.de/fileadmin/Bibliothek/Politik_und_Verwaltung/MI/MI/1._Ministerium/Pressereferat/Presse/2020_10_15_Runderlass_Beschleunigung_JA.pdf (letzter Zugriff: 18.08.2025).
Runderlass des Ministeriums für Inneres und Sport Sachsen-Anhalt vom 22. April 2022 – Erleichterungen für die Aufstellung und Prüfung der Jahresabschlüsse und zur Eröffnungsbilanz; Ergänzung zum Runderlass vom 15. Oktober 2020, abrufbar unter URL: https://mi.sachsen-anhalt.de/fileadmin/Bibliothek/Politik_und_Verwaltung/MI/MI/4._Service/Downloadservice/Doppik/Runderlasse_Rundverfuegungen/RdErl_Ergaenzung_Erleichterung_EOEB_und_JA.pdf (letzter Zugriff: 18.08.2025).
Runderlass des Ministeriums für Inneres und Sport Sachsen-Anhalt vom 2. April 2024 – Erleichterungen für die Aufstellung und Prüfung der Jahresabschlüsse; Ergänzung zum Runderlass vom 22. April 2022, abrufbar unter URL: https://mi.sachsen-anhalt.de/fileadmin/Bibliothek/Politik_und_Verwaltung/MI/MI/4._Service/Downloadservice/Doppik/Runderlasse_Rundverfuegungen/RdErl_Erleichterte_Aufstellung_JA_2022_2024_04_02.pdf (letzter Zugriff: 18.08.2025).
Runderlass des Ministeriums für Inneres und Sport Sachsen-Anhalt vom 29. Mai 2024 – Verlängerung der Erleichterungen für die Aufstellung und Prüfung der Jahresabschlüsse für die Haushaltsjahre 2023, 2024 und 2025, abrufbar unter URL: https://mi.sachsen-anhalt.de/fileadmin/Bibliothek/Politik_und_Verwaltung/MI/MI/4._Service/Downloadservice/Doppik/Runderlasse_Rundverfuegungen/RdErl_Erleichterte_Aufstellung_JAe_2023__2024__2025_2024_05_29.pdf (letzter Zugriff: 18.08.2025).
Schwarting, G.: § 9 Grundsätze der Einnahme- und Kreditwirtschaft, in: Henneke, H.-G./Strobl, H./Diemert, D. (Hrsg.): Recht der kommunalen Haushaltswirtschaft – Doppik, Neue Steuerung, München 2008, Rn. 1–98.
Weber: Möglichkeiten der Bilanzpolitik, in: Küting/Weber (Hrsg.): Handbuch der Rechnungslegung – Kommentar zur Bilanzierung und Prüfung, 3., grundlegend überarb. und wesentlich erw. Aufl., Stuttgart 1990, S. 75–102.
Weller: Bilanzpolitische Gestaltungsparameter bei der Erstellung des kommunalen Einzelabschlusses, in: Schaefer/Fischer/Hinz (Hrsg.): Neues Verwaltungsmanagement – Verwaltung modernisieren, Ressourcen nutzen, Abläufe optimieren, Berlin/Stuttgart 2011, (Loseblattsammlung, Stand: 22. Ergänzungslieferung 2011), Beitrag D 2.7, S. 1–44.

Wohlgemuth: IFRS: Bilanzpolitik und Bilanzanalyse – Gestaltung und Vergleichbarkeit von Jahresabschlüssen, Berlin 2007; zugl. Diss. Universität des Saarlandes 2006 u. d. T.: Aussagefähigkeit der IFRS für die Bilanzanalyse aus Sicht der zwischenbetrieblichen Vergleichbarkeit – Bilanzpolitische Gestaltungsmöglichkeiten bei Anwendung der IFRS.

Zeis: Analyse des kommunalen Jahresabschlusses – Instrument zur Ermittlung der dauernden Leistungsfähigkeit –, in: ZKF, 2007, S. 145–153.

Verzeichnis der Rechtsquellen

Gemeindeordnung für Baden-Württemberg (Gemeindeordnung – GemO) in der Fassung vom 24. Juli 2000 (GBl. S. 581, ber. S. 698), zuletzt geändert durch Artikel 1 des Gesetzes vom 22. Juli 2025 (GBl. Nr. 71).

Niedersächsisches Gesetz zur Beschleunigung kommunaler Abschlüsse (NBKAG) [Artikel 1 des Gesetzes] vom 8. Februar 2024 (Nds. GVBl. Nr. 9, ber. Nr. 18).

Niedersächsisches Kommunalverfassungsgesetz (NKomVG) vom 17. Dezember 2010 (Nds. GVBl. S. 576), zuletzt geändert durch Artikel 1 des Gesetzes vom 29. Januar 2025 (Nds. GVBl. 2025 Nr. 3).

Verordnung des Innenministeriums über die Haushaltswirtschaft der Gemeinden (Gemeindehaushaltsverordnung– GemHVO) vom 11. Dezember 2009 (GBl. S. 770), zuletzt geändert durch Artikel 1 der Verordnung vom 6. Dezember 2024 (GBl. Nr. 111).

Verordnung über die Aufstellung und Ausführung des Haushaltsplanes der Gemeinden, Landkreise und Verbandsgemeinden im Land Sachsen-Anhalt nach den Grundsätzen der doppelten Buchführung (Kommunalhaushaltsverordnung – KomHVO) vom 16. Dezember 2015 (GVBl. LSA S. 636), mehrfach geändert durch Verordnung vom 12. Dezember 2016 (GVBl. LSA S. 380).

Verordnung über die Aufstellung und Ausführung des Haushaltsplans sowie die Abwicklung der Kassengeschäfte der Kommunen (Kommunalhaushalts- und -kassenverordnung – KomHKVO –) vom 18. April 2017 (Nds. GVBl. S. 130), zuletzt geändert durch Artikel 2 des Gesetzes vom 29. Januar 2025 (Nds. GVBl. Nr. 3).

Verwaltungsvorschrift des Innenministeriums über die Prüfung des Haushaltsausgleichs und über die Genehmigung von Kreditaufnahmen und Verpflichtungsermächtigungen bei kommunalen Haushaltssatzungen (VwV-Haushaltssicherung) vom 6. Juli 1994 (GABl. 546), durch Zeitablauf außer Kraft getreten.

Verwaltungsvorschrift des Innenministeriums über den Produktrahmen für die Gliederung der Haushalte, den Kontenrahmen und weitere

Muster für die Haushaltswirtschaft der Gemeinden (VwV Produkt- und Kontenrahmen) vom 16. Januar 2023 (GABl. S. 26), geändert durch Verwaltungsvorschrift vom 9. April 2025 (GABl. S. 438).

Verwaltungsvorschrift des Sächsischen Staatsministeriums des Innern über die Grundsätze der kommunalen Haushalts- und Wirtschaftsführung und die rechtsaufsichtliche Beurteilung der kommunalen Haushalte zur dauerhaften Sicherung der kommunalen Aufgabenerledigung (VwV Kommunale Haushaltswirtschaft – VwV KomHWi) vom 14. Juni 2024 (SächsABl. S. 698).

Mehr Regelbindung im Bürokratieabbau: Analogien aus der Fiskalpolitik zur Begrenzung von Bürokratiebelastungen

Frank Kupferschmidt und Matthias Zehetmayer[1]

Der Beitrag diskutiert Stand und Möglichkeiten von Regelbindung als Regulierungsdesign für den Bürokratiebau. Der Text versteht Bürokratieabbau und Fiskalpolitik als wechselseitige Lernfelder regulativer Steuerung. Aufbauend auf der Theorie regelgebundener Politik und empirischen Erfahrungen mit Fiskalregeln, analysieren die Autoren, wie *target-based* und *instrument-based regulation* auch im Kontext des Bürokratieabbaus wirksam eingesetzt werden könnten. Im Zentrum stehen dabei quantitative Zielvorgaben sowie verbindliche Verfahren wie One-In-One-Out-(OIOO-) Regeln. Der Beitrag argumentiert, dass diese Instrumente als Meta-Regulierung dienen können, um politische Selbstverpflichtung zu stärken und systematische Entlastungen nachhaltig zu gestalten.

I. Einleitung

Der Nationale Normenkontrollrat mahnte in seinem Jahresbericht 2024 erneut eine verbindliche Zielgröße für Entlastungen und die Weiterentwicklung der Bürokratiebremse an. Schließlich könnte von solchen regelgebundenen Lösungen eine effektivere Selbstverpflichtung der Politik als von anderen Formaten ausgehen, um „Bürokratieabbau vom punktuellen Ausnahmefall zum systematischen Regelfall" (*Nationaler Normenkontrollrat*, 2024, S. 6) zu machen. Der Begriff der regelgebundenen Regulierung ist zunächst mit der Geld- und Finanzpolitik verbunden und weniger mit Entbürokratisierung. Originär diskutierten *Kydland* und *Prescott* (1977) in ihrem Beitrag „Rules rather than discretion" das Gegensatzpaar von regelgebundener und diskretionärer Wirtschaftspolitik. Später nahm

---

1 Prof. Dr. *Frank Kupferschmidt* ist Professor für Allgemeine Volkswirtschaftslehre und Öffentliche Betriebswirtschaftslehre an der Hochschule für öffentliche Verwaltung und Finanzen Ludwigsburg.
Prof. Dr. *Matthias Zehetmayer* ist Professor für Strategisches Marketing an der Hochschule der Medien Stuttgart.

die Diskussion vor allem über das Spannungsfeld zwischen Regeln und Institutionen („rules versus institutions") in der Fiskalpolitik Fahrt auf, wie beispielsweise bei *Wyplosz* (2005 und 2011).

Kernpunkt der Argumentation ist, dass Regeln die diskretionären Handlungsspielräume politischer Entscheider begrenzen und Fehlanreizen entgegenwirken können, die sich aus einer überwiegend diskretionären Wirtschaftspolitik ergeben. Beispielsweise *Feld et al.* (2024) begründen die Notwendigkeit von Fiskalregeln mit dem Problem der Zeitinkonsistenz. Wenn die langfristig optimale Strategie nachhaltiger Fiskalpolitik aufgrund von kurzfristigen Überlegungen nicht verfolgt wird, kann es zu Wohlfahrtsverlusten kommen. Um diese Fehlanreize zu minimieren, bedarf es einer Ex-ante-Verpflichtung des Staats zur Einhaltung der langfristigen Strategie.

Daher liegt es nahe, zu untersuchen, inwieweit sich theoretische Ergebnisse und praktische Erfahrungen mit Fiskalregeln auf den Bürokratieabbau übertragen lassen. Nicht zuletzt erinnern Instrumente wie die 2015 in Deutschland eingeführte Bürokratiebremse bereits dem Namen nach an die Schuldenbremse und damit an mögliche Analogien zur Fiskalpolitik.

Dieser Beitrag setzt sich mit der Fragestellung auseinander, inwieweit regelgebundene Instrumente effektiv zum Bürokratieabbau beitragen können. Wir diskutieren, welche Rolle regelgebundene Instrumente für das Design von Bürokratieabbau als Meta-Regulierung (*Radaelli/Meuwese*, 2009) spielen können. Während sich auf der einen Seite Fiskalregeln zur Konsolidierung und Steuerung öffentlicher Haushalte etabliert haben, erscheinen bei der Begrenzung von Bürokratie solche regelgebundenen Lösungen wie beispielsweise die Bürokratiebremse oder fixe zahlenbasierte Ziele für Entlastungen noch eine vergleichsweise geringe Rolle zu spielen.

Zunächst skizzieren wir einen Referenzrahmen aus der Fiskalpolitik, in der sich in den letzten 20 Jahren ein umfangreiches Regulierungsinstrumentarium entwickelt hat, das auf Regeln setzt und die Politik auf die Erreichung von quantitativ messbaren Zielen kontrahiert. Die Übertragung von regelgebundener Politik erörtern wir zunächst über die Verpflichtung auf numerische Ziele (*target-based*) mit Fokus auf die Frage nach geeigneten Indikatoren. Dann diskutieren wir unter *instrument-based regulation* die OIOO-Regel der Bürokratiebremse. Auf dieser Basis leistet der Artikel einen Beitrag zur Theorie der Meta-Regulierung für Entbürokratisierung, indem er zeigt, wie quantitativ definierte Ziele und verfahrensorientierte Instrumente gemeinsam wirken können, um das strukturelle Wachstum bürokratischer Lasten einzudämmen.

II. Regelbindung in der Finanzpolitik

In der Finanzpolitik sind Regeln als Instrument der Regulierung weit verbreitet und seit Langem erprobt, obwohl sie in Politik und Gesellschaft immer wieder intensiv diskutiert und kritisiert werden. Bereits seit Mitte des 19. Jahrhunderts existieren in den USA und seit den 1920er-Jahren in der Schweiz Fiskalregeln, die auf einen ausgeglichenen Haushalt abzielen (*Grembi et al.*, 2016). Aktuell setzen über 100 Mitgliedstaaten des Internationalen Währungsfonds (IMF) unterschiedliche Formen von Fiskalregeln ein. Dazu zählen Regeln für ausgeglichene Budgets (Budget Balance Rules), zu Staatseinnahmen (Revenue Rules) und Staatsausgaben (Expenditure Rules), zur Verschuldung (Debt Rules) sowie Kombinationen aus verschiedenen Regeln, meist ergänzt um sogenannte Escape Clauses für Ausnahmefälle wie Wirtschaftskrisen oder Naturkatastrophen (*Davoodi et al.*, 2022).

Als besonders bekannte Fiskalregeln sind die deutsche Schuldenbremse zur Begrenzung der Staatsverschuldung sowie die sogenannten Maastricht-Kriterien aus dem Europäischen Fiskalpakt für den Beitritt zur Europäischen Wirtschafts- und Währungsunion von 1992 zu nennen. Letztere schreiben die hinreichend bekannten Obergrenzen von 60 % des Bruttoinlandsprodukts für die Gesamtverschuldung und 3 % für die jährliche Neuverschuldung vor.

Die theoretische und empirische Literatur zur Wirkung ist sehr umfangreich, sodass wir nur auf einige für unsere Argumentation relevante Eckpunkte eingehen. *Heinemann et al.* (2018) sowie *Grembi et al.* (2016) präsentieren Ergebnisse empirischer Studien. *Guichard et al.* (2007) zeigen, dass Fiskalregeln auf der Ausgabenseite zu umfangreicheren und länger anhaltenden Konsolidierungen führen. *Manasse* (2007) und *Debrun et al.* (2008) argumentieren, dass solche Regeln die prozyklische Ausrichtung der Finanzpolitik dämpfen können.

In den USA und der Schweiz, den Staaten mit einer relativ langen Fiskalregel-Historie, wurden innerstaatliche Fiskalregeln intensiv untersucht: *Alesina* und *Bayoumi* (1996) belegen, dass Budget Balance Rules in den US-Bundesstaaten zur Haushaltsdisziplin beitragen, ohne dabei die Schwankungen der Wirtschaftsleistung zu verstärken. Auch *Sacchi* und *Salotti* (2015) stellen einen stabilisierenden Effekt auf den Output fest. Zu ähnlichen Ergebnissen kommen *Poterba* (1994), *Alt* und *Lowry* (1994) sowie *Bayoumi* und *Eichengreen* (1995), die feststellen, dass solche Regeln zu geringeren Defiziten und schnelleren Reaktionen auf negative fiskalische Schocks führen. Für die Schweiz heben *Feld* und *Kirchgässner* (2008) hervor, dass Regeln erfolgreich eine strikt nachhaltige Finanzpolitik auf Kantonsebene erzwingen.

Dennoch bestehen potenzielle Endogenitätsprobleme bei der Messung ihrer Wirksamkeit – etwa durch Selbstselektion: Fiskalisch konservative Länder oder Regionen neigen eher zur Einführung von Fiskalregeln und weisen gleichzeitig geringere Defizite auf. *Caselli* und *Reynaud* (2020), die Instrumentalvariablen zur Kontrolle von Endogenität verwenden, finden keinen signifikanten Zusammenhang zwischen Fiskalregeln und Haushaltssaldo. Daher sind empirische Ergebnisse mit etwas Vorsicht zu interpretieren und eher als obere Schätzgrenze zu verstehen.

Statt den durchschnittlichen Effekt zu analysieren, untersuchen *Caselli* und *Wingender* (2018) die Wirkung der EU-Schuldengrenze von 3 % des BIP auf die Verteilung der nationalen Defizite. Sie zeigen, dass die Regeln Länder mit sehr hohen oder sehr niedrigen Defiziten unterschiedlich beeinflussen: Staaten mit hohen Defiziten verbessern ihre Haushaltslage tendenziell, während Staaten mit bereits sehr niedrigen Defiziten dazu neigen, ihre überdurchschnittliche Performance abzuschwächen. Auch die Qualität und konkrete Ausgestaltung der Regeln spielt eine entscheidende Rolle. *Caselli* und *Reynaud* (2018) entwickeln hierfür einen Index, der die Regelgestaltung berücksichtigt. Ihr Ergebnis: Besser konzipierte Regeln wirken sich signifikant positiv auf den Haushaltssaldo aus.

Trotz ihrer Wirksamkeit enthalten Fiskalregeln in der Regel Escape Clauses, die in wirtschaftlichen Krisenzeiten Abweichungen ermöglichen (*Gaspar/Amoglobeli*, 2019). Vor diesem Hintergrund plädieren *Blanchard*, *Leandro* und *Zettelmeyer* (2021) für einen Paradigmenwechsel: Weg von starren Regeln, hin zu flexibleren Fiskalstandards, die länderspezifisch angewendet und überprüft werden sollen.

Dieser Überblick kann keinesfalls eine abschließende Bewertung von Regelbindung darstellen. Jedoch vermitteln die angeführten Studien und Ergebnisse, dass relativ umfangreiche Wirkungsforschung vorliegt, dass Regeln und Zielgrößen zumindest Wirkungszusammenhänge aufweisen und dass es sich dabei um keine monolithisch-starre Politikform handelt, sondern diese über Entwicklung und Ausgestaltung der Regeln durchaus Dynamiken aufweisen kann.

III. Regelbindung im Bürokratieabbau

Grundsätzlich differenziert die Literatur Regelbindung in die zwei Formen *target-based* und *instrument-based regulation*. Erstere beinhaltet die Verpflichtung auf Ziele, während die Entscheidung über das Instrumentarium diskretionär bleibt. Vorteilhaft ist dabei, dass die Politik weiter Spielräume bei der Auswahl der Instrumente zur Erreichung der fixierten Ziele nutzen kann. Im Umkehrschluss bedeutet *instrument-based regulation* die verpflichtende Anwendung spezifischer Instrumente und nicht zwingend eine Festlegung auf zu erreichende Ziele.

1. Target-based regulation

Im Bürokratieabbau würde sich *target-based regulation* vor allem in der Verpflichtung auf spezifische Abbauziele ausdrücken. Beispiele für verpflichtende und tatsächlich realisierte Abbauziele sind überschaubar: Im Jahr 2001 verpflichtete sich die Provinz British Columbia in Kanada, die regulatorischen Anforderungen um ein Drittel zu reduzieren. In den Niederlanden wurde Anfang der 2000er ebenso eine Senkung der regulatorischen Belastungen für Unternehmen innerhalb von vier Jahren um 25 % umgesetzt (*Broughel*, 2016). An diesem Vorbild orientierte sich die bisher einzige quantitativ fixierte Abbaubemühung auf Bundesebene in Deutschland. 2007 wurde der Abbau von 25 % der Bürokratiekosten als numerisches Ziel definiert und von 2007 bis 2011 erfolgreich umgesetzt (*Kuhlmann*, 2023, S. 252). Die Bürokratieentlastungsgesetze I bis IV sahen hingegen ex ante keine Verpflichtung auf eine verbindliche Kostenentlastung vor.

Im Koalitionsvertrag der aktuellen deutschen Bundesregierung sind mehrere quantitative Abbauziele benannt. Vorgesehen ist eine Senkung der Bürokratiekosten um 25 % (16 Milliarden Euro) sowie des Erfüllungsaufwands um 10 Milliarden Euro. Ebenso hatte die Europäische Kommission in der Legislaturperiode 2019–2024 den Abbau von 25 % der Bürokratiekosten für Berichtspflichten vorgesehen, wobei noch keine eindeutige Bilanz über die Umsetzung verfügbar ist (*Nationaler Normenkontrollrat* 2024, S. 92).

a) Erfüllungsaufwand als Indikator

Die Beispiele zeigen, dass für eine wirksame Regulierung die Auswahl eines belastbaren Indikators wesentlich ist. Die Zielsetzung muss sich in einer steuer- und messbaren Größe widerspiegeln. Während in der Fiskalpolitik monetäre Werte vergleichsweise leicht über Haushaltsdefizite oder Schuldengrenzen als numerische Ziele operationalisiert werden können, gestaltet sich die Indikatorenauswahl beim Bürokratieabbau komplexer. Für in Wirtschaft und Gesellschaft spürbare Entlastungen bedarf es eines Bezugswerts, der die wahrgenommene Bürokratiebelastung bestmöglich in der gewählten Mess- und Steuerungsgröße ausdrückt.

Der Erfüllungsaufwand gilt als praktikabler Indikator, da er sowohl zeitliche als auch finanzielle Belastungen sichtbar macht. Er ist in § 2 des Gesetzes zur Einsetzung eines Nationalen Normenkontrollrates (NKRG) definiert und umfasst den gesamten bewertbaren Zeitaufwand und die Kosten, die durch die Befolgung einer bundesrechtlichen Vorschrift bei Bürgerinnen und Bürgern, der Wirtschaft sowie der öffentlichen Verwaltung entstehen. Der Erfüllungsaufwand wird bereits in der weiter unten noch diskutierten Bürokratiebremse auf Bundesebene als Indikator genutzt.

Konzeptioneller Vorgänger sind die Bürokratiekosten, die im Wesentlichen den Aufwand aus Informationspflichten von Unternehmen abbilden. Die oben erwähnten 25 %-Abbauziele aus dem Jahr 2007 beziehungsweise aus dem aktuellen Koalitionsvertrag nutzen diese Messgröße.

Im Vergleich bildet der Erfüllungsaufwand Belastungen vollständiger ab, was für dessen Verwendung für die Festlegung von quantitativen Zielen spricht. *Holz et al.* (2019) sowie *Holz et al.* (2023) diskutieren unter dem Begriff Bürokratiewahrnehmung dessen methodische Grenzen. Kernargument ist das Auseinanderfallen von messbarer und subjektiv wahrgenommener Belastungen. Diese Problematik betrifft jedoch ebenso die Bürokratiekosten, die obendrein per se eine engere Definition von Belastungen beinhalten.

Seit 2010 ist eine beachtliche empirische Basis zum Erfüllungsaufwand entstanden, da über den Nationalen Normenkontrollrat beziehungsweise das Statische Bundesamt Daten für rund 7500 Vorgänge zu Regelungsvorhaben des Bundes ersichtlich sind. In der operativen Umsetzung wird er beispielsweise nach Ressorts, Normadressaten, nach jährlichen oder einmaligen Aufwand differenziert (*Statistisches Bundesamt*, 2025). Der vorhandene empirische Körper zum Erfüllungsaufwand könnte beispielsweise dafür verwendet werden, branchen- oder ressortbezogene Abbauziele zu definieren.

b) Normen als Indikator

Im politischen Raum wird gelegentlich die Anzahl von Normen als Indikator herangezogen. Bekanntestes Beispiel ist die bayerische Paragrafen-Bremse, die die quantitative Fixierung auf die Anzahl der Normen bezieht. Zum einen sollte für jedes neue Gesetz zwei bestehende Gesetze aufgehoben werden. Zum anderen sieht das Konzept vor, den Bestand an

Verwaltungsvorschriften einmalig um 10 % zu reduzieren. Auch der Koalitionsvertrag der Bundesregierung sieht den Abbau von 20 % der Verwaltungsvorschriften des Bundes vor.

Die Vorteile dieses Indikators dürften in seiner Verständlichkeit, Messbarkeit und Steuerbarkeit liegen. Wesentlicher Nachteil ist jedoch, dass er keine direkte Kosteninformation über den Bürokratieaufwand enthält. Dass der Abbau von Normen zu Entlastungen führt, kann zwar pauschal vermutet werden. Aber gerade die Erfahrungen aus der Messung des Erfüllungsaufwands verdeutlichen, dass sich Normen sehr stark in ihrem Erfüllungsaufwand unterscheiden. Der Abbau einer Anzahl von Normen muss nicht zwingend zu einer proportional entsprechenden Entlastung führen.

Als weitere Indikatoren könnten die Anzahl der Beschäftigten im öffentlichen Sektor beziehungsweise in Teilbereichen wie der Ministerialverwaltung dienen. Dieser ist durch die Kürzungs- und Entlassungsprogramme in den US-Bundesbehörden zu Beginn der Trump-Administration aktuell besonders in das Blickfeld geraten. Dessen Eignung soll an dieser Stelle nicht vertieft erörtert werden, zumal ähnliche methodische Nachteile zu vermuten sind wie bei der reinen Anzahl von Normen.

c) Kalibrierung von Ziel- oder Schwellenwerten

An die Entscheidung über die Verwendung geeigneter Indikatoren schließt sich das Problem der Festlegung von Ziel- oder Schwellenwerten an. Grundsätzlich erscheint im Bürokratieabbau die objektive Kalibrierung aufgrund der oben beschriebenen Diskussion auf den ersten Blick noch schwieriger als bei Fiskalregeln, zumal die empirische Forschung über die Wirkungszusammenhänge weniger stark ausgeprägt ist. Das deutet darauf hin, dass bisher getroffenen Festlegungen wie die genannten 25 %-Ziele vornehmlich politisch-institutionell als wissenschaftlich-objektiv begründet sein dürften.

Doch die Notwendigkeit der korrekten Kalibrierung von Ziel- oder Schwellenwerten ist zu differenzieren. *Yared* (2019) gibt einen Überblick über Überlegungen und den Forschungsstand zur Definition und Verwendung von Ziel- und Schwellenwerten. Unter dem Strich ist festzustellen, dass Werte wie beispielsweise die Verschuldungsquoten aus den Maastricht-Kriterien ebenso weniger aus wissenschaftlicher Eindeutigkeit entstehen, sondern vielmehr die politisch-administrative Handlungsfähigkeit im Vordergrund steht.

Daneben dürfte die Effektivität der Zielwerte nicht nur an ihrem reinen Erreichen hängen: *Reuter* (2015) stellt für Fiskalregeln beispielsweise fest, dass nur rund 50 % der numerischen Ziele tatsächlich erreicht werden, dies aber nicht gleichbedeutend damit sei, dass Regeln nicht effektiv wären. Beobachtbar sei vielmehr, dass das Vorhandensein der Ziele das Verhalten der Fiskalpolitik beziehungsweise der politischen Entscheidungsträger im größeren Umfang im Sinne der Regeln verändert habe. Die Ziele würden im Vergleich zum Status quo demnach auch Effektivität entfalten, bevor bzw. ohne dass sie erreicht werden.

2. Instrument-based regulation

Instrument-based regulation stellt die zweite Differenzierung der regelgebundenen Instrumente dar. Unter den möglichen Instrumenten ist vor allem die Bürokratiebremse zu diskutieren. Nicht nur die namentliche Ähnlichkeit zur Schuldenbremse impliziert, die Analogien in der Wirkungsweise dieser Art von Regulierung zwischen Bürokratieabbau und Fiskalpolitik in diesem Abschnitt aufzugreifen.

a) OIOO-Regeln

Die Bürokratiebremse auf Bundesebene wurde 2015 eingeführt. Sie stellt eine sogenannte *One-In-One-Out*-Regelung (OIOU) dar, die unter anderem ebenso in Kanada, Spanien oder Großbritannien angewandt wird (*Trnka/Thuerer,* 2019). Ihre Funktionsweise ist so einfach wie charmant: Neue Regelungsvorhaben mit Belastungen erfordern eine gleichwertige Entlastung bei bestehenden Regelungen. Belastungen werden am Indikator Erfüllungsaufwand gemessen. Grundsätzlich verhindert das Instrument ein weiteres Ansteigen des Bürokratieaufwands, so wie die Schuldenbremse den Anstieg der öffentlichen Verschuldung begrenzen soll.

Die Bürokratiebremse weist formal eine weitestgehend positive Bilanz auf: Der Nationale Normenkontrollrat stellt für die vergangene Legislaturperiode insgesamt eine Netto-Entlastung von rund 1,6 Milliarden Euro und für den gesamten Zeitraum seit Einführung 2015 eine Reduktion des Erfüllungsaufwands von insgesamt 3,3 Milliarden Euro fest (*Nationaler Normenkontrollrat* 2023). Das Instrument besteht seit seiner gesetzlichen Verankerung nun in drei Legislaturperioden, und im Koalitionsvertrag der neuen Bundesregierung ist eine Stärkung des Instruments vorgesehen, die der Normenkontrollrat kontinuierlich in seinen Jahresberichten anmahnt.

Trotz dieser Erfolge ist die Wahrnehmung der Bürokratiebremse eher ambivalent. *Kuhlmann* und *Veit* (2021) beschreiben die Realitätslücke zwischen objektiv feststellbaren Erfolgen und der subjektiv-individuell gefühlten Wahrnehmung, die nicht zuletzt durch die Nichteinbeziehung des umfangreichen EU-Rechts mitverursacht wird.

b) Durchsetzbarkeit

Aus der Analogie zur Fiskalpolitik lässt sich zur stärkeren Durchsetzbarkeit folgende Argumentation ableiten: Zunächst besteht ein offensichtlicher Unterschied in der geringeren gesetzlichen Verankerung der Bürokratiebremse im Vergleich zur grundgesetzlichen Schuldenbremse. *Asatryan et al.* (2016) untersuchen den Zusammenhang zwischen gesetzlicher Verankerung und Effektivität der Regeln. Sie bestätigen die naheliegende Hypothese, dass die Effektivität mit stärkerer gesetzlicher Verankerung ansteigt. Neben der inhaltlichen wäre die legislativ-formale Weiterentwicklung naheliegend. Insbesondere das Finden und Bilden politischer Mehrheiten für eine mögliche stärkere gesetzliche Selbstverpflichtung stellt vor dem Hintergrund des oben beschriebenen Zeitinkonsistenz-Problems bereits einen wichtigen Mehrwert eines solchen Vorhabens dar.

Positiv befördert wird die Durchsetzbarkeit jedoch durch das grundsätzlich andere Setting von Entbürokratisierung, was die Akzeptanz in Wirtschaft und Gesellschaft betrifft. Während Fiskalregeln tendenziell Belastungen für spezifische Gruppen darstellen, führen Regeln im Bürokratieabbau zu Entlastungen. Es wirkt wenig vorstellbar, dass entsprechende Regeln Widerstände auslösen, wie es beim Abbau von Subventionen als eine Konsequenz aus der Schuldenbremse beobachtbar ist. Dieser Rückenwind aus Wirtschaft und Gesellschaft lässt die Durchsetzbarkeit in einem anderen Licht erscheinen als in der Fiskalpolitik.

Neben den OIOO-Regeln kommen weitere Instrumente dafür infrage, noch stärker über Regelbindungen in den Bürokratieabbau integriert zu werden. Der Ausbau der Ex-ante-Reviews zur Bestimmung des Erfüllungsaufwands, die breitere Anwendung von Praxis- oder Digitalchecks und die Nutzung der Ex-post-Reviews sind ebenso wichtige Ansatzpunkte zur Vertiefung der im Wesentlichen über den Normenkontrollrat bereits verankerten Instrumente.

IV. Schlussfolgerungen

In diesem Beitrag haben wir untersucht, welche Rolle Regelbindung als Meta-Design für Bürokratieabbau spielen kann und wie die Argumentation durch Erkenntnisse aus der Theorie und Praxis von Fiskalregeln unterstützt werden kann. Die Leitfrage, was können Fiskalpolitik und Entbürokratisierung voneinander lernen, beantworten wir mit dem Sprachbild, dass beide Politikbereiche eine „Lernpartnerschaft“ eingehen. Abb. 1 visualisiert die Schlussfolgerungen des Beitrags für ein mögliches Meta-Design mit stärkerer Berücksichtigung von Regelbindung.

Grundlegende Aussage ist, dass sowohl *target-based regulation* als auch *instrument-based regulation* ihren Platz im Werkzeugkasten des Bürokratieabbaus haben. Unter *target-based regulation* fokussieren wir Möglichkeiten aus dem Fixieren von zahlenbasierten Ziel- und Schwellenwerten. Anders als in der Fiskalpolitik, wo Defizit- oder Schuldenquoten direkt messbar sind, stellt die Abbildung bürokratischer Belastung höhere Anforderungen. Der Erfüllungsaufwand hat sich in Deutschland als sinnvoller Messwert etabliert, da er Kosten- und Zeitdimension erfasst und damit greifbare Effekte transparent macht. Zudem dürfte die Kombination mit weiteren möglichen Indikatoren wie vor allem der Anzahl der Normen sinnvoll sein.

Für die zahlenbasierte Zielorientierung sprechen die Erkenntnisse aus der Fiskalpolitik. Bereits das Vorhandensein von Ziel- und Schwellenwerten entfaltet Effektivität, weil Entscheidungsträger zu Verhaltensveränderungen veranlasst werden. Mittelfristig können Gewohnheitseffekte entstehen, wenn die Ziele als Benchmark für erfolgreiche oder eben nicht erfolgreiche politische Bemühungen wahrgenommen werden. Auch die Frage nach der korrekten Kalibrierung stellt sich ähnlich dar wie in der Fiskalpolitik, in der eher politisch-administrative Erwägungen eine Rolle spielen als theoretisch-empirische Wirkungszusammenhänge. Zusammengefasst wirkt für *target-based regulation* bereits der Weg als erfolgversprechendes Ziel.

Unter *instrument-based regulation* fokussierten wir OIOO-Regeln beziehungsweise die deutsche Bürokratiebremse. Diese hat bereits über zwei volle Legislaturperioden hinweg messbare Erfolge erzielt, gleichwohl das Instrument in der Bewertung der Öffentlichkeit noch hinter den Erwartungen zu bleiben scheint. Zunächst ist anzunehmen, dass eine stärkere gesetzliche Stellung der Bürokratiebremse die Durchsetzbarkeit des Instruments steigern würde, was beispielsweise die Ausweitung auf EU-Regelungsvorhaben rechtfertigen könnte. Darüber hinaus könnte allerdings die höhere Akzeptanz für Bürokratieabbau grundsätzlich die Durchsetzbarkeit dieser Art von Regeln positiv befördern, da sie keine Be-, sondern Entlastungen in Wirtschaft und Gesellschaft bedeuten.

Ein zusätzliches wesentliches Argument für OIOO-Regeln ist, dass sie komplementär zur *target-based regulation* wirken. Grundsätzlich können sie gewährleisten, dass einmal erreichte Erfolge aus Abbau-Programmen nicht durch an anderer Stelle entstehende neue Belastungen verwässert werden. Die Kombination aus klar quantifizierten Zielen und verbindlichen Verfahren könnte sich beispielsweise in der engen Kombination von Bürokratiebremse und Abbauprogrammen mit quantifizierbaren Zielen ausdrücken. Als mögliche Optionen für weitere verpflichtende Instrumente sehen wir insbesondere die Verstetigung der über den Normenkontrollrat bereits erprobten und entwickelten Formen von Ex-ante-Prüfungen und Ex-post-Evaluationen. Ein solches System könnte Grundlage eines wirkungsorientierten Bürokratieabbaus sein.

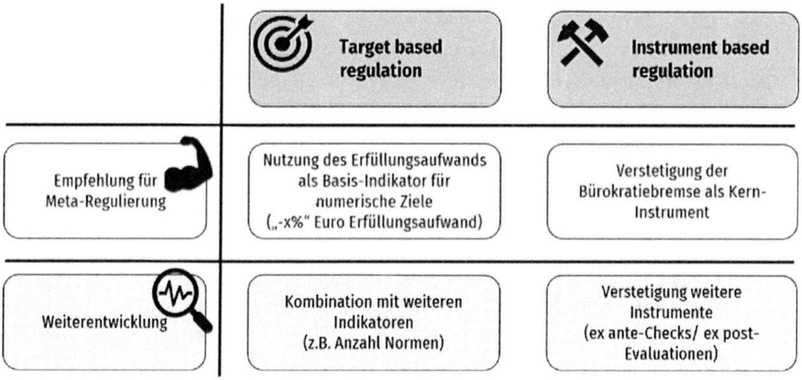

Abb. 1 Regelbindung als Meta-Design für Bürokratieabbau

Weitere Forschung könnte das Indikatoren-Problem aufgreifen, um ein besseres Verständnis für sowohl mess- als auch spürbaren Bürokratieabbau zu schaffen. Wünschenswert wäre eine stärkere empirische Basis über die Wirkungsmechanismen zwischen Normen und ihrem Erfüllungsaufwand einerseits sowie der bei den Normadressaten wahrgenommenen Belastung andererseits. Gerade in der Vereinfachung von Normen könnten sich substantielle Entlastungen materialisieren lassen, ohne auf die Regulierung an sich zu verzichten, um letztlich die Effizienz der Regulierung über die Minimierung bürokratischer Aufwände zu steigern.

Literaturverzeichnis

Alesina, A./Bayoumi, T. (1996). The Costs and Benefits of Fiscal Rules: Evidence from U.S. States. National Bureau of Economic Research (NBER) Working Paper 5614.

Alt, J. E./Lowry, R. C. (1994). Divided Government, Fiscal Institutions, and Budget Deficits: Evidence from the States. American Political Science Review 88 (4), 811–28.

Asatryan, Z./Castellón, C./Stratmann, T. (2016). Balanced Budget Rules and Fiscal Outcomes: Evidence from Historical Constitutions. CESifo Working Paper, No. 5893.

Bayoumi, T/Eichengreen, B. (1995). Restraining Yourself: The Implications of Fiscal Rules for Economic Stabilization. IMF Staff Papers 42 (1), 32–48.

Blanchard, O./Leandro, A./Zettelmeyer, J. (2021). Redesigning EU fiscal rules: From rules to standards. Economic Policy 36, no. 106, 195–236.

Broughel, J. (2016). Regulatory Reform 101: A Guide for the States. Mercatus Center at George Mason University.

Caselli, F./Reynaud, J. (2020). Do fiscal rules cause better fiscal balances? A new instrumental variable strategy. European Journal of Political Economy 63, 101873, https://doi.org/10.1016/j.ejpoleco.2020.101873.

Caselli, F. G./Wingender, P. (2018). Bunching at 3 percent: The Maastricht fiscal criterion and government deficits. International Monetary Fund.

Davoodi, H. R./Elger, P./Fotiou, A./Garcia-Macia, D./Lagerborg, A./Lam, W. R./Pillai, S. (2022). Fiscal Rules and Fiscal Councils: Recent Trends and Performance during the Pandemic", IMF Working Paper No.22/11, International Monetary Fund, Washington, D.C.

Debrun, X./Moulin, L./Turrini, A./Ayuso-i-Casals, J./Kumar, M. S. (2008). Tied to the Mast? National Fiscal Rules in the European Union. Economic Policy 23 (54), 297–362.

Feld, L.P./Hassib, J./Langer, M./Nientiedt, D. (2024). Die Schuldenbremse: Ein Garant für nachhaltige Haushaltspolitik. Studie im Auftrag der Friedrich-Naumann-Stiftung für die Freiheit. Hrsg. v. Friedrich-Naumann-Stiftung für die Freiheit. Potsdam.

Feld, L.P./Kirchgässner, G. (2008). On the Effectiveness of Debt Brakes: The Swiss Experience. In Sustainability of Public Debt, Hrsg. v. Neck R. & Sturm J.-E., 223–55.

Gaspar, V./Amaglobeli, D. (2019). Fiscal rules. SUERF Policy Note 60.

Grembi, V./Nanncini, T./Troiano, U. (2016). Do Fiscal Rules Matter? American Economic Journal: Applied Economics Vol. 8 (No. 3), 1–30.

Guichard, S./Kennedy, M./Wurzel, E./André, C. (2007). What Promotes Fiscal Consolidation: OECD Country Experiences", OECD Economics Department Working Papers, No. 553, OECD Publishing, Paris, https://doi.org/10.1787/180833424370.

Heinemann, F./Moessinger, M.-D./Yeter, M. (2018). Do fiscal rules constrain fiscal policy? A meta-regression analysis. European Journal of Political Economy 51, 69–92.

Holz, M./Icks, A./Nielen, S. (2023). Analyse zur Bürokratiebelastung in Deutschland – Wie kann ein spürbarer Bürokratieabbau erreicht werden? Hrsg. v. Institut für Mittelstandsforschung. Bonn.

Holz, M./Schlepphorst, S./Brink, S./Icks, A./Welter, F. (2019). Bürokratiewahrnehmung von Unternehmen. Hrsg. v. Institut für Mittelstandsforschung. Bonn.

Kuhlmann, S./Eckner, P. (2023). Bürokratieabbau konkret: Der Nationale Normenkontrollrat als Impulsgeber für Bessere Rechtsetzung, Verfahrensbeschleunigung und digitaltaugliches Recht. Zeitschrift für Wirtschaftspolitik 72 (3), 248–259. DOI: 10.1515/zfwp-2023–2018.

Kuhlmann, S./Veit, S. (2021). The Federal Ministerial Bureaucracy, the Legislative Process and Better Regulation. In: Kuhlmann S., Proeller I., Schimanke D., & Ziekow J. (Hrsg.): Public Administration in Germany: Palgrave Macmillan, 357–373.

Kydland, F./Prescott, E. (1977). Rules rather than Discretion: The Inconsistency of Optimal Plans. Journal of Political Economy Vol. 85 (No. 3), 473–492.

Manasse, P. (2007). Deficit limits and fiscal rules for dummies. IMF Staff Papers 54.3.

Nationaler Normenkontrollrat (2024). Jahresbericht 2024. Gute Gesetze. Digitale Verwaltung. Weniger Bürokratie. Hrsg. v. Nationaler Normenkontrollrat. Berlin.

Nationaler Normenkontrollrat (2023). Jahresbericht 2023. Weniger, einfacher, digitaler. Hrsg. v. Nationaler Normenkontrollrat. Berlin.

Poterba, J. (1994). State responses to fiscal crises: The effects of budgetary institutions and politics. Journal of Political Economy 102, no. 4, 799–821.

Radaelli, C./Meuwese, A. (2009). Better Regulation in Europe: between management and regulation. public administration Vol 87 (3), 639–654.

Reuter, W. H. (2015). National numerical fiscal rules: Not complied with, but still effective? European Journal of Political Economy 39, 67–81.

Sacchi, A./Salotti S. (2015). The impact of national fiscal rules on the stabilisation function of fiscal policy. European Journal of Political Economy 37, 1–20.

Statistisches Bundesamt (2025). Erfüllungsaufwand im Zeitverlauf, https://www.normenkontrollrat.bund.de/Webs/NKR/SharedDocs/Downloads/DE/Erfuellungsaufwand/tabelle_1_april_2025.html (letzter Zugriff: 25.06.2025).

Trnka, D./Thuerer Y. (2019). One-In, X-Out: Regulatory offsetting in selected OECD countries. OECD Regulatory Policy Working Papers, No. 11, OECD Publishing, Paris, https://doi.org/10.1787/67d71764-en.

Wyplosz, C. (2011). Fiscal Discipline: Rules rather than Institutions. National Institute Economic Review (217), 19–30. https://doi.org/10.1177/0027950111420918.

Wyplosz, C. (2005). Fiscal Policy: Institutions versus rules. National Institute Economic Review No. 191 (January), 64–78. https://doi.org/10.1177/0027950105052661.

Yared, P. (2019). Rising Government Debt. The Journal of Economic Perspectives Vol. 33 (No. 2), 115–140.

Zunehmende Ungleichverteilung in Deutschland?

Oliver Sievering[1]

„Im Jahr 2024 ist das Gesamtvermögen von Milliardären um zwei Billionen US-Dollar gestiegen. Ihr Vermögen wuchs damit dreimal schneller als noch 2023. Pro Woche kamen fast vier neue Milliardäre hinzu. Gleichzeitig leben noch immer beinahe 3,6 Milliarden Menschen unter der erweiterten Armutsgrenze von 6,85 US-Dollar pro Tag. In Deutschland wuchs das Gesamtvermögen der Milliardäre um 26,8 Milliarden US-Dollar." Oxfam (2025)

Anlässlich des Weltwirtschaftsforums 2025 in Davos hat Oxfam wieder einmal kritisch auf die weltweite materielle Ungleichheit hingewiesen, wobei der Fokus dieses Mal auf den zunehmenden Reichtum von Milliardären gelegt wurde. Solche Berichte führen in der Regel rasch zu kontroversen medialen Debatten bezüglich der Frage nach der sozialen Gerechtigkeit. Große Teile von Befragten vieler Studien nehmen eine ausgeprägte und wachsende ökonomische Ungleichheit in Deutschland als veritables Problem wahr. So sind 81 Prozent der Befragten der Meinung, dass die Einkommensunterschiede in Deutschland zu groß seien (vgl. *Busemeyer/Jäger/Baute*, 2025). Das „Ungleichheitsbarometer" der Universität Konstanz betrachtet mithilfe diverser Umfragen die individuellen Wahrnehmungen unterschiedlicher Aspekte von Ungleichheit. So wurde die Frage gestellt: „Wenn Sie an die langfristige Entwicklung der Ungleichheit von Einkommen und Vermögen in Deutschland etwa seit dem Jahr 2000 denken": So antworteten 47,1 Prozent der Befragten, dass die Ungleichheit stark angestiegen sei, 24,5 Prozent sagten, dass sie etwas gestiegen sei. Lediglich 6,0 Prozent meinten, sie sei stark gesunken, und 10,6 Prozent der Befragten antworteten, sie sei „etwas gesunken" (*Universität Konstanz*, o.J., Ungleichheitsbarometer). Gefühlt geht die Schere zwischen Arm und Reich immer weiter auseinander. Es stellt sich daher die Frage, ob die materielle Ungleichheit tatsächlich zunimmt.

---

1 Prof. Dr. *Oliver Sievering* ist Professor für Volkswirtschaftslehre an der Hochschule für öffentliche Verwaltung und Finanzen Ludwigsburg.

I. Vermögensverteilung

Das Vermögen von Bürgern zu schätzen ist nicht ganz trivial. Forschungsinstitute bedienen sich in der Regel diverser Befragungen. Gemäß einer Studie der Deutschen Bundesbank aus dem Jahr 2023, in der 3 985 Haushalte zu ihrer Vermögens- und Schuldensituation befragt wurden, verfügten diese Haushalte in Deutschland im Jahr 2023 im Durchschnitt (arithmetisches Mittel) über ein Nettovermögen (Bruttovermögen abzüglich Schulden) von rund 324 800 Euro, was international betrachtet ein hoher Wert ist. Gegenüber 2017, der letzten Befragung der Bundesbank vor der Corona-Pandemie, stieg das Vermögen nominal um 40 Prozent, inflationsbereinigt um 13 Prozent. Gegenüber der Befragung 2021 war aufgrund der zwischenzeitlich hohen Inflationsraten ein realer Rückgang in Höhe von knapp 30 000 Euro festzustellen (vgl. *Deutsche Bundesbank*, 2025).

Die Bundesbank erfasst in ihrer Studie neben Immobilien- und Unternehmensbesitz auch den Wert von Schmuck und Guthaben bei Banken, Bausparkassen, aus Wertpapieren, Beteiligungen und verwaltetem Vermögen. Ebenso werden Guthaben bei privaten Renten- und Lebensversicherungen dazugezählt. Nicht eingerechnet werden in der Zukunft liegende Ansprüche wie gesetzliche Rente oder Pension, da es sich aufgrund des in Deutschland existierenden Umlageverfahrens lediglich um Ansprüche, nicht jedoch um angespartes Vermögen handelt.

Der Anteil, den gemäß dieser Studie die vermögendsten zehn Prozent der Haushalte am gesamten Nettovermögen besitzen, summierte sich für 2023 auf deutlich über 50 Prozent – wie in allen anderen Erhebungsjahren seit 2010 auch. Mit 54 Prozent lag der aktuelle Wert etwas unter den Werten der Jahre 2017 (55 Prozent) und 2021 (56 Prozent) und ist damit geringfügig gesunken. Der Anteil der ärmeren 50 Prozent der Haushalte am gesamten Nettovermögen stieg, ausgehend von einem geringen Niveau von rund zwei Prozent im Jahr 2011, auf etwas mehr als 2,4 Prozent im Jahr 2023 (vgl. *Deutsche Bundesbank*, 2025).

Es gibt verschiedene Studien hinsichtlich der Vermögensverteilung. Sie gelangen teils zu etwas anderen quantitativen Ergebnissen, da zum einen die jeweiligen Vermögensabgrenzungen unterschiedlich gehandhabt werden, zum anderen verschiedene Personen befragt werden, weshalb sich auch die jeweiligen Stichproben unterscheiden (können). Die qualitativen Aussagen der diversen Studien fallen aber recht ähnlich aus.

Ein allgemein anerkannter wissenschaftlicher Maßstab zur Darstellung der Ungleichheit von Vermögen ist der Gini-Koeffizient. Die Berechnung basiert auf der Lorenz-Kurve, die die kumulative Verteilung von Einkommen oder Vermögen grafisch darstellt. Die Fläche zwischen der Lorenz-Kurve und der Linie der absoluten Gleichverteilung wird ins Verhältnis zur Gesamtfläche unter der Linie der perfekten Gleichverteilung gesetzt. Ein Gini-Koeffizient von 0 würde bedeuten, dass jeder in der Bevölkerung das gleiche Vermögen aufweist. Ein Wert von 1 (oder ausgedrückt in Prozentzahlen: 100 Prozent) würde bedeuten, dass eine einzelne Person alles, der Rest hingegen nichts besitzt. Je höher der Wert, desto ungleicher ist folglich die Vermögensverteilung (*Drewello/Kupferschmidt/Sievering*, 2022, S. 267 f.). Der Gini-Koeffizient für Deutschland beträgt der Studie nach 72,4 Prozent und ist gegenüber dem Jahr 2010, als er noch bei 75,8 Prozent betrug, etwas gesunken (vgl. *Deutsche Bundesbank*, 2025). Demnach ist die Vermögensverteilung in den letzten Jahren etwas gleichmäßiger geworden, international weist Deutschland, dies gilt auch für Österreich, einen hohen Wert auf. In den USA und Schweden ist die Vermögensungleichheit höher.

Der Median liegt mit 103 200 Euro deutlich unter dem arithmetischen Mittel, was ein Beleg dafür ist, dass die Vermögensverteilung sehr ungleich verteilt ist. Der Median bildet die Mitte ab, das heißt, die Hälfte der Haushalte weist ein Vermögen auf, das größer als der Median ist, die andere Hälfte hat weniger als 103 200 Euro. Der Median wird häufig als ein geeigneterer Maßstab zur Beurteilung der Ungleichverteilung herangezogen, da er gegenüber Ausreißern (hier: Millionären/Milliardären) unempfindlicher ist als das arithmetische Mittel. Betrachtet man den Median, so liegt Deutschland im EU-Vergleich lediglich „im unteren Mittelfeld".

Eine der Ursachen für das hohe Ausmaß an Vermögensungleichheit im internationalen Vergleich besteht in Unterschieden im Besitz selbst genutzter Immobilien. Deutschland weist wie Österreich einen geringen Anteil von Eigentümern mit selbst genutzten Immobilien auf (jeweils knapp 50 Prozent) (vgl. *Grabka/Halbmeier*, 2024). Länder mit deutlich höheren Wohneigentumsquoten wie bspw. die Slowakei, Ungarn oder Malta weisen deutlich gleichmäßigere Vermögensrelationen auf. Auch innerhalb Deutschlands lassen sich deutliche Unterschiede hinsichtlich des Nettovermögens zwischen den Bundesländern im Osten und im Westen erkennen. Das arithmetische Mittel im Osten ist mit 170 100 Euro deutlich niedriger als der Wert für den Westen mit 364 900 Euro (vgl. *Deutsche Bundesbank*, 2025). Vermögende Haushalte besitzen in der Regel selbst genutzte Immobilien. Bei sehr vermögenden Haushalten fallen häufig zusätzlich nicht selbst genutztes Immobilienvermögen und vor allem Betriebsvermögen stark ins Gewicht.

Auch die weiteren Ergebnisse der Bundesbank-Studie für das Jahr 2023 bestätigen prinzipiell die qualitativen Erkenntnisse der Verteilung von

Vermögen in Deutschland aus anderen Studien. Insgesamt zeigt sich, dass die ungleiche Verteilung in Deutschland im internationalen Vergleich recht hoch, seit Jahren sehr stabil, zuletzt tendenziell sogar leicht rückläufig ist. Bei der Interpretation der Ergebnisse gilt zu bedenken, dass Stichproben sehr hohe Vermögen in der Regel untererfassen. Sehr reiche Personen werden oftmals nicht erfasst, wenn doch, wird bei den freiwilligen Angaben eher „understatement" betrieben. Das Ausmaß der tatsächlich in Deutschland vorhandenen Vermögensungleichheit wird daher tendenziell unterschätzt. Der Gini-Koeffizient dürfte folglich (seit Jahren) etwas höher ausfallen (vgl. *Grabka/Halbmeier*, 2019).

Aufgrund der sehr ungleichen Vermögensverteilung wird oft eine höhere Erbschaftssteuer und/oder eine Wiederbelebung der Vermögenssteuer gefordert. Ziel der Vermögenssteuer ist es, besonders hohe Gesamtvermögen fortlaufend zu besteuern. Bis zum Jahr 1996 wurde in Deutschland eine Vermögenssteuer erhoben, sie ist seit dem Jahr 1997 aufgrund eines Urteils des Bundesverfassungsgerichts aber ausgesetzt. Der Wert von Grundstücken und Immobilien wurde aufgrund der damals zugrunde gelegten veralteten Einheitswerte bemessen, was dazu führte, dass Grundvermögen im Vergleich zu anderen Vermögensgegenständen in geringerem Maße besteuert wurde. Das Bundesverfassungsgericht stufte diese konkrete Besteuerungspraxis im Jahr 1995 als verfassungswidrig ein und stellte dem Gesetzgeber eine Frist, dies entsprechend zu ändern. Eine notwendige Novellierung verhinderte damals der Bundestag, in dem die CDU und die FDP eine Mehrheit hatte.

Eine Wiederbelebung einer Vermögenssteuer wird kontrovers diskutiert. Über viele Details wie bspw. über die Höhe des Steuersatzes und die Höhe eines angemessenen Freibetrages müsste verhandelt werden. Einige bisherige Vorschläge sehen einen Steuersatz von ein oder zwei Prozent bei einem Freibetrag von ein bis zwei Mio. Euro vor. Ein Freibetrag von einer Million würde viele Immobilienbesitzer treffen, da Wohnungen oder Häuser in begehrten Lagen rasch diesen Wert überschreiten. Aufgrund der angespannten Wohnraumsituation und der mutmaßlichen Wertentwicklung in Ballungsgebieten dürften diese Immobilienwerte zudem deutlich steigen. Zu bedenken ist, dass einmal festgelegte Freibeträge erhebliche Beharrungstendenzen aufweisen. Auch müssten einige Ungerechtigkeiten berücksichtigt werden. Selbstständige müssen für eine Altersabsicherung selbst ansparen, auf die Ansparbeträge könnte eventuell eine Vermögenssteuer fällig werden. Beamte hingegen müssen keine eigenen Beträge ansparen, um später eine Pension zu erhalten. Die durchschnittlichen Ruhegehaltsbezüge für männliche Landesbeamte liegen monatlich bei 3 750 Euro (vgl. *Sozialpolitik aktuell*, Ruhegehalt; *Statistisches Bundesamt*, Versorgerempfängerstatistik). Konservativ gerechnet würde das bei einem Zinssatz von zwei Prozent und einer Bezugsdauer von 20 Jahren – zu bedenken gilt, dass Beamte im Schnitt etwas länger leben als der Rest der Bevölkerung – einem Barwert von rund 740 000 Euro entsprechen. Bei hoch eingruppierten Beamten würde der Barwert über eine Million Euro betragen. Ohne auf nähere Details einzugehen, zeigt dies, dass Selbstständige erhebliche Ansparleistungen tätigen müssten, um später auf ein „Ruhegehalt“ wie das eines Beamten zu kommen, was Berücksichtigung bei einer möglichen Wiederbelebung einer Vermögenssteuer finden sollte.

II. Einkommensverteilung

Die Einkommensverteilung fällt im Vergleich zur Vermögensverteilung deutlich gleichmäßiger aus. Der Gini-Koeffizient der bedarfsgewichteten verfügbaren Haushaltseinkommen (Einkommensverteilung nach Umverteilung durch Steuern, Transferzahlungen, Sozialversicherungen, der meist auch für internationale Vergleiche herangezogen wird) in Deutschland weist seit Jahren einen Wert von ziemlich genau 0,3 bzw. 30 Prozent auf. Von Mitte der 1990er-Jahre bis ca. 2005 ist der Wert deutlich gestiegen, seitdem ist er recht konstant. Im Jahr 2024 lag er bei 29,5 Prozent (vgl. *Eurostat*, Gini-Koeffizient). Dies entspricht ziemlich genau dem durchschnittlichen Wert in der Europäischen Union. Während die Werte in einigen osteuropäischen Ländern wie Bulgarien, Lettland und Litauen deutlich über dem durchschnittlichen europäischen Wert liegt, weisen die skandinavischen Länder wie Schweden und Norwegen, aber auch die Slowakei deutlich unterdurchschnittliche Werte auf. Die Einkommensverteilung nach Steuern und Transfers ist dort ausgeglichener. Einen extrem hohen Wert weist die Türkei auf (vgl. *Eurostat*, Gini-Koeffizient).

Das bedarfsgewichtete verfügbare Haushaltseinkommen (Nettoäquivalenzeinkommen) berücksichtigt, dass das Leben günstiger wird, wenn mehrere Personen zusammenwohnen, weil „Synergieeffekte“ zunutze gemacht werden können. So können Zimmer (bspw. Küche, Badezimmer) oder Haushaltsgeräte geteilt werden. Dabei wird das gesamte Nettoeinkommen eines Haushalts durch die bedarfsgewichtete Zahl der Haushaltsmitglieder geteilt. Es ist Konvention (gemäß der neuen nicht ganz unumstrittenen OECD-Skala), dass der erste Erwachsene den Faktor 1, jedes weitere Haushaltsmitglied ab 14 Jahre den Faktor 0,5 und Kinder unter 14 Jahren den Faktor 0,3 zugesprochen bekommen. Es wird herangezogen, um die Einkommen unterschiedlich großer Haushalte vergleichbar zu machen. So lässt sich beispielsweise feststellen, ob ein Single mit einem bestimmten Einkommen ökonomisch besser oder schlechter gestellt ist als eine Familie mit einem höheren Einkommen, aber eben auch mit einem höheren Bedarf.

Beispiel: Bei allen drei nachfolgenden Konstellationen weisen die Haushalte das gleiche bedarfsgewichtete verfügbare Haushaltseinkommen (Nettoäquivalenzeinkommen) in Höhe von 4 000 Euro auf, sodass alle drei Haushalte finanziell als gleich gut gestellt gelten:

- Ein Single hat ein verfügbares Einkommen von 4 000 Euro.
- Ein Paar hat ein verfügbares Einkommen von 6 000 Euro: (1+0,5 Personen): 6 000/1,5 = 4 000 Euro.
- Ein Paar mit zwei Kindern (über 14 Jahre) hat ein verfügbares Einkommen von 10 000 Euro: 10 000/(1+0,5+0,5+0,5) = 10 000/2,5 = 4 000 Euro.

In Ostdeutschland ist die Ungleichheit der Haushaltsnettoeinkommen geringer als in Westdeutschland, wobei zu bedenken gilt, dass das Einkommensniveau in Ostdeutschland auch 35 Jahre nach der Wiedervereinigung immer noch niedriger ist als in Westdeutschland (vgl. *Statistische Ämter des Bundes und der Länder*, Einkommensverteilung).

III. Reallöhne

Im Jahr 2024 betrug der durchschnittliche (arithmetisches Mittel) Bruttojahresverdienst einschließlich Sonderzahlungen aller Vollzeitbeschäftigten 62 235 Euro brutto und der Median 52 159 Euro. Gegenüber dem Vorjahr entspricht dies einer Steigerung von 5,3 Prozent. Nach Abzug der aktuell wieder gemäßigten Inflationsrate von 2,2 Prozent sind die Reallöhne um über drei Prozent gestiegen. Dies stellt den stärksten Reallohnanstieg seit 2008 dar (vgl. *Statistisches Bundesamt*, 2025, Pressemitteilung Nummer 134). Ab den 2020er-Jahren gab es teils starke Reallohnverluste. So sanken im Jahr 2020 die Nominallöhne, was eher außergewöhnlich ist, aufgrund der coronabedingten Kurzarbeit in vielen Branchen, um insgesamt 1,2 Prozent. Im Jahr 2022 kam es aufgrund der sehr hohen Inflationsrate in Höhe von 6,9 Prozent (vgl. *Statistisches Bundesamt*, Verbraucherpreisindex) zu einem erheblichen Reallohnverlust von vier Prozent. Vorher, in den Jahren 2010 bis 2019, stiegen die Reallöhne jährlich mehr oder weniger konstant moderat an, sodass die Reallöhne im Zeitraum von 2010 bis 2023 um insgesamt 5,6 Prozent gestiegen sind.

Von den hohen Inflationsraten in den Jahren 2022 (6,9 Prozent) und 2023 (5,9 Prozent) (vgl. *Statistisches Bundesamt*, Verbraucherpreisindex) waren ärmere Bevölkerungsschichten deutlich stärker betroffen. Die Preise für Lebensmittel und Energie sind in diesen Jahren stärker gestiegen als das allgemeine Preisniveau. Haushalte mit niedrigem Einkommen weisen typischerweise bei diesen beiden Ausgabekategorien einen höheren Anteil an den gesamten Konsumausgaben auf als Haushalte mit höherem Einkommen. Zudem sind ihre Kompensations- und Ausweichmöglichkeiten deutlich begrenzter. Dadurch sind diese Haushaltsgruppen gemessen an ihrem Einkommen relativ stärker von Preisniveausteigerungen betroffen (gewesen).

IV. Mindestlohn

In den Jahren 1995 bis 2012 sanken die durchschnittlichen realen Bruttostundenlöhne insgesamt um drei Prozent. Die Tarifpartner reagierten damals auf die hohen Arbeitslosenzahlen mit Lohnzurückhaltung. Zudem ermöglichte die Flexibilisierung des Arbeitsmarktes, u.a. infolge der Agenda 2010, den Unternehmen niedrigere Löhne gerade im unteren Lohnsegment durchzusetzen, was in dieser Gruppe zu überproportionalen Reallohneinbußen führte. Danach aber stiegen die Löhne in den niedrigeren Einkommensgruppen stärker an, wofür zwei wichtige Faktoren maßgeblich sind. So haben die Gewerkschaften ihre Lohnpolitik in den letzten Jahren geändert. Während sie früher gleich hohe Prozentuale Lohnsteigerungen quasi für alle Beschäftigten forderten, was den besser Vergüteten höhere absolute Verdienstzuwächse bescherte, werden seit einigen Jahren zunehmend prozentuale Lohnsteigerungen verbunden mit pauschalen Mindestzahlungen ausgehandelt, die für untere Lohngruppen deutlich höhere Steigerungsraten implizieren.

Zudem profitierten sie insbesondere vom gesetzlichen Mindestlohn, der im Jahr 2015 eingeführt wurde. Der gesetzliche Mindestlohn, ein allgemeiner flächendeckender Mindestlohn für ganz Deutschland, gilt mit wenigen Ausnahmen (bspw. einige Praktikanten, Langzeitarbeitslose) für alle Arbeitnehmer. Zunächst betrug dieser 8,5 Euro je Stunde. In 2025 beträgt der gesetzliche Mindestlohn in Deutschland 12,82 Euro pro Stunde, zum 1. Januar 2026 soll er auf 13,9 Euro, ab dem 1. Januar 2027 dann auf 14,6 Euro je Arbeitsstunde steigen (vgl. *Mindestlohnkommission* 2025).

Typischerweise überprüft und empfiehlt die Mindestlohnkommission, ein unabhängiges Gremium, das sich aus Vertretern von Arbeitgeberverbänden, Gewerkschaften und aus der Wissenschaft zusammensetzt und Vorschläge zur Höhe des Mindestlohns unterbreitet, alle zwei Jahre mögliche Anpassungen, wobei die allgemeinen Tarifsteigerungen eine wichtige Orientierungsgröße bilden. In der Regel setzt die Bundesregierung den Beschluss per Verordnung um. Im Jahr 2022 hat die damalige Ampelregierung allerdings ein Gesetz verabschiedet, mit dem der Mindestlohn im Oktober desselben Jahres auch ohne ein Votum der Mindestlohnkommission auf 12 Euro stieg, was einen erheblichen prozentualen Anstieg implizierte. Die SPD forderte im Rahmen des Bundestagswahlkampfes 2025 mehrheitlich eine Erhöhung des Mindestlohnes ab dem Jahr 2026 auf 15 Euro je Arbeitsstunde.

Über sechs Millionen Personen profitieren vom Mindestlohn, insbesondere abhängig Beschäftigte in Ostdeutschland, Frauen, Minijobber, Arbeitnehmer in kleinen Betrieben, Personen ohne Berufsausbildung, Migranten und befristet Beschäftigte. Nach Branchen betrachtet haben vor allem Beschäftigte im Gastgewerbe und in der Hotellerie, der Landwirtschaft, Logistik, Gebäudereinigung und im Einzelhandel profitieren können (vgl. *Statistisches Bundesamt*, Pressemitteilung Nr. 256).

Die Einführung des Mindestlohns wie auch seine bisherigen Erhöhungen haben zu überdurchschnittlichen Lohnsteigerungen auch in den nächstniedrigen Lohnsegmenten geführt (Spillover-Effekte), sodass die Zahl der abhängig Beschäftigten im Niedriglohnsektor deutlich gesunken ist. Als Niedriglöhne gelten Bruttoarbeitsentgelte in der Stunde, die niedriger liegen als zwei Drittel des mittleren Median-Stundenlohnes. Die Niedriglohnschwelle in Deutschland lag im Jahr 2022 bei 13,65 Euro. Waren Anfang der 2010er-Jahre rund 24 Prozent der abhängig Beschäftigten dem Niedriglohnsektor zuzuordnen, waren es im Jahr 2022 noch rund 19 Prozent. Der Mindestlohn hat maßgeblich mit dazu geführt, dass der Anteil derjenigen, die in Ostdeutschland dem Niedriglohnsektor zuzurechnen sind, von über 40 Prozent Anfang der 2010er-Jahre auf knapp 25 Prozent im Jahr 2022 gesunken ist (vgl. *Sozialpolitik aktuell*, Niedriglohnsektor; *Statistisches Bundesamt*, Verdienststatistik). Zum deutlichen Rückgang der Niedriglohnbeschäftigung in Ostdeutschland und damit zur Angleichung gegenüber dem Westen hat ebenfalls beigetragen, dass in vielen Branchen die zuvor unterschiedlichen tariflichen Verdienste in West- und Ostdeutschland inzwischen deutlich angeglichen worden sind.

V. Gender Pay Gap

Männer verdienen im Schnitt noch immer deutlich mehr als Frauen. Dies gilt insbesondere für Deutschland, das EU-weit eine hohe unbereinigte

Lohnlücke zwischen Frauen und Männern aufweist. Gemessen am durchschnittlichen Bruttostundenverdienst der Männer lag der unbereinigte Gender Pay Gap im Jahre 2024 bei 16 Prozent. Frauen erhielten mit 22,24 Euro einen um 4,10 Euro geringeren durchschnittlichen Bruttostundenverdienst als Männer (26,34 Euro) (vgl. *Statistisches Bundesamt*, Gender Pay Gap). Nur wenige Länder wie Lettland, Österreich oder Ungarn weisen einen noch höheren Gender Pay Gap auf. Niedrige Werte weisen Länder wie Polen und Slowenien auf, in Belgien ist er praktisch null, in Luxemburg verdienen Frauen im Schnitt sogar etwas mehr als Männer (vgl. *Eurostat*, Gender Pay Gap). Seit Jahren sinkt die Lohnlücke in Deutschland. Im Jahr 2006 lag der Gender Pay Gap noch bei ca. 23 Prozent Hierfür trägt auch die Einführung des Mindestlohns bei, von dem Frauen allgemein stärker profitieren als Männer.

Regional betrachtet, sind einige Auffälligkeiten zu bemerken. Es besteht ein erhebliches West-Ost-Gefälle: Während in Westdeutschland der durchschnittliche Bruttostundenlohn von Frauen 17 Prozent niedriger ist als der von westdeutschen Männern, erhalten Frauen in Ostdeutschland fünf Prozent weniger als ihre ostdeutschen männlichen Kollegen. In einigen wenigen Landkreisen verdienen Frauen im Schnitt mehr als Männer, diese liegen alle in den neuen Bundesländern. Von den Bundesländern weist Baden-Württemberg traditionell den höchsten Gender Pay Gap auf. Dies ist zu einem großen Teil auf die Wirtschaftsstruktur zurückzuführen, denn dort ist die Automobilbauindustrie mit ihren Zuliefererunternehmen sowie der Maschinenbausektor stark ausgeprägt: klassische Männerberufe, die gerade im Südwesten gut entlohnt werden. Eine umfassendere staatliche Unterstützung bei der Betreuung von Kindern und bei der Pflege von Angehörigen könnte eine weitere Verbesserung für Frauen bedeuten, ist doch die (unbezahlte) Care-Arbeit, die oft zu Teilzeitarbeit zwingt, immer noch eine Frauendomäne.

Der bisher beschriebene unbereinigte Gender Pay Gap bezieht sich auf die Differenz zwischen Männern und Frauen allgemein. Rund zwei Drittel dieser Lohnlücke ist darauf zurückzuführen, dass Frauen in „klassischen Frauenberufen“ arbeiten, in denen schlechter bezahlt wird als in den „klassischen Männerberufen“, Frauen zudem häufiger in Teilzeit arbeiten, in der der Bruttostundenverdienst meist etwas geringer ist als in einer Vollzeitbeschäftigung. Zudem sind Frauen deutlich seltener in Führungspositionen vertreten. Etwas mehr als ein Drittel der Lohnlücke kann nicht durch solche Merkmale erklärt werden. Der unerklärte Teil entspricht dem bereinigten Gender Pay Gap, der sechs Prozent beträgt. Dies bedeutet, dass Frauen, wenn sie in gleichen Berufen arbeiten, die gleiche

Qualifikation und die gleiche Berufserfahrung aufweisen, noch immer sechs Prozent weniger verdienen als Männer (vgl. *Statistisches Bundesamt*, Gender Pay Gap).

VI. Armutsquote

Es gibt verschiedene Armutsdefinitionen. Im Gegensatz zur absoluten Armut, die sich auf die Deckung der Grundbedürfnisse wie Nahrung und Unterkunft bezieht, betrachtet die relative Armut die Einkommensunterschiede innerhalb einer Gesellschaft. Als „relativ arm" wird gemäß allgemeinen Konventionen definiert, wenn das bedarfsgewichtete Pro-Kopf-Haushaltseinkommen (Nettoäquivalenzeinkommen) weniger als 60 Prozent des mittleren, am Median gemessenen Nettoäquivalenzeinkommens beträgt, man spricht hier auch von „armutsgefährdet". Wer weniger zur Verfügung hat, kann am allgemeinen gesellschaftlichen Leben kaum teilhaben, was tendenziell zu vermehrter Einsamkeit führt.

Die Datenlage gibt keinen genauen Aufschluss, ob die Armutsquote in den vergangenen Jahren zugenommen hat. Zur Beschreibung des Armutsrisikos werden oft alternative Datenquellen herangezogen. Neben dem SOEP sind dies der Mikrozensus und der deutsche Teil des Surveys European Union Statistics on Income and Living Conditions (EU-SILC). Der EU-SILC wurde 2020 in den Mikrozensus als Unterstichprobe integriert, weshalb dieser in seiner Entwicklung nur noch eingeschränkt über einen längeren Zeitraum interpretiert werden kann.

Während die Ergebnisse auf Basis des SOEP bei selbst genutztem Wohneigentum hypothetische Mieteinnahmen unterstellen, findet bei EU-SILC und Mikrozensus keine Berücksichtigung des Wohneigentums statt. Zudem erhebt der Mikrozensus das Einkommen nicht betragsgenau, sondern wird in Einkommensklassen zusammengefasst. Die Unterschiede der Datengrundlage führen zu etwas unterschiedlichen Armutsrisikoquoten.

Gemäß des Mikrozensus des Statistischen Bundesamtes ist die Armutsquote von 14,7 Prozent in 2005 auf 16,9 Prozent in 2021 gestiegen, dann aber etwas auf 16,6 Prozent in 2023 gesunken. In Ostdeutschland liegt sie etwas höher, ist aber von 20,4 Prozent in 2005 auf 17,7 Prozent in 2023 gesunken. Die Armutsquoten zwischen Ost und West haben sich folglich angeglichen. Gemäß SOEP ist die Armutsquote von 13,6 Prozent in 2005 auf 17,8 Prozent doch deutlich gestiegen (vgl. *Bundesministerium für Arbeit und Soziales*, Armuts- und Reichtumsbericht). Der Paritätische Wohlfahrtsverband verwendet MZ-SILC, das eng verbunden ist mit dem

EU-SILC. Danach betrug im Jahr 2020 die Armutsquote 16,1 Prozent, sank bis 2023 auf 14,4 Prozent, um im Jahr 2024 auf 15,5 Prozent zu steigen. Damit gibt es knapp 13 Mio. Armutsbetroffene (vgl. *Paritätischer Wohlfahrtsverband*, Armutsbericht, S. 7). Die Armutsschwelle bezeichnet die oberste Einkommensgrenze, bis zu der Personen als einkommensarm gelten. Gemäß MZ-SILC liegt sie aktuell bei 1 381 Euro pro Monat für Singles, für Alleinerziehende mit einem kleinen Kind bei 1 795 Euro ((1 + 0,3) × 1 381) und für einen Paarhaushalt mit zwei kleinen Kindern bei 2 900 Euro (1 381 × (1+0,5+0,3+0,3)). Dabei wird das gesamte Nettoeinkommen eines Haushaltes berücksichtigt, inklusive Wohngeld, Kindergeld, Kinderzuschlag, anderer Transferleistungen oder sonstiger Zuwendungen (vgl. *Paritätischer Wohlfahrtsverband*, Armutsbericht, S. 37).

Bei der Berechnung der Armutsquoten durch das Statistische Bundesamt werden alle Personen gezählt, die in Haushalten leben und deren Einkommen weniger als 60 Prozent des mittleren Einkommens aller Haushalte beträgt. Zu beachten ist, dass zahlreiche arme Personen nicht einbezogen werden, wie wohnungslose Personen, Menschen in Pflegeeinrichtungen oder in Wohnheimen der Behindertenhilfe oder Geflüchtete in Gemeinschaftsunterkünften (vgl. *Paritätischer Wohlfahrtsverband*, Armutsbericht, S. 37). Würden diese Personengruppen einbezogen, wäre die Zahl der armutsgefährdeten Personen höher.

Besonders von Armut betroffen sind Erwerbslose, Alleinerziehende, Personen mit Migrationshintergrund, Personen mit niedrigem Bildungsabschluss und Alleinlebende. Zugenommen hat die Armutsquote der jungen Personen, die eine Ausbildung absolvieren oder ein Studium aufgenommen haben. Bezogen auf Bundesländer zeigt sich, dass die beiden süddeutschen Länder Bayern und Baden-Württemberg die niedrigsten Quoten aufweisen, während Bremen seit Jahren die höchste Quote zu verzeichnen hat. Zu berücksichtigen ist, dass die Quoten in Städten tendenziell höher ausfallen als in ländlichen Regionen. Untersuchungen zeigen aber auch, dass Einkommensungleichheit nicht so sehr zwischen Bundesländern, sondern hauptsächlich innerhalb von Regionen besteht (vgl. *Frieden/Peichl/Schüle*, 2023).

Bei dieser monetären Betrachtung sei darauf hingewiesen, dass die Armutsquote traditionell einkommensbasiert betrachtet wird. Ausgaben werden meist nicht einbezogen. So belasten die Wohnkosten, die regional sehr unterschiedlich sind, arme Haushalte, die zumeist als Mieter wohnen, besonders, hier wiederum insbesondere Personen in Großstädten bzw. Ballungsräumen oder in exponierten Regionen wie beispielsweise auf der Insel Sylt. Es sei angemerkt, dass infolge der hohen Inflationsraten in den Jahren

2022 und 2023 sich die realen Größen temporär verschlechtert haben, was insbesondere die ärmeren Bevölkerungsschichten stärker traf.

Armut lässt sich auch an der Inanspruchnahme der Mindestsicherungssysteme ablesen. Als besonders relevant gilt die Grundsicherung für Arbeitssuchende nach SGB II (früher: „Hartz IV", aktuell: „Bürgergeld"). Die Empfängerquote ist im langfristigen Vergleich zurückgegangen. Betrug sie im Jahr 2005 noch ca. elf Prozent, so sank sie fast kontinuierlich auf 7,7 Prozent im Jahr 2021, stieg zuletzt aber wieder leicht auf 8,3 Prozent im Jahr 2024 an. Schaut man sich die Empfängergruppen an, so zeigen sich deutliche Unterschiede. Die Quote der Personen mit deutschem Pass sank von 8,9 Prozent im Jahr 2006 auf aktuell 4,7 Prozent. Die Empfängerquote der Personen ohne deutsche Staatsangehörigkeit ist mit 19,1 Prozent deutlich höher. Im Jahr 2006 betrug sie 17,5 Prozent, in 2017 stieg sie im Nachgang auf die Zahl der vielen Flüchtlinge u. a. aus Syrien, Afghanistan und dem Irak deutlich an, sank anschließend, stieg dann aber mit der Zuwanderung der Flüchtlinge aus der Ukraine noch einmal deutlich an (vgl. *Sozialpolitik aktuell*, Empfängerquoten). Die Ursachen für die hohe Grundsicherungsbedürftigkeit von Personen ohne deutsche Staatsangehörigkeit sind vielschichtig.

Viele Flüchtlinge sind von Armut betroffen. Sie erhalten zunächst Leistungen nach dem Asylbewerberleistungsgesetz (AsylbLG) mit Ausnahme der Geflüchteten aus der Ukraine, die (Stand Sommer 2025) sofort Bürgergeld erhalten. In der Regel kommen die meisten Geflüchteten „ohne jegliches Hab und Gut" an und beantragen Asyl. Sie dürfen in der Regel nicht sofort arbeiten. Infolge von teils länger andauernden Friktionen und Prozessen verzögert sich eine mögliche Arbeitsaufnahme. Sprachbarrieren wie auch eine schleppende Anerkennung ausländischer Abschlüsse erschweren eine rasche Integration auf dem Arbeitsmarkt. Oftmals werden sie anschließend unterhalb ihres eigentlichen Qualifikationsniveaus entlohnt (migration gap).

Unter den Empfängern von Bürgergeld findet sich eine nennenswerte Zahl von Personen, die zugleich erwerbstätig ist, deren Arbeitsentgelt aber unterhalb des im SGB II definierten Existenzminimums liegt, sodass Anspruch auf eine aufstockende Grundsicherungsleistung besteht. Rund 800 000 Personen (2024) stocken auf, dies sind ca. 20 Prozent aller erwerbsfähigen Leistungsberechtigten. Etwas mehr als 90 Prozent davon gehen einer abhängigen Beschäftigung nach. Elf Prozent der Aufstocker gehen einer sozialversicherungspflichtigen Vollzeitarbeit nach. Die meisten Aufstocker aber arbeiten nicht in Vollzeit: Knapp ein Drittel der Aufstocker hat eine sozialversicherungspflichtige Teilzeitstelle inne, etwas mehr als ein Drittel stockt mithilfe eines Minijobs auf. Oftmals wird eine Teilzeitstelle gewünscht, zum Teil befinden sich Personen, oft Frauen, auch in der sogenannten Teilzeitfalle, zum anderen mangelt es bei Alleinerziehenden häufig an Kinderbetreuungsmöglichkeiten. Zehn Prozent der Aufstocker befinden sich in einer Ausbildung (vgl. *Sozialpolitik aktuell*, Erwerbstätige Leistungsempfänger; siehe auch *Schäfer*, 2025).

Insgesamt ist die Quote der Empfänger von Mindestsicherung, von 9,8 Prozent im Jahr 2006 auf 8,6 Prozent in 2023 gesunken (SGB II (Bürgergeld), SGB XII (Sozialhilfe) und AsylbLG (Asylbewerberleistungen)). Innerhalb dieser Werte ist aber die Zahl Personen, die auf Grundsicherung im Alter angewiesen sind, in den vergangenen Jahren gestiegen. Grundsicherung im Alter erhalten alle Personen, die die Regelaltersgrenze überschritten haben, deren Einkommen aber nicht ausreicht, um ihren Lebensunterhalt zu decken. Der Anteil der Personen, die auf Grundsicherung im Alter angewiesen sind, ist von 2,3 Prozent in 2006 auf 3,9 Prozent im Jahr 2023 gestiegen (vgl. *Bundesministerium für Arbeit und Soziales*, Grundsicherung im Alter). Insgesamt beziehen über 700 000 Personen Grundsicherung im Alter (vgl. *Statistisches Bundesamt*, Grundsicherung im Alter). Zu bedenken gilt, dass noch deutlich mehr Personen im Alter Anspruch haben, diesen aber nicht wahrnehmen. Die genaue Höhe ist schwer zu eruieren, das DIW schätzt, dass 60 Prozent der Anspruchsberechtigten ihren Anspruch nicht wahrnehmen, der VDK spricht von 70 Prozent (DIW: *Buslei/Geyer/Harnisch*, 2019; *VDK*, 2024). Als Gründe gelten insbesondere Stigmatisierung, Unwissenheit sowie eine komplexe Antragstellung. Die Zahl der Personen, die auf diese Hilfe angewiesen sind, dürfte in den nächsten Jahren schon allein aufgrund der demografischen Entwicklung deutlich zunehmen.

VII. Fazit

Vielfach wird in der Bevölkerung eine wachsende materielle Ungleichheit wahrgenommen: „Die Kluft zwischen Arm und Reich nehme zu." Ist in den vergangenen Jahren tatsächlich eine wachsende materielle Ungleichverteilung festzustellen? Dieser Beitrag kann – in Anbetracht der beschränkten Seitenzahl – keinen umfassenden Überblick geben, untersucht aber einige wichtige Aspekte anhand einiger gängigen Verteilungsmaßstäbe und deren Entwicklung in den vergangenen Jahren.

Die Analyse der Entwicklung der Nettovermögensverteilung seitens der Deutschen Bundesbank zeigt, ebenso wie andere Studien, dass im internationalen Vergleich das Niveau der Vermögensungleichheit in Deutschland hoch ist, seit Beginn der 2000er-Jahre nahezu unverändert verläuft, in den letzten Jahren eher leicht sinkt.

Die Einkommensverteilung in Deutschland ist, gemessen am Gini-Koeffizienten, seit der Wiedervereinigung bis zum Jahre 2005 deutlich ungleicher geworden, verharrt seitdem auf dem Niveau, das in etwa dem europäischen Durchschnitt entspricht. Die seit der Finanzkrise im Jahr 2009 (verhalten) positive Wirtschaftsentwicklung bei mäßigen Inflationsraten, sinkenden Geburtenraten und zunehmendem Fachkräftemangel hat zu sinkender Arbeitslosigkeit und zu steigenden Reallöhnen geführt, von der breite Bevölkerungsteile profitiert haben. Von der Einführung des gesetzlichen Mindestlohnes im Jahr 2015 und ihrer fortlaufenden Anpassung haben insbesondere die unteren Lohngruppen überproportional profitiert. Dies führte auch dazu, dass der Niedriglohnsektor, der in Deutschland infolge der „Agenda 2010" zunächst zunahm, anschließend schrumpfte. Dies gilt insbesondere für Ostdeutschland und sorgte für eine Annäherung an das westdeutsche Niveau. Zugleich profitierten auch Frauen überdurchschnittlich von dieser Entwicklung. Dies lässt sich am Gender Pay Gap, der Lohnlücke zwischen Männern und Frauen, ablesen. Dieser ist im europäischen Vergleich zwar weiterhin recht hoch, schrumpfte in den vergangenen Jahren aber merklich.

Die recht gute ökonomische Entwicklung sowie weitere Rahmenfaktoren haben insbesondere bei der deutschen Bevölkerung zu einer deutlich geringeren Inanspruchnahme der ALG-II-Leistungen geführt. Bei der ausländischen Bevölkerung sieht dies etwas anders aus. Infolge der vielen Flüchtlinge, die „ohne Hab und Gut" nach Deutschland kommen, verharrt deren Quote auf einem recht hohen Niveau. Es dauert lang, bis eine einigermaßen vollständige (auch materielle) Eingliederung gelingt, dies zeigen auch Zahlen für den Arbeitsmarkt. Eingliederungsprozesse müssten schneller verlaufen, hier liegt noch viel Potenzial.

Insgesamt zeigen die hier analysierten Bereiche, dass seit der Wirtschafts- und Finanzkrise, die Ungleichheit eher etwas abgenommen hat. Daran konnte auch COVID-19 wie auch die Jahre der hohen Inflation zu Beginn des russischen Angriffskrieges prinzipiell nichts ändern, in der temporär die Reallöhne sanken. Die daraus resultierenden höheren Inflationsraten für die Jahre 2022 und 2023 haben die ärmeren Bevölkerungsschichten stärker getroffen.

Deutschland steht aber in den nächsten Jahren (nicht nur) sozialpolitisch vor großen Herausforderungen, insbesondere hervorgerufen durch die demografische Entwicklung. Die Sozialversicherungssysteme, insbesondere die Renten-, Kranken- und Pflegeversicherung stehen unter erheblichem Anpassungsdruck und bedürfen weitergehender Reformen. Mehr und mehr ältere Personen werden bedürftig, die Zahl der Grundsicherungsempfänger wird steigen. Der Kampf gegen den Klimawandel erfordert zusätzliche Maßnahmen. Das ökonomische Instrument hierfür ist der CO_2-Preis. Für das Jahr 2025 beträgt der nationale CO_2-Preis 55 Euro je Tonne CO_2 und verteuert die Nutzung fossiler Energien. Es ist anzunehmen, dass dieser in den kommenden Jahren steigen wird. Eine zu große Erhöhung der CO_2-Preise ohne Kompensationen könnte politisch problematisch werden, da sie regressiv wirken und die Akzeptanz für Klimaschutz senken. Das Klimageld könnte dem entgegenwirken und eine wichtige Rolle zur Akzeptanz und zur Verteilungsgerechtigkeit spielen. Es sollte zwar schon in der vergangenen Legislaturperiode eingeführt werden, ist es aber nicht. Im Gespräch ist eine volle Kompensation pro Kopf – auch andere Kriterien wären möglich. Die Einnahmen aus der CO_2-Bepreisung im nationalen Emissionshandel für Wärme und Verkehr lagen im Jahr 2024 bei rund 13 Milliarden Euro. Bei einer Bevölkerung von ca. 83,6 Mio. Einwohnern würde das einen Pro-Kopf-Betrag von circa 155 Euro bedeuten. Bei einer vierköpfigen Familie wären das 620 Euro im Jahr. Ärmere Personen haben einen geringeren Fußabdruck als wohlhabendere Personen. Sie zahlen daher weniger CO_2-Abgaben. Eine gleich hohe Pro-Kopf-Rückerstattung würde bedeuteten, dass ärmere Personen tendenziell mehr zurückerhalten als sie an CO_2-Belastung tragen, was sozialpolitisch zu begrüßen wäre und den Gini-Koeffizienten (Einkommen) etwas absenken lassen würde.

Literaturverzeichnis

Bundesministerium für Arbeit und Soziales (2024). Grundsicherung im Alter.

Bundesministerium für Arbeit und Soziales (2021). Sechster Armuts- und Reichtumsbericht der Bundesregierung.

Bundesministerium für Arbeit und Soziales, Armuts- und Reichtumsbericht, Armutsrisikoquote. Abrufbar unter https://www.armuts-und-reichtumsbericht.de/DE/Indikatoren/Armut/Armutsrisikoquote/A01-Indikator-Armutsrisikoquote.html.

Busemeyer, M./*Jäger*, F./*Baute*, S. (2025). Ungleichheit und soziale Mobilität, Auf dem Abstellgleis? Zum Zusammenhang zwischen Ungleichheitswahrnehmungen und politischer Beteiligung, Policy Paper № 19 | 08. April 2025, Universität Konstanz.

Buslei, H./Geyer, J./*Haan*, P./*Harnisch*, M., DIW Wochenbericht 49/2019, 909–917.

Deutsche Bundesbank (2025). Vermögen und Finanzen privater Haushalte in Deutschland: Ergebnisse der Vermögensbefragung 2023, in: Deutsche Bundesbank, Monatsbericht – April 2025, S. 31–80.

Drewello, H./*Kupferschmidt*, F./*Sievering*, O. (2022). Markt und Staat, Eine anwendungsorientierte Einführung in die allgemeine Volkswirtschaftslehre.

Eurostat (2024). Gini coefficient of equivalised disposable income by age. Abrufbar unter https://ec.europa.eu/eurostat/databrowser/view/ilc_di12/default/table?lang=en&category=livcon.ilc.ilc_ie.ilc_iei.

Eurostat (2025). Geschlechtsspezifisches Verdienstgefälle. Abrufbar unter https://ec.europa.eu/eurostat/databrowser/view/EARN_GR_GPGR2__custom_610647/bookmark/table?lang=de&bookmarkId=d1855244-df61-4fdc-914b-5196b3d45af3.

Frieden, I./*Peichl*, A./*Schüle*, P. (2023). Regionale Einkommensungleichheit in Deutschland, ifo Schnelldienst 3/2023 76. Jahrgang 15. März 2023.

Grabka, M./*Halbmeier*, C. (2019). DIW Wochenbericht 40/2019 Vermögensungleichheit in Deutschland bleibt trotz deutlich steigender Nettovermögen anhaltend hoch.

Grabka, M./*Halbmeier*, C. (2024). Sozialbericht 2024, Kapitel 5.4.8, Vermögen im europäischen Vergleich.

*Mindestlohnkommissio*n (2025). Beschluss der Mindestlohnkommission nach § 9 MiLoG.

Oxfam (2025). Milliardärsmacht beschränken, Demokratie schützen. Abrufbar unter https://www.oxfam.de/publikationen/bericht-soziale-ungleichheit.

Paritätischer Wohlfahrtsverband (2025). Armutsbericht: Verschärfung der Armut.

Schäfer, H. (2025). Mehr Bürgergeld-Aufstocker: Ergebnis eines arbeitsmarktpolitischen Erfolges. IW-Kurzbericht 66/2025.

Sozialpolitik aktuell (Ruhegehalt) (2025). AbbVIII93, Durchschnittliche Ruhegehaltsbezüge nach Geschlecht 2024. (in Verbindung mit dem Statistischen Bundesamt)

Sozialpolitik aktuell (Niedriglohnsektor, Entwicklung) (2025). (in Verbindung mit dem Statistischen Bundesamt).

Sozialpolitik aktuell: Empfängerquoten der Leistungen nach dem SGB II nach Nationalität 2005–2024 (2025). (in Verbindung mit dem Statistischen Bundesamt).

Statistische Ämter des Bundes und der Länder (2023). Gini-Koeffizient zur Einkommensverteilung.

Statistisches Bundesamt (2025). Gender Pay Gap, Pressemitteilung Nr. 056 vom 13. Februar 2025.

Statistisches Bundesamt (2025). Grundsicherung im Alter.

Statistisches Bundesamt (2025). Mindestlohnerhöhung, Pressemitteilung Nr. 256 vom 14. Juli 2025.

Statistisches Bundesamt (2025). Verbraucherpreisindices.

Statistisches Bundesamt (2025). Verdienststatistik, Pressemitteilung Nr. 134 vom 8. April 2025.

Statistisches Bundesamt (2025). Versorgerempfängerstatistik.

Umweltbundesamt (2025). Einnahmen aus dem Emissionshandel erneut auf Rekordniveau.

Universität Konstanz (o. J.). Ungleichheitsbarometer; Ergebnisse der zweiten Befragungswelle 2022. Abrufbar unter https://www.exc.uni-konstanz.de/ungleichheit/themen/das-ungleichheitsbarometer/befunde.

VDK, Sozialverband VDK (2024). 70 Prozent der Berechtigten beantragen keine Grundsicherung im Alter. Abrufbar unter https://www.vdk.de/aktuelles/aktuelle-meldungen/artikel/70-prozent-der-berechtigten-beantragen-keine-grundsicherung-im-alter.

Was motiviert Studierende? Aktuelle Befunde zur Selbstbestimmungstheorie und ihre Bedeutung für die Hochschulpraxis

Claudia Dickhäuser[1]

Der vorliegende Beitrag beleuchtet auf Grundlage der Selbstbestimmungstheorie (*Deci/Ryan*, 2000) zentrale Einflussfaktoren studentischer Motivation im Hochschulkontext. Aktuelle Studien zeigen: Werden die psychologischen Grundbedürfnisse nach Autonomie, Kompetenz und sozialer Eingebundenheit erfüllt, steigen Motivation, Wohlbefinden und Studienerfolg signifikant – auch langfristig. Eigene Befunde aus einer Befragung an der HVF Ludwigsburg belegen, dass das Erleben von Autonomie und Kompetenz in der Praxisphase deutlich höher ist als in der Theoriephase. Daraus ergeben sich konkrete Handlungsempfehlungen für die Hochschulpraxis.

I. Die Selbstbestimmungstheorie

In Zeiten wachsender psychischer Belastungen (*Ramcke*, 2023) und sinkender intrinsischer Lernmotivation (*Jeno et al.*, 2018) stellt sich die Frage, wie Hochschulen ein Umfeld schaffen können, das nicht nur Leistung fordert, sondern auch psychisches Wohlbefinden und nachhaltige Motivation fördert. Ein vielversprechender theoretischer Ansatz, der hierfür sowohl empirisch fundierte Erklärungen als auch konkrete Interventionsmöglichkeiten bietet, ist die Selbstbestimmungstheorie (SDT) von *Deci und Ryan* (2000; vgl. *Ryan/Deci*, 2017).

Im Zentrum der Theorie steht die Annahme, dass das menschliche Verhalten wesentlich durch das Ausmaß der Befriedigung von drei grundlegenden psychologischen Bedürfnissen bestimmt wird: Autonomie, Kompetenz und soziale Eingebundenheit. Menschen streben danach, das Gefühl zu haben, selbstbestimmt zu handeln (Autonomie), sich als wirksam zu erleben (Kompetenz) und mit anderen verbunden zu sein (Zugehörigkeit). Werden diese Bedürfnisse erfüllt, resultieren daraus Motivation,

1 Prof. Dr. *Claudia Dickhäuser* ist Professorin für Psychologie an der Hochschule für öffentliche Verwaltung und Finanzen Ludwigsburg. Sie ist systemische Therapeutin und lehrt und berät zum Thema mentale Gesundheit und Motivation.

Wohlbefinden und langfristiges Wachstum; bleiben sie über längere Zeit unbefriedigt, kann dies zu psychischen Beeinträchtigungen, Resignation oder Rückzug führen – etwa in Form von Studienabbruch oder mangelnder psychischer Gesundheit (vgl. *Jeno et al.*, 2018; *Ryan/Deci*, 2000).

Studierende sind eine in besonderem Maße vulnerable Gruppe: Repräsentative Studien zeigen einen Höchststand an psychischem Belastungserleben, verbunden mit Erschöpfung, Einsamkeit und steigender Medikalisierung (*Ramcke*, 2023; *Herbst et al.*, 2020).

Gerade im Hochschulkontext mit seinen spezifischen strukturellen Herausforderungen (hoher Leistungsdruck, geringe Rückmeldedichte, digitale Lehrformate) kommt der SDT besondere Bedeutung zu. Sie liefert nicht nur ein differenziertes Verständnis motivationaler Prozesse, sondern eröffnet auch konkrete Handlungsmöglichkeiten für eine Gestaltung von Studium, Lehre und Beratung, die sowohl Leistungsförderung als auch psychische Gesundheit integriert.

Ziel dieses Beitrags ist es daher, aktuelle Befunde zur SDT im Hochschulkontext systematisch darzustellen, deren Implikationen für Lehre und Beratung aufzuzeigen und konkrete, niedrigschwellige Interventionsansätze zu skizzieren, die sich an den drei psychologischen Grundbedürfnissen orientieren.

II. Aktuelle Befunde im Hochschulkontext

So zeigen *Bureau et al.* (2021) in ihrer Meta-Analyse mit 144 Einzelstudien, dass die Befriedigung der drei Grundbedürfnisse signifikant mit höherer intrinsischer Motivation, größerem akademischen Engagement sowie besseren Leistungen im Studium zusammenhängt. Besonders das Gefühl von Kompetenz – also die Überzeugung, Aufgaben bewältigen zu können und Fortschritte zu machen – erweist sich als zentraler Prädiktor für selbstbestimmtes Lernen. Aber auch die wahrgenommene Autonomie und das Gefühl sozialer Eingebundenheit sind entscheidend für die Entwicklung von Motivation und Wohlbefinden im Studium.

1. Wie wirkt sich die Bedürfnisbefriedigung auf die Lernmotivation aus?

Unter anderem die Studie von *Jeno et al.* (2018) liefert eindrucksvolle empirische Hinweise darauf, wie die Befriedigung der psychologischen Grundbedürfnisse nach Autonomie, Kompetenz und sozialer Eingebundenheit im Hochschulkontext die Lernmotivation beeinflusst – und zwar im Sinne der Selbstbestimmungstheorie (*Deci/Ryan*, 2000; *Ryan/Deci*, 2017). Studierende, die ihre Lernumgebung als bedürfnisunterstützend wahrnahmen – etwa durch Wahlmöglichkeiten, konstruktives Feedback und soziale Zugehörigkeit – berichteten in der Studie über höhere autonome Motivation. Das heißt, sie engagierten sich eher aus intrinsischem Interesse oder weil sie den persönlichen Sinn der Lerninhalte nachvollziehen konnten. Diese Form der Motivation hing in der Untersuchung positiv mit Studienleistungen und negativ mit der Absicht, das Studium abzubrechen, zusammen. Die Befunde deuten darauf hin, dass die wahrgenommene Befriedigung der drei psychologischen Grundbedürfnisse (Autonomie, Kompetenz, soziale Eingebundenheit) eine vermittelnde Rolle einnimmt: Sie trägt dazu bei, dass extrinsische Anforderungen wie Prüfungen internalisiert werden können – also nicht als fremdbestimmt, sondern als persönlich relevant erlebt werden. Dies erhöht die Wahrscheinlichkeit, dass Studierende auch bei Schwierigkeiten engagiert und selbstreguliert am Studium festhalten. Auffällig ist zudem, dass dieser Zusammenhang in der Studie über zwei Semester hinweg stabil blieb: Die zu Studienbeginn berichtete Bedürfnisbefriedigung sagte eine dauerhaft erhöhte autonome Motivation vorher. Auch wenn es sich um korrelative Daten handelt, legen die Ergebnisse nahe, dass eine bedürfnisorientierte Gestaltung von Lernumgebungen förderliche Bedingungen für Motivation und Studienverbleib schaffen kann. Kurzum: Die Studie legt nahe, dass die Erfüllung psychologischer Grundbedürfnisse nicht nur kurzfristig motivierend wirkt, sondern eine dauerhafte Grundlage für selbstbestimmtes Lernen, Leistung und Studienpersistenz bildet. Bedürfnisbefriedigung ist daher kein „Nice-to-have", sondern die Basis psychisch gesunder, leistungsfähiger und langfristig tragfähiger Lernmotivation.

Ähnliche Ergebnisse finden sich in der Arbeit von *Howard et al.* (2024), die in einer Meta-Analyse zwischen bedürfnisunterstützenden und -frustrierenden Verhaltensweisen differenzierten. Autonomieunterstützendes Verhalten – etwa durch Wahlmöglichkeiten, transparente Kommunikation und empathische Rückmeldung – erwies sich in nahezu allen Studien als positiver Prädiktor für intrinsische Motivation. Demgegenüber hängen kontrollierende Verhaltensweisen wie Zwang, Druck oder willkürliche Bewertungssysteme signifikant negativ mit Motivation und Studienengagement zusammen.

Die Studie von *Kegel et al.* (2020) erweitert die Perspektive auf Motivation im Studium, indem sie vier differenzierte motivationale Profile unter Studierenden identifiziert – basierend auf der Selbstbestimmungstheorie. Die Profile unterscheiden sich darin, wie stark Studierende ihr Verhalten aus intrinsischer Motivation (Interesse am Lernen selbst), identifizierter Regulation (persönliche Bedeutsamkeit), kontrollierter Regulation (zum Beispiel durch äußeren Druck) oder Amotivation (fehlender Zielbezug) heraus steuern.

Die Relevanz dieser Profile liegt vor allem darin, dass sie nicht nur ein statisches Bild von Motivation vermitteln, sondern Dynamiken aufzeigen, wie Studierende sich im Studium erleben – und was daraus folgt. Studierende mit einem sogenannten „autonom motivierten" Profil – also hoher intrinsischer und identifizierter Motivation – zeigten in der Studie:

- Höchste Studienzufriedenheit
- Geringste Prokrastinationswerte
- Niedrigste Abbruchintentionen
- Hohe Werte bei psychischer Gesundheit und Engagement.

Demgegenüber war die Zugehörigkeit zu sogenannten „amotivierten" Profilen mit Gefühlen von Überforderung, Distanzierung und Rückzugsneigung verbunden.

Besonders interessant: Die motivationalen Profile korrespondieren deutlich mit der wahrgenommenen Befriedigung psychologischer Grundbedürfnisse. Wer sich autonom, kompetent und eingebunden fühlte, war mit sehr hoher Wahrscheinlichkeit in einem selbstbestimmten Profil verortet. Daraus ergibt sich eine klare praktische Schlussfolgerung: Hochschulen sollten durch Gestaltung ihrer Lehr- und Beratungspraxis Bedingungen schaffen, die förderliche motivationale Profile wahrscheinlicher machen – und riskante Entwicklungen frühzeitig erkennen.

Die motivationalen Profile sind somit nicht nur ein diagnostisches Instrument, sondern auch ein Steuerungselement für Bildungsqualität. Sie laden dazu ein, jenseits von Noten und Leistung allein das *motivationale Erleben* von Studierenden in den Blick zu nehmen. Denn nicht nur, *ob* jemand studiert, ist entscheidend – sondern auch *wie*.

2. Wie steht es um die Bedürfnisbefriedigung an der HVF Ludwigsburg?

Ergänzend zu den von *Kegel et al.* (2020) identifizierten motivationalen Profilen liefert die Studie von *Dickhäuser* (2024) speziell für Studierende der HVF konkrete empirische Evidenz dafür, wie unterschiedlich stark psychologische Grundbedürfnisse im Studienalltag erfüllt werden.

In einer Befragung von 208 dual Studierenden an der Hochschule für Verwaltung und Finanzen Ludwigsburg wurden die drei Grundbedürfnisse nach Autonomie-, Kompetenz- und Zugehörigkeitserleben getrennt für die Theorie- und Praxisphase erfasst. Als Instrument wurde die deutsche Version der Basic Psychological Need Satisfaction and Frustration Scale (BPNSFS) von *Van der Kaap-Deeder et al.* (2020) verwendet. Das zentrale Ergebnis: Sowohl das Autonomie- als auch das Kompetenzerleben wurden in der Praxisphase als signifikant höher ausgeprägt wahrgenommen als in der Theoriephase. Besonders gering fiel das Autonomieerleben in der Theoriephase aus. Die Studierenden fühlen sich hier in Bezug auf Zeitplanung, Mitgestaltung und Wahlmöglichkeiten stark eingeschränkt. Die Zugehörigkeit wurde in beiden Phasen etwa gleich stark erlebt (für eine umfassende Darstellung der Untersuchung, vgl. *Dickhäuser*, 2024). Diese Ergebnisse stimmen zumindest nachdenklich, da *Kegel et al.* (2020) zeigen konnten: Studierende, die sich als autonom und kompetent erleben, sind deutlich zufriedener, weniger prokrastinationsanfällig und zeigen geringere Abbruchneigungen. Die Praxisphase mit ihren Gestaltungsspielräumen fördert wahrscheinlich jene motivationalen Bedingungen in höherem Ausmaß, die selbstbestimmtes Lernen ermöglichen. Besonders spannend in der Untersuchung von *Dickhäuser* (2024) ist auch die qualitative Auswertung der offenen Antworten zur Frage: „Was würde aus deiner Sicht zu höherer Motivation im Studium führen?" *Dickhäuser* (2024) zeigt exemplarisch, welche konkreten Wünsche die Studierenden äußern: von „mehr Unterstützung bei der Prüfungsvorbereitung" über „mehr Partizipation bei Entscheidungsprozessen" bis zu „mehr Wertschätzung der Studierenden von Hochschulseite" (vgl. Tabelle 1). Diese Befunde illustrieren eindrücklich, dass Studierende sehr genau benennen können, welche Faktoren ihre Motivation aus deren Sicht beeinflussen – und dass diese Faktoren eng mit der Selbstbestimmungstheorie verknüpft sind.

Tabelle 1: Beispielhafte Antworten auf die Frage: „Was würde aus deiner Sicht zu höherer Motivation im Studium führen?" (vgl. Dickhäuser, 2024)

Autonomie	Kompetenz	Zugehörigkeit
Mehr Freiraum in den Theoriephasen	Hilfreiches Leistungsfeedback durch Dozenten	Mehr Vertrauen von Vorgesetzten- bzw. Dozierendenseite
Mehr Flexibilität für das Individuum bei der Stundenplangestaltung	Unterstützung bei der Klausurvorbereitung	Lernklima an der Hochschule verbessern
Die Studierenden sollten sich mehr einbringen können in die Entscheidungsprozesse der Hochschule	Fairere Leistungsbewertung	Mehr Wertschätzung der Studierenden von Hochschulseite
Weniger feste Strukturen – mehr Freiraum	Mehr vermitteln, dass man etwas gut kann	Studierende nicht „von oben herab" behandeln

Damit lässt sich schlussfolgern: Motivationale Profile sind nicht nur ein theoretisches Konstrukt, sondern spiegeln sich im Erleben der Studierenden im Studienalltag wider.

3. Wie wirkt sich die Bedürfnisbefriedigung auf akademische Leistung aus?

Nicht minder beeindruckend ist der Zusammenhang zwischen Bedürfnisbefriedigung und akademischer Leistung. Eine Vielzahl empirischer Studien – sowohl korrelativ als auch experimentell – zeigt übereinstimmend: Studierende, deren psychologische Grundbedürfnisse nach Autonomie, Kompetenz und Zugehörigkeit erfüllt sind, lernen nicht nur mit größerer Motivation, sondern erbringen auch objektiv bessere Leistungen.

In der Meta-Analyse von *Bureau et al.* (2021), die 144 Studien zusammenfasst, wurde deutlich, dass autonom motiviertes Lernen – also Lernen, das auf selbstbestimmter Zielverfolgung und persönlicher Bedeutsamkeit basiert – signifikant mit besseren Studienleistungen einhergeht. Besonders stark war dieser Zusammenhang in Studiengängen mit hohem Anforderungsniveau sowie bei Studierenden, die sich in selbstregulierten Lernumgebungen bewegten. Dies unterstreicht die These: Autonomieunterstützung entfaltet ihre leistungsfördernde Wirkung besonders dort, wo Eigenverantwortung gefragt ist.

Martinek et al. (2018) erweitern diese Perspektive um den Blick auf Lehramtsstudierende. In einer längsschnittlichen Untersuchung zeigten sie, dass das Gefühl, kompetent und autonom zu agieren – etwa im Rahmen von Praxisphasen oder durch differenzierte Rückmeldungen in Seminaren – nicht nur die Motivation stabilisierte, sondern auch das tiefere Verständnis fachdidaktischer Inhalte förderte. Kompetenz- und Autonomieerleben wirkten hier wie ein Katalysator für die Bewältigung kognitiver Herausforderungen: Sie steigerten die Bereitschaft, sich mit komplexen Inhalten auseinanderzusetzen, förderten die Anstrengungsbereitschaft und erhöhten die Transferwahrscheinlichkeit.

Ähnliche Effekte zeigen sich in der norwegischen Studie von *Jeno et al.* (2018), die den Zusammenhang zwischen motivationalem Erleben zu Semesterbeginn und den tatsächlich erreichten Leistungen am Jahresende untersuchte. Dabei zeigte sich, dass Studierende, die ihre Lernumgebung als autonomieunterstützend und kompetenzförderlich wahrnahmen, signifikant bessere Noten erzielten und seltener Prüfungen wiederholen mussten. Die Studienautoren betonen: Die wahrgenommene Passung zwischen Anforderungen und eigenen Ressourcen ist entscheidend für den Lernerfolg – und wird durch Bedürfnisbefriedigung vermittelt.

Schließlich zeigen qualitative Daten aus der Studie von *Janke et al.* (2022), dass Studierende retrospektiv jene Lernphasen als besonders erfolgreich beschrieben, in denen sie sich als selbstwirksam erlebt und Handlungsspielräume gehabt hatten. Selbst Prüfungsphasen wurden dann nicht als bloßer Druck, sondern als herausfordernde Bewährungsproben wahrgenommen.

Zusammengefasst zeigen diese Befunde ein klares Muster: Bedürfnisbefriedigung verbessert nicht nur die motivational-emotionale Ausgangslage von Studierenden, sondern verändert auch *wie* gelernt wird – tiefer, nachhaltiger, mit höherer Transferleistung. Autonomie, Kompetenz und soziale Eingebundenheit bilden damit nicht nur das Fundament gelingender Motivation, sondern auch den Nährboden akademischer Exzellenz.

4. Wie wirkt sich Bedürfnisbefriedigung auf Studienabbruchquoten aus?

Ein zentrales Anliegen jeder Hochschule ist die Vermeidung von Studienabbrüchen. In einer groß angelegten Befragung von *Passeggia et al.* (2023) zum Studienabbruch im ersten Jahr wurde das theoretische Rahmenmodell der Basic Psychological Needs Theory explizit herangezogen. Im Zentrum steht die Frage, wie Motivation, subjektives Wohlbefinden und rückblickende Einschätzungen schulischer Vorbereitung das studentische Engagement beeinflussen – und wie dieses wiederum mit der Absicht zum Studienabbruch zusammenhängt. Die Ergebnisse zeigen, dass insbesondere autonom motivierte Studierende – das heißt solche, die intrinsisch oder aus identifizierter Regulation handeln – mehr Engagement im Studium zeigen. Dieses Engagement wirkt als zentrale vermittelnde Variable, die die Wahrscheinlichkeit eines Studienabbruchs deutlich senkt. Nur intrinsische Motivation sagte dabei auch das subjektive Wohlbefinden signifikant vorher – was auf die besondere Bedeutung des Autonomieerlebens für positive Emotionen und psychische Stabilität hinweist. Auch das Kompetenzerleben spielt eine wesentliche Rolle: Studierende, die sich rückblickend gut auf das Studium vorbereitet fühlten (zum Beispiel im Hinblick auf Prüfungen), berichteten von höherem subjektivem Wohlbefinden. Dieses Wohlbefinden wiederum förderte das Engagement – eine klassische Mediationskette, in der das Gefühl von Kompetenz indirekt zu höherer Studienbindung beiträgt. Ein stärkeres Engagement – einschließlich sozialer Verbundenheit – war negativ mit der Abbruchintention assoziiert. Studierende, die sich sozial eingebunden fühlten, waren also weniger geneigt, das Studium abzubrechen. Insgesamt verdeutlichen die Ergebnisse, dass ein Mangel an Bedürfnisbefriedigung in zentralen Bereichen des studentischen Erlebens – insbesondere im Hinblick auf Kompetenz, Zugehörigkeit und Autonomie – eng mit einem erhöhten Risiko für Studienabbruch verbunden ist.

Auch die qualitative Studie von *Janke et al.* (2022) liefert eindrückliche Hinweise auf den Zusammenhang zwischen Bedürfnisbefriedigung und Studienverlauf. In einer retrospektiven Befragung ehemaliger Studierender zeigte sich, dass das emotionale Erleben des Studiums – auch Jahre später – stark an Erfahrungen von Autonomie oder Ohnmacht geknüpft war. Studierende, die in wichtigen Phasen das Gefühl hatten, mitgestalten zu können, beschreiben selbst herausfordernde Situationen rückblickend als entwicklungsfördernd (vgl. auch *Janke/Dickhäuser*, 2013).

Diese Befunde zeigen: Wenn Studierende frühzeitig soziale Eingebundenheit erfahren, in Entscheidungsprozesse eingebunden sind und Rückmeldung auf ihre Lernprozesse bekommen, kann damit Abbruchrisiken präventiv begegnet werden.

5. Lehrpersonen als zentrale Akteure

Wie können Hochschulen diesen Erkenntnissen gerecht werden? Der Schlüssel liegt bei den Lehrpersonen. Denn sie gestalten den Alltag der Studierenden maßgeblich mit – bewusst oder unbewusst. Studien von *Cheon et al.* (2018) und *Reeve und Cheon* (2014) zeigen, dass gezielte Schulungen von Lehrpersonen im Sinne der SDT signifikant positive Effekte auf die Lernmotivation und Leistung der Studierenden hatten. Besonders wirksam waren dabei Interventionen, die folgende Elemente förderten: Zuhören und Perspektivübernahme, Angebot von Wahlmöglichkeiten, klare Zielkommunikation, fehlerfreundliche Rückmeldung, Betonung individueller Fortschritte statt Vergleich mit anderen.

Auch *Martinek et al.* (2018) betonen in ihrer Forschung mit Lehramtsstudierenden, wie bedeutsam eine „motivationale Passung" zwischen Lehrperson und Lehrkontext ist. Lehrpersonen, die selbst ein hohes Maß an Autonomie und Kompetenzerleben in ihrer Rolle empfinden, neigen stärker zu einem bedürfnisorientierten Unterrichtsstil. Daraus ergibt sich ein bedeutsamer Kreislauf: Wer selbstwirksam lehrt, fördert selbstwirksames Lernen.

Ein konkreter Umsetzungsvorschlag findet sich unter anderem im Projekt „Motivation in der Lehre" (*Zentrum für Lehrentwicklung der TH Köln*, 2015) zur Frage, was Lehrende konkret tun können:

Autonomie ermöglichen – selbst entscheiden dürfen

- Wahlmöglichkeiten geben (zum Beispiel bei Themen, Bearbeitungswegen, Methoden).

- Selbstgesteuertes Arbeiten ermöglichen (zum Beispiel Projekte, Erkundungsaufgaben).
- Raum für Eigeninitiative lassen.

Kompetenzerleben ermöglichen – sich wirksam fühlen
- Aufgaben stellen, die weder zu leicht noch zu schwer sind.
- Klar und regelmäßig Feedback geben – ermutigend, ehrlich, konkret.
- Übungsmöglichkeiten bieten, um Erfolge erlebbar zu machen.
- Stärken betonen – auch kleine Fortschritte sichtbar machen.
- Klare Lernziele kommunizieren („Was sollen Sie nach dem Kurs können?").
- Inhalt mit realen Problemen oder Anwendungssituationen verknüpfen.
- Den Sinn und Zweck von Aufgaben erklären – nicht nur „weil's im Modulplan steht".

Soziale Eingebundenheit – sich zugehörig fühlen
- Kennenlernrunden, Gruppenarbeiten, Austauschformate einbauen.
- Studierende aktiv ansprechen, zum Beispiel mit Namen.
- Raum für Diskussion, Peer-Feedback oder gegenseitige Unterstützung schaffen.
- Gesprächsklima pflegen: wertschätzend, offen, dialogisch.
- Eigene Begeisterung zeigen – zum Beispiel durch Praxisbeispiele oder eigene Fragen.
- Persönlichen Bezug zum Thema herstellen („Was bedeutet das für mich selbst?").
- Echtes Interesse an den Beiträgen der Studierenden zeigen.

Die Befunde aus der Lehre lassen sich auch auf Beratung und Coaching übertragen. In einer in diesem Jahr erschienenen Studie von *Lubennikova* (2025) zur Wirksamkeit von akademischem Coaching auf Basis der SDT zeigte sich, dass bereits wenige Sitzungen ausreichten, um bei Studierenden mit Zweifeln oder Motivationskrisen wieder mehr Klarheit, Hoffnung und Handlungsmotivation zu erzeugen. Zentral war dabei die konsequente Orientierung an den drei psychologischen Grundbedürfnissen: Die Coaches boten Raum zur Selbstklärung (Autonomie), gaben konkrete Rückmeldungen zu Stärken (Kompetenz) und stärkten soziale Ressourcen (Eingebundenheit).

In meiner eigenen Tätigkeit an der HVF Ludwigsburg erlebe auch ich regelmäßig, dass Studierende mit Studienzweifeln, Motivationsproblemen oder Orientierungsfragen deutlich profitieren, wenn die Beratung an den drei psychologischen Grundbedürfnissen – Autonomie, Kompetenz und sozialer Eingebundenheit – ausgerichtet ist. Zentral ist dabei zunächst die Förderung von *Autonomie*: Beratungsgespräche bieten einen Raum, in dem Studierende ihre Situation reflektieren, persönliche Ziele klären und eigenständige Entscheidungen vorbereiten können. Darüber hinaus lässt sich durch gezieltes Feedback, das vorhandene Ressourcen und bereits bewältigte Herausforderungen sichtbar macht, *Kompetenzerleben* stärken – gerade bei Studierenden, die ihre Fähigkeiten kritisch oder verzerrt einschätzen. Auch die *Beziehungsgestaltung* im Gespräch selbst erweist sich als bedeutsam: Die Erfahrung, mit den eigenen Anliegen ernst genommen und nicht bewertet zu werden, wird von vielen Ratsuchenden als entlastend und stabilisierend beschrieben. In Rückmeldungen äußern Studierende häufig, dass sie sich nach wenigen Gesprächen wieder als deutlich handlungsfähiger erleben und mit größerer Zuversicht weiter studieren.

Diese Beobachtungen bestätigen die in der Forschung beschriebenen Wirkmechanismen (vgl. zum Beispiel *Lubennikova*, 2025) und zeigen, dass auch niedrigschwellige Beratungsformate einen relevanten Beitrag zur motivationalen Stabilisierung und Studienzufriedenheit leisten können – vorausgesetzt, sie orientieren sich systematisch an den grundlegenden psychologischen Bedürfnissen der Ratsuchenden.

III. Fazit

Die Selbstbestimmungstheorie bietet nicht nur eine theoretisch fundierte Grundlage, sondern auch ein überaus praxisnahes Instrumentarium zur Förderung von Motivation, Wohlbefinden und Leistungsfähigkeit im Hochschulkontext. Die Fülle empirischer Befunde lässt kaum Zweifel: Wo Autonomie, Kompetenzerleben und soziale Eingebundenheit gestärkt werden, wächst nicht nur die individuelle Motivation, sondern auch die institutionelle Zukunftsfähigkeit.

Literaturverzeichnis

Bureau, J. S./Howard, J. L./Chong, J. X. Y./Guay, F. (2021). Pathways to student motivation: A meta-analysis of antecedents of autonomous and controlled motivations. *Review of Educational Research, 92(1),* 46–72. https://doi.org/10.3102/00346543211042426.

Cheon, S. H./Reeve, J./Lee, Y./Lee, J. W. (2018). Why autonomy-supportive interventions work: Explaining the professional development of teachers' motivating style. *Teaching and Teacher Education, 69,* 43–51. https://doi.org/10.1016/j.tate.2017.09.022.

Deci, E.L.; Ryan, R.M. (2000). The „what“ and „why“ of goal pursuits: Human needs and the self-determination of behavior. In: *Psychological Inquiry, 11 (4),* S. 227–268. https://doi.org/10.1207/S15327965PLI1104_01.

Dickhäuser, C. (2024). Mehr Kompetenzerleben und Autonomie. Förderung von Motivation und mentaler Gesundheit im dualen Studium. *Duales Studium, 1,* S. 19–31.

Herbst, U./Voeth, M./Oryl, M. (2020). Studierendenstress in Deutschland. Eine empirische Untersuchung. *Duales Studium, 1,* S. 15–26.

Howard, J. L./Slemp, G./Wang, X. (2024). Need support and need thwarting: A meta-analysis of autonomy, competence, and relatedness supportive and thwarting behaviors in student populations. *Personality and Social Psychology Bulletin,* 1–22. https://doi.org/10.1177/01461672231225364.

Janke, S./Dickhäuser, O. (2013). Strukturell verankerte Entscheidungsfreiheit im Bachelor-Studium: Zur Bedeutsamkeit von Autonomie in den neuen Studienstrukturen. *Das Hochschulwesen (HSW), 61 (6),* S. 102–109.

Janke, S./Alsmeyer, M./Neißner, M./Rudert, S. C. (2022). University in the rear-view mirror: psychological needs in pleasant and unpleasant memories of alumni. *Studies in Higher Education, 47,* 1464–1476. https://doi.org/10.1080/03075079.2021.1916905.

Jeno, L. M./Danielsen, A. G./Raaheim, A. (2018). A prospective investigation of students' academic achievement and dropout in higher education: A Self-Determination Theory approach. *Educational Psychology, 38(9),* 1163–1184. https://doi.org/10.1080/01443410.2018.1502412.

Kegel, L./Besser, M./Trautwein, U./Leucht, M. (2020). Unterschiedlich motiviert fürs Studium: Eine clusteranalytische Untersuchung von Studierendenprofilen. *Zeitschrift für empirische Hochschulforschung, 4(1),* 81–105.

Lubennikova, E. V. (2025). Nurturing student autonomy: The role of Self-Determination Theory in academic coaching. *Coaching Psychology: Methodology, Theory, Practice,* 306–310. https://doi.org/10.31483/r-127431.

Martinek, D./Hofmann, F./Müller, F.H. (2018). *Motivierte Lehrperson werden und bleiben. Analysen aus der Perspektive der Theorien der Persönlichkeits-System-Interaktionen und der Selbstbestimmung.* Waxmann.

Passeggia, R./Test, I./Esposito, G./Picione, R./Ragozini, G./Freda, M. (2023). Examining the Relation Between First-year University Students' Intention to Drop-out and Academic Engagement: The Role of Motivation, Subjective Well-being and Retrospective Judgements of School Experience, *Innovative Higher Education,* 837–859. https://doi.org/10.1007/s10755-023-09674-5.

Ramcke, N. (2023). *Studierenden geht es deutlich schlechter als vor der Pandemie.* https://www.tk.de/presse/themen/praevention/gesundheitsstudien/tkgesundheitsreport-2023-2149876.

Reeve, J./Cheon, S. H. (2014). An Intervention-Based Program of Research on Teachers' Motivating Styles. In S. A. Karabenick & T. C. Urdan (Hrsg.), *Advances in Motivation and Achievement. Motivational Interventions* (Bd. 18, S. 293–339). Emerald Group Publishing Limited. https://doi.org/10.1108/S0749-742320140000018008.

Ryan, R.M./Deci, E.L. (2000). Self-determination theory and the facilitation of intrinsic motivation, social development and well-being. *American Psychologist, 55 (1)*, S. 68–78. https://doi.org/10.1037/0003-066X.55.1.68.

Ryan, R.M.; Deci, E.L. (2017). *Self-determination theory: Basic psychological needs in motivation, development, and wellness.* Guilford Press. https://doi.org/10.1521/978.14625/28806.

Van der Kaap-Deeder, J./Vansteenkiste, M./Soenens, S./Ryan, R.M. (2020). *The Basic Psychological Need Satisfaction and Frustration Scale (BPNSFS).* Ghent University Belgium.

Zentrum für Lehrentwicklung (ZLE) der TH Köln. (2015). *Motivation in der Lehre. Ein Handbuch für Lehrende zur Förderung motivierten Lernens.* https://www.th-koeln.de/mam/downloads/deutsch/hochschule/profil/lehre/steckbrief_motivation.pdf.